佛法哲學總集
廣說三藏經論關於色心諸法之哲學論述

上冊

Science and Philosophy
in the Indian Buddhist Classics
Volume 3: Philosophical Schools

達賴喇嘛／監製
總集編著小組／編著
蔣揚仁欽／翻譯

|監製|
第十四世達賴喇嘛丹增嘉措（Tenzin Gyatso）

一九三五年生於西藏東部的安多（Amdo），兩歲時經認證為第十三世達賴喇嘛的轉世靈童。一九五九年，被迫離開西藏，展開流亡生涯，並於印度達蘭薩拉（Dharamsala）成立流亡政府，一九八九年獲諾貝爾和平獎。成為世界公民，他致力提倡慈悲、寬恕、關愛等普世價值，促進世界主要宗教傳統間的和諧及相互了解；作為佛教徒，他以修持、講說菩提心及空正見，護持佛陀教法；身為藏人，他為藏人爭取自由與公義，並努力保存西藏文化。

|編著|
總集編著小組

・成員・

負責人——
南嘉寺住持──色拉傑扎倉充拓仁波切

編輯主顧問——
博士朗日巴圖登錦巴

編輯顧問——
色拉昧扎倉仰丁仁波切
洛色林扎倉格西圖滇悲桑
南嘉寺比丘圖滇揚佩

《總集》編輯者──
甘丹東頂扎倉格西強區桑杰
哲蚌洛色林扎倉格西朗望桑杰
甘丹北頂扎倉格西紀薩重千轉世
哲蚌多門扎倉格西洛桑開卻

| 翻譯 |
蔣揚仁欽（黃春元）

自一九九六年起，擔任尊者達賴喇嘛的漢語口譯至今。一九八九年，前往北印度達蘭薩拉辯經學院（Institute of Buddhist Dialectics）學習長達十四年的五部大論、四大教派的高等教育，最後以〈心與空〉的哲碩論文，獲取甲級成績及「無別大教授師」之學位。二〇一四年取得哈佛文理學院（Harvard GSAS）的博士學位。著有《我的上師達賴喇嘛》、《自己的路，勇敢的走》、《為什麼學佛》；譯有《善言初慧擇眼》、《覺燈日光》、《達賴喇嘛尊者開示佛子行三十七頌》，《中觀根本論釋·佛護論》、《佛法科學總集》等。

佛法哲學總集・上冊
目錄 Contents

第十四世達賴喇嘛尊者的導讀　　011
　　一、前言　　012
　　二、科學與哲學的差異　　012
　　三、印度哲學發展史　　013
　　四、佛法哲學　　016
　　五、宗義著作的發展史　　019
　　六、總結末文　　022

譯者序　　025
編輯說明　　037

第一品、總說哲學　　045
　　甲一、印度的哲學發展史　　046
　　甲二、宗義的定義及詞義　　058
　　甲三、略說內外宗義的差別　　061
　　甲四、彙集印度的不同宗義以及佛法典籍的發展史　　069

第二品、說外道宗義　　077
　　總說外道宗義　　078
　　甲一、釋數論派宗義　　094
　　　　乙一、此派宗義的發展史　　095
　　　　乙二、宗義的性質及分類　　100
　　　　乙三、如何立宗　　106

丙一、略說二十五諦法	106
丙二、一一解釋二十五諦法的性質	110
丙三、二十五諦法的生滅次第	119
丙四、安立識等具境	121
丙五、安立量	124
丙六、釋證境之法	132
甲二、釋勝論派宗義	140
乙一、此派宗義的發展史	140
乙二、宗義的性質及詞義	144
乙三、如何立宗	144
丙一、說質	146
丙二、說德	150
丙三、說業	158
丙四、說同	159
丙五、說異	160
丙六、說和合	161
丙七、安立具境識	166
丙八、略說依何理成立所知句義	167
甲三、釋正理派宗義	173
乙一、此派宗義的發展史	173
乙二、宗義的性質及分類	178
乙三、如何立宗	178
丙一、總說十六句義	178
丙二、別說具境量	180

Contents

  丙三、安立因相   184
甲四、釋伺察派宗義   188
 乙一、此派宗義的發展史   188
 乙二、宗義的性質及詞義   192
 乙三、如何立宗   192
  丙一、安立基   192
  丙二、安立量   196
 乙四、伺察師遮羅迦如何立宗   204
甲五、闡述吠檀多亦稱密義派的宗義   210
 乙一、此派宗義的發展史   210
 乙二、宗義的性質及異名   213
 乙三、如何立宗   215
  丙一、安立基二諦   215
  丙二、安立具境識及量   219
  丙三、附帶解說如何混合其他宗義   221
甲六、闡述耆那派亦稱勝利派的宗義   225
 乙一、此派宗義的發展史   225
 乙二、宗義的性質及詞義   228
 乙三、如何立宗   229
  丙一、安立七句義   229
  丙二、安立六質或五質   234
  丙三、安立質及異名一異   237
  丙四、安立具境識   239

甲七、釋順世派宗義	243
乙一、此派宗義的發展史	244
乙二、宗義的性質及分類	248
乙三、如何立宗	251
丙一、總說	251
丙二、安立具境識	258
丙三、安立自宗的合理性	260

第三品、說內道佛法宗義

	271
總說內道佛法宗義	272
甲一、闡述毘婆沙派的宗義	283
乙一、此派宗義的發展史	283
乙二、此派主要依據的典籍為何	301
乙三、宗義的性質及分類	306
乙四、如何立宗	308
丙一、總說	308
丙二、別說主要立宗	318
丁一、安立所知五法	318
戊一、相色法	320
戊二、主心法及隨心所法	324
戊三、不相應行法	326
戊四、無為法	337
丁二、安立因果	339
戊一、安立六因	339

Contents

　　　戊二、釋四緣　　　　　　　　　　　343
　　　戊三、釋五果　　　　　　　　　　　346
　　丁三、安立能知之識　　　　　　　　　349
甲二、闡述經部的宗義　　　　　　　　　　353
　乙一、此派宗義的發展史　　　　　　　　353
　乙二、此派主要依據的典籍為何　　　　　356
　乙三、宗義的性質及分類　　　　　　　　358
　乙四、如何立宗　　　　　　　　　　　　360
　　丙一、總說如何立宗　　　　　　　　　360
　　丙二、別說主要立宗　　　　　　　　　363
　　　丁一、安立自相及共相　　　　　　　363
　　　丁二、成立有為法是剎那性　　　　　371
　　　丁三、因果被前後時所周遍　　　　　379
　　　丁四、此宗如何安立外境之義　　　　392
　　　丁五、安立能知之識　　　　　　　　396
　　丙三、附帶解說心識是具相之理　　　　403
甲三、闡述唯識的宗義　　　　　　　　　　406
　乙一、此派宗義的發展史　　　　　　　　406
　乙二、此派主要依據的典籍為何　　　　　408
　乙三、宗義的性質及分類　　　　　　　　413
　乙四、如何立宗　　　　　　　　　　　　416
　　丙一、總說如何立宗　　　　　　　　　416
　　丙二、別說主要立宗　　　　　　　　　417

丁一、安立所知的本質——三性相　　　417
　　　丁二、安立所知之處——阿賴耶　　　428
　　　　戊一、如何主張心識數量　　　428
　　　　戊二、異熟所依之阿賴耶　　　434
　　　　戊三、成立阿賴耶的八個理由　　　439
　　　　戊四、能依種子的阿賴耶　　　444
　　丙三、說末那識　　　456
　　丙四、如何成立唯心論　　　461
　　丙五、真相派與假相派的爭辯　　　472
　　丙六、安立量　　　480
甲四、闡述中觀的宗義　　　483
　乙一、此派宗義的發展史　　　483
　乙二、阿闍黎龍樹如何安立甚深中觀之見　　　488
　乙三、阿闍黎龍樹典籍之注釋的發展史　　　502
　乙四、宗義的性質及分類　　　507
　　丙一、闡述中觀自續派的宗義　　　513
　　　丁一、總說　　　513
　　　丁二、宗義的性質及分類　　　516
　　　丁三、釋共立宗　　　517
　　　丁四、經部行自續派　　　528
　　　丁五、瑜伽行自續派　　　533
　　丙二、闡述中觀應成派的宗義　　　536
　　　丁一、總說　　　536
　　　丁二、宗義的性質及詞義　　　537

Contents

　　丁三、總說所許宗義　　　　　　　　538
　　丁四、闡述應成派的主要不共難義　　540
甲五、宗義論述的總結　　　　　　　　　551
　乙一、四部宗義各派如何斷除常斷二邊　551
　乙二、何謂宗義等如階梯　　　　　　　552

第十四世達賴喇嘛尊者的導讀

一、前言

　　八、九年前,我曾建議認識的藏僧及學者們,若能彙整所有藏譯本佛教經論內容,包括導師釋迦能仁開示的經典,以及注釋經典的論著等,將之編纂成為三大類,將臻於完善。融入如是三類的詮釋,不僅能夠呈現佛法教典的一切心要,也期望藉此建立一套必要的教育體系,廣大幫助世界七十億人口——無論其是否具有宗教信仰。所謂三類為:一、源於佛法典籍的科學論述或基法真相的論述。二、由佛法典籍明確建立的哲學論述。三、以前二者為基礎,佛法典籍論述的修行方法。在已出版的《佛法科學總集》一書的導讀中,已略說這三類的區別以及各類別的內容,希望讀者能從中掌握其梗要。然前書導讀僅概說了印度佛法典籍所說的哲學觀,今回應法友提議,趁此即將圓滿《佛法哲學總集》廣版上下二冊編著之際,想以導讀的方式寫下更多有關佛法哲學的內容介紹。

二、科學與哲學的差異

　　關於科學的定義,雖有各種不同的陳述,但我覺得,應該將科學理解為特定的研究途徑,以及各個方面的完整實踐。比方說,當科學家觀察某一現象時,最初會提出假設,接著為了驗證該假設是否符合真實情況而進行實驗,透過實

驗研究所呈現出來的結果，如果有可重複性，例如：若經由第二人、第三人⋯⋯以同樣的實驗方式得到相同的結論時，此精研的成果便成為公認的科學知識。從提出假設到結論被認同的過程，科學家所採用的研究學稱為「科學」。哲學雖然包含在科學之中，但哲學家不一定皆能以科學的方式確立其觀點。

哲學可理解為某種堅定見解，它會由某學者以自己的所見所聞的徵象為理由而產生，同樣地，也會經由引經據論而認可「某隱蔽分[1]的內容就是如此」而建立。顯而易見，哲學家絕對不會滿足於肉眼所見，而會疑惑為什麼有這般現象，進而觀察隱蔽分。可以說，以開啟此世間隱蔽知識的大門而言，哲學家們的確做出了最大貢獻。

總之，對於知識，古時候的學者便會隨著各種不同的觀察途徑，形成多種不同的解讀，在在都是完善人類思想及見解的最佳因緣。即便是到了二十一世紀的現在，仍無人能反駁這個事實。

三、印度哲學發展史

依據西藏宗義論著的記載，以及當今印度哲學史家們的說

---

[1] 譯者註：無法用肉眼見到的內容，如形上學（metaphysics）就是隱蔽分。

法，在印度的哲學家中，數論派[2]的宗義是最早的一派。數論派的形成，大約可以追溯至基督紀元年份——西元一世紀——的前七百年。此派宗義含括浩瀚的哲學理論，廣說基、道、果的論述。此派認為，一切所知皆被二十五諦法[3]的數量所攝；一切果實皆是共主相[4]的變異[5]；我是食者，卻非作者；[6]若能透過禪修見到「覺知士夫之我」[7]的本性，將得到解脫，持上列論述。數論派中，仍有一支派主張大自在天是造物主。該宗認為，共主相僅是常性潛能，無心識，自然不能成為造世間之主。因此，以大自在天的造心動搖及諸事物源——共主相——兩者的結合，詮釋器世間等身受用的形成。

基本上，各派食者與常事物之我[8]的說法，與數論派的主張如出一轍，但在如何詮釋我的說法上，卻各有不同，因此形

2　譯者註：གྲངས་ཅན་པ། Sāṃkhya。

3　譯者註：ཤེས་བྱ་ཉེར་ལྔ། pañcaviṃśatitattvāni。

4　譯者註：སྤྱི་གཙོ་བོ། prakṛti。如姚衛群編譯的《古印度六派的哲學經典》，此詞常在印度哲學論中譯成「自性」；此處根據藏文譯為「共主相」。

5　譯者註：རྣམ་འགྱུར། vikāra。真諦的《金七十論》，以及孫晶的《印度六派哲學》將其譯為「變異」。參考《印度六派哲學》，131頁。

6　譯者註：「我是食者，卻非作者」即我只是食衣住行的感受者，並非創造世間萬物的作者。

7　譯者註：བདག་ཤེས་རིག་གི་སྐྱེས་བུ། puruṣa。根據藏文，譯成覺知士夫之我；慈怡法師主編的《佛光大辭典》將數論派哲理中的「puruṣa」譯成「神我」。

8　譯者註：該說法就是「我是食者，卻非作者」的主張。

成了各不同外道的根本宗義。針對「我」及「如何看待世間」的議題，這些宗義師們激烈地互相爭辯。譬如，根據吠陀派[9]的《梵經》[10]第四章節所說，認為只有梵天的我，除此之外，他宗認定的我皆不合理。此書的第二章節廣泛駁斥了數論派及佛教宗義的中觀、唯識如何安立究竟勝義之理。同樣地，此書的第三章節也駁斥了順世派[11]的主張，即身蘊之外無其他的我。佛教及外道的典籍中，明確記載了古印度哲學家之間的激烈論辯。毋庸置疑，如此睿智的往來論辯，令宗義師雙方互蒙其利、成長進步。

相異於佛教的印度主流宗義為數論派、勝論派[12]、正理派[13]、吠檀多派[14]、伺察派[15]、耆那派[16]、順世派的宗義等。阿闍黎清辨[17]的《思擇焰論》[18]詳說了這些派別的哲學立場。雖然寂

---

9 譯者註：རིག་བྱེད་པ། Vedism。
10 譯者註：ཚངས་པའི་མདོ། Brahmā sūtra。
11 譯者註：རྒྱང་འཕེན། Cārvāka。
12 譯者註：བྱེ་བྲག་པ། Vaiśeṣika。
13 譯者註：རིགས་པ་ཅན། Nyāya。
14 譯者註：རིགས་བྱེད་མཐར་སྨྲ་བ། Vedanta。
15 譯者註：又稱彌曼差派，དཔྱོད་པ་པ། Mīmāṃsā。
16 譯者註：གཅེར་བུ་པ། Jainadharma。
17 譯者註：ལེགས་ལྡན་འབྱེད། Bhaviveka, 500-560。
18 譯者註：རྟོག་གེ་འབར་བ། Tarkajvāla。

護[19]的《眞如集論》[20]尚提及其他宗義，但念及內文將過於繁冗，本書僅說主流宗義，不會提及其他宗義。

印度哲學裡，佛法哲學算是較晚形成的。雖說內外二道哲學之間有著巨大的差異，然而畢竟佛法成長於遍佈印度哲學的環境之中，自然會受到古印度外道儀軌及作風等的影響。還有，如業果、前後世等許多觀點，佛法哲學也與古印度外道哲學的立場相同。

四、佛法哲學

佛法哲學因由導師釋迦能仁的教言而興盛。導師釋迦能仁宣說了佛法哲學的精髓——無我的哲理，這與先前的各種宗義理論截然不同，因爲當時整個環境充斥著「我」的理論。爲了初次宣說前所未聞的無我法理，導師感受到周圍的極大壓力，因此，導師說：

>「深寂離戲光明無爲法，有如甘露此法我已得。
>若示於他無有誰能知，不如住於無語森林中。」

關於無我的哲理，我平日一直在講，不覺得有必要在此多

19　譯者註：ཞི་བ་འཚོ། Śāntarakṣita, 725-788。
20　譯者註：དེ་ཁོ་ན་ཉིད་བསྡུས་པ། Tattvasaṃgrahakārikā。

做說明。總之，無我不是僅破、全無的意思，而是指見到的表象不符順於事實的眞相，即諸法絕非如我們所見般的存在。若見到的表象就是事實的眞相，僅隨所見而行就能符合事實，就不應該出現偏離眞相的錯覺，畢竟生起貪等煩惱都是源於不合乎眞相的看法。反之，見諸法都是觀待而有，是無我的話，產生貪等煩惱的依據將不可得。因此，無我的意思是：否定不依賴之自相。因爲無我或緣起的眞相宛如佛法哲學的核心，若不了解其義，終不能得究竟的佛法哲理。龍樹[21]的弟子提婆[22]也說，信佛的最佳途徑就是了知空性。

一般普遍認爲，導師薄伽梵宣示了四法印：

「諸行無常，諸漏皆苦，
諸法無我，涅槃寂靜。」

四法印就是衡量是否爲佛法哲學的準繩。針對四法印的內容涵義，尤其是對無我的理解，各派存在著不同的詮釋，因此逐漸演變成佛法哲學內部的四部[23]宗義，並漸漸興建起各自不共承

21　譯者註：ཀླུ་སྒྲུབ། Nāgārjuna, 150-250。

22　譯者註：又稱聖天 འཕགས་པ་ལྷ། Āryadeva，西元三世紀。

23　譯者註：毘婆沙 བྱེ་བྲག་སྨྲ་བ། Vaibhāṣika、經部 མདོ་སྡེ་པ། Sautrāntika、唯識 སེམས་ཙམ་པ། Cittamātra、中觀 དབུ་མ་པ། Madhyamaka。

許相應的教言傳統。我不認為這種現象從導師在世時就已存在。

西元二世紀,龍樹的中觀論著《中觀根本慧論》[24]明確地反駁許多毘婆沙宗的主張。當然,在龍樹的《中觀根本慧論》之前,毘婆沙宗早已建立自己的宗義。誠如經部是由聲聞十八部所延伸出來的說法看來,經部在《中論》之前就存在也應該合理。總之,某些續典確實明確記載佛法四部宗義的名稱,但以論典而言,阿闍黎聖天[25]的《智要總集》[26]明晰提及四部宗義的名稱,這是最早的文獻之一。

從龍樹開創中觀宗、無著開創唯識宗起,便已廣傳中觀宗義及唯識宗義的各自之名。根據當今的某些觀察言論,明確建立四部宗義的名稱,是出自大約五世紀清辨的《中觀心要論》[27]及其自釋[28]。不僅佛法四部宗義的名稱與主張,就連當時早已興盛的外道哲學觀點,也在此論中明細分析。由此可見,從當時起便有佛法四部宗義的名稱。尊者世友[29]說:「猶如各

---

24 譯者註:又簡稱「中論」,དབུ་མ་རྩ་བ་ཤེས་རབ། Mūlamadhyamakakārikā。

25 譯者註:又稱提婆 འཕགས་པ་ལྷ། Āryadeva,西元三世紀。

26 譯者註:ཡེ་ཤེས་སྙིང་པོ་ཀུན་ལས་བཏུས་པ།

27 譯者註:དབུ་མ་སྙིང་པོ། Madhyamakahrdayakarika。譯者在《佛法科學總集》中,雖將其論名譯為《中觀心論》,若將「心」字改為「心要」,更能貼近藏文的སྙིང་པོ། 二字,故譯《中觀心要論》。

28 譯者註:作者本人對自己的作品另做解釋。

29 譯者註:བཙུན་པ་དབྱིག་བཤེས།

派間，智慧亦相異。」就是說，隨著智慧的差異，終將一直存在各派的見解與乘別，這點有誰能夠駁斥？

清辨的著作《中觀心要論》及其自釋、龍樹的中觀理聚論著，以及後來寂護的《真如集論》及其自釋，悉已記載佛法宗義內部的激烈辯論——所立是否真實事物、能立是否自證、生滅等，更是記載了以量學的方式而破他宗、立自宗等的爭論。毋庸置疑，佛法哲學確實浩瀚廣博！

五、宗義著作的發展史

依據現在可得的文獻，總集且羅列種種印度宗義核心主張的最早著作，無疑是清辨的《中觀心要論》及其自釋《思擇焰論》兩本著作。西元八世紀大方丈寂護的《真如集論》及其論釋[30]兩本著作，不只彙集了所有內外宗義，更記載了清辨之後某些宗義的延續主張，並且對其提出破他說、立自宗的辯論，是解釋最廣的宗義書籍。

我認為，如導師的經典以及龍樹的理聚論等眾多經論，雖然不是有意且系統地總集內外宗義立場而寫下破、立的爭論，卻是對各內外宗義的相關主張做出破、立爭論的著作。此外，

30　譯者註：由寂護論師的心子，阿闍黎蓮花戒著作的《真如集論釋》。

祇多梨[31]的著作《善逝教典分別論》[32]，不僅對外道的某些主張明確分析了破、立的爭論，也清楚詮釋了內道四部宗義之間的差異，是一部非常重要的著作。

宗義著作在西藏相當盛行。榮松班智達[33]的宗義著作、恰巴法獅子[34]的宗義著作，以及衛者明慧[35]的宗義著作等，應該算是最早的作品。文殊怙主薩迦班智達[36]的《善說論典》[37]也是宗義著作。遍知龍欽[38]也撰寫了《宗派寶藏論》[39]。西元十七世紀後，西藏的宗義大作有：遍知文殊笑[40]的《宗義寶炬論》[41]，以及之後的《章嘉宗義》[42]和《土官宗義》[43]。在眾多的宗義大作

---

31 譯者註：ཇེ་ཏ་རི། Jetari, 940-980。
32 譯者註：བདེ་བར་གཤེགས་པའི་གཞུང་རྣམ་པར་འབྱེད་པ།。
33 譯者註：རོང་ཟོམ་པཎྜི་ཏ།, 1012-1088/1042-1136。
34 譯者註：ཕྱྭ་པ་ཆོས་ཀྱི་སེང་གེ།, 1109-1169。
35 譯者註：དབུས་པ་བློ་གསལ།，十三世紀。
36 譯者註：འཇམ་མགོན་ས་པཎ།, 1182-1251。
37 譯者註：གཞུང་ལུགས་ལེགས་པར་བཤད་པ།。
38 譯者註：ཀུན་མཁྱེན་ཀློང་ཆེན།, 1308-1364。
39 譯者註：གྲུབ་མཐའ་མཛོད།。
40 譯者註：ཀུན་མཁྱེན་འཇམ་དབྱངས།, 1648-1721/1722。又譯為「嘉木樣協巴」、「遍知者嘉木樣協巴」、「嘉木樣協巴多傑」，意為妙音笑。
41 譯者註：གྲུབ་མཐའི་རྣམ་པར་བཤད་པ་འཁྲུལ་སྤོང་གདོང་ལྔའི་སྒྲ་དབྱངས་ཀུན་མཁྱེན་ལམ་བཟང་གསལ་བའི་རིན་ཆེན་སྒྲོན་མེ།。
42 譯者註：ལྕང་སྐྱའི་གྲུབ་མཐའ།。
43 譯者註：ཐུའུ་བཀྭན་གྲུབ་མཐའ།。

中，這三本算是我最熟悉的。達倉譯師[44]的宗義著作與遍知文殊笑的宗義著作相較，兩者不僅內容、結構相同，就連對某些內外道差異的總結也幾乎相同。

我覺得西藏的宗義著作中，就屬遍知文殊笑的《宗義寶炬論》解釋最廣。此書在詮釋內外宗義的個別差異時，都會根據該宗派自己的根本典籍或是印度論著而做注釋。文殊笑也首度闡述那些未曾在藏地出現的外道主張，給求學者們帶來極大的幫助。

達倉的《遍曉宗義》[45]拋出了著名的應成[46]，明顯記載至尊宗喀巴的十八矛盾大包袱。對此，不僅文殊笑於《宗義寶炬論》中做了非常詳細的回覆，此前，文殊心喜[47]也已對十八矛盾大包袱之說提出回應。這是學者間智慧的爭辯！顯而易見，宗喀巴大師的弟子們若能對達倉大師所拋出的矛盾包袱有所了解，對於宗大師的著作將會有更上一層樓的認識。再者，達倉的《遍曉宗義》書末也清楚解釋為何拋出十八應成的理由，說明了這絕非是受到貪瞋等影響而做的爭辯。

44　譯者註：སྟག་ཚང་ལོ་ཙཱ་བ་ཤེས་རབ་རིན་ཆེན། 達倉譯師喜饒仁欽，1405-?。

45　譯者註：གྲུབ་མཐའ་ཀུན་ཤེས། 。

46　譯者註：「應成」是種藏僧辯論時為能找出對方的矛盾處，經常使用的推理論式。

47　譯者註：འཇམ་དབྱངས་དགའ་བློ, 1429-1503。

《章嘉宗義》的引句數量剛好。該論於即將進入唯識的唯心論時，還有一段特殊的解釋。章嘉自己引用的印藏文獻的名稱，於書後都詳細列出，這算是一本容易理解，且攝一切概要的宗義著作。《土官宗義》羅列了藏傳佛教薩迦、格魯、噶舉、寧瑪的總別教義，同時也指出苯波及漢傳佛教的各自主張，是一本特別的宗義著作。雖然還有其他西藏的宗義著作，但是無法全面介紹，僅先解說至此。

六、總結末文

學者們以梯子的順序譬喻佛法宗義，認為佛法宗義的前前者是助登後後者的台階。毗婆沙宗否定共主相是常事物、否定世間造物主等，成了經部否定聲義[48]的自相成立、否定常是質體成立、主張共相是分別識施設的台階。經部主張分別識所現皆是分別識施設、分別識所現的事例中有自相、否定補特伽羅的我等，成了唯識主張法無我的台階。唯識破除了所執外境的實有，成了中觀亦破能執實有的台階。由此可見，前前宗義的確是引入後後宗義的方便。

若能知曉這世界上的所有宗義，特別是佛法四部宗義的重

---

48 譯者註：經部認為，「聲總」與「義總」不能被根識直接持取，只是分別識所現之影像，故為常法及共相。

點,確實有助於充實學識,更是開啓揀擇智慧之門的方法。佛教典籍所說的俱緣決定[49]及空性等觀點,不僅深奧,若能學習緣起性空之義,暫且不論是否對後世有幫助,根據我的經驗,至少能打開此生的視野,逐漸控制那些只從單一角度、無法全面思惟的煩惱,從而救離一切干擾自他內心、不能幸福的困境。

將前面所說內容銘記於心的同時,我亦期望:兩套總集——出自佛法典籍的科學總集及哲學總集——中,今已圓滿了出自佛法典籍的哲學總集上、下二冊的編著。雖然過去多數的印藏宗義著作都是遵循傳統,依照理路一一解釋印度內外兩派的聞名觀點,但在本哲學總集的上冊裡,為能介紹所有印度的主流哲學,盡可能地依據各自的哲學典籍而做介紹。主要不同於傳統宗義著作之處是,這部哲學總集只會介紹各派宗義的基法真相,不會介紹道與果的論述。推廣這部哲學總集的主要目的:幫助現代讀者們透過認識深奧的古印哲學觀點,開啓智慧之門,但絕對不是只為倡導信奉內外道宗義而編著。

哲學總集的下冊,有另做古印哲學家們世代相傳,且以尖銳理路所觀擇之要義的解釋。下冊的最初章節先從基法二諦談起。下冊第二章節的內容:苦樂的領納者、業果所依的我,以

49　譯者註:決定所緣與能緣同時俱有。

及無我之理。第三、四章節的內容：由安立勝義諦，依序解釋佛教唯識及中觀宗義——該兩派是如何建立不共勝義真如的理論，以及如何依各自理論成立究竟性。第五章節的內容：量學的總義，尤其是陳那[50]、法稱[51]兩位學者建立的量學體系。第六章節的內容：由量學之觀察所延伸、關於聲義學的要義。

　　本人監製這部《佛法哲學總集》的目的是，希望現今睿智的求學者們能藉由本書上、下二冊之便，進一步地解析古印度的深奧哲學。最終，願此《佛法哲學總集》上、下二冊能夠廣大利益眾多求學者。

釋迦比丘說法者 達賴喇嘛 撰

於西藏第十七繞迴[52]的地豬年

西元2019年4月15日

50　譯者註：ཕྱོགས་གླང་། Dignāga, 480-540。

51　譯者註：ཆོས་གྲགས། Dharmakīrti，西元六、七世紀。

52　譯者註：རབ་བྱུང་། 藏曆六十年週期之名。

譯者序

如婆羅門等非佛宗師認為「有我而解脫」，兩千五百年前的釋迦牟尼佛卻反其道而行表明了「無我故解脫」的立場。幾乎源於同一時境，且各方主要派系的古學人們也以辯智完整建立了自宗的哲學體系，其結論卻是大相逕庭，歧異的背後到底隱藏著怎樣的祕密？

藏譯大藏經裡，完整記載了古印佛教與非佛之間的不同觀點及其相關辯論。這套《佛法哲學總集》上、下二冊並非只是站在佛教立場，一味反駁非佛觀點。反之，這套書籍很客觀地站在各宗立場，並依據現有文獻，尤其是至今可見的藏譯甘珠爾與丹珠爾，完整地闡述各個派系的破立駁──破他宗、立自宗、反他駁。其中大多內容源於佛法典籍，故名《佛法哲學總集》。這不僅讓讀者能更容易深入體會古人的智慧，感受耳目一新的啟發，更開闢了一個嶄新的精神領域。對於忙碌於物質生活的當代年輕一代而言，這套書籍正是一個寶貴的機會，有助他們得以靜下心來，深入探索更多關於人生意義的哲理。

對於佛教徒而言，正確的佛法修行無疑建立在聞思修的三種先後次第的行為：初──廣大聽聞學習；中──整理思緒總結出已聞習的內容，進而建立自己的哲理；後──反覆將其哲理套用於日常生活中。換句話說，在缺乏廣大聞與深入思的前提下，每日念誦早晚課、持咒、繞寺、大禮拜等雖可累積功德福報，但我深信，佛陀會更期望他的弟子們，以跨出廣大聞習

的第一個腳步落實修行佛陀親自傳授的教義。對此，此書的校訂員之一賴郁文女士在圓滿校訂的那一天，有感而發地寫了以下這段心得，原文如下：

「就我所得到的教導，我是這樣理解：沉浸在學習、理解本書所示的內容的每一分鐘，都是最勝的實修，而不是口誦皈依文再去尋找另外的實修的內容。能晝三夜三念誦皈依文、念經持咒，固然很好，但是皈依的核心是，知三寶功德、知三寶差別，從而確定三寶是能提供究竟解脫者而實踐其教導。從這個角度看，學習這本書所示的內容，以了知內外道差異、了知究竟實相，無疑地就是在實踐皈依學處。在參與《佛法哲學總集》的過程中，我的閱讀、思惟、討論，都不單是當義工，都是實修皈依的一部分。」

認識如是宗義差異的價值，遠遠超越了單純豐富知識的表面利益，因為愈加深入洞察如此差異，愈能以自身經驗印證，干擾內在寧靜的煩惱確實缺乏真相的依據，且深信不疑。當智慧愈清楚見到煩惱的虛偽，渴求幸福的內心愈會想跟煩惱保持距離，從而減緩干擾內在寧靜的違緣，此時，愈易引發內在的幸福感！

以「為什麼我這麼倒楣」的常見說法為例，此刻怨天尤人

時的煩惱，居然緣著一個未曾有過的「我」與「倒楣」，庸人自擾，徒增煩惱。為什麼這麼說呢？

曾任那爛陀佛教大學住持的月稱（Candrakīrti, 600-650）所撰的《入中論自釋》中，引用了《比丘金剛女經》的這段經文：「如即攬支聚，假想立為車，世俗立有情，應知攬諸蘊。」意思是：車子之所以存在，只是因為依賴著車輪、車殼、車椅、引擎等車支後，將其支聚假設想立為車，僅此而已。倘若此時不能因此而滿足車子的存在，硬要執著在其支或聚的背後，另有某種操控者的車子掌控其支、其聚的話，實不應理。還有，不成立支聚背後另有某種操控者的車，這種的不成立不等同沒有車。此喻的總結有兩大要義：一、不成立車子零件的背後另有某種操控者的車。二、車子是存在的。

同理，「我」之所以存在，只是因為依賴著頭、手、腳、想法、感受等分支後，將其支聚假設想立為「我」，僅此而已。倘若此時不能因此而滿足我的存在，硬要執著在其支或聚的背後，另有某種操控者的我掌控其支、其聚的話，實不應理。還有，不成立支聚背後另有某種操控者的我，這種的不成立不等同沒有我。此義的總結為兩大綱要：一、不成立我的分支背後另有某種操控者的我。二、我是存在的；重複一次，「我」之所以存在，只是因為依賴著手、腳、頭、想法、感受等分支後，將其支聚假設想立為「我」，僅此而已。

此時可能反問：難道我的身心不是由我操控的嗎？答：身體的大多數行為是由思想所操控，而思想則是由其前因，如前世或平日的思考慣性、悲觀或樂觀、理性或感性、受周遭親友的影響等等所控制。各位不訪試想，如果渴求離苦得樂的我真能操控身心，今天還有誰的身心會是痛苦的呢？

　　自問：當我們產生「為什麼我這麼倒楣」的想法時，您會覺得這個倒楣者是關乎我的身、是關乎我的心、是依賴著身心等支而被安立為有的我？還是彷彿身心背後另有某種操控者的我呢？簡而言之，「為什麼我這麼倒楣」的想法中，若是無關身心等支，沒有一絲「依賴身心等支，故而有我」的想法時，等同這種倒楣的想法正在緣取著一個未曾有過的「我」──彷彿身心背後另有某種操控者的我。還有，此處的「倒楣」也非絕對的不幸。猶如耳熟能詳的「塞翁失馬，焉知非福」，福禍既然相倚，哪有什麼是絕對的「倒楣」？由此可知，此時的怨天尤人只是無中生有的煩惱而已。

　　本書的翻譯術語，無論是地名、人名或書名等，均會在首次出現的地方以腳註形式提供相關資訊，便於讀者進行深入研究，即使是《佛法科學總集》中已經使用的術語，亦不例外。本人自2014年開始翻譯《佛法科學總集》時，便已將相關術語另行記錄於專門檔案，盡己所能地延續《佛法科學總集》與《佛法哲學總集》兩書用詞的一致性。

此時眼尖的您可能已經發現，蔣揚博士你在《佛法科學總集》的譯者序中，將此書名譯為《佛法宗義總集》而非《佛法哲學總集》，不是嗎？這確實是因本人欠缺慎慮所致。傳統用語中，猶如「基法真相」對應其現代用語——科學，同樣地，「宗義」[1] 的譯詞也該對應其現代的用詞——哲學。若能經由「達」之譯德，凸顯譯詞之間的相互協調，豈不美哉？經深思熟慮後，本人決定譯此書名為《佛法哲學總集》而非《佛法宗義總集》。

誠如《天演論》中的「譯例言」所云：「譯事三難：信、達、雅。」信——符合原文的內義，令讀者信此譯文；雅——譯文通順優雅；達——即便文化不同，僅憑此譯足以傳達書中的雙關詞彙、核心理念、前後脈絡、幽默感以及前述譯詞之間的相互對應等。本人在翻譯此書時，也針對是否該繼續使用「現識」的譯詞，困惑不已。

《佛法哲學總集‧下冊》的「第八品，甲七、附帶解說應成的不共量學」中說：「應成派同樣依循世間的用詞表示，現識（प्रत्यक्ष མངོན་སུམ།）的正名用於境，現識的偏名用於識。」根據法尊法師漢譯、宗喀巴大師著作的《入中論善顯密意疏》也

---

[1] 宗義的梵文「siddhānta」，吉藏《百論疏》（上之中，大正四二、頁247，下）稱其為悉檀，孫晶（現任中國社會科學院哲學研究所東方哲學研究室主任、研究員、博士生導師）亦如是譯，186頁。木村泰賢，246頁說宗義。

說:「安立彼境與彼識俱為現事。故許現字,為彼境之實名,為彼心之假名。」用白話文來解讀的話,就是「現」的正名用於境,「現」的假名用於識。問題是:既已提及「現識」,即意識的識,豈能說現識的正名用於境?

根據梵藏語法,「प्रत्यक्ष མངོན་སུམ།」一詞既可用於境也可用於識,是名詞,如「量」(གལ་ཡ།, འཇལ།)一詞,在原文中有「所量」亦有「能量」之義。一般量學家將此詞(प्रत्यक्ष མངོན་སུམ།)用於「能量」——識,而世人則用此詞於「所量」——境。在《佛法哲學總集・下冊》的「第八品,甲七、附帶解說應成的不共量學」之前,此詞(प्रत्यक्ष མངོན་སུམ།)在《佛法科學總集》與《佛法哲學總集》裡都是以一般量學家的說法為依據,故譯「現識」。然而,當應成派依循梵藏通俗的語法而理解其詞義時,「प्रत्यक्ष མངོན་སུམ། 現識」一詞,應解讀為「現前所識」的「現識」,實則為境。

為凸顯應成派對世間通俗說法的尊重,以及自續以下與應成派對於同一用詞的不同解讀所導致的巨大差異性,本人有必要維持譯詞的一致性。反之,於「甲七、附帶解說應成的不共量學」起,若是選擇用「現前、現事」等其他譯詞而取代「現識」的話,將有事與願違之疑,不是嗎?

《佛法哲學總集・上冊》的每一品,均依循三個面向——該派的宗義發展史、該派的宗義性質及其分支,以及該派的

主要立宗為何——系統整理出古印度的非佛七派外道與佛教四派內道的核心哲理與相關背景。以耆那派為例,您可依據該派的宗義發展史得知耆那派的創始者是聖人爾夏巴德瓦(Rṣabhadeva),而眾所周知的「大雄」(Mahāvīra)則是該派的第二十四位衣鉢傳人。透過此科判,我們可以清晰掌握後期學者中誰對耆那派的影響甚大,以及該派的主要文獻為何等。至於如何定義耆那派的宗義,《佛法哲學總集》明確回答道:「追隨聖人爾夏巴德瓦的同時,以耆那七諦義及六質而安立所知真相的一派宗義。」如果還想深入研究耆那派的七諦義及六質,便可參閱該派「如何立宗」的科判。

關於下冊,若讀者跟我一樣也對佛法的無我教義深感興趣,不妨與我一同深入探索《佛法哲學總集·下冊》的第四品至第七品。其中,不僅匯聚了內道四派各自對於二諦真相的精闢詮釋、內外二道各派對於我與無我的觀察,更涵蓋了唯識與中觀對於法無我究竟空性的獨到觀點。這些深刻的義理,值得我們細細品味,體悟探究真相的無窮樂趣。

為何《佛法哲學總集·下冊》的第八品與第九品,特別要另述內外二道的量學與排他論?顯而易見,僅憑顯學無法解答人類的所有疑惑,因為形而上學本身超越了顯學的範疇。若要安立顯學以外的一切真理,只能依靠邏輯推演。因此,內外二道建立量學的目的,正是為了探討以何種途徑來衡量、測量、

丈量、考量真相。顧名思義,「量學」正是這一領域的專門學術研究。

根據陳那與法稱的觀點,正確的邏輯推演絕對離不開「周遍」二字,意即甲必然是乙,或「任何一法是甲,百分之百是乙」。這樣一來,便引發了兩個問題:一、即便當今的親子鑑定尚不能夠達到百分之百的確定性,何以成立周遍的合理性?二、這種百分之百的客觀事實,豈能相容中觀應成所說的「一切都是由主觀意識施設而有」?

答一:根據TAF(Taiwan Accreditation Foundation,財團法人全國認證基金會)的認證規範,當親子確定率大於99.99%時,便可判定其具有親屬關係。因此,所謂的「周遍」推理可表述如下:「甲乙有法,有親屬關係,經彼二人血液檢測後證實親子確定率大於99.99%的吻合度故。」此時的周遍是指因相(經彼二人血液檢測後證實親子確定率大於99.99%的吻合度)必然是所立法(有親屬關係),此時的周遍無關百分之百的親子確定率。

答二:其實這種百分之百的客觀事實也只是根據臺灣當地目前的認證規範而定,故其背後並未遠離主觀意識的施設。以德國為例,其親子鑑定標準通常要求確定率至少達到99.5%才能判斷親屬關係,而日本與美國的要求更高,要達99.99%。因此,這類的客觀現象只不過是我們人類因地制宜的結果,而非

名副其實的絕對客觀現象。

　　第九品一開始便清晰指出排他論的要義:「於量學中持吠陀爲量的宗派有六:數論派、瑜伽派、勝論派、正理派、伺察派、吠檀多派。彼等從很早以前便對吠陀典籍如何詮釋其義進行了分析。」吠陀典籍不是書寫文字而是聲音的傳承,從而引發內外道的後期學者們對聲義的探討——聲音所要表述的含義。比如,黑牛非白牛,但經由「黑牛是牛」的聲音表達,卻能理解「白牛是牛」,這是爲什麼呢?數論派認爲,「黑牛」之聲已經表述遍佈一切牛的共主相,因爲共主相是聲義,所以我們才能將「黑牛」的聲音連結到白牛,進而知曉白牛是牛。與之相對,陳那等佛教量學大師們則駁斥這種主張,如「乙一、破他方所說聲義」破道:「世人爲達某個人目的而說牛,其聲所表若是不可坐騎、不得取奶的總或他共義時,任何追求的目標都不可達成。因此,世人說牛之聲結合他共義時,實則無有意義。以此而破。」簡單地說,遍佈一切公牛與母牛的共主相是一種不可坐騎、不得取奶的牛。如果「這是一頭黑色的乳牛」之聲所要表述的含義不是乳牛,那麼,表述其聲又有何用?本人眞心覺得這是一篇非常有趣的章節。

　　整體而言,《佛法科學總集》與《佛法哲學總集》所引經據典的文獻均爲印度文獻,畢竟那爛陀印度大師們的著作才是漢傳佛教、藏傳佛教,乃至藏傳佛教內部各個派系的發源處。

這種編纂方式不僅能有效避免派系內部的爭議，不同派系的佛教學者們也能更客觀地研究佛教的整體思惟。

為方便有志學者深入研究，本人經與商周出版協商，決定以紙本、電子書、紙本結合電子書的三種形式出版這套《佛法哲學總集》。誠如《佛法科學總集》譯者序中所言：「於此《佛法科學總集》中，專業的佛法詞彙頗為繁多，為了能夠更簡易地尋獲相關術語及其定義或背景，在與商周出版的協商之下，決定給予具有可尋漢藏名詞功能的電子檔，儲存於《總集》所附的光碟片之中。」然而，隨著科技的日新月異，知識載體不斷推陳出新，如今光碟機早已成為時代的遺物。因此，現改為以電子書的內建檢索功能取代光碟片的角色。

為確保此書譯文的通順流暢，本人特此誠摯感謝塗百瑜女士、李衍忠先生、賴郁文女士，以及出版小牛頓電子書的文承電子出版公司前科學主編的張圓笙女士。此外，福智「月光國際譯經院」的釋如密法師、漢藏口譯員釋如王法師、兄長黃春霖先生、甘丹北頂格西拉讓巴洛桑登達、甘丹北頂格西拉讓巴文珠達瓦等，悉心比對藏漢譯文的準確性，並提出了許多寶貴的建議。儘管末學擔任這套叢書的譯者兼主編，但此成果無疑是眾人的智慧結晶，故而特別感謝所有參與的譯師、專業編輯與文字義工們，合掌再致謝意！

又如本人曾在譯作《達賴喇嘛尊者開示佛子行三十七頌》

的序中所說:「除了自撰書籍外,如《覺燈日光》等尊者書籍的翻譯收入,末學都會捐贈供養、累積功德。」在此,本人也會將此《佛法哲學總集》的翻譯版權及版稅供養給觀音尊者。最後,願此譯書及捐贈功德不被自己所擁有,完全迴向給一切有情,願其早日成就無上菩提。尤其與此書有緣的所有讀者們,皆能早日生起空性的正見,以通曉真理之智慧力發起非造作的菩提心、入般若波羅蜜乘、斷除煩惱,安穩走上充滿慈愛且具意義的人生大道。

譯者 蔣揚仁欽(黃春元)
於美國紐約,西元2024年10月20日星期日

編輯說明

本《佛法哲學總集》與已出版的《佛法科學總集》分別根據印度佛教典籍中的科學及哲學論述編纂而成，這套哲學總集分為上、下二冊。第十四世達賴喇嘛尊者首創將佛教經論的內容分為三類：科學、哲學、修行。這套《佛法哲學總集》的廣版即是遵循怙主的指示，匯聚所有源於藏譯甘珠爾[1]與丹珠爾[2]，以及眾多外道典籍的某些哲學要義，編著而成。

上冊內容：略說某些內外道的哲學觀點。下冊內容：說明各派宗義的典籍是如何依理建立二諦論述，且由勝義諦的觀點而延伸至針對我及無我的觀察，尤其是唯識及中觀的見解，以及能知之量的學說加以闡釋，且對由其延伸的聲義觀察等重要的哲學觀，另做說明。

本書內容以藏譯大藏經為首要來源，引諸內外道典籍做依據，並擷取古今學者新舊宗義著作之諸多善說，盡量簡潔清楚、適切地敘述各個內外宗義的要義——其發展史、著名典籍、不共的深奧哲學，以及相互破他宗、立自宗、反他駁等理路。

書中記載的某些外道主張，是站在佛教大藏經的敵方立場而呈現。現今雖不能見到藏譯早期純外道的典籍，本書卻依據

---

[1] 譯者註：西藏大藏經中，佛陀親自的教言，稱為「甘珠爾」。

[2] 譯者註：西藏大藏經中，針對甘珠爾所做的解釋，通常出自印度大師之手，稱為「丹珠爾」。

後期藏譯的數論派《金七十論》[3]、《巴哈斯帕諦經》[4]、《遮羅迦本集》[5]、英譯吠檀多派的阿闍黎摩沓婆[6]的宗義著作[7]，以及被西藏歷代與當今學者的諸多新舊宗義著作所引用的外道典籍，闡釋古印度外道的完整宗義學說。至於後期外道的種種哲學立場，又有誰能夠完整詮釋其義？

在內外道的宗義著作中，從很早期開始，便有一個傳統形成，即以理路廣泛進行雙向破、立的辯論，使後者的立宗更勝前者。欲凸顯上部哲學的深細觀察，主要還是得靠下部哲學的基礎。因此，佛法宗義的下部哲學等同順序晉升上部哲學的台階。此書推證，宗義者們一一寫下各異的哲理，且成立了破、立、反[8]等論述，既是昇華內外宗義者智慧之藝術，也是令其哲學作品的內容更為細緻、深入的不二助緣。

讀者從《佛法科學總集》的第十四世達賴喇嘛尊者的導讀、編輯說明，以及《佛法哲學總集》的尊者導讀，便可了解《佛法科學總集》及《佛法哲學總集》的編著大綱，以及佛法

3 　譯者註：ཆིག་ལེའུར་བྱས་པ་བདུན་ཅུ་པ། *Hiraṇyasaptati*。

4 　譯者註：ཕུར་བུའི་མདོ། *Bārhaspatya-sūtra*。

5 　譯者註：ཙ་ར་ཀའི་བསྡུས་པ། *Charaka Saṃhitā*。

6 　譯者註：མ་དྷ། *Mādhava*, 1331。

7 　譯者註：摩沓婆的宗義著作叫《攝一切見》（སབ་བརྗོད་ནས་སོམ་གྲགས། *Sarvadarśansaṃgraha*）。

8 　譯者註：破他宗、立自宗、反他駁。

科學與佛法哲學之間的分野,在此不須重複說明。

編著這套《佛法哲學總集》的過程中,第十四世達賴喇嘛尊者於初、中、後階段再三給予編者等深邃指導,尊者辦公室也無吝贊助全數相關費用。此外,編著小組負責人暨南嘉寺住持——色拉傑扎倉充拓仁波切[9]——也非常盡責地關照一應事宜,包括由南嘉利樂善說寺提供編輯者們平日的食宿及辦公室等。

感謝編輯顧問色拉昧扎倉仰丁仁波切[10]、洛色林扎倉格西圖滇悲桑[11]、南嘉寺校長圖滇揚佩[12]的齊心協助,以及主要編輯顧問——達賴尊者的翻譯格西圖登錦巴[13]博士——協助此書內容的結構設計以及校訂。尤其是博士提供出自英譯外道哲學著作的諸多不可或缺要義之資訊,例如:倡議下冊時將聲義及遮他論納入,並重新編輯其義等,對此書的編著屢次提供大力協助。另外,南嘉寺智者圖滇揚佩在借閱相關的文獻及開會資料的列印排版上也相當地盡心協助。

由於上述善緣的際會,西元2017年時,《佛法哲學總集》

9　譯者註:ཁྲོམས་ཐོག་རིན་པོ་ཆེ།

10　譯者註:སེར་སྨད་དགོན་བཞིས་ཡང་སྟེང་རིན་པོ་ཆེ།

11　譯者註:བློ་གླིང་དགོན་བཞིས་ཐུབ་བསྟན་དཔལ་བཟང་།

12　譯者註:རྣམ་རྒྱལ་གྲྭ་ཚང་གི་སློབ་སྤྱི་ཐུབ་བསྟན་ཡར་འཕེལ།

13　譯者註:དགེ་བཞིས་ཐུབ་བསྟན་སྦྱིན་པ།

上、下二冊的編著已經大致完成,並將其交由大寺院通達教理的善知識們審閱。經數月審核後,在達賴喇嘛尊者辦公室的籌備下,於西元2018年1月4日至6日間,在南印度蒙果區的達倉惹對寺[14]裡,由編著小組負責人暨南嘉寺住持色拉傑扎倉充拓仁波切為首,旁有編輯顧問色拉昧扎倉仰丁仁波切、近二十位來自三大寺審稿者的大學者格西們,以及我等四位編輯者等,再共同針對每一章品的細節進行三天討論而完成。

　　特別是在西元2018年11月6日,於達賴喇嘛尊者的寢宮內,向尊者稟告《佛法哲學總集》上、下二冊的綱要後,尊者對此細談根本性的方針指引。我等根據其義再次修正,完善此書。第十四世達賴喇嘛尊者親自特別撰寫《佛法哲學總集》的導讀,文中清楚分析科學與哲學的差異、印度哲學發展史、深奧的佛法哲學、宗義著作的發展史等,宜應了知,這篇導讀絕對是知曉此書哲學內容的最易、最勝方便。

　　《佛法哲學總集》如何引註參考文獻?

　　一、除了一、兩處引用了其他版的大藏經詞句外,基本上皆以德格版的大藏經為主。注腳中的冊數及頁數也是依據德格版的大藏經。引詞正確性的有疑處,悉數考據奈塘及北京版的大藏經,以及印度大師的論著等,謹慎對比後再修正,放置注

14　譯者註:སྟག་ཚང་ར་བ་སྒྲོལ་བའི་གྲྭ་ཚང་།

腳中說明。

二、為能明晰確定引文段落，引用偈頌時，以每行兩句的形式安置於中。白話引文若超過四行者，會放在頁面的左邊並留一點五公分的距離；若引文不足四行，會配合現代引號的用法，放在引號之中。

三、為了易於尋找引文出處，會在引文後面加上注腳及編號。所有的甘珠爾會以「德格版，經」的形式標註；所有的丹珠爾會以「德格版，論」的形式標註。其後註明中觀及唯識等，以區分類別，並會以「ㄅ」字等代表卷別。若有品、冊之別，會特別註明；若沒有，就以卷數為主。偈頌文會加上偈數，再標頁數。是正面的話，會寫「正頁」；是背面的話，會寫「背頁」等。若非出自德格版的丹珠爾，而是出自奈塘版的丹珠爾，則以「奈塘版，論」之形式標註。還有，現代許多圖書館會使用對勘本版的甘珠爾及丹珠爾，於此，會註明對勘本版甘珠爾及丹珠爾的書號及頁數。至於尚未記載於甘珠爾及丹珠爾之中的外道典籍，以及西藏學者的著作等，都會加上出版社的名稱及書本的頁數於注腳之中。

四、在《佛法哲學總集》的末端附錄中，陳示參考文獻——包括甘珠爾及丹珠爾以外——的書名、作者名稱、作者年份。

林林總總的博大精深之哲學，為歷代內外學者們的觀慧精

髓。由於我等編輯者的慧力有限,難免會發生因不懂典籍或誤解而犯的錯誤。此時,祈願客觀睿智的讀者們,能踴躍惠賜寶貴的意見,甚至糾正。

最後,將此潔白善業迴向第十四世達賴喇嘛尊者,令其利益眾生的宏願成真;願雪域西藏歷代的祖師大德,歷經千辛萬苦而傳承發揚的深邃文化,能夠不受時空限制地廣傳世界各地,成為滋潤世界和平安樂的助緣;遠離教派偏執的求學者們,內心充滿慈愛精髓之精湛學識,令平息熱惱的寧靜月光永照世界大地!

我等編輯者為:甘丹東頂扎倉住持格西強區桑杰[15]、哲蚌洛色林扎倉格西朗望桑杰[16]、甘丹北頂扎倉格西紀薩重千轉世[17]、哲蚌多門扎倉格西洛桑開卻[18],撰於西藏第十七繞迴的地母豬年的2月12日,即西元2019年4月16日。

15　譯者註:དགའ་ལྡན་ཤར་རྩེ་དགེ་བཤེས་བྱང་ཆུབ་སངས་རྒྱས།。
16　譯者註:འབྲས་སྤུངས་བློ་གསལ་གླིང་དགེ་བཤེས་དག་དབང་སངས་རྒྱས།。
17　譯者註:དགའ་ལྡན་བྱང་རྩེ་དགེ་བཤེས་དཔྱིས་དྲུང་ཆེན་སྤྲུལ་སྐུ།。
18　譯者註:འབྲས་སྤུངས་སྒོ་མང་དགེ་བཤེས་བློ་བཟང་མཁས་མཆོག།。

第一品
總說哲學

甲一、印度的哲學發展史

聖域印度的內外道學者——安立自宗的基法,其論各異、林林總總。其中,一般的佛教學者,尤其是那爛陀學者們,安立基法真相主要精髓之理,皆已彙集於《佛法科學總集》上、下二冊的解釋之中。本書將簡略介紹,聖域印度的學者們,是如何在基法真相的基礎上,依循理路所立的真理為何、如是安立的結論、安立的方法,以及能知之量等眾多不同類別的哲學立場之要義。這套廣版的《佛法哲學總集》分成上、下二冊。上冊統一彙集了內外道學者的關鍵宗義立場;下冊詮釋了佛法各派哲理的重點——基法二諦的論述、由安立勝義諦而觀察我及無我,尤其是中觀及唯識的見解;就安立能知之量[1]及其延伸出來的聲義[2]觀察,本書亦另做較為廣泛的探討。

首先簡略說明內外道的哲學是何時形成的。一般來說,世間的宗教可分為有哲理、無哲理兩類。如崇拜日和火、僅信奉及祭祀龍和天等的宗教,就是沒有任何哲學立場的宗教。有哲

---

[1] 譯者註:境是所知,識是能知。在執取境的過程中,又分正確執取及顛倒執取的緣故,在識的類別中,可分邪見或正量。量乃衡量之義,以識而衡量境的是非對錯及其特徵,故名為「量」。

[2] 譯者註:量可分現量及比量。因為比量無法像現量般可以直接了知境,所以只能透過記憶中的影像(又稱「義總」)或記憶中的聲音(又稱「聲總」)而知其境。此文的「聲義觀察」,就是針對聲總及義總的分析。

理的宗教，又因主張或否定造物主而分兩類。

　　主張造物主的宗教中，又因主張或否定前後世而分兩類。主張造物主及前後世的宗教有：有神數論派、勝論派、正理派、伺察派等宗義。主張造物主卻否定前後世的宗教所持之立場為：不只情器世間，就連個別眾生的此生，都是直接由造物主所創造。

　　否定造物主的宗教中，又因主張或否定前後世而分兩類。其中，否定前後世的是順世派的宗義；主張前後世的是無神數論派、耆那派，以及內道佛教的宗義。無神數論派與耆那派承許，領受苦樂的我是常一自主，但佛教絕不認同領受苦樂的我是常一自主，並以多理破除其觀點。因此在聖域印度裡，佛教宗義師被公認為「無我論者」。

　　在此有無哲理二類宗教裡，不具哲理的宗教，比有哲理的宗教，更早開始發展。因為大自然界是人類生存的基礎，所以形成了對地水火風、虛空、日月等的祭祀，且相信彼等能夠幫助個人願望成真，故而漸進興盛這類宗教。

　　具有哲理的宗教又是如何發展的呢？根據佛教內道典籍《律分別》[3]的說法，自從這個星球有了人類起，人類便可享

3　德格版，經，འདུལ་བ་ལུང་རྣམ་འབྱེད།（律分別），ཤི卷，第七品，111背頁；對勘本版，書號5，275頁。

用不須耕種的糧食。某時,因為懈怠的人們要囤積糧食,而產生了農務的需求。人們又因盜竊而相互爭執,才安置了判定法律的官員,以便審判及懲罰盜竊者的惡行。某些人因厭倦看到這種現象,前往且居住於森林中的寂靜處,形成了所謂的「梵志」。在寂靜處的某些知足少欲的梵志,依令心專注一境的方法,獲證住心[4]次第,後得神通幻變,於是被稱為「仙人」。這些獲證神通、精通推理的諸多學者,憑自身的智慧,觀察而安立了成辦增上生及解脫之道,並撰寫了諸多論典去闡述成立彼宗的因相,進而形成各種宗義。

根據某些印度的歷史文獻[5],約西元前2000年時,印度便有了雅利安人[6]或稱「聖人」的種族[7],此後逐漸興盛了吠陀的典籍,以及依其而定的種種供神儀式。當時的聖人種族會使喚其他族群,從此興起了官奴的習俗。慢慢地,聖人種族中,圓滿才智的學者稱「婆羅門」,即梵志;權掌地域的政治者稱「剎帝利」,即王族;農民及畜牧者等工作者稱「吠舍」,即商人;修鞋、理髮師等被視為是卑微種族,名「首陀羅」,即

---

4 譯者註:可參考《佛法科學總集‧下冊》,第十二品的「乙六、九住心」得知其義。

5 Mortimer Wheeler. *The Indus Civilization*, p76.

6 Āryan。

7 འཕགས། Āryan。

賤民。共說四類種姓。

鑑於婆羅門撰寫的典籍,梵天的口生婆羅門,肩生刹帝利,腿生吠舍,腳底生首陀羅,所以婆羅門的種姓為四種姓之最。此說令種姓之間存在巨大的歧異。[8]雖然一開始在四類種姓中,婆羅門及刹帝利並無高低好壞之別,自從某些婆羅門被地方國王供奉或視為國師後,便有了國王也尊重婆羅門的傳統。逐漸地,婆羅門無論是在種姓或知識等各方面都較其他種姓更勝一籌的緣故,形成了公認婆羅門為四類種姓之最的傳統。

隨著吠陀典籍的興盛,吠陀典籍便成了求學聖域印度的知識、行為、藝術等的基礎。在此等吠陀典籍的基礎上,繁衍了祭祀儀式及密咒等的修持。諸多具慧的婆羅門學者,由聞思而檢視吠陀典籍的內容——推理句義、真假、有無我、有無前後世、今生苦樂、後世增上生、成辦解脫之道等,並舉出證明其宗的因相,引經據典地詮釋了各自不同的哲學觀點,故而撰寫出許多著作,這才開始有了聖域印度中的不同見解,尤其是宗義。

內外二道宗義裡,先有外道宗義。問:在各派的外道宗義

8　德格版,論,རྟོག་གེ་འབར་བ།(思擇焰論),中觀,ཛ་卷,第六品,299正頁;對勘本版,書號58,727頁。

中,以何為始呢?此發展史,依據佛教典籍,如阿闍黎慧鎧[9]的《殊勝聖讚廣釋》[10]的說法:

> 「初劫時,有位名迦毘羅[11]的仙人,著作了數論派論典,其弟子亦名迦毘羅。」[12]

如論所云,初劫時,亦是無量壽時,有位名「迦毘羅」的仙人,寫下了闡釋數論派宗義的論典,這就是一切宗義論著之祖。

阿闍黎月稱[13]的《入中論釋》[14]亦提出相同說法,彼論云:

> 「依數論計之少分差別,轉成多派外道。」[15]

雖然其他的外道宗義並非從數論派直接分出,但實際上,外道們在數論派所計度的「常我論」上,因少分增減不同的諸多見解差異,建立了種種相異之「我論」。顯而易見,依照

9　ཤེས་རབ་གོ་ཆ། 。

10　འཕགས་བསྟོད་ཀྱི་རྒྱ་ཆེར་བཤད་པ། 。

11　དྲང་སྲོང་སེར་སྐྱ། 。

12　德格版,論,禮讚,ཀ༌卷,27正頁;對勘本版,書號1,66頁。

13　ཟླ་བ་གྲགས་པ། 。

14　དབུ་མ་ལ་འཇུག་པའི་བཤད་པ། 。

15　德格版,論,中觀,འ༌卷,第六品,294正頁;對勘本版,書號60,778頁。
　　漢譯來源:法尊法師譯《入中論釋》。

「轉成別異多派宗義」的說法，可推論這數論派的見解就是外道宗義之開始。

另有一種解釋來自耆那派的某些典籍，其中說到應供[16]仙人才是第一位導師。阿闍黎清辨的《思擇焰論》云：

「亦傳此言，諸弟子眾圍繞之時，應供傳授一切數論等外道自心所計宗義邊際[17]，亦後傳[18]於梵天，並對梵天道：大梵天安矣，極晚至此處，諸論皆已傳，汝持此吠陀！」[19]

主張所有外道中的第一導師就是應供仙人。

迦毘羅[20]仙人是創立數論宗義的始祖。雖然古老典籍說，迦毘羅仙人出生於無量壽時，但後來的歷史研究家們卻認為，迦毘羅仙人大約是在西元前700年時出生。迦毘羅仙人的父親名「諸生之主」[21]或「噶達瑪」[22]；母名「德瓦乎

16　མཆོད་འོས།　。

17　譯者註：「邊際」指最終的決斷，如同國界不能跨越。

18　德格版雖寫ཤྱེད།，但根據北京及奈塘版改為ཤྱིན།。

19　德格版，論，中觀，ཏྭི卷，第九品，277背頁；對勘本版，書號58，675頁。漢譯大藏經內並無此譯。

20　གཱ་པི་ལ།或稱སེར་སྐྱ་མེར་སྐུ།。

21　སྐྱེ་རྒུའི་བདག་པོ།。

22　གཽ་ཏམ།。

帝」[23]，是「意生仙人」[24]或稱「瑪努」[25]的女兒。迦毘羅仙人是在聖域印度的賓度薩洛瓦日[26]出生，這點在印度文的資料中已然記載。[27]關於各主流外道的宗義發展史，主要阿闍黎的名稱及其著作的論典等內容，都會在本書闡釋各派的章節中說明。

導師釋迦牟尼佛尚未誕生於聖域印度之前，外道各派宗義早已發展，即便是導師釋迦牟尼佛在世的時候，聖域印度中亦有十八部外道的導師。《律本事》[28]云：

> 「居住於王舍城附近的有：富蘭那迦葉[29]、末伽梨拘舍梨子[30]、刪闍夜毘羅胝子[31]、阿耆多翅舍欽婆羅[32]、迦羅

23　དེ་མ་བླུ་རྟི། Devahūti。

24　དྲང་སྲོང་ཡིད་ལས་སྐྱེས།

25　མ་ནུ། Manu。

26　བིནྡུ་ས་རོ་ལྦ་ར། Bindusarovar。

27　薄伽梵歌，第三品，二十一章，32偈。譯者註：གྲུབ་མཐའ་རྩེ་བགད་པའི་གླུ། 漢譯為《薄伽梵歌》或稱《黑曲》，英文是「*Bhagavad-gītā*」。

28　འདུལ་བ་ལུང་གཞི།

29　འོད་སྲུང་གི་བུ་རྫོགས་བྱེད། Pūraṇa Kāśyapa。雖然德格版的甘珠爾寫འདོད，但在此依據拉薩、奈塘版而修改為འགོ。

30　གནས་སྐྱེས་ཀྱི་བུ་ཀུན་ཏུ་རྒྱུ། Maskarī Gośālīputra。

31　སྨྲ་འདོད་ཀྱི་བུ་མོའི་བུ་ཡང་དག་རྒྱལ་བ་ཅན། Saṃjaya Vairāṣṭrikaputra。

32　མི་ཕམ་སྐྲའི་ལ་བ་ཅན། Ajita Keśakambala。

鳩馱迦旃延[33]、尼乾陀若提子[34]。」[35]

在《律本事》裡，舍利弗、目犍連、大迦葉等人與導師世尊的問答中，簡略記載了十八部外道導師的主張。

關於佛教內道的發展史，誠如內外道的宗義師共同承許，創立佛法宗義的始祖是悉達多王子或稱「釋迦牟尼」，出生於藍毗尼園，父親是印度釋迦族的淨飯王，母親是摩耶夫人。追隨佛的弟子們針對導師世尊的出生及涅槃的年份各有不同的說法。基於當今普及的斯里蘭卡巴利文的佛教法脈，以此為主的上座部觀點：西元前623年，導師世尊出生於藍毗尼；西元前543年，導師世尊八十一歲時，圓寂於拘尸那揭羅[36]。西元1956年，為紀念導師世尊涅槃二千五百年而舉辦的國際會議，就是根據這種算法而舉辦的。

33　གཅུའི་བུ་གནོས་ཅན། Kakuda Kātyāyana。

34　གཉེན་གྱི་བུ་གཅེར་བུ། Nirgrantha Jñatiputra。

35　德格版，經，律，ཀ卷，第二品，23背頁；對勘本版，書號1，53頁。藏譯與漢譯稍有不同，漢譯原文：《根本說一切有部毘奈耶》（T.23.1442.692b.27）：「有外道六師不遠而住，所謂晡剌拏迦攝波子（又稱富蘭那迦葉，Pūraṇa Kāśyapa）、末塞羯利瞿舍梨子（又稱末伽梨拘舍梨子，Maskarī Gośālīputra）、珊逝移毘剌知子（又稱刪闍夜毘羅胝子，Saṃjaya Vairāṣṭrikaputra）、阿市多雞舍甘跋羅子（又稱阿耆多翅舍欽婆羅，Ajita Keśakambala）、脚俱陀迦多演那子（又稱迦羅鳩馱迦旃延，Kakuda Kātyāyana）、尼健陀慎若低子（又稱尼乾陀若提子，Nirgrantha Jñatiputra）等」。

36　རྩྭ་མཆོག་གྲོང་། Kuśinagara。

若以梵文佛教法脈為主的說法，導師釋迦牟尼佛來到這世間後，依序說三轉法輪。初轉四諦法輪的對象是五比丘，地點是瓦拉納西的仙人墮處鹿野苑。二轉無相法輪是在王舍城的聖地靈鷲山[37]，三轉善辨法輪[38]則是在廣嚴城[39]。毘婆沙宗及經部二派宗義主要是依據初轉四諦法輪，中觀宗義主要是依據二轉無相法輪，唯識宗義主要是依據三轉善辨法輪。[40]

四部宗義皆以導師釋迦牟尼佛的說法為依據而發展。佛陀示現涅槃後，阿羅漢們結集了《阿毘達磨七論》[41]，建立了毘婆沙部的宗義，從而譽滿天下。此宗更因為《阿毘達磨大毘婆沙論》[42]的編纂而昌盛。《阿毘達磨大毘婆沙論》──或稱《毘婆沙海釋》[43]──這部典籍所涉及的範圍相當廣泛，對於此論的發展過程，說法也不同。

37　བྱ་རྒོད་ཕུང་པོའི་རི། Gṛdhrakūṭa。

38　譯者註：根據不同派別的主張，三轉法輪的事例也不相同。唯識說《解深密經》是三轉法輪，而某些中觀師卻說《如來藏經》才是三轉法輪。

39　གནས་ཡངས་པ་ཅན། 又稱毗舍離（Vaiśali）。

40　如衛者明慧的《宗義釋藏》（གྲུབ་པའི་མཐའ་རྣམ་པར་བཤད་པའི་མཛོད།）也清楚說明其義。出版資訊：《西藏十部大明藏》（བོད་ཀྱི་བཅུ་ཕྲག་རིག་མཛོད་ཆེན་མོ།），薩迦文集，第十冊，258頁。人民出版社及青海人民出版社，2004年。

41　藏文是མངོན་པ་སྡེ་བདུན།。對於《阿毘達磨七論》是哪七論，上座部與《阿毘達磨大毘婆沙論》的說法不相同。參考《西藏文獻精藏文集》，第二十三冊，《俱舍釋現觀嚴》的前序。

42　ཆོས་མངོན་པ་བྱེ་བྲག་ཏུ་བཤད་པ་ཆེན་པོ།。

43　བྱེ་བྲག་བཤད་མཚོ།。

雖然《阿毘達磨大毘婆沙論》的前序內容主要是以佛陀的教言為依據，但是這部論典的諸多章節都陳述四位阿毘達磨大師——法救[44]、妙音[45]、世友[46]、覺天[47]——的主張，且釋疑的難處，皆以世友的主張作為自宗的合理依據。整體而言，《阿毘達磨七論》中，迦多衍尼子[48]著作的《阿毘達磨發智論》[49]與這部《阿毘達磨大毘婆沙論》的編纂形式相同。西元七世紀，中國唐代的玄奘大師由梵文完整漢譯了這整部《阿毘達磨大毘婆沙論》，其譯後跋文的兩個偈文[50]中明確說到，佛陀涅槃後四百年，迦膩色加王[51]在位時，於迦濕彌羅召集了五百阿羅漢而說三藏，彼時寫下了這部《阿毘達磨大毘婆沙論》。

真諦大師漢譯的世親[52]論師傳記——《婆藪槃豆傳》——

44　བཙུན་པ་ཆོས་སྐྱོབ།

45　བཙུན་པ་དབྱངས་སྒྲོགས།

46　བཙུན་པ་དབྱིག་བཤེས།

47　བཙུན་པ་སངས་རྒྱས་ལྷ།

48　གཅེའི་བུ།

49　ཡེ་ཤེས་ལ་འཇུག་པ།

50　《阿毘達磨大毘婆沙論》，第十冊，910頁。這部論典在二十世紀時由中國和尚洛桑卻帕——或中文稱「法尊」法師——翻譯成藏文。漢譯來源：《阿毘達磨大毘婆沙論》（T.27.1545.1004a.05）云：「佛涅槃後四百年，迦膩色加王贍部，召集五百應真士，迦濕彌羅釋三藏。」譯者註：雖然大毘婆沙論作「迦膩色加王」，不過其他漢譯多作「迦膩色迦王」。

51　རྒྱལ་པོ་ཀ་ནི་ཥྐ།

52　སློབ་དཔོན་དབྱིག་གཉེན།

中說,以迦多衍尼子[53]為首,馬鳴論師[54]為輔,編纂了《阿毘達磨大毘婆沙論》。[55]還有一說,《阿毘達磨大毘婆沙論》大約是在迦膩色加王時,第四次結集之末尾時編成。[56]如前已述,毘婆沙部自派的宗義典籍是《阿毘達磨七論》、《阿毘達磨大毘婆沙論》,以及《阿毘達磨俱舍論》及其自釋[57]等。

經部宗義也是在佛陀示現涅槃後興起,廣傳其哲學的印度阿闍黎是遠近馳名的鳩摩邏多[58],這位大師著有《喻鬘論》[59]以及《持三藏者之藏訣》[60]等,[61]這兩本著作不僅未譯成藏文,在

---

53 譯者註:在《婆藪槃豆傳》中,「迦多衍尼子」稱為「迦旃延子」,他處譯名亦作「迦旃延尼子」。

54 སློབ་དཔོན་དཔའ་བོ། 。

55 Encyclopedia of Indian Philosophies. Volume 7, p112. 漢譯來源:《婆藪槃豆傳》(T.50.2049.189a.21)云:「迦旃延子遣人往舍衛國,請馬鳴為表文句,馬鳴既至罽賓。迦旃延子次第解釋八結,諸阿羅漢及諸菩薩,即共研辯義。意若定,馬鳴隨即著文。經十二年造毘婆沙方竟,凡百萬偈,毘婆沙譯為廣解。」

56 Encyclopedia of Indian Philosophies. Volume 7, p511。參考法國學者Etienne Lamotte對此的明晰解釋。

57 མཛོད་པ་མཛོད་རྩ་འགྲེལ། 。

58 གཞོན་ནུ་ལེན། Kumāralāta。

59 དཔེའི་ཕྲེང་བ། 。

60 སྡེ་སྣོད་འཛིན་པའི་དཔེ་མཛོད། 。譯者註:找不到相對應的譯文,只能暫譯為《持三藏者之藏訣》。

61 此論師的其他著作會在經部的章節中闡釋。多羅那他的《印度宗教發展史》(79頁)明確說到,鳩摩邏多論師(意譯「童受」著稱)與迦膩色加王同期。以此推論,此論師應與馬鳴論師處於相同時代。章嘉大師的《宗義高山

當今的印度梵本裡也找不到。迦濕彌羅國的阿闍黎妙護[62]是著名的經部宗義論師之一，此論師著有《成外境義》[63]、《觀遮他品》[64]、《觀聞論》[65]、《成遍知論》[66]等論典，彼等著作可從當今的藏譯丹珠爾獲得。此外，《阿毘達磨七論》、阿闍黎世親的《阿毘達磨俱舍論》及其自釋、阿闍黎清辨的《思擇焰論》、阿闍黎寂護的《真如集論》，以及佛教量學的典籍等，也都明晰闡釋經部宗義。

西元四世紀時，聖者阿闍黎無著著作了《瑜伽師地論》的五分論[67]，以及二集論——《攝大乘論本》[68]與《大乘阿毘達磨

莊嚴》（《西藏文獻精藏文集》，第二十四冊，68頁）說，此論師早期亦名「鳩摩邏陀」、「究摩羅陀」、「尊者羅陀」等。衛者明慧的《宗義釋藏》（75頁）說，經部是從一切有部分支出去的。

62　དགེ་སྲུངས། Śubhagupta。

63　ཕྱི་རོལ་དོན་གྲུབ། Bāhyārthasiddhikārikā。中正大學華文哲學百科中，將其詞譯為《成外境頌》；香港中文大學的茅宇凡將其詞譯為《成立外部對象論》；顏銘俊將其詞譯為《考察外部對象品》。此論名的漢譯皆有不同，故而譯者決定根據藏文直譯為《成外境義》。

64　གཞན་སེལ་བརྟག་པའི་རབ་བྱེད།

65　ཐོས་པ་བརྟག་པ།

66　ཐམས་ཅད་མཁྱེན་པ་གྲུབ་པ།

67　ས་སྡེ་ལྔ། 五分論：一、本地分（Maulyo bhūmayaḥ 或 Maulī bhūmiḥ རྣལ་འབྱོར་སྤྱོད་པའི་ས།）。二、攝決擇分（Viniścayasaṃgrahaṇī རྣམ་འབྱོར་སྤྱོད་པའི་ས་ལས་གཏན་ལ་དབབ་པ་བསྡུ་བ།）。三、攝事分（Vastusaṃgrahaṇī རྣམ་འབྱོར་སྤྱོད་པའི་ས་ལས་གཞི་བསྡུ་བ།）。四、攝異門分（Paryāyasaṃgrahaṇī རྣམ་འབྱོར་སྤྱོད་པའི་ས་ལས་རྣམ་གྲངས་བསྡུ་བ།）。五、攝釋分（Vyākyāsaṃgrahaṇī རྣམ་འབྱོར་སྤྱོད་པའི་ས་ལས་རྣམ་པར་བཤད་པའི་བསྡུ་བ།）。

68　ཐེག་བསྡུས། Mahāyāna saṃgraha śāstra。

集論》[69]——等佛教典籍,從而興盛了唯識的宗義。

西元二世紀[70]時,阿闍黎龍樹著作了《中觀理聚六論》[71],由此興盛了大乘哲學,尤其是中觀哲學。

在如是具有千年歷史悠久的聖域印度文明中,為因應謀求人類暫時及究竟利益之所需,眾多內外道導師依各自的哲理,逐漸新創了多種宗教。追隨這些宗義的後代學者們,不僅以理路相互駁議與檢視,更因破他宗及立自宗的緣故,善說了更為深入、細緻的宗義,且將其歸納於基道果三者之中。

甲二、宗義的定義及詞義

宗義[72]的定義是什麼?答:於自己的認知中,斷除其他妄念的增益分,依理成立無謬真相。主張以理路成立彼義的補特伽羅稱「說宗義者」。誠如《入楞伽經》[73]云:

69　མངོན་པ་ཀུན་ལས་བཏུས་པ། Abhidharmasamuccaya。

70　有另一種說法:中觀派的興盛是從導師涅槃後的四百年起。

71　དབུ་མ་རིགས་ཚོགས་དྲུག《中觀理聚六論》:一、《中觀根本慧論》དབུ་མ་རྩ་བ་ཤེས་རབ། Mūlamadhyamakakārikā。二、《迴諍論》རྩོད་བཟློག Vigrahavyāvartanī。三、《精研論》ཞིབ་མོ་རྣམ་འཐག Vaidalyaprakaraṇa。四、《七十空性論》སྟོང་ཉིད་བདུན་བཅུ་པ། Śūnyatāsaptati。五、《六十頌如理論》རིགས་པ་དྲུག་བཅུ་པ། Yuktiṣāṣṭika。六、《寶鬘論》དབུ་མ་རིན་ཆེན་ཕྲེང་བ། Ratnāvalī。

72　「宗義」的藏文有「成立的邊際」的意思。

73　ལང་ཀར་གཤེགས་པ། Laṅkāvatārasūtra。

「大慧,何謂宗義?謂依何等法而修正行,遠離自心妄念故。」[74]

宗義的梵文是悉檀多[75]。雖說此詞也涵蓋論典、誓言,以及正確了知等的內容,然於此處卻指:於自己的認知中,依理立宗——正確的真相或實際情況就是如此,除此外沒有其他——或決定其義。[76]「悉檀」(siddha)乃成立;「庵多」(anta)是邊際[77]之義,該二的結合是悉檀多(siddhānta),即「宗義」。

宗義的詞義:於自己的認知中,依據教言或理路斷除其他妄念的增益分,從而成立或承許「此無誤、合理的內容才是唯一的選擇,絕無他路」的決定義,稱「宗義」。阿闍黎法友[78]的《般若波羅蜜多教授現觀莊嚴論頌釋明句疏》[79]云:

---

[74] 德格版,經,經典,ཤི卷,第三品,123背頁;對勘本版,書號49,307頁。三藏菩提流支將「宗義」(གྲུབ་མཐའ།)翻成「建立如實法相」。三藏菩提流支的漢譯《入楞伽經》(T.16.671.547a.8)云:「大慧,何者建立如實法相?謂依何等法而修正行,遠離自心虛妄分別諸法相故。」

[75] 又稱悉檀。

[76] 此依章嘉大師的《宗義高山莊嚴》(《西藏文獻精藏文集》,第二十四冊,10頁)解釋。

[77] 除此之外,沒有其他選擇,如同最終的邊際,故藏文的「宗義」有邊際之義。

[78] ཆོས་བཤེས།或稱ཆོས་ཀྱི་བཤེས་གཉེན། Dharmamitra。

[79] པར་ཕྱིན་འགྲེལ་བཤད་ཚིག་གསལ།。

> 「汝的宗義[80]是以理路及教言而明晰闡釋所成立的自宗，絕無除此[81]以外的其他去處，故稱『邊際』！」[82]

有時候，「見」被視為「宗義」的異名，如從外道阿闍黎摩沓婆[83]的宗義著作《攝一切見》[84]的書名便可得知。

一般而言，見與宗義有差異嗎？確實有將其二視為同義異名的主張。[85]抑或，「見」的梵文是「darśan」，其意譯為藏文應理解為看法或內心的觀點。「見」主要是針對各各境的看法及其相關的承許；「宗義」主要是針對完整詮釋基、道、果的承許立場，將其內容聚集一處楷定而成的。所以可以這麼說：對各各境的觀點為「見」，基於彙集諸多觀點於一處的哲學闡述是宗義。

總而言之，見與宗義是由內外道針對各種情況的多次漸進觀察所產生。以牛為例，牛也知道冷時要待在陽光下，熱時要

---

80 譯者註：宗義二字從藏直譯是「成立的邊際」。
81 譯者註：根據自己的認知所設定的最終界線。
82 德格版，論，般若，ྱི卷，第四品釋，75正頁；對勘本版，書號52，880頁。漢譯大藏經內並無此譯。
83 སྨྲ། Mādhava。
84 སྨྲ་བ་ཐམས་ཅད་བསྡུས་པ། Sarvadarśansaṃgraha。
85 如衛者明慧的《宗義釋藏》（6頁）也說，教典學者各自理解的主張就是宗義。「宗義」的異名有「見」、「主張」、「乘」等。

待在陰影下，僅僅如此，人類並不感到滿足，因為人們會認真反思：太陽是如何形成的、太陽的溫度有多熱、太陽的形成需要多少年，以及未來太陽會變成如何等的內容，對其做出種種觀察。同理，人們會根據自己的智慧，在自身親眼所見、親耳所聞的認知基礎上，運用多種理由，最終決定且相信深層的真相為何——即便經他人檢視也無法找出有破綻。人們自己推理的種種論述，都以此為依據，再以各類觀察途徑檢視，最後才提出自己認定的結論而建立宗義。

眾生有兩類：離宗義者及具宗義者。前者不會依賴結合理路的教典，只求個人今世的安樂。後者不以此而滿足，反而會根據自己的慧力，依賴教典，進而觀察真相——探究所取與所捨的內容應為何。

甲三、略說內外宗義的差別

關於內外道之異名，外道的異名有：他宗、外教，以及「持邊者」[86]；內道的異名有：自宗、內教，以及佛教。佛教的典籍說，外道因遠離佛法的教義而稱「外道」，非自宗佛教而稱「他宗」，迥異於此佛法內教而稱「外教」，持有邊見故名「持邊者」。

86　མུ་སྟེགས་ཅན།

一般來說,「持邊者」另有其他詞義,誠如阿闍黎慧鎧的《殊勝聖讚廣釋》云:

> 「解脫及增上之道為『持邊』,闡釋彼義之論著亦名『持邊』;是以如此之行者,名『持邊者』。」[87]

依論所說,持守、推廣成辦各自宗的解脫及增上生道的論述者,稱「持邊者」。還有其他說法:「持邊者」是外道中「勝利派」[88]的名稱,不是外道宗義者的總名。然而,《般若燈論之註釋》[89]卻明白說到「持邊者」是外道宗義者的總名。此論云:

> 「謂『持邊者』,即為求法而趣入其途徑者也。如財天[90]、大神[91]、梵天[92]、迦毘羅[93]、食米齋[94]、足目[95]、

87　德格版,論,禮讚,ཀ卷,32正頁;對勘本版,書號1,78頁。漢譯大藏經內並無此譯。

88　རྒྱལ་བ་པ། 又稱耆那派。

89　ཤེས་རབ་སྒྲོན་མེའི་འགྲེལ་པ་བཤད།,作者是觀音禁(Avalokitavrata སྤྱན་རས་གཟིགས་བརྟུལ་ཞུགས།)。

90　ནོར་ལྷ།。

91　ལྷ་ཆེན་པོ།。

92　ཚངས་པ།。

93　སེར་སྐྱ། Kapila。

94　གཟེགས་ཟན། Kaṇāda。

95　རྐང་མིག Akṣapāda。

興旺[96]、伺察子[97]等人。」[98]

如何區分外道徒與內道佛教徒兩者之間的宗義呢？對此，佛教典籍有各種說法。光論佛教徒與外道徒之差異，主要是以有無皈依而區分。又，眾所周知，內外道宗義的差異是以見解而區分。

先說由皈依而區分佛教徒與外道徒。內道佛教徒：承許導師世尊典籍所說的三寶，才是正確皈依處之補特伽羅。外道徒：承許導師世尊典籍所說的三寶，不是正確皈依處之補特伽羅。根據文獻，[99]由皈依而區分佛教徒與外道徒的差異，是阿闍黎香諦巴[100]與無等至尊大士阿底峽[101]的主張。

如何由見解而區分彼二宗義的差別呢？內道佛教的宗義者：不僅承許三寶是正確的皈依處，也承許「諸行無常、諸漏皆苦、諸法無我、涅槃寂靜」的四法印，總之就是主張無自主

96　འཕེལ་བ།。

97　རྒྱལ་དཔོག་གི་བུ།。

98　德格版，論，中觀，ཟ卷，第一品，15背頁；對勘本版，書號58，893頁。漢譯大藏經內並無此譯。

99　不僅章嘉大師的《宗義高山莊嚴》（《西藏文獻精藏文集》，第二十四冊，10頁）這麼說，《菩提道次第廣論》等論著也是這麼解釋。

100　ཤནྟི་པ Śāntipa，十一世紀左右。

101　ཨ་ཏི་ཤ Atiśa Dīpaṃkara Śrījñāna, 982-1054。

之我的宗義者。不承許如此立場的宗義者，則可視為外道宗義者。梵行持戒者須菩提妙音[102]的《別說照明一切乘》[103]也提到依如是有無主張自主之我而區分。此論云：

「外道與內道，說彼等二見。中道二無我即是要義，遠離無我見則是外道。」[104]

此論說，以是否主張無我、無我所二者，或人無我、法無我二者任一來區分內外道[105]。同理，許多經續也說，應以見解而區分內外道宗義的差異。

一般內外道徒的差異是由皈依而區分，但是內外道宗義的差異是由見解而區分，因此，佛教徒不一定是佛教宗義者。

如果這麼想：以聖正量部[106]的犢子部[107]為例，該部主張「不可說我」的緣故，難道就不是佛教宗義者嗎？

答：此派雖然不承許佛教的無我見，但是因為具有皈依、戒律等行為，仍可說該部是佛教徒。抑或，四法印裡面的「無

---

102 རབ་འབྱོར་དབྱངས།。

103 ཐེག་པ་ཐམས་ཅད་དུ་སྣང་བར་བྱེད་པའི་བྱེ་བྲག་ཏུ་བཤད་པ།。

104 德格版，論，中觀，ལ卷，306正頁；對勘本版，書號63，1871頁。

105 根據前後文的脈絡，在此的差異是指內外道宗義的差異，不是內外道徒的差異。

106 འཕགས་པ་མང་བཀུར་པ།。

107 གནས་མ་བུ་པའི་སྡེ་པ།。

我」[108]，若指「無常、一、自主之我」，這也是犢子部所承許的觀點，因為犢子部主張「不可說我是有為或無為任一」，這與「諸行無常」並不相違，等同承許四法印，也有這種解釋。

有一些佛教典籍只說三法印——諸行無常、諸法無我、涅槃寂靜。例如阿闍黎奢摩他天[109]的《俱舍論切要釋》[110]中，引用了阿闍黎種種慧[111]的《讚薄伽梵四百頌》[112]云：

「諸法皆無我，諸行剎那性，涅槃皆寂靜，您說三法印。」[113]

四法印又稱「四殊勝法」、「四憂檀那」，如《佛為海龍王說法印經》[114]云：

「佛告海龍王，有四殊勝法，若有受持、讀誦、解了其義，用功雖少，獲福甚多，即與讀誦八萬四千法藏，功德無異。云何為四？所謂念誦諸行無常、一切皆苦、諸

---

108 指的是四法印的「諸法無我」。
109 སློབ་དཔོན་ཞི་གནས་ལྷ། །
110 མཛོད་ཀྱི་འགྲེལ་བཤད་ཉེ་བར་མཁོ་བ། །
111 སློབ་དཔོན་སྣ་ཚོགས་བློ་གྲོས། །
112 བཅོམ་ལྡན་འདས་ལ་བསྟོད་པ་བཞི་བརྒྱ་པ། །
113 德格版，論，阿毘達摩，གུ卷，第一品，83背頁；對勘本版，書號82，952頁。漢譯大藏經內並無此譯。
114 འཕགས་པ་ཀླུའི་རྒྱལ་པོ་རྒྱ་མཚོས་ཞུས་པའི་མདོ། །

法無我、寂滅為樂。龍王當知,是謂四殊勝法,菩薩摩訶薩無盡法智,早證無生,速至圓寂。」[115]

《大乘莊嚴經論》[116]云:

「如前三三昧,四印為依止,菩薩如是說,為利群生故。」[117]

聖者無著菩薩的《菩薩地持經》[118]云:

「有四憂檀那法,諸佛菩薩為令眾生清淨故說。云何為四?一切行無常是憂檀那法、一切行苦是憂檀那法、一切法無我是憂檀那法、涅槃寂滅是憂檀那法。」[119]

關於四法印中的「無常」,多數佛教宗義師認為,有為法的壞滅不觀待後起之因,有為法的壞滅性是受到有為法之因本身的影響而自然形成,故而主張:從形成起,沒有任何剎那是

---

115 德格版,經,眾經,ཤི།卷,205背頁;對勘本版,書號58,540頁。漢譯來源:《佛為海龍王說法印經》(T.15.599.157b.14)。

116 མདོ་སྡེའི་རྒྱན།。

117 德格版,經,唯識,ཕི།卷,第十九品,31背頁;對勘本版,書號70,873頁。漢譯來源:《大乘莊嚴經論》(T.31.1604.646a.13)。

118 བྱང་ས། Bodhisattva-bhūmi。

119 德格版,論,唯識,ཞི།卷,146正頁;對勘本版,書號73,884頁。漢譯來源:《菩薩地持經》(T.30.1581.934c.9)。

不變的。

經說:「諸漏皆苦」,即任何與煩惱具有因果關係者,或由煩惱所轉者,皆為有漏之法。

經說:「諸法無我」,即蘊體之外,沒有其他的我——苦樂享受者及造業者——及我所。

經說:「涅槃寂靜」,即去除內心污垢的寂靜。此如阿闍黎法稱[120]《釋量論》[121]之反駁所言,論云:

「彼非堅固性」[122]

如前所述,內外宗義師在見解上雖然有許多不同立場,但是主張前後世及業因果的印度哲學家們,在行善斷惡的作法上卻極為一致,如修持慈愛、忍辱、知足等的共通性是毫無爭議的。同樣地,這一切宗見,都是以人類的暫時及究竟福祉為目的而安立。認清這點很重要!

若問:既然在宗義的行為上,存在著這麼多相似之處,為何過去的大師們要以各種立自宗、反他宗的方式相互檢視及辯

---

120 བློ་དཔོན་ཆོས་ཀྱི་གྲགས་པ།。

121 ཚད་མ་རྣམ་འགྲེལ།。

122 德格版,論,量,ཤེ卷,第二品,第191句偈頌文,114背頁;對勘本版,書號97,517頁。漢譯來源:法尊法師譯《釋量論》。譯者補充:引文的意思是,因為有空正見等對治力的因緣,內心的污垢並非堅固或無法消滅。

論呢?

為了使崇敬各宗派的信徒們解脫痛苦,彼等取捨行為之依據,便是依著各自宗派正理而立的哲學觀點。宗派之間的辯論,絕非源於緣自宗的貪及緣他宗的瞋而起。然而,在立自宗、反他宗之際,也能破除他宗典籍所說的增益見,這並無過。例如,《入中論》[123]云:

「論中觀察非好諍,為解脫故顯真理,若有解釋真實義,他宗破壞亦無咎。」[124]

緣自宗之貪、緣他宗之瞋、知自宗之慢等顛倒見,皆是生苦之因,所以絕對要斷除緣宗見的貪瞋,誠如《月燈三昧經》[125]云:

「若有聞聲貪愛起,是人必起於瞋怒,愚癡憍慢所纏縛,以慢力故得苦惱。」[126]

緣自他宗時,若有貪瞋之偏見,將不能到達解脫苦海之

---

123 དབྱེ་བ་འབྱུགས་པ། 。

124 德格版,論,中觀,ༀ卷,第六品,第116句偈頌文,210正頁;對勘本版,書號60,575頁。漢譯來源:法尊法師譯《入中論》。

125 *Candrapradīpasamādhi sūtra*或稱《三摩地王經》。

126 德格版,經,ༀ卷,第十九品,69背頁;對勘本版,書號55,167頁。漢譯來源:《月燈三昧經》(T.15.639.574c.28)

地;取捨二方時,若有實執,也永遠無法獲得寂靜。《四百論》[127]云:

「若汝貪自品,不喜他品者,不能趣涅槃,二行不寂滅。」[128]

應當捨棄這種緣自他宗的貪瞋偏執!諸多經論都反覆提到,研究宗義時,遠離客觀檢視的態度,其結果將是無法調伏心續。

從歷史的觀點來看,聖域印度的宗義師們相互辯論的議題,如外法的構成因素之微塵為何、我或補特伽羅的定義、能知之量的定義及數量、因相學的重點難題等等,以破他宗、立自宗、反他駁的三種形式進行詳細研究,促使雙方獲得了學術上的利益,從而令內外二道的宗義師們,針對細微知識的研究達到巔峰的境地。

甲四、彙集印度的不同宗義以及佛法典籍的發展史

在上座部的《阿毘達磨七論》中的《雜難經》[129]裡,以立

---

[127] བཞི་བརྒྱ་པ།

[128] 德格版,論,中觀,ཚ卷,第八品,第9句偈頌文,9背頁;對勘本版,書號57,800頁。漢譯來源:法尊法師譯《四百論》。

[129] གཏམ་གྱི་གཞི། Kathāvastu。

自宗、反他宗的方式,辯駁了犢子部、一切有部,以及說出世部[130]的觀點。龍樹怙主的《中觀根本慧論》、《迴諍論》及其自釋[131]、《精研論》[132]等論,也先提及內外道的說實事師是如何詮釋真相,後再由立、反而辯駁。

雖然早就有這些爭辯宗義的論著,可是結集內外道宗義的說法於一處,並加以詳細解釋、最早聞名的宗義著作則是《中觀心要論》及其自釋《思擇焰論》,由六世紀的吉祥那爛陀的大教授師清辨所著。這兩部論各有十一品。第一品講不放棄菩提心,第二品正說佛教的戒行,這兩品闡釋了菩薩的廣大行。第三品講尋求真實義慧,此品解說中觀派的深奧真實義應如何尋求之理。第四品講趣入聲聞的真實義,即內道宗義毘婆沙部及經部兩派如何主張真實義。第五品解說趣入瑜伽行的真實義,即瑜伽行唯識派是如何主張真實義。第六品說數論派如何解真實義。第七品說勝論派如何解真實義。第八品說吠檀多派如何解真實義。第九品說伺察派如何解真實義。第十品說一切遍知就是所求目標。第十一品因導師宣說二諦而禮讚,以此作為結語。

八世紀時,那爛陀的教授師寂護著作了《真如集論》,後

---

130 འཇིག་རྟེན་ལས་འདས་པར་སྨྲ་བ། Lokottaravādinaḥ。

131 རྩོད་བཟློག་རང་འགྲེལ།。

132 ཞིབ་མོ་རྣམ་འཐག།。

由阿闍黎蓮花戒[133]撰寫彼論的釋難。因為這兩本論著——根本論及其注釋——廣泛詳細介紹了內外宗義的主張,不僅聞名於聖域印度的佛教界裡,並且在所有的宗義師中也備受矚目。這兩部論典的主要內容,不僅依循由怙主龍樹所開創、說無體性的中觀派觀點,同時也強調阿闍黎陳那父子完善建立的量學及因相學的重要性。確實是部結合中觀及量學兩者的重要論典,目前仍收錄在藏譯的丹珠爾中。

《真如集論》的自宗立場是:基法真相都無體性。這是依《集量論頌》[134]及《七量論》[135]而建立。為此,此論廣泛檢視了內外道宗義的主張[136],共三十品。第一品:無神數論派主張,共主相或自性是情器的唯一因。第二品:自在天派。第三品:有神數論派主張,自性[137]及自在天兩者才是情器之因。第四品:順世派主張,情器並無起因,皆是自然演化而成。第五品:梵天派。第六品:吠陀派主張,此世間是由士夫所造。第七品:正理派及勝論派。第八品:伺察派。第九品:迦毘

---

133 ཀམ་ལ་ཤི་ལ།, 740-795。

134 ཚད་མ་ཀུན་ལས་བཏུས་པ། *Pramāṇasamuccaya*。

135 ཚད་མ་སྡེ་བདུན།。

136 依1968年印度出版社「boddhabhāratī」印刷、目前由勝利派圖書館保留的舊版,以及對照彼梵文的諸多古老版本,《真如集論》針對我的觀察六品合為一品——〈觀我品〉,且一一保留總別二品,共二十六品。

137 在此自性指的是共主相。

羅。第十品：天衣派或耆那派。第十一品：密義派[138]的主張。第十二品：自宗犢子派主張不可說我。第十三品：謂觀察堅固事物，即內外各宗義師是如何以直接、或影射、或間接三種途徑主張真實事物。第十四品：觀察業果之相屬。第十五品至第十九品：勝論派主張的所知六句義。第二十品：觀察聲義。第二十一品：現量定義。第二十二品：比量定義。第二十三品：觀察餘量。第二十四品：觀察大種。第二十五品：觀察三時。第二十六品：觀察主張斷邊的宗義——順世派。第二十七品：觀察外境。第二十八品：觀察聞義。第二十九品：以破除「吠陀是量」為主，進而觀察自義成量。第三十品：觀察是何士夫能見遠離餘根之境。《真如集論》的釋難[139]將句義分成總別二品，各各詮釋，故有三十一品。除此外，其他章節皆與根本論[140]相同。

在外道學者的典籍中，最著名的宗義總集是十三世紀吠檀多派的教授師摩沓婆[141]的著作，名《攝一切見》

---

138 吠檀多的異名。

139 蓮花戒的《真如集論釋》。

140 《真如集論》。

141 西元1331年，這位教授師曾經擔任位於卡納塔克邦（Karnataka），斯林格埃里（Sringeri）寺院——由吠檀多派的阿闍黎商羯羅（Śaṅkara）所創——的住持。由此可見，摩沓婆的出生年份應該是在十三世紀末。

（Sarvadarśansaṃgraha）¹⁴²，有十六品。第一品：順世派。第二品：佛教。第三品：耆那派。第四品：遍入天¹⁴³的阿闍黎羅摩拏遮¹⁴⁴的宗義。第五品：說二吠陀的阿闍黎摩陀婆¹⁴⁵（亦名「布納般若」）¹⁴⁶的宗義。第六品：阿闍黎獸主派¹⁴⁷的自在天師，名「巴須巴達」¹⁴⁸的宗義。第七品：南印派的自在天。第八品：自在天的支派，即再認識派¹⁴⁹。第九品：自在天水銀派¹⁵⁰的宗義。第十品：勝論派。第十一品：正理派。第十二品：伺察派。第十三品：文法學派¹⁵¹。第十四品：數論派。第十五品：瑜伽派¹⁵²。最後第十六品：吠檀多派的宗義。

　　《攝一切見》總集了聖域印度十六種不同宗義立場的精髓，寫成各個章節。摩沓婆本身是吠檀多派的論師，所以在這

---

142 སར་བ་དར་ཤན་སོ་གྲ་ཧ།。

143 ཁྱབ་འཇུག Viṣṇu。

144 རཱ་མཱ་ནུ་ཛ Rāmānuja。

145 Madhva。

146 Pūrṇaprajña。

147 Nakulīśa。

148 Pāśupata。

149 Pratyabhijñā。

150 Raseśvara。

151 བརྡ་སྤྲོད་པ།或稱「波你尼」（Pāṇini）。

152 རྣལ་འབྱོར་པ། Yoga。

部論中，將吠檀多派設為最至上的宗義。根據摩沓婆自身的觀點，若從底部算起，聖域印度的宗義應依序為順世派、佛教、耆那派，先說此三是因為這三派屬墮斷邊的宗義。其他宗義則依品數的順序而釋。數論派及瑜伽派係最接近吠檀多派的宗派，故將彼二派置於後端。作者自宗的最高見解是吠檀多派，所以把吠檀多派的宗義寫成最後一品。

藏地裡，撰寫總集各內外宗義於一處的研究，以及學習相關內容的傳統，甚為興盛。簡略地說，大約在八世紀教法舊譯時期，祥智慧軍[153]大譯師著作了《見解之別》[154]，後來又有噶瓦拜則[155]大譯師著作的《見次第釋》[156]。教法新譯時期，十一世紀的榮松班智達法賢寫了一篇詮釋各類見解與宗義論著的後跋文。此後陸續仍有作品，像是理聖恰巴法獅子的《略攝內外宗義》[157]、《切卡瓦宗義》[158]、炯丹日惹[159]的《莊嚴宗義

---

153 ཞང་ཡེ་ཤེས་སྡེ།
154 ལྟ་བའི་ཁྱད་པར།
155 སྐ་བ་དཔལ་བརྩེགས།
156 ལྟ་བའི་རིམ་པ་བཤད་པ།
157 ཕྱི་ནང་གི་གྲུབ་མཐའི་རྣམ་གཞག་བསྡུས་པ།
158 འཆད་ཀ་བའི་གྲུབ་མཐའ།
159 བཅོམ་ལྡན་རིགས་པའི་རལ་གྲི།

之華》[160]、衛者明慧的《釋宗義藏》[161]、文殊怙主薩迦班智達的《宗義智慧》[162]、遍知龍欽的《宗派寶藏論》、達倉譯師的《遍知宗義》及其釋文[163]、第二世達賴喇嘛根敦嘉措[164]的《行駛宗義大海之舟》[165]、遍知文殊笑的《宗義寶炬論》及其釋文、章嘉喜金剛的《宗義高山莊嚴》[166]，以及格魯派的短篇宗義著作，如遍知寶無畏王[167]的《宗義寶鬘》[168]等。後來，十九世紀末至二十世紀初左右，又有居‧米旁[169]的《如意寶藏之宗義略論》[170]，及扎嘎賢慧吉祥[171]的《攝宗義要義之寶明炬

---

160 གྲུབ་མཐའ་རྒྱན་གྱི་མེ་ཏོག །

161 གྲུབ་མཐའ་རྣམ་པར་བཞད་པའི་མཛོད། །

162 གྲུབ་མཐའ་རྣམ་འབྱེད། །

163 གྲུབ་མཐའ་ཀུན་ཤེས་རྩ་འགྲེལ། །

164 དགེ་འདུན་རྒྱ་མཚོ། །

165 གྲུབ་མཐའ་རྒྱ་མཚོར་འཇུག་པའི་གྲུ་གཟིངས། །

166 གྲུབ་མཐའ་ལྷུན་པོའི་མཛེས་རྒྱན། །

167 ཀུན་མཁྱེན་དཀོན་མཆོག་འཇིགས་མེད་དབང་པོ། །

168 གྲུབ་མཐའ་རིན་ཆེན་ཕྲེང་བ། །

169 འཇུ་མི་ཕམ་པ།, 1846-1912。

170 ཡིད་བཞིན་མཛོད་ཀྱི་གྲུབ་མཐའ་བསྡུས་པ། །

171 བྲག་དཀར་བློ་བཟང་དཔལ་ལྡན། །

論》[172]等。[173]

　　本書闡釋內外宗義論述的主要依據如下：阿闍黎清辨論師《中觀心要論》及其自釋[174]、阿闍黎寂護《真如集論》及其注釋[175]。同時也引用其他那爛陀班智達的典籍，如阿闍黎聖天的《智要總集》及其注釋——由阿闍黎菩提賢[176]所寫的著作[177]、阿闍黎祇多梨的《善逝教典分別論》及其自釋。詮釋外道宗義時，引用的依據是：《金七十論》、《巴哈斯帕諦經》、《遮羅迦本集》，以及摩沓婆的《攝一切見》。

---

[172] གྲུབ་མཐའི་གནད་བསྡུས་རིན་ཆེན་གསལ་བའི་སྒྲོན་མེ།

[173] 如果想進一步了解西藏學者的宗義著作名稱，如尤為聞名的衛者明慧的《釋宗義藏》、達倉大譯師的《遍曉宗義》、遍知文殊笑的《宗義寶炬論》等，以及其綱要說明，可參考《西藏文獻精藏文集》第二十四冊、針對章嘉喜金剛《宗義高山莊嚴》的導讀前序。

[174] 自釋的論著名《思擇焰論》。

[175] 該注釋是由阿闍黎蓮花戒所作的《真如集論釋》。

[176] བྱང་ཆུབ་བཟང་པོ།

[177] 注釋名《慧心要集論釋注》ཡེ་ཤེས་སྙིང་པོ་ཀུན་ལས་བཏུས་པའི་བཤད་སྦྱར།

第二品
說外道宗義

總說外道宗義

外道宗義總共有多少種,一般而言並無定論,但許多經論對此有各種說法,如《律本事》說外道十八師,此論云:

> 「何謂推理六師?如是,富蘭那迦葉、末伽黎拘黎子、刪闍夜毘羅胝子、阿耆多翅舍欽婆羅、迦羅鳩馱迦旃延、尼乾陀若提子。何謂六隨外道聲聞?如是,知勝婆羅門、居擊婆羅門、具賢婆羅門、梵壽婆羅門、蓮實婆羅門、赤海子婆羅門。何謂六定外道?如是,鬱頭藍弗、知幻子遠飛、遍行善賢、婆羅門之子最勝、離繫仙人、薄伽梵迦葉髻。」[1]

在律典裡,舍利弗、目犍連、大迦葉等人與導師世尊的問答中,也略載了外道十八師的主張。《律本事》云:

---

[1] 德格版,經,律,ཉ卷,第八十一卷,77背頁;對勘本版,書號3,666頁。藏譯與漢譯稍有不同,漢譯原文:《根本說一切有部毘奈耶》(T.24.1450.107a.6):「何謂六師?一者、脯剌拏。二者、末揭利子。三者、珊逝移毘羅胝子。四者、阿市多雞舍甘婆羅。五者、腳拘陀迦旃延種。六者、昵揭爛陀若提子。何謂六隨外道聲聞?一者、拘達多婆羅門。二者、輸那陀。三者、遮彌。四者、梵壽。五者、蓮實。六者、赤海子。何謂六定外道?一者、欝多伽囉摩子。二者、囉囉哥囉摩。三者、善梵志。四者、最勝儒童。五者、黑仙。六者、優樓頻螺迦葉若胝羅,如是等外道邪法。」類似藏譯引文還可參考《四教義》(T.46.1929.735a.19)云:「何等名為三種六師外道?一者一切智六師、二者神通六師、三韋陀六師。」

第二品、說外道宗義

「婆羅門之子近勝與從懷生兩人,前往富蘭那迦葉處,問富蘭那迦葉:慧者,汝法為何?是以何法教授弟子?梵行之果為何?其利為何?富蘭那迦葉回:婆羅門子,我如是見且如是說,無布施、無祭祀、無火供、無善行、無惡行。」[2]

此中,「無布施、無祭祀、無火供、無善行、無惡行」五詞破除了因,之後的「善行業及惡行業之果及異熟皆無」破除了果,後五詞——「無此生、無他生、無母、無父、無化生有情」——破除了因與果兩者。還有,不僅在阿闍黎善親友[3]的《律本事大疏》[4]中,明顯記錄了與其他導師之間的問答內容,在阿闍黎小清辨[5]的《中觀寶炬》[6]中,也闡釋了富蘭那迦葉等導師的三百六十三見。

2　德格版,經,律,ཀ་卷,第二卷,23背頁;對勘本版,書號1,53頁。藏譯與漢譯稍有不同,漢譯原文:《根本說一切有部毘奈耶》(T.23.1442.692c.3):「爾時,實力子便往詣彼六師之所。晡剌拏迦攝波(又稱富蘭那迦葉,Pūraṇa Kāśyapa)曰,何者是仁所宗法理?於諸弟子以何教授?勤修梵行當獲何果?彼師告曰,太子,我之所宗,作如是見、作如是說:無施、無受,亦無祠祀;無善惡行、無業因緣、無異熟果⋯⋯」

3　དགེ་ལེགས་བཤེས་གཉེན།

4　འདུལ་བ་གཞིའི་རྒྱ་ཆེར་འགྲེལ། 德格版,論,律,ཚུ་卷,196背頁;對勘本版,書號87,530頁。漢譯大藏經內並無此譯。

5　ལེགས་ལྡན་ཆུང་བ།

6　དབུ་མ་རིན་ཆེན་སྒྲོན་མེ། 德格版,論,中觀,ཚ་卷,世俗錯亂智慧品,262背頁;對勘本版,書號67,238頁。漢譯大藏經內並無此譯。

另外,《梵網經》[7]云:

「比丘,某沙門及具慧婆羅門,以念前際、以觀住前際而說其論;以念後際、以觀住後際而說其論,彼等一切皆攝於六十二見中,不逾不多。」[8]

此文說,緣前際之見與緣後際之見盡攝於六十二見中。《思擇焰論》說其攝法,此論云:

「云何六十二惡見?《梵網經》如是云,念前際之外道乃十八,其中四者說常,四者說某餘是常,四者說有邊和無邊,四者迴避語,兩者說無因而生,如是十八。念後際有四十四,其中十六者說有想,八者說無想,八者說非想亦非無想,五者說此生涅槃,七者說斷邊,如是四十四。」[9]

雖然諸多典籍也說了該如何認定六十二惡見,但因《思

---

[7] ཆོས་པའི་དྲ་བའི་མདོ། *Brahmajālasūtra*。

[8] 德格版,經,經典,ཨུཾ་卷,84背頁;對勘本版,書號76,238頁。雖然在漢譯的《梵網經》中不見此文,但是類似經文出現在《佛說梵網六十二見經》(T.1.21.270c.8),經云:「於當來劫中,見當來事,念說當來。於無央數道所說各異,在四十四見中者,皆在是六十二見往還。於其中住在其中生死,俱合會行,在羅網中不得出。」

[9] 德格版,論,中觀,ཛ་卷,第十一品,325背頁;對勘本版,書號58,793頁。漢譯大藏經內並無此譯。

擇焰論》對此有詳細解釋[10]的緣故,本書依據該論稍做深入介紹。「四者說常」:一、某下根外道禪師以憶念前世的神通力想起二十中劫發生的事。二、中根外道禪師憶念四十中劫。三、上根外道禪師憶念八十中劫。四、外道禪師以梵天眼等神通力,觀看各各相貌美醜的有情死去時,見到彼等投生此處或彼處,從而宣稱「如親眼所見,我與世間皆是常」!

「四者說某餘是常」:五、大梵天的某些眷屬死後投生人道,此人在寂靜處修禪而獲得神通,後以神通力見其他天人都是無常,大梵天[11]卻能不死、是常。六、大梵天看四大皆是無常,卻不見心會壞滅,故說「大種無常,其餘──心──是常」。七、因愛玩墮落的欲界天人,由戲玩性退失正念及正知,後死去且投生人道。此人後修神通,見己過往所愛之人仍未過世,故說「墮落天人是無常,其餘是常」。八、隨友擾亂其心而亡的天人,投生人道。此人後修神通,見其他天人仍然未亡,故說「心亂天人是無常,其餘是常」。

「四者說有邊亦無邊」:某具足神通的外道仙人欲求得知世間有無邊際時,九、因想起壞劫而念有邊。十、因想起成劫而念無邊。十一、欲求得知世間的廣大邊際,僅見世間存在於

---

10 德格版,論,中觀,ཧྥ卷,第十一品,325背頁;對勘本版,書號58,793頁。漢譯大藏經內並無此譯。

11 譯者註:餘諸天人或非其他天人者的大梵天王。

無間地獄以上、四禪天以下,未見存在於他處,故念有上下邊際。十二、直接看到的諸世間中,見不到有止盡的對岸邊際,故念無邊。

「四者迴避語」:十三、某人問有無善惡之果時,若答有,自己又不能現證;若答無,又怕被其他神通者揭發自身過失,故以各種說詞迴避。十四、某人問有無前後世時,若答有,自己又不能現證;若答無,又怕被其他神通者揭發自身過失,故以各種說詞迴避。十五、某人問善法為何時,自己雖知,但若對他說「此是善」,將會利益對方;若不說,又恐自身遭受對方詆毀,故以言詞迴避。十六、問善法為何時,某極度愚昧者卻因不知如何回覆,而以言詞迴避。

「兩者說無因而生」:十七、以禪說無因者,即無色界的天人死後投生到欲界或色界時,某具足神通的仙人以神通觀其前因為何,卻不見其因[12],故見身心是無因驟生。十八、以推理說無因者,像是風雨驟起,或見某些樹會突然開花結果,某些樹卻不能,故說「我及世間皆是無因」。

前十八見的任何一者,皆是以念過去對境或現在對境為由而稱「念前際」。過去際及現在際都已形成,故為前際。

---

12 譯者註:因為前世是無色界的天人,以神通力看不到任何東西,故說「不見其因」。

念後際的四十四見。「十六者說有想」：一、想「我有身體」是對，其他想皆是愚昧的見解。二、想「我無身體」。三、想「我既是有身體，也是無身體」。四、想「我既非有身體，也非無身體」。五、想「我有邊際」。六、想「我無邊際」。七、想「我既是有邊際，也是無邊際」。八、想「我既非有邊際，也非無邊際」。九、想「我很安樂」。十、想「我很痛苦」。十一、想「我既是安樂，也是痛苦」。十二、想「我既非安樂，也非痛苦」。十三、想「我是一」。十四、想「我是異」。十五、想「我是小」。十六、想「我是無量」。

「八者說無想」：十七、不想「我有身體」。十八、不想「我無身體」。十九、不想「我既是有身體，也是無身體」。二十、不想「我既非有身體，也非無身體」。二十一、不想「我有邊際」。二十二、不想「我無邊際」。二十三、不想「我既是有邊際，也是無邊際」。二十四、不想「我既非有邊際，也非無邊際」。

「八者說非想亦非無想」：二十五、既非想亦非不想「我有身體」。二十六、既非想亦非不想「我無身體」。二十七、既非想亦非不想「我既是有身體，也是無身體」。二十八、既非想亦非不想「我既非有身體，也非無身體」。二十九、既非想亦非不想「我有邊際」。三十、既非想亦非不想「我無邊際」。三十一、既非想亦非不想「我既是有邊際，也是無邊際」。三

十二、既非想亦非不想「我既非有邊際,也非無邊際」。

「七者說斷邊」:三十三、欲界人道。三十四、欲界天道。三十五、色界諸天皆算為一。三十六至三十九、無色界的各四天。共計七道眾生直至臨終都是痛苦,且死後徹底消失。

「五者說此生涅槃」:四十、「盡情享受五欲,今世便可解脫」的見解。四十一、「獲得初禪,今世便可解脫」的見解。四十二、「獲得二禪,今世便可解脫」的見解。四十三、「獲得三禪,今世便可解脫」的見解。四十四、「獲得四禪,今世便可解脫」的見解。

六十二惡見之中,念後際的四十四見多數與未來的妄念有關,故名「念後際見」。

還有,《入楞伽經》說二十二見。此經云:

> 「大慧,某外道破諸蘊界處,於境遠離貪;常見不相應於法,故不起諸多心心所,不憶念過去、未來、現在之境。因[13]盡,宛如燈火,種子及風,故說不取妄想分別,故生涅槃心。大慧,見壞聚故,不得涅槃……某外道見輪迴及涅槃無別,執此為涅槃。」[14]

---

13 譯者註:妄念之因皆盡。
14 德格版,經,經典,ཅ卷,第三品,128背頁;對勘本版,書號69,1327頁。藏譯與漢譯稍有不同。漢譯原文:三藏菩提流支的漢譯《入楞伽經》(T.16.671.549a.16)云:「大慧,有諸外道厭諸境界,見陰界入滅,諸法無常,心心數法不生,現前以不憶念過去未來現樂境界,諸陰盡處,如燈火滅、種種風止,不取諸相妄想分別,名為涅槃。大慧,而彼外道見如是

如《入楞伽經》的注釋所說，[15]二十二見是：一、主張心識續流會間斷。二、有如用盡的箭力，[16]主張前往他處而得解脫。如，耆那派認為，解脫眾生的居住處，其形有如反倒向上的白傘，且具四十五萬諭繕那的大小。三、大自在天派[17]主張，能執是覺、所執是明，不見種種能所二元的緣故，常我是解脫。四、見我是常、蘊是無常，故得解脫。五、吠檀多派或吠陀秘密學派[18]主張，因念各種徵兆——如見腫瘤和劇痛皆是苦因——而生畏懼，斷除彼等的常我乃最上喜樂之處的解脫。六、梵天派主張，誰知三世所攝[19]的我是不壞性，誰就解脫。還有，佛教的毘婆沙宗主張，依通曉內外法的自相、共相及三世是質中成立[20]，方能解脫。七、諸法皆是常我性，

    法，生涅槃心，非見滅故名為涅槃。」至（T.16.671.549b.22）：「有餘外道言，見有物，見無物，見有無物，如是分別名為涅槃。」

15　德格版，論，經典，ཤེ། 卷，213正頁；對勘本版，書號70，513頁。漢譯大藏經內並無此譯。

16　譯者註：透過苦行折磨自身，方能用盡惡業之箭力，獲得解脫。

17　དབང་ཕྱུག་པ།

18　རིག་བྱེད་གསང་བ་པ།。譯者註：根據編輯格西們的說法，針對吠檀多派與吠陀秘密學派是否相同，雖有兩種不同的說法，但此書是以相同的觀點而解說。

19　譯者註：「三世所攝」是直譯，意指「遍及三世的我」。

20　藏文是「རྫས་སུ་གྲུབ་པ།」。漢譯大藏經中，不僅譯其詞為「實有」，也把「རྫས་སུ་ཡོད་པ།」譯為「實有」，並無明示該二的區別。根據此書下述毘婆沙宗的「丙一、總說」所言，「རྫས་སུ་གྲུབ་པ།」（質中成立）確實與「རྫས་སུ་ཡོད་པ།」「質有」或「質體有」不同。為能區別「རྫས་སུ་ཡོད་པ།」（質有）及「བདེན་པར་ཡོད་པ།」（真實有）的差別，此書統一將「རྫས་སུ་ཡོད་པ།」譯為「質有」。

故不壞滅,誰知此義便能解脫。八、有神數論派主張,若知此義——自性與士夫[21]之別、三德平等的共主相、種種變異皆是常性的大自在天所造——方能令大自在天歡喜,進而獲得解脫。九、觀修緣我的瑜伽,止盡緣諸福報業及非福報業的所有徵兆,方能解脫的主張。十、主張不用以智慧證悟真實義,因得有頂天之心,斷除一切煩惱而得解脫。十一、見世間一切皆是大自在所造,若能令大自在歡喜,方可解脫的主張。十二、世間是由一者轉成另一者[22]而形成。我德——貪瞋等煩惱——依我[23]而有,我又因造業而投生,並非源於大自在天等因,起如是念;主張遠離貪瞋等德方能解脫。十三、正理派主張,證悟真諦十六句義,方能解脫。十四、勝論派主張,若能根除九種我德,具德之我方可解脫。十五、主張見一切事物皆從無因自性而有,方能解脫。十六、否定大自在天的數論派主張,精通二十五真實義,方能解脫。十七、主張以慈悲王[24]派等的行為而奉行己教,方能解脫。該行為有:慈悲成辦他利、以悲除惡則滅自他二方[25]、通曉「以行軍調伏彼等、與他方爭鬥、時機未到應住本

---

21 譯者註:在此的「士夫」指的是覺知士夫。

22 譯者註:編輯格西們說,無神數論派認為,世間萬物的本質都是相通,故說「一者轉成另一者」。

23 常一自主的我。

24 རྒྱལ་པོ་སྙིང་རྗེ་ཅན། Kṛpālu Mahārāja。

25 應理解為則滅自他二方的對立。

位，[26]以及消滅城鄉之法」、若善調伏方可和諧等。十八、見「時間」造做一切世間，故得解脫的主張。十九、五種以世間道此生得解脫法：（一）、欲界眾生只要享受歡樂，不修禪定也能解脫的主張。（二）、欲界眾生因得初禪而解脫的主張。（三）、欲界眾生因得二禪而解脫的主張。（四）、欲界眾生因得三禪而解脫的主張。（五）、欲界眾生因得四禪而解脫的主張。二十、不去斷除人法我二執的增益，能在恆河與大海的交會處捨其性命的話，方可解脫的主張。二十一、輪迴與涅槃的通曉者是彼等的真實義——大天，精通大天之自性，方可解脫的主張。二十二、於勝義中輪迴與涅槃無二，見其義者方可解脫，此說乃佛教大乘的主張。二十二者中，雖說大多是外道的立場，但根據印度方丈般若金剛[27]的《入楞伽經釋・如來藏莊嚴論》[28]的解釋，二十二者中的第一、第六[29]，以及二十二是佛教的立場。

阿闍黎清辨的《思擇焰論》云：

「復此，基礎之根本有八十，其相異類別為：佛教者、

26　譯者註：取捨的因緣或時機未到時，應維持原狀，不要輕舉妄動。

27　ཤེར་བཛྲ།

28　ལང་གཤེགས་འགྲེལ་པ་དེ་བཞིན་གཤེགས་པའི་སྙིང་པོའི་རྒྱན། 德格版，論，經典，ཡི་卷，213正頁；對勘本版，書號70，513頁。漢譯大藏經內並無此譯。

29　第六的毘婆沙宗，而非第六的梵天派。

不持者、生活者、葉者、淨者、遍入天⋯⋯見地、水、火、風、空皆有心等,三百六十三見皆是輾轉而起,未曾間斷。一切宗師悉以自誓所宣教言而讚揚自宗,為此,皆以極勇之力而諍。」[30]

此論說,見由八十根本分支而延伸至三百六十三。《慧心要集論釋注》云:

「如是問,從異常九十六所延之法——於此處諍論的三百六十三見,以及自派的四部宗義分為十八派別等諸見——悉於此處闡釋?答:故說心要⋯⋯」[31]

此論說,從異常的九十六見,以及從其延伸的三百六十三種諍論。阿闍黎小清辨[32]的《中觀寶炬》[33]亦云:

「富蘭那迦葉、畜圈子嘎日、刪闍夜毗羅胝子、尼乾陀若提子、阿耆多翅舍欽婆羅、知幻子遠飛、鬱頭藍弗等人,造三百六十三見鬘、六十二見、二十壞聚山、十二

---

30 德格版,論,中觀,ᵋ卷,第十品,278正頁;對勘本版,書號58,676頁。漢譯大藏經內並無此譯。

31 德格版,論,續釋,ད卷,111正頁;對勘本版,書號57,864頁。漢譯大藏經內並無此譯。

32 ལེགས་ལྡན་ཆུང་བ། 。

33 དབུ་མ་རིན་ཆེན་སྒྲོན་མེ། 。

作之士夫、十二我論、五見、三見、二見。」³⁴

此論說宗見的諸多類別。大阿闍黎比大巴達³⁵的《修眞如性口授釋》³⁶亦云：

「爾等主要皆是妄念，彼等不可計數盡攝五百七十見。」³⁷

此論說宗見有五百七十種。總之，此處只是象徵性地說眾多經論是如何闡釋宗見的諸多類別。

整體而言，聖域印度不僅有哲學，外道哲學更是形形色色。針對如何抉擇這些宗義的數量、該派的主要觀點為何，且將其義結合整理，內外兩派的古老學者們在自己的著作中各持不同的多種詮釋。為此，本書以幾個著名的說法闡釋。

首先是阿闍黎清辨的《思擇焰論》。此論以九個章節簡略介紹九個外道宗義：一、數論派。二、勝論派。三、吠檀多派。四、伺察派。五、順世派。六、耆那派。七、梵天派。

34　德格版，論，中觀，ཚ།卷，世俗錯亂智慧品，262背頁；對勘本版，書號57，1495頁。漢譯大藏經內並無此譯。

35　སློབ་དཔོན་ཆེན་པོ་བི་ཊ་པད།

36　དེ་ཁོ་ན་ཉིད་བསྒོམ་པ་ཞལ་གྱི་ལུང་གི་འགྲེལ་པ།

37　德格版，論，續釋，ཤི།卷，111正頁；對勘本版，書號21，1136頁。漢譯大藏經內並無此譯。

八、遍入天派。九、大自在天派。《思擇焰論》云：

> 「『梵天等不知，彼乃勝梵天。』謂梵天派、遍入天，以及大自在天等，具足見彼性之增上慢。」[38]……「迥異於吠檀多派之伺察派說，所見吠陀皆是自然發起。」[39]……「『知彼於此論，主導非餘者。』謂數論派、勝論派、耆那派、說無派，以及佛教等。」[40]

此外，吉祥時輪的續釋《無垢光大疏》[41]說外道宗義有七派：一、數論派。二、梵天派。三、大自在天派。四、遍入天派。五、順世派。六、耆那派。七、虎豹派。此論云：

> 「宗義衰退之相謂梵天派、太陽派、耆那派，以及具髮派之宗義，此四衰退之相為宗義衰退之相。」[42]

《智要總集》云：

38　德格版，論，中觀，ᵂ卷，第三品，128背頁；對勘本版，書號58，315頁。漢譯大藏經內並無此譯。

39　德格版，論，中觀，ᵂ卷，第九品，271背頁；對勘本版，書號58，659頁。漢譯大藏經內並無此譯。

40　德格版，論，中觀，ᵂ卷，第九品，274背頁；對勘本版，書號58，668頁。漢譯大藏經內並無此譯。

41　དུས་འཁོར་འགྲེལ་ཆེན་དྲི་མེད་འོད།，白蓮著。

42　德格版，論，續釋，界別第一品，75正頁；對勘本版，書號6，410頁。第二品及第三品也如是明晰解釋。漢譯大藏經內並無此譯。

「許自在等德,數論無功德,許梵婆羅門,此住彼三相。迦毘羅空理,能仁虛空理,盡勝之影像,信呼且勤勉。我近具五根,諸勝婆羅門,無業無解脫,順世之惡典,自在之教法……月之宗義者,常奪我精進。」[43]

《智要總集》說外道宗義有十二派:一、大自在天派。二、主張時間是因的勝論派。[44]三、否定種種事物皆是神德的無神數論派。四、主張自己是梵天之子的梵天派。五、某勝論派。六、主張情器是從天之空體而形成的迦毘羅。七、主張因畏境而護根門、聲等是虛空之德的某勝論派。八、主張以身體的苦行淨除業惑,且對殊勝導師大雄起信的耆那派。九、主張自主之我近具五根、存在世間造物主士夫的吠檀多派。十、依拙劣典籍,從而主張謗因無業、謗果無解脫的順世派。十一、以男女雙交的安樂作為修道的某大自在天派。十二、主張以尊敬心恆常勤供常奪——遍入天——則得解脫的遍入天派的宗義。

阿闍黎寂護的《中觀莊嚴論》[45]說外道有九派:一、食米齋。二、勝利派。三、推勝派。[46]四、神師派。五、迦毘羅。

43　德格版,論,中觀,ཤ།卷,第12-16句偈頌文,27正頁;對勘本版,書號57,857頁。漢譯大藏經內並無此譯。
44　「許自在等德」的「等」字包含了說時為因的勝論派。
45　དབུ་མའི་རྒྱན།
46　རྒྱལ་དཔོག་པ།

六、梵天派。七、遍入天派。八、大自在天派。九、密義派。此論派別數中的神師派是順世派的異名,食米齋是勝論派的異名,推勝派是伺察派的異名。

　　阿闍黎寂護的《真如集論》又說外道有十一派:一、無神數論派。二、大自在天派。三、有神數論派。四、順世派。五、梵天派或文法學派。六、吠陀派。七、勝論派。八、正理派。九、伺察派。十、耆那派。十一、密義派。此論將數論分成有神及無神兩派,做了十一派的研究。有學者認為不須另說文法學派,因為文法學派與梵天派的立場相同,不僅導師是梵天,所引經論也都一樣。[47]

　　又有人說,將梵天派及密義派歸納到伺察派,將遍入天派及大自在天派歸納到正理派,將瑜伽派歸納到數論派。又說,將正理派、勝論派、光顯者[48]、不穿耳[49]歸納到大自在天派。[50]又說,將梵天派、伺察派、吠陀派、文法學派、遮羅迦派、推勝派、密義派歸納到遍入天派。[51]根據此歸納法,雖有以上諸

47　章嘉大師的《宗義高山莊嚴》(《西藏文獻精藏文集》,第二十四冊,15頁)。

48　གསལ་བྱེད་པ། Prabhākara 或 Udyotakara,烏底耶塔加羅。

49　རྣ་བ་མ་ཕུག་པ། aviddhakarṇa。

50　衛者明慧的《宗義釋藏》,254頁。

51　衛者明慧的《宗義釋藏》,254頁。

多外道派別,但這些宗義師之所以被取名為「大自在天派」或「遍入天派」,是因為他們主要皈依且信奉大自在天或遍入天的緣故。

西藏早期的宗義作者們稱「外道五師」,即:一、說斷見的順世派。二、說常見的數論派。三、大自在天派。四、遍入天派。五、耆那派。總之,說斷見的有一派,說常見的有四派。[52]

西藏後期的學者們,根據寂護的《真如集論》及陳那的《集量論頌》及其自釋,主張外道有一派是說斷見,十一派是說常見,以此說外道派別的數量。[53]

外道自己的典籍《六派哲學》[54]中,區分六派見解的說法是眾所周知的,然而,據說這種說法主要源於十二世紀末的吠檀多學者。[55]

同前概述,外道阿闍黎摩沓婆的《攝一切見》先釋著名的說無三派——順世派、佛教,以及耆那派。在說有派裡,該論也依序闡釋了當時印度南部盛行的遍入天派及大自在天派,之

---

52 衛者明慧的《宗義釋藏》,252頁:「外道有五師,分為一派斷邊及四派常邊,解說彼等主張⋯⋯」

53 章嘉大師的《宗義高山莊嚴》(《西藏文獻精藏文集》,第二十四冊,13頁)。

54 སད་དརྴན། *saddarśan*。

55 西方學者安德魯明確說過這個觀點。參考:Andrew Nicholson, *Unifying Hinduism*, 2-5。

後又說古老的宗派──勝論派、正理派、伺察派、文法學派、數論派、瑜伽派。在該論的最後,再將吠檀多派的宗義安排置頂。

當今普遍認為,聖域印度的哲學分說有者及說無者兩派。說有者又分六派:一、數論派。二、瑜伽派。三、勝論派。四、正理派。五、伺察派。六、吠陀秘密學派。說無者分三派:一、順世派。二、耆那派。三、佛教。說有六派皆以吠陀為依據之量,雖說彼等同樣主張常我,但各自派別的見解是由吠陀的注釋《奧義書》[56]所延伸。六派中,前兩派的見解極為相似,中間的勝論及正理兩派,以及後者的伺察及吠檀多兩派的見解也極為相似。此處《佛法哲學總集》也依此安排詮釋的順序。

甲一、釋數論派宗義

眾所周知,聖域印度的最初宗義是數論派或稱「迦毘羅派」。數論派的哲學在很早的時候就有,但是該派早期宗義師的許多著作,在今天都已不見。而且,數論派根本經典的公認注釋,都是在數論派的傳承中斷後出世,因此無法完整闡釋數論派最初如何形成,以及數論派的主張為何等。因此,本書根據古印度內外道論師的種種典籍,將以三段內容簡略介紹數論

---

56 ཨུ་པ་ནི་ཥད། *Upaniṣad*。

派的主要立場：一、此派宗義的發展史。二、宗義的性質及分類。三、如何立宗。

乙一、此派宗義的發展史

普遍認為，數論派的形成來自古老的迦毘羅仙人，且本書也在解說聖域印度的哲學史時，簡略介紹了迦毘羅仙人的年份。所有聖域印度文明的典籍之源是吠陀經，雖然迦毘羅仙人的名稱未出現在吠陀經中，但是吠陀末期的《秘密傳授》又稱《奧義書》[57]說：

「從仙人至極而生的迦毘羅智尊說……」[58]

從此推論，迦毘羅仙人的年份無疑是在西元前。近期研究說，「數論」的梵文是「sāṃkhya」，此詞在三個時期有分別從三個角度的解釋。如果以形容詞解釋「數論」，應當理解為「決定的數目」[59]，且可結合數學、文法、聲律、醫學等所有文明。最古老時，道德的論著及醫典等也是以決定的數目而立其

57　གསང་བ་པ།（ཨུ་པ་ནི་ཥད།）Upaniṣad。

58　རི་ཤི་པྲ་སུ་ཏ་ཀ་པི་ལོ་ཡསྨ་མགྲི་ཇྙོ་ནརྦྷ་ཏཾ་ཇཱ་ཡ་མཱ་ནཾ་ཙ་པ་ཤྱ་ཏེ། ཤྭེ་ཏཱ་ཤྭ་ཏ་ར། Ṛṣiprasūta kapilaṃ yastamagrejño-unarnirbhataṃjāyamānaṃcapaśyate śvetāśvatara。譯者註：此文來自《白螺奧義書》（Śvetāśvatara Upaniṣad）。

59　譯者註：像是甲分為三，乙分為四等，關於類別數目的決定。

論。如果以陽性的名詞解釋「數論」，可理解為詮釋數目的論述者。如果以陰陽性的名詞解釋「數論」，可理解為：建構一切內外諸法的基礎——知識——就是以數目分類的方式得出，由此了知真相而究竟解脫，建立此理的哲學，就是「數論」。

根據時段而排序這三種說法時，第一種說法出現於西元前一千年以前，第二種說法出現於西元前八世紀左右，第三種說法出現於西元前一世紀左右。當今因各種哲學觀而豐富其宗、具盛名的數論宗義，則是來自第三種說法。[60]

數論派哲學的導師如何將其宗傳承下去？根據外道典籍的說法，由迦毘羅仙人直接傳給弟子阿修利[61]，阿修利再直接傳給弟子般尸訶[62]。《數論頌》[63]說，般尸訶撰寫了眾多數論派的著作。論云：

「是智勝吉祥，牟尼依悲說，先為阿修利，
彼傳般尸訶，師亦撰多續……」[64]

---

[60] *Encyclopedia of Indian Philosophies*（暫譯：《印度哲學百科全書》），vol., 4, 3-9。

[61] ཨ་སུ་རི། Asuri。

[62] གཙུག་ཕུད་ལྔ་པ། Pañcaśikha。

[63] གྲངས་ཅན་གྱི་ཚིག་ལེའུར་བྱས་པ། Sāṃkhyakārikā。

[64] 瓦拉納西版，頁數15，第70句偈頌文。西元1974年，Thub bstan mchog grub將此論翻譯成藏文。藏譯與漢譯稍有不同。漢譯原文：《金七十論》（T.54.2137.1262a.21）：「是智勝吉祥，牟尼依悲說，先為阿修利，次與

又名「廣博仙人」的毘耶娑[65]所造的《瑜伽經釋》[66]裡，也明確指出迦毘羅仙人直接傳授給阿修利。印度的歷史典籍《侏儒往世書》[67]、《結吉薩伯耶書》[68]、《博主》[69]、《龜往世書》[70]、《風神往世書》[71]也說，阿修利直接傳授給阿闍黎般尸訶（Pañcaśikha）。阿闍黎般尸訶之後的傳承子弟之名諱如下：阿瓦達雅[72]、賈那嘎[73]、瓦日薩[74]、瓦日薩嘎亞[75]、

般尸訶……弟子次第來，傳受大師智。」譯者註：一派認為《數論頌》即《金七十論》（Hiraṇyasaptati），但有其他派否定此說，可參考《印度六派哲學》的128頁。

65　Vyāsa。

66　ཡོག་སུ་བྱའི་འགྲེལ་པ། Yogasūbyāsbhāṣya。

67　སྨ་ན་པུ་རཱ་ཎ། Vāmanapurāṇa。

68　ཇེ་གི་ཥཱ་བྱ། Jaigīṣavya。

69　བོ་དྷུ། Voḍhu。

70　ཀཱུརྨ་པུ་རཱ་ཎ། Kūrmapurāṇa。

71　བཱ་ཡུ་པུ་རཱ་ཎ། Vāyupurāṇa。

72　譯者註：ཨཱ་བྱཱ་དྱ།、「Ābādya」或「Āvādya」。除了這個名稱之外，譯者見到這個段落的其他論師名字，都一一出現在《印度哲學百科全書》或《印度六派哲學》中。

73　ཛ་ན་ཀ། Janaka。

74　ཝརྵ། Varṣa。

75　ཝརྵ་ག་ཎ། Vārṣagaṇya。

瓦亞底[76]、巴日嘎瓦[77]、優樓佉[78]、瓦日嘎哈日達[79]、德瓦拉[80]、巴達里[81]、嘎日達[82]、波日嘎[83]、日薩巴黑悉瓦日[84]、帕坦伽利[85]、高頂亞[86]、褐伽[87]、亞斯嘎[88]、阿日薩之賽那[89]、阿闍黎自在黑[90]。[91]

　　數論典籍裡，僅出現阿闍黎般尸訶之後的傳承論師等的名稱，卻未明確註明彼等在世的年份順序。上述傳承的繼承者是阿闍黎自在黑（Īśvarakṛṣṇa），此師又後傳給阿闍黎偉德亞瓦

76　སྦྲུལ་ཅེས། Vyāḍ。
77　བྷག་ཤ། Bhārgava。
78　ཨུ་ལཱུ་ཀ། Ulūka。
79　བཱལྨཱི་ཀ་ཧ་རི་ཏ། Vālmīkaharīta。
80　དེ་ཝ་ལ། Devala。
81　བཱད་དྷ་ལི། Bāddhali。
82　ཀཻ་རཱ་ཏ། Kairāta。
83　པོ་རི་ཀ། Paurika。
84　རྀཥ་བྷ་ཧེ་ཤྭ་ར། Ṛṣabhaheśvara。
85　པ་ཏཉྫ་ལི། Patañjali。
86　ཀཽཎྜི་ནྱ། Kauṇḍinya。
87　གརྒ། Garga。
88　ཡཱསྐ། Yāska。
89　ཨཱརྵྚཱི་ཥེ་ཎ། Ārṣṭīṣeṇa。
90　ཨི་ཤྭ་ར་ཀྲྀཥྞ། Īśvarakṛṣṇa。
91　*Sāṃkhya Darśan Vijñāna Bhikṣu*（書名暫譯：《數論哲學心識修行者》གྲངས་ཅན་བདག་མེད་རྣམ་ཤེས་སྒྲུབ་པ།），26頁。

四尼[92]，又名「魯迪」[93]——與佛教阿闍黎世親同個時期。

佛教典籍說，導師迦毘羅仙人開創數論宗義，後傳至應供仙人[94]、自在黑、導師帕坦伽利[95]等人；除此之外，不見其他有關該宗教史的細節。

至今仍可見到詮釋數論派哲學的主要典籍，即迦毘羅仙人所著的《數論經》（Saṃkhyasūtra）[96]，以及自在黑的《數論頌》。著名的《數論經》雖是極早的著作，其中卻見許多針對耆那派及佛教等觀點的反駁，可見《數論經》是被後來的學者們編纂過。此外，西藏學者將《數論頌》（Sāmkhyakārikā）稱為《自在黑續》[97]。大約西元六百年左右[98]，此論從梵文翻譯成漢文，之後再從漢文返譯梵文，後於西元1974年終於有了藏譯。阿闍黎自在黑的年份是在西元四世紀左右，大約與阿闍黎

92　འབིགས་བྱེད་གནས་མ། Vindhyavāsinī。

93　རུ་དིལ། Rūdil。

94　དང་སྲོང་མཆོད་འོས།

95　སྦོན་པ་ཆར་སྦྱངས། 譯者註：藏文直譯是沉水。

96　གྲངས་ཅན་གྱི་མདོའི་སློམ་ཚིག་སྦྱར།

97　དབང་ཕྱུག་ནག་པོའི་རྒྱུད།

98　譯者註：《金七十論》是由真諦大師（499-569）翻譯成漢文。至於《數論頌》是否為《金七十論》，雖然眾說紛紜，但是根據本書的描述，《數論頌》應該就是《金七十論》，而且其異名是《自在黑續》。

無著兄弟同個時期。[99]

除了上述的兩部典籍,開創有神數論派的導師帕坦伽利（Patañjali）所造的《瑜伽經》（*Yogasūtra*）[100]可算是第三部數論派的主要典籍。此經主要講解如何修持內在瑜伽,也順帶講解供奉大自在天的方法,是有神數論派的開創典籍。《集量論頌自釋》[101]云：

「所言已離古迦毘羅派、令數論衰亡的不殘派說……」[102]

《集量論頌自釋》說,後起的某一數論師,遠離古老數論派的思惟,而立自宗,故而對此進行駁斥。因此,該派也是數論派的分支之一。

乙二、宗義的性質及分類

「數論」的梵文是「sāṃkhya」。雖然有各種不同說法詮釋何為「數論」,但主要還得結合數量而釋。此說分二：一、根據數論派的哲學,所知之境決定為二十五諦法,公認研究

99　*Encyclopedia of Indian Philosophies*, vol., 4, 15。

100　རྣལ་འབྱོར་གྱི་མདོ་དམ་ཡོག་སུ་ཏྲ།

101　ཚད་མ་ཀུན་བཏུས་རང་འགྲེལ།

102　德格版,論,量,ཅེ་卷,第一品,23背頁；對勘本版,書號97,79頁。漢譯大藏經內並無此譯。

此義的宗義師是數論師。二、數論派主張，無論何時，常我都是永遠不變的，而且我有前後二分；前分及後分又各有四十三億兩千萬（4,320,000,000）的「種子士夫分」[103]，加起來，共有八十六億四千萬[104]（8,640,000,000）的「士夫分」[105]。同樣地，士夫的心識也有相同的數量。如是主張之故，稱為「數論」。[106]總之，此宗主張，所知決定為二十五諦法，能知士夫及心識的數量都如前述決定，故以數量而名「數論」。

不以數量而釋則有二說：一、根據耆那派的學者蘇馬地拉嘎・素里[107]的說法，「sāṃkhya」就是人名「śaṃkha」[108]；因為是此人承許的真相之宗義，故名。[109]這與前述「依士夫心識的數量而取名」有點相似。二、依據《摩訶婆羅多》[110]、

---

103 མ་བོན་གྱི་སྐྱེས་བུའི་ཆ།。

104 譯者註：數論派說，不變的我是由多種支分組合而成，我的前分有四十三億兩千萬的「種子士夫分」，我的後分也有四十三億兩千萬的「種子士夫分」。因此，完整的我有八十六億四千萬「士夫分」。

105 སྐྱེས་བུའི་ཆ།。

106 Śrī Hariśaṃkar Jośī（श्री हरिशंकर जोशी）, Sāṃkhya yoga darśan kā jīrṇeddhāra (सांख्य योग दर्शन का जीर्णोद्धार སཱཾཁྱ་ཡོ་ག་དར་ཤ་ན་ཀཱ་ཛཱིརྞོདྡྷཱར།), vol. 1, p. 13。

107 སོ་མ་ཏི་ལ་ཀ་སཱུ་རི། Somatilaka Sūri。

108 ཤཾ་ཁ།，某人名。

109 Śrī Hariśaṃkar Jośī, Sāṃkhya yoga darśan kā jīrṇeddhāra vol. 1, p. 48。

110 མ་ཧཱ་བྷཱ་ར་ཏ། Mahābhārata。

《阿希哩布陀尼耶本集》[111]、《遮羅迦》[112]等古老典籍明文闡釋，[113]「sāṃkhya」是無誤了知真相——二十四諦法[114]迥異於士夫——的智慧，也是共主相的性質，故名建立此慧的宗義爲「sāṃkhya」。總之，上述典籍主張，「數論」就是善知一切諦法。

佛教學者的著作是如何詮釋的呢？阿闍黎清辨的《思擇焰論》云：

> 「主張因趣入數量，或因遍知數量而解脫者，即數論派。」[115]

謂承許「因遍知二十五諦法之性相而解脫」的緣故，是數論派。《慧心要集論釋注》云：

> 「主張事物之因悉已定數，故名數論，即主張皆由決定數量之因而生。」[116]

---

111 ཨ་ཧི་རི་བུདྷྣ་སོ་ཧི་ཏཱ། Ahirbudhnya Saṃhitā。

112 ཙ་ར་ཀ Charaka。

113 Śrī Hariśaṃkar Jośī, Sāṃkhya yoga darśan kā jīrṇeddhāra, vol. 1, p. 49。

114 譯者註：覺知士夫以外的二十四諦法。

115 德格版，論，中觀，ཛ卷，第七品，230背頁；對勘本版，書號58，561頁。漢譯大藏經內並無此譯。

116 德格版，論，中觀，ཚ卷，第七品，38正頁；對勘本版，書號57，881頁。漢譯大藏經內並無此譯。

此說，形成事物之因的數量皆已決定，確立此義者即數論派。衛者明慧的《宗義釋藏》云：

「具足該詞義的宗義與其異名：
迦毘羅三德、主相及覺知、自性因三十、數論之異名。」[117]

數論派的異名有：因導師迦毘羅建立宗義且做其釋，故名「迦毘羅派」。主張共主相具足三德——羅闍[118]、多摩[119]、薩埵[120]，故名「三德派」[121]。承許共主相，故名「主相派」。主張獨立自主的我就是覺知的性質，故名「覺知派」。主張共主相或自性就是世間之因或造物主，故名「說自性因派」。導師帕坦伽利信奉大自在天後，寫下《三十論》[122]詮釋其宗，且視此論是至上典籍；又因主張「我」有三十種異名，故名「三十派」。如前已述，主張所知本身決定為二十五諦法，故名「數論派」；共有七種不同的異名。

---

117 衛者明慧的《宗義釋藏》，《西藏十部大明藏》，薩迦文集，第十冊，256頁。

118 རྫས། rajas。

119 སྙི། tamas。

120 སྙིང་སྟོབས། sattva。

121 譯者註：依《佛法哲學總集》下述的說法，三德中的「羅闍」是苦，「多摩」是癡，「薩埵」是樂。

122 སུམ་ཅུ་པ།

數論宗義的性質：一切所知皆攝於二十五諦法，從而建立基、道、果的論述，以此推論自持根本原則的外道宗義。其分類有二：一、無神數論派。二、有神數論派。

　　無神數論派主張，唯獨共主相能直接或間接產生世間的住所、身軀，以及受用等，之後這一切也只能融入於共主相中，故而解脫。除共主相外，不承許其他造物主——如大自在天等。誠如《真如集論釋》云：

> 「迦毘羅派說……『唯主相』謂決定，是為遣除士夫等。『唯從』之字，其目的是遣除大自在天——包含自在天之數論所計。『至極而生』謂由直接或間接而生之義。」[123]

　　有神數論派主張，在大自在天的有意加持下，因果的自性是一，但「變異」是異。[124]有神數論派是導師帕坦伽利之後形成的，且該派主張共主相本身沒有心識；無心識自然不能加持或產生種種情器，因為「無能的常法」[125]不能產生自果。「士

---

123 德格版，論，量，ᴣ卷，第一品，147正頁；對勘本版，書號107，388頁。漢譯大藏經內並無此譯。
124 諸法本質（自性）雖一，但其表相（變異）卻是林林總總。
125 譯者註：共主相是常法也無能產生諸果，故說「無能的常法」。

夫[126]是造物主」也不應理,所以種種情器並非只源於共主相,還得依大自在天為造物主,而造諸果。《真如集論釋》云:

> 「某些數論派說,不成立僅從共主相而生諸相異果,共主相無心識故。無心則無加持者,不見能造自果。士夫是加持者亦不應理,不知故[127]。[128]……大自在天依共主相造物諸相異果,造物主並非僅是共主相。不是天授等一人所為,光是陶師也不能造瓶。」[129]

總而言之,如《真如集論》及《真如集論釋》所述,世間的住所、身軀,以及受用等,是否僅由共主相而有,還是要先依大自在天之意動搖而有?由主張的差異而分無神數論派與有神數論派兩宗。數論派這兩宗又各分二種說法:一、諸果與因的性質是一,果以「不明顯」之態存在於因時中,後由助緣而「明顯」,故名「說明顯是生派」。二、奶酪於乳時就是乳的自性,後由助緣變異為奶酪,故名「說變異派」。

---

126 譯者註:覺知士夫之我。

127 譯者註:覺知士夫並不具足遍知,故說「不知故」。如果覺知士夫具足遍知,一切眾生將成遍知,覺知士夫周遍一切眾生故。

128 德格版,論,量,ヨ卷,第三品,179正頁;對勘本版,書號107,468頁。漢譯大藏經內並無此譯。

129 德格版,論,量,ヨ卷,第三品,179正頁;對勘本版,書號107,468頁。漢譯大藏經內並無此譯。

乙三、如何立宗
丙一、略說二十五諦法

數論派如何立宗?《宗義釋藏》云:

「數論許主相,我攝諸所知,
主色法廿四,說覺知常一。」[130]

此派決定諸法皆攝入二十五諦法中。二十五諦法是:一、覺知士夫之我。二、共主相。三、覺亦大[131]。四、我慢[132]。五唯[133]:五、色。六、聲。七、香。八、味。九、觸。五知根[134]:十、眼。十一、耳。十二、鼻。十三、舌。十四、身根。五作根[135]:十五、語。十六、手。十七、足。十八、排泄器。十九、生殖器。二十、具足知根及作根雙方性質的意根[136]。五大:二十一、地。二十二、水。二十三、火。二十四、風。二十五、空。

---

130 衛者明慧的《宗義釋藏》,271頁。
131 བློ་བམ་ཆེན་པོ།
132 ང་རྒྱལ།
133 དེ་ཙམ་ལྔ།
134 བློའི་དབང་པོ་ལྔ།
135 ལས་ཀྱི་དབང་པོ་ལྔ།
136 དབང་པོ་དང་ལས་གཉིས་ཀའི་བདག་ཉིད་ཅན་ཡིད་ཀྱི་དབང་པོ་དང་།

佛教經典也明顯提到數論派的二十五諦法之主張。《大般涅槃經》[137]亦云：

> 「佛言：婆羅門，汝性常耶，是無常乎？婆羅門言：我性是常。婆羅門，是性能作一切內外法之因耶？如是，瞿曇。佛言：婆羅門，云何作因？瞿曇，從性生大，從大生慢，從慢生十六法——所謂地水火風空；五知根：眼耳鼻舌身；五作根：手腳口排泄器男女二根；心平等根。此十六法從色聲香味觸五法而生。」[138]

同樣地，《思擇焰論》等眾多論典也如此明示。

數論派主張，二十五諦法中，覺知士夫之我是覺知[139]，其餘二十四諦法是色法。聖域印度裡，所有承許因果論述的內外宗義師，一致主張果隨其因而轉遮[140]，但是數論派卻舉例說，

---

137 ཐེག་པ་ཆེན་པོ་མྱང་འདས།

138 德格版，經，經典，ཏུ་卷，278背頁；對勘本版，書號53，646頁。藏譯與漢譯稍有不同，原文來源：《大般涅槃經》（T.12.374.592c.28）：「佛言：婆羅門，汝性常耶，是無常乎？婆羅門言：我性是常。婆羅門，是性能作一切內外法之因耶？如是，瞿曇。佛言：婆羅門，云何作因？瞿曇，從性生大，從大生慢，從慢生十六法——所謂地水火風空；五知根：眼耳鼻舌身；五業根：手腳口聲男女二根；心平等根，是十六法，從五法生色聲香味觸。」

139 譯者註：數論派不說心識是覺知（ཤེས་པ།），因為覺知只能是覺知士夫之我，但勝論派卻說心識是覺知。

140 譯者註：「果隨因而轉」謂果的屬性隨著因的屬性而定；「果隨因而遮」謂無果是缺乏因的緣故。

「乳時之酪」及「稻種時的稻苗」都是以不顯現之態而有。所以此派主張，諸果在各自的因位時，都是以根識不能明見之勢而有。稻種時就有的不顯現幼苗，在水分、施肥、溫度、適當時間等助緣齊備之下，轉成根識明見之境，故名「生」。稻種及稻苗兩者的自性同是共主相[141]的緣故，主張因果兩者之間的自性是相互為一的。

若非如此，[142]將會有「因時未有之果」，果真如此的話，火焰將會產生黑暗、沙子也會生油等，會有「一切將生一切」之過失。

總之，此宗說因果兩者的自性同是共主相，因此，因果之間的自性是相互為一。此宗典籍《自在黑續》也說，任何的果都必須存在於其因之時，並且提出諸多理由成立。下面將闡述彼義。

我如何受用境事物？當我或士夫想要受用境時，共主相會促使聲音發出，[143]且令覺亦大現起影像——混合境和我的兩個影像，這就是「我如何受用境」或「我如何明白心識的現起之境」的方式。此宗有諸多觀點，如覺知士夫之我是常、一、自

---

141 譯者註：種子與幼苗只是一種表相上的變異而已，其本性同樣都是共主相。如同樣的水在瓶中稱為「瓶水」，而在杯中的水稱為「杯水」。

142 譯者註：如果因果的自性不是相互為一的話，將有因時未有之果。

143 譯者註：因為共主相的緣故，從內在會發出一種聲音。

主,但是本書只從中介紹幾項主要內容。

諸法的數量決定為二十五諦法,且區分為四種類別——(一)、因。(二)、果。(三)、是因亦是果。(四)、非因亦非果。以「四邊」詮釋。[144]

第一、是自性且只是因的事例者,僅有共主相,因為數論派主張,共主相是一切變異及諸果之造者。

第二、是變異且只是果的事例者,有地、水、火、風、空等五大;語、手、足、排泄器、生殖器等五作根;眼、耳、鼻、舌、身根等五知根,有十五例,再加上意根,共十六。

第三、是自性及變異,也是因果二法的事例者,有覺亦大、我慢、唯色、唯聲、唯香、唯味、唯觸,共七者。彼等皆從自性所生,故是果;是以生自果五大等,故亦是因。

第四、不是自性及變異,也不是因果二法的事例者,是覺知士夫之我。《數論頌》或即《自在黑續》亦如是清晰敘述:

「主相自性非變異,大七亦性亦變異,

---

[144]「四邊」又翻譯為「四句」,內容請參閱《佛法科學總集・上冊》〈第一品,教義總說〉。在此的四邊是:第一邊、自性與變異的同屬(既是共主相或自性,又是變異),如覺亦大、我慢、唯色、唯聲、唯香、唯味、唯觸,共七例。第二邊、是自性而非變異者,如共主相。第三邊、是變異而非自性者,如地、水、火、風、空等五大;語、手、足、排泄器、生殖器等五作根;眼、耳、鼻、舌、身根等五知根,有十五例,再加上意根,共十六。第四邊、兩者皆非者,如覺知士夫之我。

十六諦法是變異，士夫非性非變異。」[145]

在《入中論釋》和《眞如集論釋》等眾多佛教典籍中，也將此偈作爲詮釋數論派宗見的根本依據。不僅如此，外道阿闍黎摩沓婆的宗義著作《攝一切見》在闡述數論派主張的章節中，一開始也是用這種自性與變異的四邊方式而概略介紹。[146]

丙二、一一解釋二十五諦法的性質

所知二十五諦法中，第一、覺知士夫之我，彼具諸多特徵：知境，故是「覺」；非由因緣之力而有，故是「無生」；不生不衰，故是「常」；受用苦樂，故是「食者」；周遍一切眾生，故是「遍者」；[147]「不具羅闍、多摩、薩埵的自性之德」；「非變異之作者」；雖遊走於未周遍之處可說是有作為，但不存在士夫未周遍之處，故是「無作為」；[148]遠離支

---

145 瓦拉納西版，頁數1，第3句偈頌文。藏譯與漢譯稍有不同，漢譯原文：《金七十論》（T.54.2137.1245c.9）：「本性無變異，大等亦本變，十六但變異，知者非本變。」

146 英譯的《攝一切見》，頁數21-23。

147 《思擇焰論》，德格版，論，中觀，ཛ卷，第六品，233正頁；漢譯大藏經內並無此譯。此論云：「數論派即此：士夫亦存在於天人、阿修羅、人、畜生等一一有情的體內之中，士夫周遍一切諸眾生。」

148 參考《入中論釋》。德格版，論，中觀，ཨ卷，第六品，239正頁；對勘本版，書號61，588頁。漢譯來源：法尊法師譯《入中論釋》。

分,故是「一」;「無始亦無終」。阿闍黎月稱的《入中論》明云:

「外計受者常法我,無德無作非作者。」[149]

覺知士夫之我的異名有:我、覺、知、有情、士夫等。

第二、共主相。共主相提供「我」所需要的任何事物,像是我的奴隸能夠滿足我的需求;共主相本身無心,不能知境;境與具境兩者之中,共主相只是境;種種變異的作者;非生故,是「常」;無支分故,是「一」;周遍一切因果等情器,以及主張共主相是平等三德——羅闍、多摩、薩埵——之法。阿闍黎清辨論師的《中觀心要論》亦云:

「自性非覺知,三德生我性。」[150]

《真如集論釋》云:

「自性乃數論遍計之羅闍、多摩、薩埵的自性,即主相也。」[151]

---

[149] 德格版,論,中觀,ཧྰི་卷,第六品,第121句偈頌文,210正頁;對勘本版,書號60,532頁。

[150] 德格版,論,中觀,ཛྷ་卷,第六品,第1句偈頌文,24背頁;對勘本版,書號58,57頁。漢譯大藏經內並無此譯。

[151] 德格版,論,量,ཛྷེ་卷,第一品,141背頁;對勘本版,書號107,375頁。漢譯大藏經內並無此譯。

三德中的「羅闍」是苦,「多摩」是癡,「薩埵」是樂。三德平等時,三德所生變異皆不顯現;三德不平等時,其中較強的某德將會顯現,且顯現變異,故稱「主相化出變異」。如乳時的酸甜等味雖是平等,但其中的酸味較強時,乳將顯現成酪形。共主相的異名有:自性、主相、共相等。

自性的特徵有九:一、無心且是色法的屬性。二、三德平等之性。三、一切變異之作者。四、非果亦非變異。五、只是因。六、迦毘羅仙人也不清楚其性,故「不顯現」。七、常性。八、周遍一切法。九、是「一」。《思擇焰論》云:

> 「自性雖有,然無心也。彼亦非生;是常;是受用的作者;是一;周遍;具三德等。天人、阿修羅、人等眾生皆不得以現識顯現其色、其量、其形等特徵故,彼不顯現。」[152]

第三、覺亦大。其定義是:過度耽執境或決定境;如同透澈的琉璃,顯現外境和內在士夫兩者影像的色法。如《數論頌》云:

---

[152] 德格版,論,中觀,ཧ卷,第六品,227背頁;對勘本版,書號58,553頁。漢譯大藏經內並無此譯。

「覺乃耽執。」[153]

同理,佛教典籍《真如集論釋》亦云:

「言『大』即言『覺』。覺亦決定『此為瓶、此為氍毹』之具性相者[154]。」[155]

如鏡子的兩面,「覺」會顯現內在士夫及外在諸境的影像,但其影不會變成士夫,如同鏡中容顏的影像不會變成容顏。《思擇焰論》云:

「或是,如鏡中影,隨覺證境而成諸變,卻非變異。」[156]

第四、我慢。因具足種姓圓滿及財富圓滿的增上慢心。《數論頌》云:

「我慢乃明耽。」[157]

---

153 瓦拉納西版,頁數1,第3句偈頌文。藏譯與漢譯稍有不同,漢譯原文:《金七十論》(T.54.2137.1250c.19):「如此知覺是名決智。」
154 譯者註:「具性相者」是直譯,意思是具足如是定義的法。
155 德格版,論,量,ཡི卷,第六品,147正頁;對勘本版,書號107,388頁。漢譯大藏經內並無此譯。
156 德格版,論,中觀,ཛ卷,第六品,230正頁;對勘本版,書號58,560頁。漢譯大藏經內並無此譯。
157 瓦拉納西版,頁數1,第24句偈頌文。藏譯與漢譯稍有不同,漢譯原文:《金七十論》(T.54.2137.1251b.11):「我慢我所執。」

《思擇焰論》亦云：

「執我者謂我及我所之增上驕慢也。」[158]

我慢分三：薩埵較強的我慢、多摩較強的我慢，以及羅闍較強的我慢。彼等也依序名為「變異成我慢」、「大種生我慢」，以及「塵所生我慢」。

第五至第九、眼等五知根。《數論頌》云：

「眼耳鼻舌觸，此五名知根。」[159]

取名為「知根」的理由是：眼等了知色等各自之境，先有彼等覺知方能趣入其境，彼等根識成為趣入該境之門，故名。《思擇焰論》云：

「謂耳、皮、眼、舌、鼻五者乃知根也。或各自證悟其境，或先有覺而趣，或是門，即以士夫知境，故名『知根』。」[160]

---

158 德格版，論，中觀，ᴇ|卷，第三品，89背頁；對勘本版，書號58，222頁。漢譯大藏經內並無此譯。

159 瓦拉納西版，頁數1，第26句偈頌文。藏譯與漢譯稍有不同，漢譯原文：《金七十論》（T.54.2137.1251c.11）：「耳皮眼舌鼻，此五名知根。」

160 德格版，論，中觀，ᴇ|卷，第六品，228正頁；對勘本版，書號57，555頁。漢譯大藏經內並無此譯。

第十至第十四、語等五作根。《數論頌》云：

「語手足人根，大遺五作根。」[161]

取名為「作根」的理由是：說話和取物等作業之根，故名。《俱舍滿增注》[162]云：

「數論師說，語根乃詞彙之闡述，不同眼等之根。手根謂取某物。足根謂走，即步行之義。排泄器謂排糞。生殖器謂得勝遍喜樂，不同身根。」[163]

《思擇焰論》云：

「先有語、手、足、排泄器、生殖器等行，故而趣行，即相應士夫之作為，故名『作根』。」[164]

第十五、意根，即具有知根及作根兩種性質者。《數論頌》云：

---

161 瓦拉納西版，頁數1，第26句偈頌文。藏譯與漢譯稍有不同，漢譯原文：《金七十論》（T.54.2137.1251c.12）：「舌手足人根，大遺五作根。」
162 མཛོད་ཀྱི་འགྲེལ་པད་མཚན་ཉིད་རྗེས་འབྲང་།。此論由八世紀的阿闍黎滿增所造。
163 德格版，論，阿毘達磨，ཀུ卷，第二品，107背頁；對勘本版，書號81，266頁。漢譯大藏經內並無此譯。
164 德格版，論，中觀，ཛ卷，第六品，228正頁；對勘本版，書號57，555頁。漢譯大藏經內並無此譯。

「意根二性法。」[165]

《思擇焰論》云：

「意乃兩者之體性；是以相應心為知根，是以相應作業為作根。」[166]

《真如集論釋》亦說明，覺亦大、我慢，以及意根三者之間的差異。此論云：

「言『大』即言『覺』。覺亦決定『此為瓶、此為氍毹』之具性相者。我慢即與我有關者；言『見我莊嚴』等，乃增上我慢之具性相者也。意根乃周遍執念之具性相者，同如是例，某兒聽到『他城中正有表演』，而周遍執念：『若我前往，彼處有無甘蔗與奶酪？或僅有奶酪？』是謂之『意根』。此故，應知如是覺、我慢、意根三者彼此的差異。」[167]

第十六至第二十五、色等五唯和地等五大。色聲等稱為

---

[165] 瓦拉納西版，頁數1，第27句偈頌文。藏譯與漢譯稍有不同，漢譯原文：《金七十論》（T.54.2137.1251c.28）：「能分別為心，根說有兩種。」

[166] 德格版，論，中觀，ᡪ卷，第六品，228正頁；對勘本版，書號58，555頁。漢譯大藏經內並無此譯。

[167] 德格版，論，量，ᡪ卷，第六品，147正頁；對勘本版，書號107，388頁。漢譯大藏經內並無此譯。

「五唯」，五大卻不這麼稱呼的原因是什麼？答：因為五大存在著寂猛等許多不同屬性，色聲等沒有這樣的差異，故名「唯」。《思擇焰論》云：

「是以地等的寂猛等性，不同唯法，故而為異。」[168]

總之，二十五諦法中，十根[169]、五大，以及五唯，共二十法都是色法，這是所有內外道的宗義師一致認同的。差別在於，數論派承許主相、意根、我慢，以及覺亦大都是色法。

二十五諦法可總攝於勝義諦及世俗諦兩者。諸法中的至上——不顯現於根境的共主相，以及覺知士夫之我，兩者是勝義諦。顯現於根境的覺亦大等其他二十三諦法，有如魔術師的幻術，毫無意義，故說彼等都是世俗或虛假。《中觀莊嚴論自釋》引用數論典籍時云：

「迦毘羅仙人說：『自性至上德，非行於見道。[170]見道中悉有，如幻極聚集。』」[171]

---

168 德格版，論，中觀，ཚ卷，第六品，228正頁；對勘本版，書號58，555頁。漢譯大藏經內並無此譯。

169 譯者註：五知根及五作根。

170 雖然德格版說「是行於見道」，但是根據北京及奈塘版，將其改為「非行於見道」。

171 德格版，論，中觀，ས卷，80正頁；對勘本版，書號62，966頁。漢譯大藏經內並無此譯。

二十五諦法也可攝為「顯現」與「不顯現」[172]兩類。所知勝義諦是不顯現，所知世俗諦是顯現。顯現具九種特徵：一、以主相而生故，是「具因」。二、是生法故，是無常。三、不遍佈一切，故非能遍。四、是生故，不是所依卻是能依。五、緣取多相故，是多性。六、是因[173]或相狀（liṅga），是融合性[174]。七、覺亦大、我慢、十一根[175]皆具其作用，故是「具行」。八、具聲等支分故，是「具支」。九、隨因而轉故，是「隨他轉」。因此，覺亦大等二十三諦法都是顯現，相反地，不具彼等特徵的共主相及覺知士夫之我兩者則是不顯現。《數論頌》明云：

> 「具因無常非能遍，非依多性因具行，具支隨他是顯現，返此則為不顯現。」[176]

---

172 譯者註：《金七十論》將「顯現」譯成「似」，「未顯現」譯成「不似」。

173 譯者註：宗因喻的「因」，從藏文直譯為「徵兆」或「相狀」。如由某山冒煙的徵兆或相狀，推論該山有火。

174 譯者註：所有的相狀都是從共主相變化出來；因為是相狀，最終都得融入到共主相之中。

175 譯者註：五知根、五作根，以及意根。

176 瓦拉納西版，頁數2，第10句偈頌文。藏譯與漢譯稍有不同，漢譯原文：《金七十論》（T.54.2137.1247a.17）：「有因無常多，不遍有事沒，有分依屬他，變異異自性，三德不相離，塵平等無知，能生本末似，我翻似不似。」

丙三、二十五諦法的生滅次第

二十五諦法的生起及壞滅兩種次第中,第一、生起次第。主相或稱自性,以及士夫兩者,不須依賴任何因緣,是自然有。根據無神數論派的說法,當士夫想要受用聲等境時,士夫會與主相近距離結合,再以共主相變化出種種諸法。有神數論派說,當士夫想要受用色聲等境時,依於大自在天的加持下,主相才會變化出種種諸法。

首先,為了士夫的受用,主相在一開始會變出覺亦大,如同鏡子的第二面,當士夫看到覺亦大時,覺亦大會顯現士夫本身的影像,士夫緣取這個影像後,將會產生自詡為我的我慢,此即覺亦大如何生起我慢之理。我慢有三種:一、薩埵較強的我慢。由此產生眼等十一根[177]。二、多摩較強的我慢。由此產生色聲等五唯。三、羅闍較強的我慢。此我慢則是薩埵我慢及多摩我慢兩者的屬性。[178]彼三依序舉例而言,婆羅門婦生十一子,民婦生五子,這些孩子的唯一父親就是該二婦女的婆羅門丈夫。

五唯產生五大:由唯聲產生空大,由唯觸產生風大,由唯色產生火大,由唯味產生水大,由唯香產生地大,這就是五唯

---

177 譯者註:眼等五知根、語等五作根,以及意根。
178 《入中論自釋》及其注釋卻有不同的解釋。

的極微塵如何產生粗分五大之理。《數論頌》云：

「從自性生大，從大生我慢，由此生十六，彼復生五大。」[179]

《般若燈論之註釋》[180]云：

「由無相狀、不顯現的主相生起僅略大及僅變異。由大生極明我慢。我慢有三相：變異所成、塵所生，以及大種所生。由變異所成、薩埵較強的我慢生起如是十一根：眼、耳、鼻、舌、身、意、語、足、手、排泄器、生殖器等。眼等五者乃知根，語等五者乃作根，意根乃彼二性，為何？亦住知根，亦住作根。大種所成、多摩較強的我慢生起如是五唯：唯聲、唯觸、唯味、唯色、唯香。塵所成、羅闍較強的我慢乃二性，如某一婆羅門有二妻——婆羅門女及民女。由婆羅門女生十一子，由民女生五子，婆羅門女如變異成我慢，十一子如十一根，民女如大種生我慢，五子如五唯，婆羅門如塵所生我慢。」[181]

---

179 瓦拉納西版，頁數5，第22句偈頌文。藏譯與漢譯稍有不同，漢譯原文：《金七十論》（T.54.2137.1246c.6）：「從自性生大，從大生我慢，從我生五唯，從五唯生十六見。」

180 ཤེས་རབ་སྒྲོན་མའི་འགྲེལ་བཤད། ཡང་ན། ཤེས་རབ་སྒྲོན་མ་རྒྱ་ཆེར་འགྲེལ་པ། 又稱《般若燈論之廣釋》，造者為觀音禁（Avalokitavrata）。

181 德格版，論，中觀，ཟ卷，第二品，139正頁；對勘本版，書號58，1200頁。漢譯大藏經內並無此譯。

第二、壞滅次第。主相如失明且具足者,能行;覺知士夫之我如腳殘且具目者,不能行。如果錯想該二為一,誤認主相所作皆是士夫所為,就會輪迴。爾時,由士夫見到境的過失,觀修二十五諦法,透過禪定獲得神通,再以神通力證悟主相與士夫兩者為異時,主相便停止變化顯現,不隨士夫而行,也不與士夫結合,且與士夫分離。此時,五大融入五唯,乃至覺亦大融入到主相,於這段期間,變異的生起次第將會反轉,最終融入到主相後而成不顯現性,僅剩士夫一人而已。此派主張,這時就是解脫。

總之,如舞蹈者展現了種種舞姿後,最後收回舞蹈的動作,主相也是為了士夫的受用,變化出覺亦大等種種變異,直至對士夫呈現主相本身後,才會從生起次第收回變異。這就是融入次第。《數論頌》云:

「所施之技藝,終返於技者,主顯於士夫,滅止於自性。」[182]

丙四、安立識等具境

建立能知識等具境的論述。主張二十五諦法中,士夫、覺

---

182 瓦拉納西版,頁數12,第59句偈頌文。《金七十論》中沒有找到相似的文句。

亦大、我慢、五知根、意根等是具境。其中，我或士夫的內容於後解說。

先前已說覺亦大的性質。覺亦大有八種特徵：一、法，即增上生之因——愛、戒、布施等。二、知，即通達外知識的文明，及內知識的主相、士夫等。三、離貪，即遠離外在五欲和內在士夫等的耽著。四、具大自在天之德，其德有八：（一）細微之德：以極細微之身而能來去。（二）巨大之德：以極巨大之身而能遍佈世間。（三）輕巧之德：化如棉絮般的輕巧而能受用其境。（四）獲取之德：無論所欲之事在於何處，皆唾手可得。（五）滿欲之德：能夠成辦一切所欲之事。（六）大自在天之德：主宰地下、地上、天上三處。（七）操控之德：操控一切情器。（八）希求居住之德：大至器世間，小至微塵，任於何處皆能隨心所欲地居住。五、非法。六、不知。七、具貪。八、非大自在天。覺亦大的八種特徵中，前四者與薩埵有關，與前四者相反的後四者與多摩有關。《數論頌》云：

「覺亦大是耽，法知與離貪，自在薩埵性，反此是多摩。」[183]

---

[183] 瓦拉納西版，頁數5，第23句偈頌文。藏譯與漢譯稍有不同，漢譯原文：《金七十論》（T.54.2137.1250c.16）：「決智名為大，法智慧離欲，自在薩埵相，翻此是多摩。」

覺亦大分見境、看境，以及耽境三種。此宗承許，前兩者僅緣境的體性，所以是離分別的現識，第三者因為緣境的特徵，所以是分別識。五知根趨入現在的境，而覺亦大、我慢，以及意根，彼等內取[184]卻會執取三世一切所知。《數論頌》云：

「唯見色等塵，是五知根事。[185]……外具取現塵，內取三世塵。[186]」

具境趨入境之理。內取的覺亦大、我慢、意根三者，以及外在眼等知根等，是如何趨入現前分的境？此可分二：一、同時趨入境。二、漸次趨入境。

初者，如見前方的蛇，一開始，外在眼見蛇身時，內取的意根會想「這是蛇」，之後，我慢會想「這條蛇會害我」，知根如是決定後逃走。這些作為無間斷地趨入，故名「同時趨入」。應知耳等趨入其境之理，以此類推。

二、漸次趨入之理，如眼睛一開始看遠處的某個物體，之

---

184 譯者註：藏文是ངང་གི་བྱེད་པ།，《金七十論》將其譯為「內取」，即緣內法者。
185 瓦拉納西版，頁數6，第28句偈頌文。漢譯原文：《金七十論》（T.54.2137.1252b.20）。
186 瓦拉納西版，頁數7，第33句偈頌文。漢譯原文：《金七十論》（T.54.2137.1253b.22）。

後意根想「那是不是人」而產生疑惑,逐漸靠近,看到手足等支分時,我慢想「我覺得這一定是人」而產生決定,覺亦大決定「彼是人」後,再趣入與其對話等作為。

雖然眼等五知根趣入現在的現前境,但內取的覺亦大、我慢、意根三者也能趣入非現前的隱蔽境,這也是因為先有現識,方能產生漸次趣入三世或同時趣入,最終了知且趣入與能引知根[187]已見之境相同的內容。同樣地,具隱蔽境的比度也要先有現識,《數論頌》中廣泛解說如何趣入境的內容。此論云:

「說見有四[188]趣,同時與漸次,未見亦有三,[189]其趣是前行。」[190]

丙五、安立量

建立量的論述。一般而言,是不是所知要看能不能被量成立,這是所有宗義師的觀點,此宗也如是承許。依此宗,量的

---

187 譯者註:「能引知根」謂該知根是引發後續連串效應的因素,故加「能引」的形容詞於知根之前。
188 譯者註:內取的覺亦大、我慢、意根三者,以及外在眼等知根,共四者。
189 譯者註:內取的覺亦大、我慢、意根三者也能趣入非見、非現前的隱蔽境。
190 瓦拉納西版,頁數6,第30句偈頌文。藏譯與漢譯稍有不同,漢譯原文:《金七十論》(T.54.2137.1252c.24):「覺慢心及根,或俱次第起,已見未見境,三起先依根。」

性質是，如實認知境。量的所知可分為三：現前分、略隱蔽分[191]，以及極隱蔽分。認知彼等之量，依序也決定分為三：一、現量。二、比量。三、聲成量。《數論頌》云：

「見比信言量，成立一切境，故許量有三，唯量成立境。」[192]

蓮花戒的《略釋敵宗理滴》[193]亦云：

「數論派主張量僅有三：現識、比度，以及聲成。」[194]

一、現識。「境根結合時，能執見其境相的心識趣入」是現量的性質。如《數論經》云：

「與何聯結時，現彼相之識是現識。」[195]

---

191 譯者註：雖然藏文只是「隱蔽分」，但考慮到極隱蔽分一定是隱蔽分的緣故，譯者在此多加「略」字，以區分第二者和第三者。

192 瓦拉納西版，頁數2，第4句偈頌文。藏譯與漢譯稍有不同，漢譯原文：《金七十論》（T.54.2137.1245c.23）：「證比及聖言，能通一切境，故立量有三，境成立從量。」

193 རིགས་པའི་ཐིགས་པའི་ཕྱོགས་སྔ་མ་མདོར་བསྡུས་པ།。

194 德格版，論，量，ཞེ!卷，92正頁；對勘本版，書號105，258頁。漢譯大藏經內並無此譯。

195 《數論經》第1卷，第89頌。漢譯大藏經內並無此譯。

數論派阿闍黎雨眾[196]（Vārṣagaṇya）的《理炬》[197]云：

「耳等趣入乃現識也。」[198]

正理派典籍《正理花鬘》[199]也指出現識的事例，並說這也是數論派導師偉德亞瓦四尼（Vindhyavāsinī）[200]的主張。此論云：

「耳等趣入和離分別者乃現識也。」[201]

同樣地，佛教阿闍黎陳那的《集量論頌自釋》[202]亦云：

「迦毘羅等人主張，耳等趣入皆是現識。耳皮眼舌鼻等，悉因意之加持而趣境，依序執取現在際之聲觸色味

---

196 ལེའི་བགྲང་བྱས།, ཤུང་ག་ཊྲི།。

197 རིགས་པའི་སྒྲོན་མེ།。

198 《理炬》第5頁。漢譯大藏經內並無此譯。

199 རིགས་པའི་སྙེ་མ། Nyāyamañjarī སྣྱ་མི་ཇ་རི།。作者是阿闍黎闍衍陀 Jayanta Bhaṭṭa ཇ་ཡནྟ་བྷཊྚ།。

200 འབིགས་བྱེད་གནས།, བིནྡྱ་ཝཱ་སི་ནི།。

201 《正理花鬘》第100頁。漢譯大藏經內並無此譯。

202 譯者註：編輯者格西們參考的藏譯版《集量論頌》與《集量論頌自釋》是同一本書，唯一的差異是《集量論頌》皆以大字呈現，而《集量論頌自釋》皆以小字呈現。可是漢譯文獻中，法尊法師漢譯的《集量論頌》與法尊法師譯編的《集量論頌略解》卻是不同的兩本文獻。因此譯者決定，若該引文於法尊法師漢譯的《集量論頌》中找不到時，即便藏原文是寫「《集量論頌》云」，譯者卻會自行修改為「《集量論頌自釋》云」，以便華人讀者方便尋找出處。

香等，故名『現量』。」[203]

可由上述內容釐清數論派的觀點。其中，「加持」之意是，某些數論派說是意和根同時趨入境的意思；某些認為是以意了知，即以根持境後由意了知，覺亦大再耽執其境。

現量可分二：一、分別的現識。二、離分別的現識。前者：根等與其境相遇時，會生起了知其境的覺亦大。此時，附屬覺亦大的多摩之德會被薩埵之德所壓制，從而增上薩埵自性，令其強大，故生堅固了知彼境的分別識，彼識即稱為「分別現量」。總之，此宗說如是堅固了知的分別識是現量。

如前所述，趨入耳等的現識則是離分別現識。

第二，比量的性質：先證因相與具因相者[204]之間的相屬，進而證悟有法上的能遍[205]之義。士夫以如是因相領會彼宗[206]，

---

203 德格版，論，量，ཚེ卷，第一品，21正頁；對勘本版，書號97，6頁。類似譯文亦可參考法尊法師譯編的《集量論頌略解》（P.16）：「諸劫毗羅派，許耳等轉，是為現量……此敘外計。數論派說：『耳、皮、眼、舌、鼻等，由意加持，能於境轉，謂於現在之聲、觸、色、味、香等如次緣取，是為現量。』」

204 譯者註：以「彼煙山有法，有火，有煙故」為例，火是具因相者，煙是因相。

205 譯者註：藏文無「有法上的」四字，是因為下述引用的《數論經》的緣故。但考慮到有法與能遍的結合才是宗的緣故，在此譯者多加這四個字。以「彼煙山有法，有火，有煙故」為例，火是能遍，煙山是有法。

206 譯者註：藏文直譯為「義」，在此可理解為「宗」。以「彼煙山有法，有火，有煙故」為例，「宗」就是「彼煙山有火」。

故名「比度證悟」或「比量」。《數論頌》云：

「相具相為先。」[207]

同理，《數論經》亦明載：

「事先通達因相與具因相者之相屬而知能遍之義，則是比度；士夫通達如是義者，便是比度者之知。」[208]

譬如，眼等有法，行他利，是和合體故。舉出其因相時，透過因相和合體與具因相者行他利兩者相屬的證悟，還有以見「眼等是所遍[209]和合體」的因相，故知有法上的[210]能遍行他利的覺亦大稱「比度」。依如是覺亦大，了知眼等行他利之識稱為「具比度之識」或「士夫證得其義」。阿闍黎陳那的《集量論頌自釋》云：

「數論派師說，名『比度』者，謂超勝現識之一相屬

---

207 瓦拉納西版，頁數2，第5句偈頌文。漢譯原文：《金七十論》（T.54.2137.1246a.15）。

208 《數論經》第1卷，第100頌。漢譯大藏經內並無此譯。

209 譯者註：甲有法，是乙，是丙故。此時的丙是所遍，乙是能遍，因為是丙一定是乙，故說乙周遍丙。又如無常周遍色法時，色法是所遍，無常是能遍。

210 譯者註：藏文無「有法上的」四字，其理由是因為搭配上述引用的《數論經》的緣故。考慮到有法與能遍的結合才是宗的緣故，在此譯者多加這四字。

法。」[211]

此論說現識先成辦相屬的其中一者,剩餘的非現前分之義則由他者證悟,故稱「比度」,像是先以現識見火煙之相屬[212],事後僅見煙便能推論餘義——非現前分的火。《略釋敵宗理滴》云:

「迦毘羅等人說,比度有二,見總相者及見別相者。」[213]

此論說比度分二:一、見總相比度。如,先見火煙之相屬,事後僅見煙便能推論有火。見總相比度分二:(一)前者。如由火生煙,了知從因生果者。(二)餘者。如由見已有的煙而知已有的火,因見已有的果而知已有的因。此宗說,前者有謬,餘者無謬。二、見別相比度。見火煙的相屬後,僅對「從此火而生此煙」的反覆領會。

《數論頌》對此分類法有不同觀點。此論云:

---

211 德格版,論,量,ཅེ་卷,第二品,5背頁;對勘本版,書號97,11頁。類似譯文亦可參考法尊法師譯編的《集量論頌略解》(P.29):「諸數論者說:『且從一系屬現量,增上成就者,是為比量……」因為比度與比量不同,現識與現量不同,故做新譯。

212 譯者註:火煙之相屬就是火與煙的關聯,即有煙一定有火的果與因的關聯。

213 德格版,論,量,ཅེ་卷,95正頁;對勘本版,書號107,266頁。漢譯大藏經內並無此譯。

「比量三別知」[214]

雖然《數論頌》沒有明確地一一分析三者的性質，此處統一《數論頌》的後代學者的種種說法而詮釋。比量分三：[215] 一、前者比量。二、餘者比量。三、見總相比量。

前者比量：該量依見先有之因而比度隨後之果。例如，由夏季天空烏雲遍佈的相狀或理由而比度其果是將會下雨之量。

餘者比量：依見某果具有某德，而比度類似的一切餘者皆具其德的比量。例如，同是從一棵樹生，且其顏色、形狀、香味都是相同的果實，以食用其中一果具足甜味的理由，比度其他所有果實都具甜味。抑或，餘者比度的性質是，決定彼法存在於某一有法，且又不在他處，從而確定彼法存在於該有法的餘處之中。例如，決定香是大種之質，而且不見香是火風水空之質，從而比度香存在於地大——所餘大種——的量。

見總相比量：了知尚未見過的有法各自特徵之性質。例如，在某處的夏季時，因眼見桃樹開花，從而比度其他處所有桃樹也會在夏季開花之量。

---

214 瓦拉納西版，頁數2，第5句偈頌文。漢譯原文：《金七十論》（T.54.2137.1246a.17）。

215 譯者註：依《金七十論》，真諦大師的翻譯為「有前」、「有餘」、「平等」。

第三、聲成量。從信賴士夫之語所生之量。《數論經》云：

「可信士夫之教言乃聲矣！」[216]

《數論頌》云：

「信聞乃信言。」[217]

因聽聞彼語——能詮之語或稱聲量——而生識量，所以此處明釋二量[218]。

聲成量可分三：一、真諦語的士夫——如仙人——之言。二、耆老之語。三、普及之語及同屬聲[219]。透過這三種類別，了知聲音與其內義的相屬，進而安立三種聲成量。依序，數論派阿闍黎阿尼魯達[220]說到三個事例：一、由「此是瓶」的仙人語而了知瓶。二、聞者由「用這根白棍趕牛再過來」的耆老語，以及見過白棍趕牛的行為，進而了知聲和義的相屬。三、由「鳥正在吃水果」之語生起得知「水果可吃」之識。

---

216 《數論經》第1卷，第101頌。漢譯大藏經內並無此譯。
217 瓦拉納西版，頁數2，第5句偈頌文。藏譯與漢譯稍有不同，漢譯原文：《金七十論》（T.54.2137.1246a.15）：「聖教名聖言。」
218 譯者註：聲量及識量。
219 གཞི་མཐུན་པའི་སྒྲ།
220 མ་འགགས་པ། Aniruddha。

量決定為現量、比量、聲成量三數量之理：決定所知數量，從而決定量的數量，這是聖域印度所有學者公認的說法，此宗也這麼承許。所知數量決定為三：一、現前分，即透過五知根所了知、通達的所知。二、略隱蔽分，即由非根識之意等內在作意，經由與真相相符的理由，進而通達的所知。三、極隱蔽分，即無法以彼等[221]而知，只能透過可信賴的言語而通達的所知。所以，此宗成立量的數量也決定為三，即現量、比量、聲成量。《數論頌》云：

「根識不得諸境義，悉由隨見比度知；比度不得之隱蔽，悉由信言而成立。」[222]

丙六、釋證境之法

闡釋具境識等了知境的方式。問：此宗如何安立因相？因相的分類又有什麼？答：「事先通達因相與具因相者之相屬，進而了知能遍之義」稱為「因相」。此宗亦說，覺亦大的變異是非心識的色法。因相具有三支：一、宗，即有法上存在所

---

221 譯者註：根識及理由。
222 瓦拉納西版，頁數2，第6句偈頌文。藏譯與漢譯稍有不同，漢譯原文：《金七十論》（T.54.2137.1246a.26）：「依平等比量，過根境得成，若所依比不顯，隨聖言則現。」

立之法²²³。二、因²²⁴具三相：（一）存在於宗。（二）存在於同品。（三）不存在於異品。²²⁵三、喻，即相應所立法的同法喻，以及相應異品的異法喻。²²⁶《集量論頌自釋》云：

「迦毘羅等人言，以具相及破立之二別比度示於他人。
具相語之事物境分五，如承許等分類。」²²⁷

論說此宗承許利他比度分二：一、具相，即以成立自宗為主，且具成立語五種支分者。例如，成立存在主相的五種因

---

223 譯者註：以「瓶子有法，是無常，是色法故」的因相為例，有法是瓶，所立法（或稱宗之法）是無常，因相是色法。

224 譯者註：此處依普遍的說法譯為「宗、因、喻」，但考慮到如「因甲是乙」、「因為」、「因果」等「因」字的普及性，此書多處以「因相」代替「因」字。

225 譯者註：以「瓶子有法，是無常，是色法故」的因相為例，宗是「瓶子是無常」，因是色法。色法與「瓶子是無常」不相違，故說因相存在於宗。同品是無常，因相色法是無常，故說因相存在於同品。異品是常，因相色法不是常，故說因相不存在於異品。

226 譯者註：以「瓶子有法，是無常，是色法故，如柱子」的因相為例，所立法是無常，相應所立法的同法喻如柱子；異品是常，相應異品的異法喻如無為虛空。

227 德格版，論，量，ཅེ卷，第三品，54正頁；對勘本版，書號97，155頁。法尊法師的漢譯用詞與此處稍有不同：針對藏文的「ཚུལ་པར་ལྡན་པ།」一詞，法尊法師譯「相應」；譯者譯「具相」；針對藏文的「བཟློག་ཏེ་འཛིན་པ།」一詞，法尊法師譯「反破」；譯者譯「破立」；針對藏文的「རྗེས་སུ་དཔག་པ།」一詞，法尊法師譯「比量」；譯者譯「比度」，故重譯。法尊法師譯《集量論頌略解》：「諸數論者說：『為他顯示由相應與反破差別，分二種比量。其中相應語之事境有五種，由宗等別故。』」

相。二、破立,即以僅破除他方而立自宗的應成。

數論派的根本典籍《摩拉撻釋》[228]承許,成立語的五種支分是:一、承許。二、口訣。三、比喻。四、隨尋。五、一一教言。以這五相或五種支分,令他了解自己所證之義,故稱「利他比度」。關於五種支分的算法,數論教授師阿尼魯達等人卻說是:一、承許。二、因相。三、比喻。四、舉止。五、究竟。

此宗主張,以七相屬而知境者則是自利比度。因相與具因相者的相屬有七,《略釋敵宗理滴》云:

> 「數論派等人主張,事物的相屬有如是七相:一、我和我所的相屬,如天授與供施[229]。二、自性相屬,如泥與瓶。三、因與具因者的相屬,如陶匠與瓶。四、因與果的相屬,如種子與苗。五、父母的相屬,如樹與樹枝。六、俱行的相屬,如雄雌的天鵝。七、敵方相屬,如烏鴉與貓頭鷹。」[230]

透過這些相屬而比度的因相分二,正因及見似因。如前節所述比量分為三種,彼等依據的因相也分三種:一、以前者

---

228 སྦྲ་ཁའི་འགྲེལ་པ། *Māraṭha Commentary*。

229 譯者註:「供施」是人名,又譯祁施或耶若達,梵文是Yajñadatta。

230 德格版,論,量,ཞེ་卷,95正頁;對勘本版,書號105,266頁。漢譯大藏經內並無此譯。

推論的正因。如夏季雨量充沛、山明水秀之地，以目前烏雲密佈、雷聲作響為理由，推論此處不久後將會下雨的因相。

二、以餘者推論的正因。因見某果具有某德，比度一切類似餘者皆具其德的因相。例如，同是從一棵樹生，且其形狀、顏色、香味都是相同的果實，以食用其中一果具有甜味的理由，比度其他所有果實都具甜味。抑或，香是大種之質，非火風水空之質，依此理由比度香是大種的餘者──地大──之因相。

三、以見總相推論的正因。自己曾見個別之處──毘舍離──的春暖花開，便以見其總相春暖花開的理由，推論自己未見的其他區域在春季時也應開花的因相。

說主相等細微所知存在的理由。首先，此宗如何以自性因或見總相之因成立主相呢？《數論頌》云：

「細故不可得，非無果生彼，大等是彼果，似性與不似。」[231]

凡夫現識見不到主相的存在，因為主相很細微，所以不可得。主相並非沒有；主相的存在，以及彼果覺亦大等，可由緣取自性三德──羅闍、多摩、薩埵──的顯現而得知。因有三

---

[231] 瓦拉納西版，頁數2，第8句偈頌文。藏譯與漢譯稍有不同，漢譯原文：《金七十論》（T.54.2137.1246b.27）：「性細故不見，非無緣可見，大等是其事，與性不似似。」

德顯現之果,彼等的同類因也要具足三德。如是具足三德、不顯現的自性則名「主相」。《數論頌》中,以五個理由論證諸果變異都有其不顯現之因——共主相。此論云:

「別相有量故,別相隨行故,能力故趣入,
因果差別故,世間悉無別,故有不顯因。」[232]

阿闍黎蓮花戒的《真如集論釋》闡述此義,論云:

「其義如是,別相皆有其量,故有主相。此世間中,何處有造者,當見爾量,猶如有陶匠用泥造瓶,其量為五藏升[233]、二藏升、十藏升。又見大等顯現法,謂一覺、一慢、五唯、十一根、五大等量。因此,以比度之力成立存在主相——從此而生具量之顯現法。若無主相,顯現法將不具量。」[234]

此論繼續詮釋第二義。論云:

「復是,此派說存在主相。為何?因見別相皆是隨行,

---

[232] 瓦拉納西版,頁數3,第15句偈頌文。藏譯與漢譯稍有不同,漢譯原文:《金七十論》(T.54.2137.1248c.4):「別類有量故,同性能生故,因果差別故,遍相無別故。」

[233] 譯者註:六千粒青稞的容器為一藏升。

[234] 德格版,論,量,ㄹ卷,第一品,150背頁;對勘本版,書號107,397頁。漢譯大藏經內並無此譯。

即任何可得的種類悉由自己體性因生。如,瓶與紅砂碗等陶器的別相種類,皆是源於濕泥屬性之因。應知此顯現之別相皆具薩埵、羅闍、多摩等種類。」[235]

關於第三義,此論云:

「復是,此派說存在主相。為何?以能力而趣入故;依此理亦是有主相。此世間中,趣入某事即是能力,猶如依毛線的趣入而造氌氀。依某法之力促使顯現,故應成立存在主相的能力。能力亦非無依,故有趣入其能力的主相。」[236]

關於第四義,此論云:

「復是,此派說存在主相。為何?因為存在因與果的差別。此世間中,可見因與果的差別,宛如濕泥團是因,瓶是果性。瓶與濕泥團不同,因為瓶可裝盛蜜、水、乳等,濕泥團卻不能。因見大等諸果,故應成立存在生起大等諸果之因——主相。」[237]

---

[235] 德格版,論,量,ཟེ།卷,第一品,150背頁;對勘本版,書號107,397頁。漢譯大藏經內並無此譯。

[236] 德格版,論,量,ཟེ།卷,第一品,151正頁;對勘本版,書號107,398頁。漢譯大藏經內並無此譯。

[237] 德格版,論,量,ཟེ།卷,第一品,150背頁;對勘本版,書號107,398頁。漢譯大藏經內並無此譯。

關於第五義，此論云：

> 「復是，此派說存在主相。為何？種種自性無別故。種種自性謂三世間，爾等某法壞滅時，皆是無別，如五大與五唯無別，五唯及根與慢無別，慢與覺無別，覺與主相無別，故壞滅時三世間皆是無別；無別謂無法區別。大等衰滅時將成無別的主相，應思存在主相。」[238]

論中廣說不顯現主相存在的理由，《思擇焰論》也有如是清楚的論述。

此宗又說以五種理由成立「任何的因在該因位時，都要有其果以不顯現的姿態而有」。理由一、若果不存在於該因位時，即使有助緣也不能顯現其果，因此所有的果都要存在於其因之時。正如壓榨沙子也無法出油，世間也知因位時若無其果，果將不生。

理由二、欲得果者求任何果，都必須取得該果的必要之因，所以因時有其果。例如，為得果酪應求取因乳，不應欲求土石等其他物品。

理由三、不可能一切因生一切果，所以果都要存在於其因之時，例如，麥種只生麥，不會長樹。

---

[238] 德格版，論，量，ㄐ卷，第一品，151正頁；對勘本版，書號107，399頁。漢譯大藏經內並無此譯。

理由四、一切因只做由其所生之果的助緣，不做其他助緣，所以因時有其果。例如，金匠使用錘等助緣打造金飾時，唯有金能轉成該飾品。

理由五、果與因的自性相似，所以因時有其果。例如，從泥團可製造陶瓶，從木頭卻不能製造陶瓶。誠如《數論頌》云：

「無不成緣故，須取近因故，一切不生故，
能作所作故，隨因有果故，故說因有果。」[239]

此宗也說五個成立不顯現覺知士夫之我的理由，這將在分析我與無我時才解釋。

雖然有主相及覺知士夫之我，但是根現識看不到的理由又是什麼呢？《數論頌》說，有八個成立「事物雖有，卻見不到」的理由。此論云：

「過遠及過近，根壞心散亂，細微及障蔽，勝伏相類合，性細故不見。」[240]

---

[239] 瓦拉納西版，頁數2，第9句偈頌文。藏譯與漢譯稍有不同，漢譯原文：《金七十論》（T.54.2137.1246c.25）：「無不可作故，必須取因故，一切不生故，能作所作故，隨因有果故，故說因有果。」

[240] 瓦拉納西版，頁數2，第7句偈頌文。藏譯與漢譯稍有不同，漢譯原文：《金七十論》（T.54.2137.1246b.8）：「最遠及最近，根壞心不定，細微及覆障，伏逼相似聚……性細故不見。」

理由一、過遠故不見,如凡夫的人眼見不到遠處的星辰。理由二、過近故不見,如塗在眼上的眼藥無法被眼睛見到。理由三、根壞故不見,如失明者不見色法。理由四、散亂故不見,如意著迷於聲樂時,眼見不到色法。理由五、細微故不見,如眼睛不見微塵。理由六、障蔽故不見,如圍牆和簾布的障蔽而不見瓶。理由七、勝伏故不見,如日光的勝伏導致白天不見星聚。理由八、混合相同的類別,故而喪失見到之機會而不見者,如白米堆在一起時,不見一粒粒米。此宗說,前述諸種理由中,眼等五根見不到覺知士夫之我和主相,乃是覺知士夫之我和主相非常細微的緣故。

　　聖域印度中,數論派的哲學是最早依理而立的宗義。長期以來,勝論派、正理派、伺察派、吠檀多派等古老外道的宗義師,以及佛教的宗義師——尤其是理聖自在阿闍黎陳那和法稱等人,皆以細微理路分析檢視此派宗義,進行了極詳細的觀察。因此,釐清數論派先後學者的主要觀點極為重要。相對於本書對其他外道宗義的詮釋,此處依聖域內外道學者的諸多典籍,對此宗做了稍廣的闡述。

甲二、釋勝論派宗義
乙一、此派宗義的發展史

　　印度內外道的諸多學者皆說,此派的創始鼻祖是食米齋仙

人[241]或稱鴟鵂仙人[242]。阿闍黎蓮花戒的《真如集論釋》亦云：

「以是足目的弟子，故名『足目派』，即正理派。勝論謂以是食米齋的弟子，故名『食米齋派』。」[243]

論說足目是正理派的導師，食米齋是勝論派的導師。為何此派導師名為「食米齋」呢？孟加拉阿闍黎慧鎧[244]的《勝神讚釋》[245]說，是以拾所遺米屑而食之苦行者，故名；有多種這類的說法。[246]《思擇焰論》云：

「雖是欲見一切的鴟鵂能仁亦不能解脫……隨教典的鴟

---

241 གཟེགས་ཟན། Kaṇāda。

242 འུག་པ། Ulūka。

243 德格版，論，量，ཛེ་卷，第五品，257正頁；對勘本版，書號107，669頁。漢譯大藏經內並無此譯。

244 བྷཊྚ་ལའི་སློབ་དཔོན་ཤེས་རབ་གོ་ཆ།

245 ལྷ་ལས་ཕུལ་དུ་བྱུང་བའི་བསྟོད་འགྲེལ།

246 德格版，論，禮讚，ཀ་卷，第五品，55背頁；對勘本版，書號1，147頁。漢譯大藏經內並無此譯。由南・吉修・得瓦日嘉（Nand Kishore Devaraja）編輯的 *Indian Philosophy Today*（暫譯：《今日的印度哲學》）321頁說，因拾他人農田收割後的所遺米屑而食，故做此說。一些研究古印度哲學的現代學者們認為，勝論派稱「鴟鵂派」。如二十世紀的印度學者哈蘭達・巴薩德・辛哈（Harendra Prasad Sinha）的著作 *An Outline of Philosophy of Religion*（暫譯：《宗教哲學綱要說》）：「因為食米齋的正名是鴟鵂者，勝論派的哲學亦稱食米齋及鴟鵂派的哲學」。

鵂鶹派⋯⋯」[247]

論說，鵂鶹仙人是彼宗的導師；以是主要追隨鵂鶹仙人的宗義師，故稱「鵂鶹派」。取名「鵂鶹」的理由亦有多種解釋：白日寫作典籍，晚上尋覓食物，這與鵂鶹的行為相同，故名；又，以是鵂鶹仙人的子弟，故名；又，大自在天化成鵂鶹，為正在修行的食米齋宣說六句義，故名。《宗義寶炬論自釋》[248]說，食米齋的子弟，派撻拉[249]、派祿迦[250]，以及樂主[251]是後起勝論派的導師。[252]

---

247 德格版，論，中觀，ᵋ卷，第七品，249背頁；對勘本版，書號58，608頁。漢譯大藏經內並無此譯。

248 譯者註：遍知文殊笑的《宗義寶炬論》是以偈頌文的方式撰寫，此論已由本人翻譯。根據《宗義寶炬論》及其自釋的後跋文，在阿闍黎江惹（ཇུང་རི།）等人的呼籲下，遍知文殊笑也撰寫了《宗義寶炬論》的自釋。關於《佛法哲學總集》的這段文句，雖然下面的藏文腳註是寫《宗義寶炬論》的126頁，但經譯者查證，這段文句只出現在《宗義寶炬論自釋》中，目前尚未有人將此自釋譯成漢文。

249 པཻ་ཐ་ར། Paiṭhara。

250 པཻ་ལུ་ཀ Pailuka。

251 བདེ་བྱེད་བདག་པོ། Śaṃkarsvāmi。

252 遍知文殊笑的《宗義寶炬論》，臺灣出版，頁數126。關於食米齋仙人的年份，存在著不同的說法，如二十世紀的印度哲學家達美達・拿達・夏斯帝（Dharmendra Nath Shastri）的著作*Critique of Indian Realism*（暫譯：《印度實在主義的批判》）說，中國學者吉藏──撰寫提婆的《四百論》之注釋的作家──曾道：「該仙人出現於佛世尊的八百年前。」又，有些印度的歷史家說，該仙人出生在西元前四百年初左右。

關於此派哲理之典籍。存在至今、食米齋所造的《勝論經》[253]是一切勝論典籍的依據。其經最早著名的論釋是五世紀的慧月[254]所造的《勝宗十句義論》[255]。此後,無誤精通《勝論經》的真實義、第六世紀著名學者阿闍黎缽羅奢思波陀[256]撰寫了《勝論經》的注釋,名《攝句義法論》[257],將勝論派的哲學發揚光大。十世紀左右,缽羅奢思波陀的《攝句義法論》出現了三本著名的注釋:一、十世紀虛空淨[258]所造的《毗耶瑪釋》[259]。二、十世紀室利陀羅[260]所造的《正理芭蕉樹》[261]。三、十一世紀烏陀衍那[262]所造的《光之頸飾》[263]。[264]

---

253 བྱེ་བྲག་པའི་མདོ། Vaiśeṣikasūtra。

254 ཙནྡྲ་མ་ཏི། Candramati 或 Maticandra。

255 དཔའ་དོན་བཅུ་སྨྲ། Daśa-padārtha-śāstra。

256 སློབ་དཔོན་པ་བཤད་སྤུངས། Praśastapāda。

257 པ་དོན་ཆོས་སམ་གྲ། Padārtha-dharma-saṅgraha。

258 བྱོམ་ཤི་བ། Vyomaśiva。

259 བྱོམ་བ་ཏི། Vyamavatī。

260 སྲི་དྷ་ར། Śrīdhara。

261 ནྱཱ་ཡ་ཀནྡ་ལི། Nyāyakandalī。

262 ཨུ་ད་ཡ་ན། Udayana。

263 ཀི་ར་ཎཱ་བ་ལི། Kiraṇāvalī。

264 *Encyclopedia of Indian Philosophies*(暫譯:《印度哲學百科全書》), vol., 2, 7。

乙二、宗義的性質及詞義

勝論派宗義的性質：追隨外道食米齋導師，且承許所知六句義是自派根本宗義的外道哲學。勝論派的詞義：特別詮釋句義，或勝[265]論同與異之別，或追隨食米齋所造的《勝論經》，故名。[266]

眾所周知，以歷史及法源的角度而言，勝論和正理兩派確實不同，然而此兩派的根本宗見卻極為相似。阿闍黎清辨在古老的宗義典籍《中觀心要論》及其自釋中，雖有另立破除勝論派觀點的章節，但無另立破除正理派的章節。

我等[267]認為，彼二之間的差異是，勝論派主要是基於六句義而安立基法真相，以此為本；正理派主要是以安立基法真相的方法，進而建立推理十六句義，以此為本。

乙三、如何立宗

《莊嚴宗義之華》云：

---

265 譯者註：此處的勝字有「盡數」之意。藏文直譯是「繁論」、「多論」。
266 譯者註：梵文的「vaiśa」有二義：殊勝及別異。玄奘大師將其字譯成勝，西藏譯師將其字理解為別。參考《印度六派哲學》，頁167。
267 譯者註：《佛法科學總集》及《佛法哲學總集》的編輯者格西們。

「至上勝論師,食米齋遍計,以三量建立,所知六句義。」[268]

追隨食米齋導師,並以具境三量而安立所知六句義者,是勝論派。《勝論經》云:

「主張因為通達法之特徵或別相——質、德、業、同、異、和合等句義——的相應法及不相應法,生實相慧,故得解脫。」[269]

《真如集論釋》云:

「汝等不說六句義以外的存在!」[270]

如《思擇焰論》所明釋,此宗主張一切所知被六句義所

---

[268] 烱丹日惹的《莊嚴宗義之華》,烱丹日惹文集,ཤྲི,24背頁。根據西藏哲邦寺十尊殿的版本,於2006年在藏地印刷。

[269] 《勝論經》,經號4,1頁。譯者註:雖有姚衛群編譯的《勝論經》,但與藏譯稍有不同。姚衛群編譯的《勝論經》云:「至善來自對真理的認識,來自特別的法,即借助(關於)實、德、業、同、異、和合句義的相似與差別(的知識)獲得。」可參考姚衛群編譯,《古印度六派哲學經典》,1。姚衛群將《勝論經》的作者名「迦那陀」,且於腳註附上其人梵名Kaṇāda。佛學大辭典將勝論宗開祖之師Kaṇāda,名「食米齋仙人」。此書根據藏文寫法,決定採用「食米齋」的譯詞。

[270] 德格版,論,量,ཤྲི卷,第十五品,261背頁;對勘本版,書號107,679頁。漢譯大藏經內並無此譯。

攝。六句義是:一、質[271]。二、德。三、業。四、同。五、異。六、和合。此宗的某些後繼學者又多加「非事物」,故說所知七句義。

丙一、說質

闡釋六句義的第一句義——質。質的性質:具三法——作用、德、為和合之因——之法。阿闍黎清辨的《思擇焰論》云:

> 「整體而言,質之性相是:具作用、具德、為和合之因者,謂質之性相。」[272]

此派主張,質是同時和合[273]質上相異之德的因,故說「為和合之因」。為何稱為「質」呢?獨立自主地成立自身,且是德等他法之所依,故名。

質分九:一、地。二、水。三、火。四、風。五、空。

---

271 譯者註:古譯將此詞翻譯為「實」,其梵文為「dravya-padārtha」,當今西方學者英譯成「substance」;藏文是「རྫས་」,就詞義而言,應理解為「質」非「實」。《佛教哲學總集》主要由藏譯漢,故而譯者決定翻譯為「質」。

272 德格版,論,中觀,ཛ卷,第七品,243正頁;對勘本版,書號58,592頁。漢譯大藏經內並無此譯。

273 譯者註:匯合或集合之意。

六、時。七、方。八、我。九、意。從彼等所生四大微塵是常，從彼等微塵所聚粗性[274]是無常。《眞如集論釋》引用《勝論經》云：

「說九質。經[275]釋，地、水、火、風、空、時、方、我、意皆是質。[276]復是，『地水及火風』中的四質，具有常與無常之差異別相，故有二相。為宣說此二相，經說『首先』[277]等內容。地等微塵性是常，因為諸微塵是常。由彼等所聚是無常，因為具因者是無常，闡釋此理。」[278]

《思擇焰論》亦明釋此義。

第一、地的性質：具香德之質稱「地」。地的微塵是常，由諸多彼等所聚而生者是無常。地也可分身、根、境三者。像是有情的身體是身；根如持香的鼻根；境如外在的山岩。

第二、水的性質：具冷觸之質稱「水」。水的微塵是常，

---

274 譯者註：姚衛群將其詞翻譯成「大性」，將其反方翻譯成「微性」。參考姚衛群編譯，《古印度六派哲學經典》，34。

275 譯者註：《勝論經》。

276 譯者註：有關這段經文，姚衛群編譯的《勝論經》亦云：「地、水、火、風、空、時、方、我、意是實。」參考姚衛群編譯，《古印度六派哲學經典》，2。

277 譯者註：未見這段經文出現在姚衛群編譯的《勝論經》裡。

278 德格版，論，量，ཟེ卷，第十五品，257背頁；對勘本版，書號107，669頁。漢譯大藏經內並無此譯。

由諸多彼等所聚是無常。水也可分身、根、境三者。像是水神的身體是身；根如持味的舌根；境如外在的河流和大海。

第三、火的性質：具熱觸之質稱「火」。火的微塵是常，由諸多彼等所聚是無常。火也可分身、根、境三者。像是太陽的身體是身；根如持色的黑色眼珠內部之根；境如火蘊和雷。

第四、風的性質：無可見色、具觸之質稱「風」。風的微塵是常，由諸多彼等所聚是無常風。風也可分身、根、境三者。像是風之世間和風神的身體是身；根如持觸的皮根——遍佈身體的所有部分；境如令外在樹木等動搖的外風，以及令內心動搖的內風或命。

第五、空的性質：具聲德之質。九質之中，具聲德之質稱「空」，又稱「常、一、遍佈一切之質」。

第六、時的性質：與年、月、日、時辰等時間事物質體異；是「很長」或「很快」念執之所耽境；該質是「很長」或「很快」的名言之因。《思擇焰論》云：

「方、空、時亦不生、遍佈、常、無作用。」[279]

論說，此派主張時是遍佈一切、常，以及無作用性。為何有時？《真如集論釋》云：

---

279 德格版，論，中觀，ᡓ卷，第七品，242背頁；對勘本版，書號58，590頁。漢譯大藏經內並無此譯。

「此經[280]亦如是云：『後、前、同時、非同時、長時、快等皆是時之相狀』。」[281]

時分三：過去、現在、未來三時。《眞如集論釋》引用《勝論經》云：

「時熟諸大種，時攝諸眾生，時故從眠醒，超越時亦難。」[282]

勝論宗主張，時是一切作用的造者。

第七、方的性質：是「東方」等名言之因，也是一、遍佈所有、常之質。例如，念「此是東方」心識的所現境──東方。方區分爲十：東等四方、東南等四向，以及上和下兩者。

第八、我的性質：與身、根、識等質體異，如講說數論派時已述，也是遍佈一切有情之質。[283]此宗承許，士夫與補特伽羅兩者是異名。我分爲二：如大自在天之我是殊勝之我，而牛

---

280 譯者註：《勝論經》。

281 德格版，論，量，ᵓI卷，第十五品，270背頁；對勘本版，書號107，702頁。漢譯大藏經內並無此譯。漢譯與藏譯稍有不同，姚衛群編譯的《勝論經》云：「此、彼、同時、慢、快這類概念是時的（存在）標誌。」參考姚衛群編譯，《古印度六派哲學經典》，10。

282 德格版，論，量，ᵓI卷，第六品，192正頁；對勘本版，書號107，501頁。漢譯大藏經內並無此譯。

283 參考《入中論釋》。德格版，論，中觀，ᵓI卷，第六品，240正頁。漢譯來源：法尊法師譯《入中論釋》。

畜之我是凡庸之我。在本書下冊闡釋各派的我論時，再做我及其德的解釋。

第九、意的性質：樂苦所緣之因的所有意根。意是非識的色法之質、是常、具作用；住耳門時不住眼門，故非遍佈一切。《思擇焰論》亦如是云：

「意是常、具作用、間斷者。」[284]

總而言之，在九質中，地水火風意五者是間斷者，故非遍佈之質；我方時空四者為非間斷者，故是遍佈之質。

丙二、說德

第二句義，德的性質：依質；無他德；不是未曾相遇之合[285]因，也不是已遇個別之離[286]因；不待相狀。《真如集論釋》引用《勝論經》云：

「此復，經[287]云：『德之性相乃依質；德非合離之因；

---

284 德格版，論，中觀，ᵈཞ卷，第七品，242背頁；對勘本版，書號58，591頁。漢譯大藏經內並無此譯。
285 譯者註：可參考下述二十四德中的第八德——合。
286 譯者註：可參考下述二十四德中的第九德——離。
287 譯者註：《勝論經》的漢譯與藏譯稍有不同，姚衛群編譯的《勝論經》云：「德的特性是依一實，沒有德，不是合與離的因。」姚衛群編譯，《古印度六派哲學經典》，3。

不觀待者』。」[288]

《勝論經》將德分二十四類。《真如集論釋》亦云：

「經[289]云：『一、色。二、味。三、香。四、觸。五、數。六、量。七、別體。八、合。九、離。十、別法。十一、此法。十二、識。十三、樂。十四、苦。十五、欲。十六、瞋。十七、勤』。以『以及』之詞說：十八、重。十九、液。二十、潤。二十一、行。二十二、法。二十三、非法。二十四、聲。」[290]

眼識等五識[291]或五知合為一類，加上「以及」之詞所說的七類，共有二十四類。此宗承許，彼等諸德皆是迥異於該德的所依之質。[292]阿闍黎清辨的《思擇焰論》以及阿闍黎觀音禁的《般若燈論之註釋》這兩本論著各自計算五識，且無加入「重」等於其算法之中。然而，本書則是依《真如集論釋》而

---

288 德格版，論，量，ᶾI卷，第十六品，273正頁；對勘本版，書號107，710頁。漢譯大藏經內並無此譯。

289 譯者註：孫晶的《印度六派哲學》卻說：「德句義在《勝論經》中列舉了十七種，後來因贊在他的《攝句義法論》中又增加了七種，《勝宗十句義》也是如此，一共有二十四種。」參考《印度六派哲學》，173頁。

290 德格版，論，量，ᶾI卷，第十六品，273背頁；對勘本版，書號107，711頁。漢譯大藏經內並無此譯。

291 譯者註：眼、耳、鼻、舌、身等五識。

292 譯者註：如黃色是德，其所依之質是地大，所以黃色迥異於地大。

做闡釋。

此處略說一一之德。一、色的性質：僅眼能持取之德。以其作用可分二：（一）日光或雷光明顯自他二身故，是「能明色」。（二）水的顏色不能如是明顯故，是「不顯色」。以其性質分七色：青、黃、白、紅、綠、褐、雜。彼等是德，所以需要依賴他質。問：依何質？答：一切顏色皆依地大，一切顯色亦[293]依火大。水大中有不顯白色。

二、味的性質：持味之根的所取之德。味分六：甜、酸、苦、澀、辣[294]、鹹。彼等諸味皆依地大，其中仍依水大者只有甜味。

三、香的性質：鼻根所取之德。香分好香與惡香兩者。此宗承許香只依地質。

四、觸的性質：僅皮根能持取之德。觸分三：熱、冷、不冷不熱之觸。觸依四大的任何一者。《真如集論釋》云：

> 「眼取色，色住於地、水、火中。舌根取味，味住於地、水中。鼻取香，香住於地中。身根取觸，觸住於

---

[293] 譯者註：藏文中雖無「亦」字，因恐產生顯色只依火大的疑慮，譯者多加「亦」字，謂顯色不僅依地大，還依火大。

[294] 譯者註：直譯為粗糙或枯澀。漢語中，味道無所謂粗不粗糙，而澀味在此之前已有。根據孫晶的《印度六派哲學》，此味可譯為「辣」。參考《印度六派哲學》，174頁。

地、水、火、風中。」²⁹⁵

五、數的性質:「一」、「二」等詞彙之因的德。例如,一個人的計數單位²⁹⁶不是人,也不是詮「人」的聲音,與人質體異,而是將「無伴的單一人詮釋為一個人」之聲的因,也是其聲的直接所詮,以及持「是一個人」之念的所現境,以此類推「二」和「三」等。數依九質。依空和微塵者是常;依粗性四大者是無常。一數依一質,二數依多質。《真如集論釋》云:

> 「數之性相:『一』等的詞彙之因即一。數有依一質者及依多質者;一數是一質,二數等是多質。」²⁹⁷

六、能知之量的性質:詮「質之長短輕重的能知」之不共詞彙的因之德。量分大、小、長、短四類。大分二,常和無常。常之大,如空、時、方、我等德之大;無常之大,如三微塵以上所聚之粗性質之德。小分二,常和無常。常之小,如在

---

295 德格版,論,量,ཟི卷,第十六品,273背頁;對勘本版,書號107,711頁。漢譯大藏經內並無此譯。

296 譯者註:藏文是「མི་གཅིག」,此詞的漢譯是「一個人」,但根據編輯者格西們的說法,在此的「一個人」應理解為「མི་གཅིག་ཡིན་པའི་ཆ」,直譯為「人是一的部分」,故於此處譯「一個人的計數單位」。

297 德格版,論,量,ཟི卷,第十六品,273背頁;對勘本版,書號107,712頁。漢譯大藏經內並無此譯。

意中所現的圓狀微塵之德。無常之小，如兩微塵以上所聚的最初和合體[298]之德。此宗承許量也依賴一切九質。

七、別體的性質：詮「別異」之不共詞彙的因之德。譬如，「柱瓶兩者是別體」不是柱瓶兩者、不是柱瓶一一個體、與柱瓶質體異、與柱瓶兩者無交集，卻是「區分柱瓶一一個體」之聲的直接所詮，以及「區分柱瓶一一個體」之識的所現境。若非如此，將不能知柱瓶一一個體。別體依賴九質。《真如集論釋》云：

「以彼此相異，故做一一說。」[299]

八、合或具有的性質：是執「與合質相合或與其無間隔」之識的所現境，也是詮「與合質無間隔」之聲的直接所詮之德。例如，執「氆氌中的毛線彼此纏結、無間相合」之識的因，是令彼等毛線相互和合的「具有」，而且該「具有」與彼等毛線為體性異。為何毛線與該「合」為體性異呢？因為「執毛線之識」的所取與「執彼等毛線相合之識」的所取是相異。

---

[298] 譯者註：此宗認為，單一微塵是常，是支分，絕非和合體。兩個微塵的組合是無常，不僅是支分，也是和合體；因為是最小的和合體，名「最初和合體」。

[299] 德格版，論，量，引卷，第十六品，第15句偈頌文，25正頁；對勘本版，書號107，62頁。漢譯大藏經內並無此譯。

合依一切質。

九、離的性質：「將聚集一處者一一分離」的詞彙因之德。如從一條河流分出兩條河道般，「離」是以分離往昔之質，壞滅往昔之合，也是執「分離彼此」之識的所現境，與分前之法為體性異。若非如此，事後分離原本的無間相合所生的執隔閡之識，將成無因。那麼，「離」與「別體」兩者之間有何區別？從一開始的分離是別體；分離原本的某一質，將其分成二是離。「離」亦依一切質。

十、別法的性質：是「遠」的詞彙因，且非近之德。如柱瓶同俱時，比起柱子，瓶是執「柱以外的別法」之識的因，也是該識的所現境。「瓶是柱的別法」[300]是瓶的特徵，也與瓶為體性異。

十一、此法：是「近」的詞彙不共因之德。遠近可從空間而分遠近，也可從時間而分遠近，各有兩種。此宗主張，遠近依五質——四大及意。

十二、識的性質：執「關乎所知一切詞彙因之境」的德。此宗承許，覺知[301]、識、能緣等皆為同義。《真如集論釋》引

---

300 譯者註：雖然藏文中並未有此主詞，後經諮詢編輯者格西們，譯者決定放置該主詞。
301 譯者註：數論派不說識是覺知（ཤེས་པ），因為覺知只能是覺知士夫之我。勝論派說識是覺知。

用《勝論經》云：

「正所謂『識、能緣、覺知皆非體性異』。」[302]

識的事例：如眼識。此宗認為，識無法從同一體性者而知，卻可從其他識而知。《真如集論釋》云：

「復是，識雖是覺知，[303]但他宗[304]不說自證性，卻說可從他識而證。」[305]

識分二：憶念及事後領納。前者是由過去的串習力所生的覺知，如憶念過去內容的覺知。後者是非憶念的一切覺知。事後領納分二：如實領納及非如實領納。前者是量，後者非量。此宗主張，如實領納的前者分三：現量、比量，以及由聲意會之量。

十三、樂的性質：有情領納與自己所欲相應的一切感受。

十四、苦的性質：有情領納與自己所欲不相應的一切感受。

十五、欲的性質：貪著自己欲之境的期望。

十六、瞋的性質：背棄不欲之境。

---

302 德格版，論，量，ཇ卷，第十六品，285正頁；對勘本版，書號107，740頁。漢譯大藏經內並無此譯。

303 譯者註：藏文直譯為「雖是如此」，為能明確「如此」之意，故做此譯。

304 譯者註：在此的「他宗」是勝論派。

305 德格版，論，量，ཇ卷，第十六品，285正頁；對勘本版，書號107，740頁。漢譯大藏經內並無此譯。

十七、勤的性質：努力成辦自己的任何某個事業。《入中論釋》云：

「樂謂受所欲境，苦與上相違。欲謂希望所欲事。瞋謂厭離所不欲境。勤勇謂於所作事，思惟善巧令到究竟。」[306]

十八、重的性質：依其力引下行之事，且是依粗質之德。重只依地水二質。

十九、液的性質：溶解之德。液依地、水、火三質。液分二：自性的溶解，如水。依緣的溶解，如屬於地性的鐵與火相合後的溶解。

二十、潤的性質：沾黏粉末等物之因。潤是僅依水質之德。

二十一、行可分三：力勢、習氣、壞而復。第一、力勢：於地水火風意五者，由某人對其施力的特徵所生。例如，箭射出後，依出力而生、不令其箭墮落之因。此宗主張，力勢不同於箭之質及射箭的施力之質。第二、習氣：由其因覺知而生，也是生起其果覺知之能力的性質。習氣的存在可由「依過去的見、聞、受等，後起憶念」的理由成立。此宗主張，若無見聞等習氣，事後不能發起憶念。第三、壞而復：是形色質之德；雖因施力轉成他相，卻隨壞滅其力恢復往昔樣貌之德。譬如，

---

306 德格版，論，中觀，ཧ卷，第六品，294正頁；對勘本版，書號60，779頁。
漢譯來源：法尊法師譯《入中論釋》。

施力彎曲鋼絲,令其變成他相,卻又因力壞滅其相,恢復往昔模樣的造者,承許此義。[307]

二十二、法的性質:是吠陀典籍說要成辦的業,也是由其業所生增上生及決定勝的一切因。

二十三、非法的性質:是吠陀典籍駁斥之業,也是由其業所生苦果的一切因。此宗主張,九法——識、樂、苦、欲、瞋、勤、行、法、非法——皆是依我之德。

二十四、聲的性質:耳根所取的一切德。聲分二:聲韻屬性,如鼓聲;文字屬性之聲,如論典。或如鼓聲的「明顯聲」以及「不明顯聲」——非耳之行境、住於虛空之聲。此宗認為,聲是僅依虛空之德,故說是常。

丙三、說業

第三句義,業的性質:以足步行等動性。業分五:一、舉,即從下向上的抬舉動作,與所舉和能舉兩者質體異。二、置,即從上向下的安置動作,與所置和能置兩者質體異。三、屈,即彎曲直物之因,與所彎和能彎質體異。四、伸,與前述「屈」相反,即伸直彎曲之物,與所直和能直兩者質體異。五、行,即從某處移動至另一處,與所行之處與行者質體異。

---

307 根據《真如集論釋》而釋。《入中論自釋》卻提出稍微不同解讀。

《眞如集論釋》引用《勝論經》云：

「經[308]云：『舉、置、屈、伸、行……』彼等是業。」[309]

《思擇焰論》亦如是明示。

丙四、說同

第四句義同的性質：詮或念「與歸屬法共同」的聲或識之因。同分二：一、遍同，又稱勝同。二、偏同，又稱劣同。前者：歸屬一切所依質、德、業三者；是詮或念「與其共同」的聲或識之因；遍佈一切；只是同，如「有」。後者：歸屬所依質、德、業三任一；是異亦是同，如瓶子。個別瓶子皆歸屬瓶子，故瓶子是「同」；個別的瓶子有異於非瓶，所以瓶子也是「異」。《眞如集論釋》云：

「同分二：勝與劣。勝如有，以是趣入一切質、德、業三者之識因，僅是同，非異。劣是質、德、業等的性相；以是趣入所依質等識因，故稱『同』；以是區分從

---

308 譯者註：《勝論經》的漢譯與藏譯稍有不同，姚衛群編譯的《勝論經》云：「取、捨、屈、伸、行是業。」姚衛群編譯，《古印度六派哲學經典》，2。
309 德格版，論，量，ཇ卷，第十七品，287背頁；對勘本版，書號107，747頁。漢譯大藏經內並無此譯。

所依異類而返之識因,雖是同,也稱為『異』。」[310]

《思擇焰論》云:

「同分二:大同及偏同。以存在於質、德、業等中,取『大同』之名,宛如有是大同。謂『牛』者乃偏同,彼是迥異於馬等的偏同。」[311]

依何理證實同的存在呢?例如,念「個別的諸多牛隻都是牛」之識,若無須一個共因,將會有念「牛和樹是同一類」之識,因為念「黑牛白牛都是同一類」之識等的同類之念,其因無須共通之「同」,故彼二識應當同理而論。此宗以趣入共同之聲識的理由成立有同。

丙五、說異

關於第五句義,此宗主張,異或差異的性質:「區別其依和他法」之意會因。《思擇焰論》云:

「有差別故,是別異。如謂黑與謂白有異,同理,謂質

---

310 德格版,論,量,ཇི卷,第十八品,290正頁;對勘本版,書號107,745頁。漢譯大藏經內並無此譯。
311 德格版,論,中觀,ཛ卷,第三品,89背頁;對勘本版,書號58,222頁。漢譯大藏經內並無此譯。

與謂德亦有異。」³¹²

此宗說,若無此「異」,將不能意會某一法不同於他法。

勝論主張,前述的同和異,以及下述的和合三者都是無因而生、遍佈多相、體性是常、無方分之一、無作用,以及依賴質、德、業三者。誠如《思擇焰論》云:

「同、異、和合皆是不生、遍佈、常、無方分、無作用,且依質、德、業。」³¹³

丙六、說和合

第六句義「和合」的性質:緣非相異之所依與能依,而念「此有彼」之識的所現境。《思擇焰論》云:

「復此,和合乃無謬識證『此有如何如何』之義。」³¹⁴

例如,執念「瓶子有形色」之識所現之義,是瓶子值遇形

---

312 德格版,論,中觀,ཧ卷,第七品,243正頁;對勘本版,書號58,592頁。漢譯大藏經內並無此譯。
313 德格版,論,中觀,ཧ卷,第七品,242背頁;對勘本版,書號58,592頁。漢譯大藏經內並無此譯。
314 德格版,論,中觀,ཧ卷,第七品,243正頁;對勘本版,書號58,592頁。漢譯大藏經內並無此譯。

色，連結彼二之分³¹⁵。若無此和合，即便瓶子與形色相遇，也不會產生「瓶子有形色」之念；抑或，即便彼二尚未相遇，也能產生「瓶子有形色」之念的過失。和合是「與二執——瓶執和瓶形色之執——質體異」之識的所現境，故而主張，和合與二法——瓶子和瓶子的形色——質體異。和合分二：一、如樹和樹上烏鴉，所依能依位置別異的「具有相屬」。二、如瓶子和瓶子的形色，位置非異的「和合相屬」。

如何區分具有相屬與和合相屬？具有相屬是執「相遇二法之間沒有間隔」的識因。和合相屬是執「所依有能依」的識因，依此而區分。

此宗主張，彼等句義若具有一德則不具第二德；不依質體異之德；歸屬³¹⁶遍佈一切之同，卻不歸屬第二同；業是無常；異與和合是常。

後起勝論師引用了《勝論經》，在明顯計數的所知六句義之上，又加「非存在」³¹⁷，從而建立了七句義的論述。一般

---

315 譯者註：「分」字的藏文是「ཆ」。在此的「連結之分」是，形成該連結的眾多成分之中的主要者。

316 譯者註：直譯是「隨某後而行」。如「瓶子隨無常之後而行」即非無常則非瓶，瓶子歸屬無常之義。

317 譯者註：梵文是「abhāva」，其漢譯有「無」、「非有」、「非存在」等，如孫晶的《印度六派哲學》，便將其詞譯為「非有」。參考《印度六派哲學》，177頁。

來說,勝論及正理的古老典籍都曾記載,「非存在」是一個獨立個體的存在。「非存在」可分四類,其四類卻未被列入句義中;最早將其四類加入六句義的是西元五世紀的勝論派阿闍黎慧月。其四[318]為,一、有能。二、無能。三、俱分。四、無說[319]。因為阿闍黎慧月建立了十句義的論述,[320]逐漸地,勝論師們認同了「非存在」,並且興盛七句義之說。

例如,西元一千年的勝論派阿闍黎室利陀羅——或稱「吉祥持」——的《正理芭蕉樹》,以及西元十一世紀烏陀衍那的《光之頸飾》,兩本著作都添加了「非存在」,廣傳以七句義論為自宗的主張。

第七句義「非存在」的性質:證事物不可得之量的任何境。此又分四:一、未生無,如乳時未有酪。二、既滅無,如酪中已無乳。三、畢竟無,如兔角。四、更互無,如馬牛兩者更互無有對方,牛中無馬,馬中無牛。

如何由微塵形成粗色?何為情器世間的形成過程?

此處簡略說明,此宗如何針對由極細微塵形成粗性色體,

---

318 譯者註:可參考《勝宗十句義論》(T.54.2138.1263c.19)云:「有能句義云何……無能句義云何……俱分句義云何……無說句義云何……」

319 譯者註:此處的「無說」與「非存在」的西藏原文雖是相同的(དངོས་མེད),但其義卻不相同,因為「無說」是「非存在」的四分支之一。

320 阿闍黎慧月的《勝宗十句義論》目前僅剩漢譯,其綱要可參考《印度哲學百科全書》, vol., 2, 274-281。

以及情器世間的形成過程之主張。先說何為構成粗性聚體之質：以瓶子的粗性聚體為例，地的極微塵等同類且質體異的微塵相互結合時，先會產生與微塵相互的「結合」或稱「具有」，這種「具有」之德與微塵體性相異。此後，與支分體性為異的聚體之質才會產生。此宗說，在構成瓶子的支分聚集時，倘若不會產生「與支分體性為異」之聚體的話，即便諸支分聚集，也不會對此聚體取名為瓶，如同瓶子之名並非針對瓶子的一一支分之質而形成。

兩個微塵的結合形成了名為「最初和合體」的「第二微塵」，屆時，彼仍不是現識之境，故稱「微塵」。由眾多微塵的結合所生，或類似「最初和合體」的兩個聚體所生之支分，都是現識之境，故名「粗性」。因此，只有四大之質才能構成聚體之質，他塵都無法成為構成聚體之質。

支分有三種類別：一、個別極微塵。二、由結合兩個微塵所構成的「最初和合體」。三、由結合三個以上的微塵所構成的粗性聚體。其中，初者只能是支分；後兩類是支分和聚體兩者。由彼等支分所構成的聚體也有三種類別：一、由一一微塵構成的聚體。二、由「最初和合體」構成的聚體。三、由粗性聚體構成的聚體。[321]

---

[321] 此處所說的勝論派觀點，即如何由常微塵形成粗性色法的內容，是依據遍知文殊笑的《宗義寶炬論》（210-212頁）所釋。《宗義寶炬論》是依據《真如集論》及《真如集論釋》，尤其是下述的引文——觀音禁的《般若燈論之註釋》——進而闡釋勝論派的立場。

此宗說，單一的個別微塵並非聚體及粗性兩者。「最初和合體」雖然是聚體，卻不是現識所見，故稱「微塵」而非粗性。所有粗性聚體都是現識之境，並非微塵。

《佛法科學總集・上冊》的〈情器世間的生滅次第〉章節已涵蓋簡略說明一般情器世間如何形成的內容。對此，勝論派是如何詮釋的呢？《般若燈論之註釋》引用勝論的典籍云：

「某外道勝論之典籍說，世間壞空時，地水火風的一一極微塵是無方分故，是常。此後，形成世間之時，大自在天起變化世間之欲。此後，周遍成熟諸有情業，且隨法與非法之力，在地等極微塵中，最初僅會結合風之兩個極微塵，彼稱『風兩微塵之質』。此後，風兩微塵之質與第三個風之微塵結合，彼稱『風兩微塵之微塵』。此後，於彈指之間，風兩微塵之微塵依序轉成構成果質之風微塵。此故，最初僅有巨大風蘊，且其風反覆至極動搖。」[322]

由地水火風的無方分、常之極微塵，構成其果之質地水火風。此論又云：

「此後，在形成極硬大地的同時，大地之上形成了炙燃、

---

[322] 德格版，論，中觀，ཧ་卷，第二品，93正頁；對勘本版，書號58，1109頁。漢譯大藏經內並無此譯。

至極炙燃、周遍炙燃之巨大火蘊，成為一把炙熱火焰。隨大自在天之貪欲，於巨大的火蘊之中，形成了一顆巨大明亮的梵天卵。在此成熟騷動的巨大明亮之梵天卵中，坐有一切世間始祖四面梵天，具髮髻，從蓮花生處而有，位於蓮花墊上。眾所周知，此宗如是承許：由於一切世間始祖之梵天，方有天下蒼生，世間成住。」[323]

論說有情世間如何形成之理。

丙七、安立具境識

安立具境。同正理派，此宗說量有三：一、現量。二、比量。三、聲成量[324]。

現量性質：由結合我、根、意、義所成相屬之色體。阿闍黎陳那的《集量論頌自釋》解釋了勝論的觀點，論云：

「諸勝論者說：『由我、根、意、義、和合所成，彼是餘法。』」[325]

---

[323] 德格版，論，中觀，ཨ卷，第二品，93正頁；對勘本版，書號58，1092頁。漢譯大藏經內並無此譯。

[324] 譯者註：根據藏文，直譯應為「言量」（བརྗོད་པའི་ཚད་མ།）。為避免讀者迷惑，此譯保持相同的用詞。

[325] 德格版，論，量，ཅེ卷，第一品，2背頁；對勘本版，書號97，5頁。漢譯來源：法尊法師譯編《集量論頌略解》，頁14。

該相屬分六：一、結合相屬，如眼根與聚體瓶子的遇合。二、結合和合之相屬，如眼根與「瓶子和合的色與香」之遇合。三、結合聚集之和合相屬，如眼根與「如瓶色等聚色之同」的遇合。四、結合事物及特徵之相屬，如眼根與無瓶之地的遇合。五、和合相屬，即「第二、結合和合之相屬」。六、聚集之和合相屬，即「第三、結合聚集之和合相屬」。[326]彼等皆可總攝於結合相屬及和合相屬兩者。因此，若問：「以什麼安立執色根識了知色？」我等認為此宗會答：「以增上緣眼根與色的相屬之力而安立。」[327]

此宗的「二、比量的性質及分類」及「三、聲成量的性質及分類」，都與正理派的觀點相同，其義可由下述正理派的量之主張得知。

丙八、略說依何理成立所知句義

略說依何理成立某細微所知之義。誠如一般哲學家共同採用的方式，此宗也是以因相論證事實真相，囊括前述的所知句

---

326 譯者註：根據編輯者格西的說法，雖然經論將其分成六類，但實際上，第五就是第二，第六就是第三。

327 此中說，勝論派主張現識分類的相屬有六，是根據遍知文殊笑的《宗義寶炬論》。參考其論191頁。

義，尤其是隱蔽境等的內容。此外，勝論派與正理派在因相論的重要的詮釋上極為相似，故如前述解釋。

先說建立因相論，再說如何成立某些隱蔽分——現識不見之境——的內容。

第一、因相的性質：一般而言，因相就是「為能意會某宗而提出的理由或相狀」。因相可分二：一、正因。二、見似因。

正因：先有執「因相與所立法的相屬」之現識，依其而有的識被成立為比度。同理，我等認為，既能成立因相與所立法的相屬，又是該比度依據的理由，皆應稱為「正因」。正因分三：一、隨轉隨遮的正因。二、僅同品遍的正因。三、僅異品遍的正因。抑或，誠如阿闍黎陳那的《集量論頌自釋》云：

「諸正理派者說，彼前行之比度有三種，謂具前者、具餘者，見總者。」[328]

比度分三，同理，比度所依的因相也分三。正理派主張，以因推果的因相是「具前者」；以果推因的因相是「具餘者」或「具餘因」；如以月落於山後的理由，推論日落也應如此，這就是「見總者因相」，即以見一法而推論其他極隱蔽分的因

---

[328] 德格版，論，量，ཇ་卷，第二品，5正頁；對勘本版，書號97，10頁。漢譯原文：法尊法師譯編《集量論頌略解》，27頁：「彼前行之比量有三種，謂具前者、具餘者，見總者。」（亦可譯為「前者相應、餘者相應、見總者。」）

相。我等認為,此宗亦如是承許。

見似因:非前述的其他因相。《集量論頌自釋》說見似因的分類,此論云:

「諸勝論派說:『似因有三種,謂不成、未顯示、懷疑非有之因。』」[329]

此宗主張見似因分三:缺乏因相與所立法的相屬之不成立、不定、疑惑。

第二、建立現識不見的隱蔽分之理。以某些聖域印度學者著作之釋義為例,最初先說世間造物主是常、自主的大自在天,理由是:「世間的身住受用有法,彼等之前要有造者之心[330],且停且做故,如小琢刀[331]」、「具有特別形狀故,如瓶子」、「能做其事故,如板斧[332]」,以此三理成立世間萬物源於先有的造者之心,成立造物主,且說其造者就是大自在天。《釋量論》亦如是云:

---

[329] 德格版,論,量,ᢃ卷,第三品,59正頁;對勘本版,書號97,167頁。法尊法師譯編《集量論頌略解》,48頁。

[330] 譯者註:造物主心中想要如何設計所造物之念,簡稱為造者之心。

[331] 譯者註:例如,要製造精緻的木雕作品,會使用較小的工具,邊停邊想邊雕刻木頭。因此,「邊停邊想邊雕刻」是證明有造者之心的理由之一。

[332] 譯者註:每一法的作用不同,如同每把斧頭的作用都不同。這是證明有造者之心的理由之一。

「住行、形差別,及能作義等。」³³³

《勝論經》亦說成立有我的理由:體內的上行及下行持命氣的強弱程度,都得適合身體的大小,從此可知,要有持命氣的給予者,即根據身體之大小而適當地持其氣者,那就是我。抑或,也因有「我」才能隨心所欲地進行如睜眼閉眼等行為,以多理推論。

還有,成立存在獨立之我的理由是「謂『我』之詞有法,詮說身根意心受之聚體以外之『一』,一是詞故,如詮瓶之聲」。以此理成立我是與蘊性不相應之獨立個體。

成立有我的另一個理由是「貪瞋等有法,依賴某法,是存在事物之果故,如色法」。依此理成立貪瞋等皆有其依據,而且破除其依據是四大、意、空、方、時等八質,即以貪瞋等具有非四大、意、空、方、時等八質依據的理由,證明有我。³³⁴可從他處了知此論廣義。

此外,四大的一一微塵都是常,其理由是,沒有其他微塵是可構成這些微塵本身的因。微塵的體性是永恆常住,微塵以外的他法都是和合體,微塵無因,故是常。《眞如集論釋》

---

333 德格版,論,量,ཤི,第二品,第10句偈頌文,108正頁;對勘本版,書號97,501頁。漢譯來源:法尊法師譯《釋量論》。

334 此處依《真如集論》及其注釋的第七品,集中說明勝論派成立「我是常」的理由。該品引用了不穿耳、樂主、光顯者等人所說關於我的理由後,再一一破斥。對勘本版,書號65,504-505頁。

云：

「云：『有無因[335]是常』，謂以無因成立極微塵皆是常。」[336]

此宗又說成立聲音是依空質之德的理由：「一切生滅之物必須依賴某質，如火光，聲亦生滅。」謂聲依某質，且破除聲依非空之質，進而建立聲音僅依虛空。如何破除聲依非空之質呢？聲音不依地水火風的理由：若聲依地等，將有「何處有地等，亦應有聲音」之過，但事實並非如此。況且，聲音是獨立於地水火風外可被聽見的。於外，可依根識緣聲音、自他等多人共同緣取聲音，所以聲音非我之德。聲音被耳所執取，所以不是方、時、意三者之德。誠如《真如集論》云：

「依滅等因相，立聲依某質，此乃虛空矣。」[337]

此宗又說有意的理由。雖然五根及五境等相遇，且同時間近距離接觸，但五識不會同時產生，會逐漸生起。由此可知，要有根境以外的根識之因，此稱為「意」。《真如集論釋》引

---

335 譯者註：直譯為「有無因是常」。多加補充的話，其義是：雖然是有，但無其因，所以是常。
336 德格版，論，量，ᢔ卷，第十六品，258背頁；對勘本版，書號107，672頁。漢譯大藏經內並無此譯。
337 德格版，論，量，ᢔ卷，第十五品，第73句偈頌文，24正頁；對勘本版，書號107，59頁。漢譯大藏經內並無此譯。

用《勝論經》云：

> 「經[338]云：『識不同時生起，即意之相狀』。」[339]

支分及和合體為質體異，理由是：以和合體氈氌和其支分毛線為例，氈氌是由編織者造，而毛線是由女人製作，各有其造者；氈氌能抵禦寒冷，但毛線不能，各有其作用；先有毛線，後有氈氌，時間相異；氈氌和毛線的長寬大小等長短不一，尺寸相異。以多理成立支分及和合體為質體異。此理如《真如集論釋》云：

> 「為成立支分與和合體相異，說氈氌及毛線相異。其論式為，氈氌迥異於其行境之毛線，造者相異故，如瓶等。毛線與氈氌不同，其能力相異故，如毒與藥。時亦有前後，如父子。量亦相異，如鄔波羅花、庵摩羅迦果，以及木瓜等。為成立其決定性，說具相違法，即事物等互相相異之理，僅此為具相違法，如柱子等。和合體亦有彼等，如是，毛線的造者是女人，氈氌的造者是編織者；氈氌能生去寒之果，但毛線不能；先緣毛線，

---

338 譯者註：《勝論經》的漢譯與藏譯稍有不同，姚衛群編譯的《勝論經》云：「由於認識不同時產生，因此（意在每個身體中）是一個。」姚衛群編譯，《古印度六派哲學經典》，16。

339 德格版，論，量，ᢔ卷，第十五品，271正頁；對勘本版，書號107，704頁。漢譯大藏經內並無此譯。

屬先有之時，後由編織者造氆氌，屬後有之時。氆氌的長寬尺寸，毛線一一不具，尺寸相異。從而作念，彼非不定因。」[340]

如是根據聖域印度內外典籍，已略說勝論派的宗義及其建立的因相論述。

甲三、釋正理派宗義
乙一、此派宗義的發展史

此宗的導師是瞿曇仙人[341]，著有《正理經》[342]並開創了正理派。[343]

---

340 德格版，論，量，ཐེ卷，第十五品，259背頁；對勘本版，書號107，675頁。漢譯大藏經內並無此譯。

341 གོཏམ Gautama。

342 རྣལ་སྦྱོར། Nyāya Sūtras。

343 根據委德亞布什那（Vidyābhūṣṇa）的 Prameyaratnāvalī（暫譯：《因相寶鬘論》），17頁，瞿曇仙人和足目仙人是兩位不同的仙人。此外，摩沓婆的《攝一切見》中，也將勝論派的章節取名為「足目之見」。然而，根據哈里莫漢賈（Hari Mohan Jha）的 Trends of Linguistic Analysis in Indian Philosophy（暫譯：《分析印度哲學中的語言趨勢》），許多印度典籍都把《正理經》取名為《勝論經》（此經從藏直譯是《足目經》），細節可參考該書的第一章節的第4頁。譯者註：孫晶在《印度六派哲學》中，雖已區分第五章勝論派哲學與第六章正理論哲學，卻也說：「根據一般的傳說，正理派的創始人是喬答摩（瞿曇仙人，Gotama）。他又被稱為惡叉波陀（Akṣapāda），意為足目。」參考《印度六派哲學》，183頁。木村泰賢也做如此詮釋。可參考《梵我思辨：木村泰賢之印度六派哲學》，237頁。

古外道正理派的論典作者，如阿闍黎筏差耶那[344]、光顯者[345]、語主[346]等人，說瞿曇仙人與足目仙人二者實為同一人。過去大多數的西藏學者們也認定《正理經》的作者是足目仙人，[347]所以並未個別區分瞿曇仙人與足目仙人。根據外道瞿曇仙人的某些後代子弟所說，在二分時[348]的時候，毘耶婆仙人造舉世聞名的《蓮花·往世書》[349]，書中的古歷史敘述，以及史詩經典《摩訶婆羅多》都清楚記載「瞿曇仙人」一詞。因此可以論證，正理派的導師及宗義應該出現在二分時，甚至更早。[350]以佛教《入楞伽經》的某些版本為例，該經說到某些比喻時，也能清楚看到正理派的名稱及其宗義。[351]

---

344 གནས་མའི་ལས་པ།，Vātsyāyana。譯者註：根據孫晶的《印度六派哲學》，其師年份約450 C.E.，陳那之前，與世親同時代，且其著有《正理經注》（Nyāyabhāṣyam）。參考《印度六派哲學》，184頁。

345 譯者註：根據孫晶的《印度六派哲學》，其師又稱烏闍多伽羅（Udyotakara），年份約第六世紀，且著有《正理釋論》（Nyāya vārttika）。參考《印度六派哲學》，184頁。

346 དག་དག་བཤེས་པོ།，Vācaspati。譯者註：根據孫晶的《印度六派哲學》，其師又稱代遮塞波底·彌室羅，年份約九世紀，且著有《正理釋論真義疏》（Nyāya vārttika tātpāryaṭīkā）。參考《印度六派哲學》，184頁。

347 如克主傑的《釋量論廣注理海》（ཚད་མ་རྣམ་འགྲེལ་གྱི་རྒྱ་ཆེར་བཤད་པ་རིགས་པའི་རྒྱ་མཚོ།）清楚記載：「隨足目仙人者是正理派，隨食米齋仙人者是食米齋派，持鴟鵂之行，故是鴟鵂派即勝論派。」（瓦拉那西版，第三品，121頁。）

348 譯者註：「二分時」的梵文是「dvāpara-yuga」。婆羅門教及佛教共同承許的四個時劫：一、「圓滿時」，普遍人們皆能圓滿善行。二、「三分時」，普遍人們只能圓滿善行的四分之三。三、「二分時」，普遍人們只能圓滿善行

此外,我等也看到許多針對「足目」名詞的解釋。依阿闍黎慧鎧《勝神讚釋》,早期的某一種說法是,大自在天為能守護其妻烏摩天妃而安置此仙人,彼仙人將眼降移到自身的足下而守護。據說,大自在天甚是歡喜,為仙人成為造論者而灌頂,故名「足目」。

宣揚此派宗義的所依典籍為何?瞿曇仙人所撰的《正理經》是一切正理典籍的始祖。阿闍黎龍樹在《精研論》及其自釋中,介紹了《正理經》推理的十六句義,之後做了許多反駁,且建立自宗。顯而易見,龍樹在世時,雖然有文字版的《正理經》,卻沒有當今所見的《正理經》第一章節以外的其他章節,因為阿闍黎龍樹的著作中並未破除其他章節的內容,而且在現有的《正理經》的其他章節中,介紹且破除了阿闍黎無著兄弟的觀點和經部的觀點。352

的四分之二。四、「爭鬥時」,普遍人們只能做到善行的四分之一,或連善行的四分之一都做不到,故於彼時——就是存在許多災難、疾病、戰爭、短壽等現象的現今。

349 པདྨ་པུ་རཎ Padma Purana。

350 許多現代的歷史專家說,《正理經》的著作,以及其作者瞿曇仙人,年份是西元二世紀。參考委德亞布什那的《因相寶鬘論》,16頁。

351 梵文版的《入楞伽經》,122頁。

352 現有的《正理經》有多少內容?根據婆遮斯泊底彌須羅(Vācaspati Miśra)的著作《尼夜耶蘇吉尼半達》(Nyāyasūcīnibandha),《正理經》有五卷、十章節、八十四品、八千三百八十五字。參考《尼夜耶蘇吉尼半達》,14頁。

關於《正理經》的注釋。最早的注釋是西元四或五世紀的阿闍黎筏差耶那（Vātsyāyana）所著作的《正理經注》（*Nyāyabhāṣyam*）[353]。《正理經注》中，多次反駁佛教哲學、阿闍黎無著兄弟的著作。後起佛教量學的鼻祖大阿闍黎陳那的著作中，多次針對《正理經注》提出反駁。六世紀的阿闍黎光顯者（Udyotakara）[354]，針對《正理經》寫下了注釋，即《正理釋論》（*Nyāya vārttika*）。阿闍黎吉祥慧賢[355]在《定量論釋》[356]云：

> 「他方是指光顯，彼詮釋能仁足目之《正理經》，與阿闍黎法稱本人的年代相同。」[357]

論說，光顯者注釋了《正理經》，且其年份與佛教阿闍黎法稱是同個時代。

---

353 བསྟན་བཅོས་མདོ་རྒྱས་པར་བཤད་པ། 。譯者註：《正理經注》的譯詞是根據孫晶的《印度六派哲學》及《中華佛教百科全書》（http://blog.udn.com/y72717015e/111935241）。參考《印度六派哲學》，184頁。

354 譯者註：此處寫法是根據藏文，孫晶的著作中也寫作「Udyotakara」，木村泰賢卻作「Uddyotakara」。參考《印度六派哲學》，213頁；《梵我思辨：木村泰賢之印度六派哲學》，244頁。

355 ཡེ་ཤེས་དཔལ་བཟང་པོ། Jñānaśribhadra。

356 རྣམ་རིག་འགྲེལ་བཤད། 。

357 德格版，論，量，ཚེ་卷，207正頁；對勘本版，書號104，519頁。漢譯大藏經內並無此譯。

多數七世紀至九世紀間勝論與正理阿闍黎的著作,至今僅剩其名。寂護父子的《真如集論》及《真如集論釋》詳細列舉了正理阿闍黎不穿耳和樂主的觀點。[358]從此可以推論,在那段時間裡,勝論派與正理派的宗義確實很興盛。九世紀的阿闍黎闍衍陀(Jayanta Bhaṭṭa)[359]撰寫了《正理花鬘》(Nyayamanjari)[360]。九世紀的阿闍黎語主(Vācaspati)著作了《正理釋論真義疏》(Nyāya vārttika tātpāryaṭīkā)[361]。十世紀的阿闍黎顯現(Udayana)著有《正理釋論真義疏詳解》[362]。顯而易見,諸多正理派的阿闍黎們,依序撰著《正理經》的注釋,以及注釋的注釋,令其發揚光大。

十四世紀的阿闍黎甘格霞(Gaṅgeśa)[363]著有《真理如意珠》(Tattvacintāmani)[364],由此興盛後期正理派。所以有區

---

[358] 德格版,論,量,ཟེ།卷,193正頁;對勘本版,書號107,504-507頁。漢譯大藏經內並無此譯。

[359] ཇ་ཡནྟ་བྷཊྚ།。

[360] རིགས་པའི་སྙེ་མ།。

[361] རིགས་པའི་རྣམ་འགྲེལ་གྱི་གོ་དོན་ཊི་ཀ།。

[362] གོ་དོན་རྣམ་དག Nyāya vārttika tātpārya ṭīkā pariśuddhi。譯者註:對於此名的梵文,孫晶與木村泰賢寫法不同,前者如此處腳註;後者是「Nyāya vārttika tātparya pariśuddhi」。參考《印度六派哲學》,184頁;《梵我思辨:木村泰賢之印度六派哲學》,244頁。

[363] གངྒེ་ཤ。

[364] དེ་ཉིད་ཆིནྟཱ་མ་ཎི།。

分前後二期正理派的傳統。

乙二、宗義的性質及分類

正理派的宗義性質:隨瞿曇仙人,以十六句義建立所知真相的宗義。正理的詞義:隨瞿曇仙人的《正理經》而說哲理,故稱「正理」。

正理派分前期正理派及後期正理派兩者。眾所周知,自瞿曇造《正理經》起,至西元十三世紀末,或十四世紀初,其間的正理派是前期。十四世紀初時,從阿闍黎甘格霞撰正理派的典籍後,隨此派者皆是後期正理派徒。

乙三、如何立宗
丙一、總說十六句義

《莊嚴宗義之華》云:

「足目大自在,量與所量等,觀十六句義,依此明解說。」[365]

此宗以理建立量與所量等十六句義,並說依無倒了知十六句義方可解脫痛苦。正理派的最早典籍據稱是《正理經》,彼

---

365 炯丹日惹的《莊嚴宗義之華》,炯丹日惹文集,ཇ,29正頁。

經略說所知真相的整體，尤其是「量」乃至「墮負」等十六句義。誠如《正理經》一開始彙集正理派的十六句義而做詮釋，[366] 梵行持戒者須菩提妙音所著的《別說照明一切乘》亦云：

「正理派說十六句義：[367] 量、所量、疑、目的、譬喻、宗義、支分、思擇、決了、論議、詮釋、壞義、似因、曲解、似諍、墮負。」[368]

十六句義的第一及第二——量與所量——將於後文解釋，此處先依序解釋其他十四項。三、對任何一法，懷著有無與是非二邊的「疑」。四、如陶匠捏泥土打造陶瓶，為能完成某事而努力成辦其因的「目的」。五、與某義相應的「譬喻」。六、區分辯者論述是否合理的「宗義」。七、成辦承許義的「支分」。八、為知真實義而分析的「思擇」。九、精通觀察義的「決了」。十、自敵雙方各持己見而反他宗、立自宗的「論議」。十一、將詞句結合其義的「詮釋」。十二、不立自宗、僅破他宗的全面爭論或「壞義」。十三、具過失的因相或

---

366 《正理經》，第一章節，第一品，第1句偈頌文。

367 譯者註：此處十六句義的翻譯主要是根據西藏原文，以及參考嘉祥大師吉藏《百論疏》（上之中，大正四二，頁247，下）及木村泰賢的譯詞而定。孫晶的譯詞與嘉祥大師吉藏相同。參考《梵我思辨：木村泰賢之印度六派哲學》，246頁；《印度六派哲學》，184頁。

368 德格版，論，中觀，ㄨ卷，307正頁；對勘本版，書號63，1873頁。

「似因」。十四、誣賴或欺誑的「曲解」。十五、自方雖已成立某宗的正因，可是其他敵方卻由觀察自方所立的宗、因、喻、所立法等而錯誤反駁或「似[369]諍」。十六、對他方所言的因相支分不符真相，或無如實闡釋對方所立因相的過咎，故而成為理虧之處，即依理所破的「墮負」。

第二、所量的性質：成為量境之性。此宗承許，從「我」至「解脫」，所量分十二類。誠如阿闍黎聖者龍樹所造的《精研論》云：

> 「又汝說覺是所量故。如云：『我、身、根、境、覺、意、起作、過失、後有、果、苦、解脫等皆是所量。』……」[370]

我等認為，此宗所言之我幾乎與勝論派的主張相同，而身等所量也與其他外道宗義觀點相同。

丙二、別說具境量

解說具境之量。此宗說，量是無顛倒知。量如何知境呢？譬如，彼處有瓶則知彼處有瓶；彼處無瓶則知彼處無瓶。

---

369 譯者註：藏文直譯也是「似」字，意指「看似合理之諍，其實不然」。
370 德格版，論，中觀，引卷，102背頁；對勘本版，書號57，274頁。漢譯大藏經內並無此譯。漢譯來源：法尊法師譯《精研論》。

此宗主張量分為四：一、現量。二、比量。三、譬喻量。四、聲成量。《正理滴論》[371]總結他方立場云：

「正理派等人說，量僅有四：現量、比量、譬喻、聲成。」[372]

一、現量的性質：現量知境的因——眼根等——都是現識；由於因之根近距離與境相遇，從而產生的不顛倒知。例如，眼根近距離與境顏色相遇後，明見其境的眼識。《思擇焰論》云：

「同樣的，結合根、境、意之知乃現量。」[373]

現量分二：常法體性的現量及無常體性的現量。此宗主張，如大自在天的現量是常。其原因是：大自在天是常法、自生之士夫，所以大自在天的心識也應是不待因緣的常法。如凡人的眼識就會改變，是無常。

無常體性的現量分二：離分別及具分別。前者：不加以區

---

371 ཚད་མ་རིགས་ཐིགས། Nyāyabinduprakaraṇa。

372 德格版，論，量，ཞེ། 卷，92正頁；對勘本版，書號105，258頁。在漢文譯本找不到該句。漢文譯本：楊化群譯、北塔藏文班及劉曉丹編校、雲丹審核的《正理滴論》。

373 德格版，論，中觀，ཛ། 卷，第七品，242背頁；對勘本版，書號58，591頁。漢譯大藏經內並無此譯。

分而趨入其境之現識。此處的「不加以區分」是指，遠離執取總、別、事物及其特徵等結合，僅執或僅知境的性質，如僅執色等性質的根現量。後者具分別：以區分而趨入之現識。此處的「區分」是指，以事物及其特徵等的區別而知或執。譬如，執「有樹枝花葉的是樹」、「這是樹枝，其他非樹」的現根。以分析其境，故許為分別。《集量論頌自釋》云：

「諸正理派者說：『根義和合所生識，非作名言，無有迷亂，耽著為體，是為現識。』」[374]

述說現識的性質時，所謂的「根境相遇」，宛如同時結合眼根與外境色法兩者，即遠離時空的間隔而聚之義。

二、比量。若僅依言詮[375]，比量可分自利比量及他利比量兩者。（一）自利比量的性質：該因相或理由中，先要有執「因相與所立法的相屬」之現識，再依其理了知隱蔽境之識，則稱為「比度」。例如，某人先在廚房中看到「哪裡有煙，必先有其因之火」的相屬，後於某日，從不遠處眼見山中有煙，且又疑惑山中是否有火時，想起了有煙必有火的周遍，立即產

---

[374] 德格版，論，量，ཇི卷，第一品，2背頁；對勘本版，書號97，5頁。藏譯與漢譯稍有不同，漢譯原文：法尊法師譯《集量論頌略解》：「諸正理派者說，根義和合所生識，非作名言，無有迷亂，耽著為體，是為現量。」

[375] 譯者註：同《佛法科學總集》的「言詮分類」，也就是該分類僅有其「比量」之詞，卻不一定有比量之實，像是他利比量則非比量。

生念「火的所遍是煙」³⁷⁶的執因相心³⁷⁷，依此心安立了通達該山有火之量。

自利比量分三：1、隨轉隨遮的比度。2、僅同品遍的比度。3、依僅異品遍而立的比度。抑或，具前者因相、具餘者因相、見總者因相而立的三比度。

（二）具因相的比度之因——他利比度：為使他方通曉自方所知之宗，口述五種支分的論式，稱為「他利比度」。五種支分為：1、承許。2、因相。3、譬喻。4、結合。5、通曉。以「瓶是無常，是生故，如雲；同理，瓶亦是生，故瓶是無常」的因相為例，說「瓶是無常」是承許；說「是生故」是因相；說「如雲」是譬喻；說「同理，瓶亦是生」是結合；說「故瓶是無常」是通曉。此宗說，依如是他利比度而生執因相心，進而生起比量。

三、譬喻量。即透過相似譬喻而有之量。《真如集論》云：

「『野黃牛為何？』詢問村民時，彼等做此回：『此與牛靁同』，稱其譬喻量。」³⁷⁸

---

376 譯者註：瓶子一定是無常，故說無常周遍瓶子。因此，所遍是瓶，能遍是無常。

377 譯者註：執因相心乃直譯。簡單說就是，想著該理由的念頭。

378 德格版，論，量，制卷，第二十三品，第40句偈頌文，56正頁；對勘本版，書號107，138頁。漢譯大藏經內並無此譯。

例如,不知野黃牛為何的某位農夫,對如實了知野黃牛為何的某位牧民問:「野黃牛長得怎麼樣?」牧民回:「野黃牛是一種與牛相似的畜生。」因此,農夫會根據牛的形狀等譬喻,生起針對譬喻投射處——野黃牛——的譬喻量。

四、聲成量。《正理經》說,[379]此量即信賴士夫之語詞,分為二類:(一)所見之法為境。(二)不見之法為境。前者如世間人之語,後者如仙人說「以馬祭祀將會投生人天」之語。會意如此之語的主因有三:聽者有強烈的了知欲、具有能力理解此聲所傳遞之義、接近此前後詞句——無時間及空間上的遠距離。此宗說,以具足彼三因而產生會意之知。

丙三、安立因相

解說因相的論述。因相的性質:理由或提出因相。因相分二:一、正因。二、見似因。正因的性質:成立宗法及周遍者。欲知者所疑之宗[380]的前陳[381]稱「欲知有法」,如在成立「煙山有火」時,「煙山」是欲知有法。同法喻:爾[382]上成立

---

379 《正理經》,第一章節,第一品,第7-8句偈頌文。
380 譯者註:以「聲音有法,是無常,是有為法故」,「聲音」是前陳;「是無常」是後陳;「聲音是無常」是此因相的宗,即前陳結合後陳是宗。
381 譯者註:在此段落的藏文裡沒有明說主詞,所以沒有「前陳」二字。為使讀者容易理解,譯者多加「前陳」兩字。

周遍且具所立法，譬如，成立「煙山有火」時的「廚房」是同法喻。此時，遠離所立法者則稱「異法喻」，如成立「煙山有火」時的「江河」是異法喻。

　　成立正因周遍之法分三，此宗主張彼三的事例依序是：一、成立兩種隨轉隨遮之周遍。以「煙山，有火，有煙故」為例，依「哪裡有煙，之前必定有其隨轉的火，如有煙廚房」而成立隨轉周遍；依「哪裡遮遣火，於該處亦遮遣煙，如江流」而成立隨遮周遍。

　　二、成立僅同品遍。以「瓶子是所量，是量的所知故，如柱子」為例，量的所知一定是所量；不是量的所知，也不是所量的法，於任何一處，皆不能以量成立，故此宗承許此例是僅同品遍的因相。

　　三、成立僅異品遍。此宗承許，以「這個活著的身體，有補特伽羅之我，有壽命故」為例，敵方不成立同品遍。其理由是，除「欲知有法」[383]外，不可能有其他譬喻，所以敵方無法從譬喻上成立同品遍。「若遮『有我』，便遮『有壽命』，如瓶子」的論式，便是僅成立異品遍的正因。

　　此宗又說，以命名的方式可分：一、以因推果的因相是

382　譯者註：藏傳佛教的辯論中，會常用「爾」、「彼」等詞形容「該法」。
383　譯者註：欲知有法就是該論式的有法或前陳，即「這個活著的身體」。

「具前者」。二、以果推因的因相是「具餘者」。三、以見一法而推論其他極隱蔽分的「見總者」。阿闍黎陳那的《集量論頌自釋》云:

「彼前行之比度有三種,謂具前者、具餘者,見總者。」[384]

見似因:對欲知其宗者而言,該因相無法成立其宗,稱「見似因」。見似因分五[385]:一、謬周遍。二、相違者。三、於異品。四、不成立。五、損壞者。[386]

一、謬周遍,即相應眾多同品及異品的不定因。謬周遍分三:共、不共、不攝之不定因[387]。

共者:該因相相應無所立法之境。以「此山,有樹,是所知故」為例,所知亦相應無樹之空地,故而不定。

---

[384] 德格版,論,量,ཇི་卷,第二品,5正頁;對勘本版,書號97,10頁。藏譯與漢譯稍有不同,漢譯來源:法尊法師譯編《集量論頌略解》,27頁:「彼前行之比量有三種,謂具前者、具餘者,見總者。」(亦可譯為「前者相應、餘者相應、見總者。」)

[385] 《正理經》(第一章節,第二品,第5句偈頌文)將見似因分成五類,且將第五者見似因(kālātīta)詮釋為「非適時」或「過時因」。要得知見似因的一一分類及其譬喻,可參考筏差耶那的正理之注釋。

[386] 譯者註:木村泰賢於《梵我思辨:木村泰賢之印度六派哲學》將其譯為「不定因、相違因、問題相似因、所立似因,以及過時因」,參考該書的237頁。

[387] 譯者註:不攝之不定因(ཉེ་བར་འདུས་པའི་མ་ངེས་པའི་གཏགས།),根據原文應直譯為:「不近攝之不定因」。根據此書對「不攝之不定因」的解釋,「攝」字才是重點,所以譯者決定拿掉「近」字。

不共者：該因相不相應同品及異品，僅相應諍處。譬如，針對不懂聲音是常或無常者所提出的「聲音，是無常，是聲音故」的論式為例，此人不知聲音是否相應常或無常，卻知聲音決定只是聲音。

不攝之不定者：該因相沒有同品遍之喻。以「諸所知有法，是無常，是所量故」為例，諸所知攝一切法，不存在不被所量含攝之法，因此，所量不被同品或異品所攝，故稱「不攝之不定因」。

二、相違者。該因相一定不相應所立法。以「聲音有法，是常，是所作性故」為例，是所作性一定不是常、一定是無常的緣故，是相違。

三、於異品。該因相無其宗，且是成立其宗反方的正因。以「瓶子有法，是常，是色故」為例，該因相卻是成立「瓶子有法，是無常，是色故」的正因論式。

四、不成立。該因相不成立宗法。不成立分三：（一）非基成。（二）無體性。（三）無所遍而不成立。

非基成之因：以「兔角有法，是色，是角故」為例，一定沒有此論式的諍論基礎——兔角，故稱「非基成」。

無體性之因：以「聲音有法，是無常，是眼識所取故」為例，欲知有法中沒有該因相的體性，故稱「無體性之因」。

無所遍之因：以「山有法，有煙，有火故」為例，所立法

煙所周遍之處不一定有能立因之火,故稱「無所遍而不成立」。

五、損壞者之見似因。以「火聚有法,非熱,是質故」為例,其因相之宗會被他量——執熱觸之現識——所損壞,故稱「損壞者之見似因」。

已略述聖域印度大宗義師正理派的觀點,即主要以如是推理十六句義所建立的自派宗義。

甲四、釋伺察派宗義
乙一、此派宗義的發展史

伺察派或彌曼差派的宗義傳統始於耆米尼(Jaimini)[388]。

此宗最初依據的典籍,一切聖域印度的經論和文明紀事的肇始,是著名的《梨俱吠陀》(Ṛg-veda)[389]等吠陀的典籍。聖域印度中,流傳至今的最古老吠陀典籍出現於西元前兩千年左右,其中,《梨俱吠陀》的意譯是「歌詠明論」;《娑摩吠陀》(Sāmaveda)[390]是「讚頌明論」;《夜柔吠陀》(Yajurveda)[391]是「祭祀明論」;《阿闥婆吠陀》(Atharvaveda)[392]是「禳災明

---

388 ཇེ་མི་ནི,又稱「導師推勝」(སྟོན་པ་རྒྱལ་དཔོག་པ)。
389 རིག་བྱེད།
390 སྨ་བྱེད།
391 ཡ་ཇུར་བྱེད།
392 ཨ་ཐ་བྱེད།

論」。彼四論又一一包含《吠陀本集》（Saṃhita）[393]、《梵書》（Brāhmaṇa）[394]、《森林書》（Āranyaka）[395]、《奧義書》（Upaniṣad）[396]四部分。

彼等典籍中，針對個別神明的讚頌、聲律語、果位增上生和解脫，及成辦果位法的火供儀軌、壇城修法與相關咒語、如何建立「我」、一一星辰的曆算法，以及由其延伸的宿曜、天文等的知識，皆從文、義方面做了極其廣泛的闡釋。

因為吠陀典籍博大精深，導師推勝（「耆米尼」之另稱）深知後人不易入門，為能明顯表述其典籍的隱蔽內容，尤其是以多理成立「吠陀之聲的確是正量」等的需要性，從而撰寫了詮釋伺察派自宗的典籍之始——《彌曼差經》（Mīmāṃsā Sūtra）[397]又稱《耆米尼經》（Jaimini Sūtra）[398]，令伺察派宗義發揚光大。

據悉，《彌曼差經》有十六章，前十二章稱「性相十二章」或「十二章」，後四章稱「天章」，總共包含兩千六百四

---

[393] བསྡུས་པ།

[393] བསྡུས་པ།

[394] བམ་ཇེ།

[395] དགས་ཕུག

[396] ཉེ་བར་གྱུས་པ།

[397] དཔྱོད་པ་བའི་མདོ།

[398] ཇེ་མི་ནི་སུ་ཏྲ།

十四條引用的經文。

西元兩百年時,導師耆米尼的弟子阿闍黎薩跋羅斯瑪米(Śabarasvāmin)[399]或稱「山隱師」,其直接師承實名為阿闍黎日軍(Ādityasena)[400],撰寫了《薩跋羅註》(Śabarabhāsya)[401]。

西元七百年時,繼承彼宗傳承的阿闍黎鳩摩梨拉婆吒(Kumārilabhatta)[402],針對前述《薩跋羅註》,著作了偈文形態的《頌釋論》(Mīmāmsaślokavārttika)[403]、散文形態的《續釋》(Tantravārttika)[404]與《祝布知迦》(Ṭupṭīkā)[405]三本著名的注釋,以及其他諸多論釋。

鳩摩梨拉婆吒的主要弟子曼扎拿米夏日(Maṇḍanamiśra)[406],撰寫了《依序詮釋彌曼差經釋》(Mīmāmsasūtranukramaṇī)[407]等論。

---

[399] རི་བྲག་གནས་རི་ཁྲོད་པ་དག་པོ།

[400] ཉི་མའི་སྡེ།

[401] དཔྱོད་པ་བའི་མདོ་ཡོངས་ཀྱི་རྣམ་བཤད་དང་རྒྱ་ཆེར་འགྲེལ་རི་བྲག་པའི་རྣམ་བཤད། 譯者註:普遍稱其為《薩跋羅註》,但直譯是「伺察經的周遍注釋」或「山隱師的廣釋」。

[402] སློབ་དཔོན་གཞོན་ནུ་མ་ལེན། 林煌洲《印度教導論》作「鳩摩利羅跋多」。

[403] ཚིགས་སུ་བཅད་པའི་འགྲེལ་པ།

[404] རྒྱུད་འགྲེལ།

[405] ཊུཔྟཱི།

[406] རྒྱན་བྱེད་བསྙེས་པོ། 譯者註:直譯為「莊嚴行雜」。

[407] དཔྱོད་པའི་མདོ་རིམ་ཅན།

西元七百年末，阿闍黎遍入天（Viṣṇu）撰寫了《思察大自在天》（Īśvara-mīmāmsa）[408]，以及《哲學總集》等著作。

九世紀時，眾所周知，因阿闍黎帕爾塔沙羅彌希羅（Pārthasārathimiśra）[409]撰寫了《續寶》（Tantraratnam）[410]和《炬論》（Śāstradīpikā）[411]等典籍，從而發揚了導師鳩摩梨拉婆吒的傳承。

鳩摩梨拉婆吒的弟子波羅跋迦羅（Prabhākara）[412]，以及由波羅跋迦羅親傳的弟子，如西元九百年許的夏立格那特（Śālikanātha）[413]、西元一千年許的婆伐那特（Bhavanātha）[414]等人，也都寫下了該派的諸多注釋，興盛了該派的「宗師傳承」[415]。

西元一千兩百年時，阿闍黎穆羅梨・密須羅（Murā-rimiśra）[416] 撰寫了《三品律目》（Tripātīnītinayana）[417]及《十

---

408 དབང་ཕྱུག་ལ་དཔྱོད་པ།
409 ཕརྠ་སཱུ་ར་ཐི་མི་ཤྲ།
410 རྒྱུད་རིན་ཆེན།
411 བསྟན་བཅོས་སྒྲོན་མེ།
412 གསལ་བྱེད་པ།
413 ལམ་བྱེད་མགོན་པོ།
414 འཇིག་རྟེན་མགོན་པོ།
415 སློབ་མའི་ཆོས་བརྒྱུད།
416 བདོད་སྲུང་བསྲུས་པོ།
417 ཏི་པཱ་ཊི་ནི་ཏི་ན་ཡན།譯者註：直譯為「三品律目」。

一品者》（*Ekādaśādyādhikaraṇa*）[418]。眾所周知，該傳承後期的諸多著作中之見解有異於前期彌曼差派的說法，從而興盛了「後彌曼差派」或稱「穆羅梨‧密須羅派」。

乙二、宗義的性質及詞義

宗義性質：追隨導師耆米尼；承許量分為現、比等六種；承許覺者之我是知的體性且是具心者、非色體、是無方分的常，以及單一的質有之宗義。

彌曼差派的異名：伺察派、推勝派、行者派等。以深奧智慧及思惟分析，故稱「伺察派」；追隨導師推勝，故稱「推勝派」；廣泛行持吠陀典籍所言的火供與祭祀等外行儀軌，故稱「行者派」。

傳承分三：鳩摩梨拉婆吒的傳承、宗師傳承，以及穆羅梨‧密須羅的傳承。或分為二：前彌曼差派和後彌曼差派兩者。

乙三、如何立宗
丙一、安立基

關於此宗的主張，阿闍黎旃達日哈日巴[419]的《中觀寶

---

418 རབ་བྱེད་གཅིག་པ་ཅན། །

419 ཙནྡྲ་ཧ་རི་པ། །

鬘》[420]云：

「伺察主張貪等惑，皆是心之體性法，猶如火屬炙熱性，修行亦不能斷惑，是故佛等亦不成。前世後世及因果，善惡以及法非法，其有皆依吠陀量。此復多數之詞彙，皆與勝論派相似。」[421]

伺察派主張，雖然可從痛苦獲得短暫的脫離，但是如火性屬熱，煩惱污垢已入心的自性，所以此宗不成立永久的解脫和佛位。關於此宗的質、德、同、異等的主張，多數與勝論及正理兩派相同。

情器世間是如何逐漸形成的呢？

這世界仍處於空和黑暗的時候，四大的微塵不會互相結合，都是各自獨立。於未來時，當決定居住此世界的有情，其共業於其後感果時，彼業力便令兩個微塵結合。從此之後，依共業力聚集並結合諸多微塵，從而逐漸形成風輪地基。此後形成火輪，火輪中有顆放射金光的梵天卵。此後形成水輪，水輪中有無邊龍王之墊，且遍入天躺臥於墊上。從火輪中或遍入

---

420 དཔྱད་རིན་པོ་ཆེའི་ཕྲེང་བ། 。

421 德格版，論，中觀，ཨ་卷，第13-15句偈頌文，67背頁；對勘本版，書號63，1038頁。漢譯大藏經內並無此譯。

天的臍中，[422]形成一朵蓮花，蓮花中央的花蕊上有顆放射金光的梵天卵。爾時，梵天卵成熟破殼，從此出生了此世間的祖先——坐於蓮花墊上的四面梵天。

此宗說，世間的住所、身軀，以及受用等，都源於梵天的神變。此宗又說，如是梵天於七劫中，持有七種名號。《思擇焰論》云：

> 「彼典籍之追隨者們亦道，迥異此劫，故稱『有緣』[423]。初者稱『自生』；二者稱『梵天』；三者稱『眾生主』；四者稱『蓮花之生處』；五者稱『四面者』；六者稱『先祖』；七者稱『金藏者』。」[424]

梵天如何變出有情呢？傳聞，梵天變出世間八母[425]：日母、施捨祖母、龍母、金翅母，以及四人母[426]——即由梵天的口、肩、腿、足所成的人類四種族姓之源。《思擇焰論》云：

---

422 譯者註：根據藏文，直譯為「從彼之中央」。編輯者格西們說，外道對此有兩種說法：一、從火輪中形成了梵天卵。二、梵天卵是從遍入天的臍中所生。

423 譯者註：「自生」名號迥異於後六劫，於初劫時有，故稱「有緣」，即與初劫有緣的梵天名號之一；「金藏者」名號迥異於前六劫，於七劫時有，故稱「有緣」，即與七劫有緣的梵天名號之一。

424 德格版，論，中觀，ཧི་卷，第九品，299正頁；對勘本版，書號58，727頁。漢譯大藏經內並無此譯。

425 譯者註：編輯者格西們說，「母」有起源之義，故名為「母」。

> 「繼眾生主後,生世間八母。日母生一切神,施捨祖母生阿修羅,人母生人,龍母生龍,金翅母生金翅鳥等……梵天口生婆羅門,肩生剎帝利,腿生吠舍,足底生首陀羅。」[427]

此論亦說,伺察派承許聖域印度的四種族姓皆源於梵天之身。

若問:此宗既已主張業果不壞,而業果所依是我,那麼,我的性質是什麼?此宗針對我的主張確實與其他派別的宗義不同,因為此宗所言之我不同數論派的我,是覺性;不同大自在天派的主張,不是色體,是覺明性;不同佛教,不是無常,是常;不同順世派的主張,不是身心無二,是從身而獨立出來的質有;不同正理派的主張,不是遠離隨遮隨轉[428]。其義如,蛇捲曲時遠離伸直的作為,蛇伸直時遠離捲曲的作為,但皆不離

---

[426] 譯者註:雖然直譯是「梵天變出世間八母:日母、施捨祖母、龍母、金翅母、梵天的口、肩、腿、足底」,畢竟梵天的口、肩、腿、足不應歸屬於世間八「母」之中,後經編輯者格西們的解釋,確定人母有四,即與梵天的口、肩、腿、足相關的四種人母,故做此譯。

[427] 德格版,論,中觀,ཨི卷,第九品,299正頁;對勘本版,書號58,727頁。漢譯大藏經內並無此譯。

[428] 譯者註:正理派說,「我」遍佈一切苦樂等所有階段,故而遠離苦樂的隨轉隨遮。換句話說,不同於伺察派,正理派說受苦者就是得樂者,得樂者就是受苦者,因為「我」不會隨著不同的階段有所區分。

蛇的體性。同樣地,我安樂時非受苦者,我痛苦時非得樂者,我只存在階段性的遠離,卻不離我的體性。此宗主張,我是無方分。《真如集論》中記載鳩摩梨拉婆吒的主張,彼論云:

> 「他派所言我,隨轉隨遮性,許我是思性,思覺性相者。如蛇捲曲時,則離伸直性,雖是伸時位,仍然隨蛇性。」[429]

《真如集論》的注釋對此做了廣泛闡釋。

丙二、安立量

此宗如何釋量?整體而言,此宗針對所量之境、了知者、如何趨入境、趨入結果,以及生起彼等次第的論述,誠如蓮花戒的《略釋敵宗理滴》云:

> 「推勝等人說,於世間說法中,所成和能成彼此是相異體性,故果僅異於量應合理,如斧非斷。是故,真實性於四相中圓滿,即能知、所量、量、證。能知是士夫;所量是色等境;量是根等;證是確定其義。因為僅有覺是量,覺之後後者是果,前者是量。以整體之差別而

---

[429] 德格版,論,量,ཇ卷,第八品,第1-2句偈頌文,9背頁;對勘本版,書號107,23頁。漢譯大藏經內並無此譯。

言,覺皆為量,以質等之差別而言,覺皆為果。」[430]

世間人說「用板斧砍斷樹木」時,其結果「砍斷樹木」不同於「板斧」。同樣地,知境者、所量、能知、知果等也須個別安立。首先,只會看見境的性質。此後,生起「決定其境種類為何的差別」之識。此後,趣入其義且達成目的。此後,獲得安樂等。此宗承許,前前識是量,後後者是果。

如是,趣入境的能知量亦分為六。《略釋敵宗理滴》云:

「推勝等人說僅有六量,謂現識、比度、譬喻、聲成、義准[431]、無體。」[432]

今各別解釋彼等。第一、現量:結合士夫之根與境所生之識。《集量論頌自釋》云:

「諸觀行派說:『與有正結合所生士夫之根覺,是為現量。』」[433]

---

[430] 德格版,論,量,ཚེ卷,92背頁;對勘本版,書號105,260頁。漢譯大藏經內並無此譯。

[431] 譯者註:此詞從藏直譯是「會意」;孫晶使用的譯詞是「義准」。孫晶的《印度六派哲學》(197頁)卻說:「義准量(arthāpatti)和無體量(abhāva)。」佛光大辭典針對「義准」一詞解釋為「以義類推之意」。

[432] 德格版,論,量,ཚེ卷,92正頁;對勘本版,書號105,258頁。漢譯大藏經內並無此譯。

[433] 德格版,論,量,ཆེ卷,25正頁;對勘本版,書號97,83頁。漢譯來源:法尊法師譯編的《集量論頌略解》(19頁)。

一般而言,現識分二:一、面對境的離分別。二、非前者,且知「現識所見義是此」的分別識。《略釋敵宗理滴》云:

「推勝等人說,只有識面對境的第一刹那會生離分別識,此後一切現識皆為分別。」[434]

第二、比量。以「有煙之山,有火,以現識成立煙故」為例,知其論式之宗的比量就是由見其論式相屬[435]的現識所生;抑或,看到他人走動的緣故,推論日月等的移動;由先見其相屬的現識所生之識就是比度。《集量論頌自釋》云:

「諸觀行者說:『比量等以現量為前行故……』」[436]

第三、譬喻量。同正理派的主張,可參考前述內容。

第四、聲成量的性質:依聲而執隱蔽分之所知義。可分為二:一、由非人為所生之聲。二、從信賴士夫之語所生之量。現識不知此二的隱蔽義;此二隱蔽義不依三相之因,故亦不能從比度得知。《眞如集論釋》云:

---

[434] 德格版,論,量,ཆེ卷,92正頁;對勘本版,書號105,259頁。漢譯大藏經內並無此譯。

[435] 譯者註:該相屬是親眼見到煙山有煙,以及之前在廚房見到有煙就有火的關聯。

[436] 德格版,論,量,ཧེ卷,39正頁;對勘本版,書號97,118頁。漢譯來源:法尊法師譯編的《集量論頌略解》(32頁)。

「至尊居山者說,聲成性相乃由聲識所生,以是知其階段義之識故,稱『聲成』。由聲持爾之性相,後生隱蔽之義者,皆是因聲所成,故是聲成。聲成有二相,由非人為聲所成,以及信賴士夫之語所生。聲成亦是隱蔽之具境者,故異於現識;以無三相故,亦非比度。」[437]

此宗承許非人為的吠陀是量,特以諸多理由建立了「聲成量」,尤其是「吠陀語是量」的論述。佛教阿闍黎陳那說,所有能詮聲都是「排除的具境」[438],即以遮遣非境而趨入其境。還有,當陳那以理成立「依表達者的意願,能詮聲詮釋其義」時,如伺察派阿闍黎鳩摩梨拉婆吒等人,便對此論述進行強烈反駁,這也是伺察自宗的要義。應知彼義,這點極為重要。[439]

第五、義准量。以他量的引述而證知自己未見義。譬如,雖不見此人在屋內,卻因「此人尚未過世,仍然活著」的說

---

437 德格版,論,量,ཅེ,第二十三品,41正頁;對勘本版,書號107,1088頁。漢譯大藏經內並無此譯。文中的「至尊居山者」是釋瓦日瑪・薩瓦米(Śivarāma Swami)。彼師所著的伺察派典籍《彌曼差跋》(Mīmāṃsā-bhā)中,清楚闡釋了聲成量的定義及其分類。

438 譯者註:如「這是瓶子」的聲音有其所詮之境,故稱「具境」。還有,其聲具有針對性,會排除非瓶子以外的其他事物,故稱「排除的具境」。

439 在鳩摩梨拉婆吒的《頌釋論》的遮遣品中,不僅反駁陳那的遮遣,甚至還提出應成「了知樹與非樹彼此兩者」的過失。還有,「所知」之詞並無排除對象的緣故,聲音不一定是「排除的具境」。詮瓶之聲若詮非瓶,則所有聲音將詮「非非爾」,故有應成無止盡之過。在《佛法哲學總集》的下冊中,將會闡釋法稱如何一一回覆彼等的反駁。

法,而證知此人在屋外。《真如集論》云:

> 「他證於未見,說彼是義准。」[440]

義准量可由現識等六量的引發而分六類:一、現識引發的義准量。譬如,以現識得知火的炙性,進而會意火能燃燒之量。二、比度引發的義准量。譬如,由太陽前往他處的推理,進而會意太陽具前往該處能力之量。三、譬喻引發的義准量。譬如,依野黃牛,知牛似野黃牛,進而會意牛能被擠乳、承載貨物等。四、聲成引發的義准量。譬如,聽到「胖子白天不吃飯」的說詞,進而會意「晚上會吃飯」。五、義准引發的義准量。譬如,將「牛」的詞彙結合過去所見白牛的緣故,之後看到黑牛時會產生「此是牛」的想法。之前結合白牛的「牛」之詞,若其詞是無常,則對不上(黑牛是牛)的名言之時,故而認為「結合的詞聲」是常。六、無體引發的義准量。譬如,不見活著的天授在房間內,進而會意天授在外面。誠如《真如集論釋》的詳細解釋,論云:

> 「『於此等』謂依序以喻述說六量前行而有的義准。現識前行者的義准,如現識覺受炙性,而知火的燃燒能

---

[440] 德格版,論,量,ཟེ,第二十三品,第94句偈頌文,58正頁;對勘本版,書號107,143頁。漢譯大藏經內並無此譯。

力。比度前行者,如前往他處的比度而知太陽具行走能力。」[441]

第六、無體量的性質:證悟「前述現識等其他五量任一不知之境」的量。《真如集論》云:

「某事物體性,於彼無五量,為證有事物,故立無體量。」[442]

無體量分四:一、知前時無者之量,如乳時無酪之知。二、知滅已而無之量,如酪時乳是已滅而無之知。三、知彼此互無之量,如馬無牛[443]、牛無馬之知。四、知極無之量,如兔子無角之知。《真如集論》云:

「諸酪時無乳,此謂前時無;於酪已無乳,滅而無性相;諸馬等無牛,謂彼此互無……兔子無有角,許此至極無。」[444]

---

[441] 德格版,論,量,ཚད་卷,第二十四品,53背頁;對勘本版,書號107,1118頁。漢譯大藏經內並無此譯。

[442] 德格版,論,量,ཚད་卷,第二十四品,第158句偈頌文,60正頁;對勘本版,書號107,148頁。漢譯大藏經內並無此譯。

[443] 譯者註:「馬無牛」乃直譯。西藏量學中時常會看到甲無乙的說法,即「甲與乙並無交集」的意思。

[444] 德格版,論,量,ཚད་卷,第二十四品,第161句偈頌文,60背頁;對勘本版,書號107,149頁。漢譯大藏經內並無此譯。

略釋伺察師依何理成立自宗。如何成立吠陀是常、自生之量呢？詮釋顛倒義——其因是無知和遠離慈愛等過失——之詞皆是依士夫而有，故主張非人為語一定是諦實語。《中觀心要》云：

> 「貪恚故衰退，士夫語欺誑，吠陀非人為，故持此為量。」[445]

以無法憶起吠陀作者的理由，說「非人為」。從上古時，仙人早有單傳持誦吠陀的傳統，所以吠陀並非由這些仙人新創。《中觀心要論》云：

> 「不憶作者故，吠陀非人為，流傳不間斷。」[446]

吠陀語乃非人為，所以絕對相應其語的所詮內容，且不隨述說之欲而相應他義。譬如，「若要得到增上生，就是要做火供」這句的梵文是「agnihotraṁ-jñuhūyād」。聽聞此詞時，只會理解為「布施火供」，絕對不會將該詞的內容理解為「要吃狗肉」。《釋量論》在破除伺察派時，論云：

---

[445] 德格版，論，中觀，ε|卷，第九品，第2句偈頌文，31背頁；對勘本版，書號58，74頁。漢譯大藏經內並無此譯。

[446] 德格版，論，中觀，ε|卷，第九品，第3句偈頌文，31背頁；對勘本版，書號58，74頁。漢譯大藏經內並無此譯。

「故欲生天者,聞說祭祀火,有謂食狗肉,非義……」[447]

相關的爭議細節可參考《釋量論》、《定量論》、《思擇焰論》,以及彼等的注釋。

此宗如何成立有我?以「我」的確存在,可被認知故、可被記憶故」等諸多理由,直接成立有我;同時,間接破除主張無我的佛教立場。伺察派阿闍黎鳩摩梨拉婆吒的《頌釋論》云:

「此故,成立認知為量故,諸世間以決定認知而破無我論。」[448]

誠如阿闍黎寂護的《真如集論》亦云:

「如是此士夫,存在被認知,故能被證悟,由此害無我。」[449]

推勝派或伺察派是如此建立吠陀為量、六量主張等諸多論

---

447 德格版,論,量,ཐེ་卷,第一品,第318句偈頌文,106背頁;對勘本版,書號97,498頁。漢譯來源:法尊法師譯《釋量論》。
448 鳩摩梨拉婆吒的《頌釋論》,第236句偈頌文,512頁。漢譯大藏經內並無此譯。
449 德格版,論,量,ཟེ་卷,第八品,第8句偈頌文,10正頁;對勘本版,書號107,24頁。漢譯大藏經內並無此譯。

述,今已簡略介紹其宗。

乙四、伺察師遮羅迦如何立宗

略說醫學研究者遮羅迦的主張。醫學阿闍黎遮羅迦校編了仙人阿特里雅[450]的醫典,稱為《遮羅迦本集》。此論從醫學研究的角度,延伸針對量的性相、推理句義、前世後世等論述的闡釋,成為此派哲學的依據。當今有某些專家說,阿闍黎遮羅迦與阿闍黎龍樹的年代相同。

雖是眾說紛紜,但根據某些阿育吠陀的典籍,確實有這麼一說,即遍入天化魚相興盛吠陀的同時,無邊龍王為能消弭世間種種疾病,投生仙人之子,此子便是遮羅迦。

關於基法的主張,遮羅迦與伺察派雷同,而遮羅迦是如何主張具境呢?

具境識的觀察義是否為所知,其差異得看彼義是否被量所緣,這是整體各家宗義的立場。遮羅迦主張,觀察境時是以四種途徑──現識、比度、信言、理由──而觀察。誠如《遮羅迦本集》云:

「諸相決定為二:有與無。彼等檢視有四相:信言、現

---

450 ངང་སྲོང་མེ་བཞིན་འཛིན། Ātreya。

識、比度、理由。」[451]

第一、現識。所依是我,等無間緣是意,增上緣是根,所緣緣是色等五境;因會合彼等而至極趣入[452]於境。遮羅迦說,此時明顯趣入彼境之識正是現識。《遮羅迦本集》云:

「我根意境等,會合而趣入,彼時明境識,決定稱『現識』。」[453]

第二、比度。譬如,「以現識於某處見煙的理由,推理彼處有火之識」承許為比度。比度依三時而分三類:一、以果之因相而比度前因。譬如,以懷胎的理由推理父母之前行房。二、以因之因相而比度後果。譬如,以種子推理有果。三、以當下的所見義而比度現在際的某義。譬如,以見濃煙推理彼山後有未見、現在際之火。《遮羅迦本集》云:

「以煙而知火,比度依前現,故而分三相:懷胎故知

---

451 《遮羅迦本集》(由仙人阿特里雅所著,後由遮羅迦校編),第一冊,第十一品,255頁,第17句偈頌文。由醫生善慧持教、論師善慧寶譯成藏文。2006年,瓦拉納西大學出版。漢譯大藏經內並無此譯。

452 譯者註:「至極趣入」乃直譯,以白話文來理解的話,應是「積極相應於對境」的意思。

453 《遮羅迦本集》,第一冊,第十一品,257頁,第20句偈頌文。漢譯大藏經內並無此譯。

淫,定知過去際;由種知果⋯⋯」[454]

第三、信言。去除愚塵[455]的正量士夫之語才是遠離疑惑、大眞相之信言。非正量士夫之語乃未離疑惑、未斷愚塵的言詞,並非信言。《遮羅迦本集》云:

「正信士夫等,彼詞離疑惑,諦實矣反之,非諦且愚塵。」[456]

遮羅迦說,根據信言之詞而證彼詞義之識乃聲成量。

第四、理由。譬如,秋季豐盛的果實是依水、肥料、溫度、濕度、耕耘等而有;胎裡能有孩子是依賴地水火風空識六界的結合而有。《遮羅迦本集》云:

「水耕耘種子,合時而有果,同理合六界,有胎實應理。」[457]

---

[454] 《遮羅迦本集》,第一冊,第十一品,257頁,第21-22句偈頌文。漢譯大藏經內並無此譯。

[455] 譯者註:愚癡的塵染。

[456] 《遮羅迦本集》,第一冊,第十一品,257頁,第19句偈頌文。漢譯大藏經內並無此譯。

[457] 《遮羅迦本集》,第一冊,第十一品,257頁,第23句偈頌文。漢譯大藏經內並無此譯。

顯而易見，無論是否承許四理[458]之詞，此義[459]就是觀待理。此宗亦說現識及比度以外的其他量。《略釋敵宗理滴》云：

「遮羅迦等人說，亦有他量：理由、無緣、聚支、傳言、念想。」[460]

此宗主張：理由量、無緣量、聚支量、傳言量、念想量。

第一、理由量。以「是否與甲隨轉隨遮」的理由而知甲果。[461] 此證是分別，故非現識；此證的所依因相不具譬喻，亦不稱「比度」。不具譬喻的理由：找不到無關「有甲則要有乙」的譬喻。[462] 若有，則要出示另一個譬喻證明其義，會有無

---

458 譯者註：佛教哲學的四理。即法爾、觀待、作用、證成。

459 譯者註：此義是指「第四、理由」。

460 德格版，論，量，ཧྲེ། 卷，92正頁；對勘本版，書號105，259頁。漢譯大藏經內並無此譯。

461 譯者註：譬如，煙隨火而有（隨轉），無火則無煙（隨遮），故知煙是火的果。

462 譯者註：此處的「無關」（直譯是「非」）；甲（直譯為彼法）例如「與火隨轉隨遮」；乙（直譯為彼）例如「火果」。根據編輯者格西們的說法，此處的「非」指的是「無關因相」。對遮羅迦而言，以「煙山，有火，有煙故，如廚房」的論式為例，找不到該因相之譬喻的原因是：譬喻需無關因相，而此論式的譬喻廚房有煙，所以不是無關因相。可是，「煙山，有火，有煙山的煙故，如廚房」是有譬喻的正因，因為譬喻廚房雖有煙，卻無關「有煙山的煙」。

止盡之過。[463]《眞如集論釋》云：

「舉凡『若有，以有而知其果』方為『理由』。彼是分別故非現識；亦非比度，無喻故。如是，若找『若有，以有而知其果』之喻，亦需[464]他故，將成無盡。研究醫學者稱『醫者』，故彼乃他量。」[465]

第二、無緣量。無所緣故，知其無之量。如兔角在任何時處都無法被量緣取，進而得知無兔角之量。如同前述，此宗說彼量亦非現識及比度兩者。《眞如集論釋》云：

「同理，無緣是『以無所緣而知其無』。如前文之理由已述，無緣是他量。」[466]

第三、聚支量。以知有聚而知有支之量。如，若知有千，則

---

[463] 譯者註：「與甲隨轉隨遮」或「與火隨轉隨遮」的意思是：無火則無彼，有彼則有火。遮羅迦認為，就以「煙有法，是火果，與火隨轉隨遮故」的論式為例，這論式雖是理由量，卻非正因，因為找不到無關因相「與火隨轉隨遮」卻又有關「是火果」的譬喻。若反駁：「有譬喻，如蒸氣。」遮羅迦駁，不成立，以「蒸氣有法，是火果，與火隨轉隨遮故」的論式為例，仍然找不到無關因相「與火隨轉隨遮」卻又有關「是火果」的譬喻，會有無止盡之過。

[464] 譯者註：直譯為「是」，但根據前後文，譯者決定用「需」字。

[465] 德格版，論，量，ཇི卷，第二十四品，68正頁；對勘本版，書號107，1155頁。漢譯大藏經內並無此譯。

[466] 德格版，論，量，ཇི卷，第二十四品，68背頁；對勘本版，書號107，1155頁。漢譯大藏經內並無此譯。

知有百之量。無喻非比度；分別故，非現識。《眞如集論釋》云：

「於此，聚支性相：知有聚而知有支者。如，若知有千，則知有百。以無喻故，彼非比度。」[467]

第四、傳言量。藉由以一傳一的說法而知早期發言之量。如，透過「某人說夜叉居住此樹」的傳言而知其義之量。《眞如集論釋》云：

「他方主張傳言亦是他量。傳言是由宣揚者所流傳，如『夜叉居住此樹』之說。」[468]

第五、念想量。毫無理由而念想「就是如此」。就像某少女的兄長拜訪時，此少女念想：「現在我的兄長要來。」《眞如集論釋》云：

「不分絕對時處、驟生有無之知乃『念想』，如傳聞至時，少女念想：『我的兄長將至』之量。」[469]

遮羅迦如何成立前後世呢？《遮羅迦本集》云：

---

[467] 德格版，論，量，ཚེ།卷，第二十四品，69正頁；對勘本版，書號107，1157頁。漢譯大藏經內並無此譯。

[468] 德格版，論，量，ཚེ།卷，第二十四品，69背頁；對勘本版，書號107，1157頁。漢譯大藏經內並無此譯。

[469] 德格版，論，量，ཚེ།卷，第二十四品，68背頁；對勘本版，書號107，1157頁。漢譯大藏經內並無此譯。

「父母生不同品性、同個投生處卻有不同膚色、形狀、音調、想法、心念、福報差異、種族貴賤、親眷、權勢、苦樂生活、壽命長短⋯⋯不可遣除自己於諸前世已造之業,故業不壞;此等皆與所謂的『福報』有關。由彼等生果,再從此果生他果。從果推論種子方為比度。」[470]

如論所說,同一對父母生出不同個性的孩子;投生同一道卻有不同的膚色及形狀;今生不努力卻能成功;無須他人教導,今生卻會吸乳;帶著前世的相狀而出生;上半輩子做相同的事情,下半輩子卻得到不同的成果;某些事情想得很清楚,某些卻想不清楚;回憶前世等,這些都要有其因緣。畢竟這些因素不會立即成辦,可見這些因素的某部分早在之前就已成辦,毋庸置疑。因此遮羅迦說,以現在呈現之果的理由,直接或間接推理過去世中早已累積其因之業。

根據如是《醫學者遮羅迦本集》為首的聖域印度內外道專家的典籍,今已略說遮羅迦針對所量及能知所持的觀點。

甲五、闡述吠檀多亦稱密義派的宗義
乙一、此派宗義的發展史

吠檀多以古老吠陀典籍《梨俱吠陀》為所據經典而建立宗

---

[470] 《遮羅迦本集》,第一冊,第十一品,第30部,261頁。漢譯大藏經內並無此譯。

義,這點與伺察派相同。二派的差別在於:伺察派以闡釋極古老典籍所言之密法及儀軌的內容為主,而吠檀多卻是專注在吠陀的結尾⁴⁷¹《奧義書》(Upaniṣad)而建立其宗。因此,有時也會將伺察派稱為「前彌曼差」(Pūrvamgmīmāṃsā),將吠檀多稱「後彌曼差」。吠陀典籍云:

「吠陀二相性:咒語婆羅門。」⁴⁷²

吠陀有二:咒語吠陀及婆羅門吠陀。讚嘆天人天女等殊勝之詞,以及憶念其義等詞皆是咒語吠陀;廣泛闡釋火供儀軌等論著,則是婆羅門吠陀,因為彼等皆是源於婆羅門而有。眾所周知,二吠陀中,如前述伺察派時已言,仙人毘耶娑依其內容,將咒語吠陀分為《禳災明論》、《祭祀明論》、《讚頌明論》、《歌詠明論》四者。第二類吠陀則是在婆羅門(brāhmaṇ)典籍出現之後而有。吠陀的結尾——博大奧祕的典籍《奧義書》——廣泛記載了聖域印度各派的哲學觀點,被公認為聖域印度多數哲學的依據典籍。

前述上古吠陀典籍⁴⁷³僅是此派宗義引用的參考,卻非詮釋

---

471 譯者註:「結尾」即總結吠陀奧義的終極結論之義。

472 མནྟྲ་བྲཱཧྨ་ཎཱ་ཏྨ་ཀོ་བེད་ཿ་ཨཱ་པ། (मन्त्रब्राह्मणात्मको वेदः-आप),Mantrabrāhmaṇātmako veda āpa,31頁。

473 譯者註:即《禳災明論》、《祭祀明論》、《讚頌明論》、《歌詠明論》。

此派自宗的主要典籍。此派的主要典籍有三:《奧義書》、《薄伽梵歌》(Bhagavad Gita,又稱「遍入天歌」),以及據說是由仙人毘耶娑所造的《梵經》[474](Brahma Sūtras,又稱「吠檀多經」,Vedānta Sūtras)。在《梵經》一書中,綜合了《奧義書》和《薄伽梵歌》兩本典籍的內容,並且引用了五百多本經典。持吠檀多的宗義者們將此三者稱為「三趨境」(Prasthānatrayī)。

在這三本典籍之中,主要闡釋此派宗義的正統典籍是《梵經》,此經總結吠陀的結尾《奧義書》等之宗見,以極簡略的方式述說其義。追隨此經的諸多學者陸續撰寫此經的種種注釋,興盛吠檀多的傳承。後起印度教也是以吠檀多的宗義作為主要依據;吠檀多中的不二論最被廣泛接受。阿闍黎們各自對《梵經》的不同解釋,形成了幾種不同的吠檀多傳承。

出生於西元七世紀末或八世紀初的著名阿闍黎商羯羅(Śaṅkarācārya)[475]廣泛安立了不二論的宗義,然而,該宗義的基本思想早在之前就有,這可從清辨的《思擇焰論》中另設的〈吠檀多品〉得知。於該品中,直接引用的經論不僅有《奧義書》,也有《喬荼波陀頌》[476]。[477]

---

474 ཚངས་པའི་མདོ།

475 ཤིཾ་ཀ་ར་ཙཱརྱ།

476 གོ་ཊ་པཱ་དའི་ཚིགས་སུ་བཅད་པ། Gauḍapāda Kārikā。

寂護的《真如集論》也另立了「如何主張我」的章節；《中觀莊嚴論自釋》在解釋吠檀多時，也引用了《喬荼波陀頌》的某些偈頌文。從此可知，喬荼波陀應爲吠檀多不二論的鼻祖。當代的歷史學家們認爲，喬荼波陀的年份應是六世紀末，理由是：《喬荼波陀頌》出現在無著兄弟後，這點毋庸置疑，而商羯羅阿闍黎又稱喬荼波陀[478]爲「師祖」的緣故。

乙二、宗義的性質及異名

　　吠檀多的性質：追隨吠陀典籍且主張諸法僅是識性、無能所二元的宗義。一般來說，吠陀學者們承許吠陀的作者是梵天，同樣地，此宗吠檀多也主張吠陀的說法者是梵天，會以吠陀作爲依據經典。

　　吠檀多的異名：密義派（Upaniṣad）[479]、吠檀多、「後彌

---

477 《喬荼波陀頌》第三品，第5句偈頌文：「瓶內空皆一，煙塵所障蔽，一切非如實，同理樂非我。」《思擇焰論》中也出現一樣的偈頌文。請參考：德格版，論，中觀，ᵉ། 卷，第八品，第13句偈頌文，28正頁；對勘本版，書號58，66頁。漢譯大藏經內並無此譯。

478 གོ་ར་བ་པ། Gauḍapāda。

479 近代的研究者們說「吠檀多」跟「密義派」兩者是異名，而且炯丹日惹的《莊嚴宗義之華》云：「究竟吠陀密義派」（炯丹日惹文集，ྲི།，41背頁。西藏哲邦寺十尊殿於2006年在西藏印刷）。炯丹日惹也說「吠檀多」跟「密義派」兩者是異名。但是，西藏的許多宗義學者們卻各自解說彼二爲異。

曼差」（Uttaramīmāṃsā）、說梵天[480]眞實性者、至上婆羅門說法者、說士夫是因者等。學習《奧義書》，故稱「密義派」；說終極吠陀，故稱「吠檀多」[481]或「說終極吠陀者」；彌曼差有前後兩派，吠檀多是後者，故稱「後彌曼差」；以無二元之知而說勝義諦有，故稱「吠檀多不二論」；將勝義諦之知也稱爲梵天的眞實性，故稱「說梵天眞實性者」；說婆羅門中我是最勝者，故稱「至上婆羅門說法者」；主張只有吠陀所言士夫是種種情器之因，故稱「說士夫是因者」。《慧心要集論》[482]云：

「有我至上婆羅門等。」[483]

爲此，阿闍黎菩提賢的《慧心要集論釋注》云：

「婆羅門說：『吾等乃至上』，是至上婆羅門。」[484]

---

480 譯者註：如佛光大辭典所言：「『梵』爲純精神性之最高我，亦爲宇宙生成之根元，萬物皆由其轉變幻現。」譯者見許多文獻也以單一的「梵」字詮釋此詞（ཚངས་པ），但西藏原文（ཚངས་པ）中並未區別梵天與梵兩者之別，故譯者決定採用「梵天」這個譯詞。

481 譯者註：吠檀多的梵文वेदान्त（Vedānta）是由「Veda」（「吠陀」，指知識）和「anta」（指「終極」）兩個詞的組成。

482 ཡེ་ཤེས་སྙིང་པོ་ཀུན་ལས་བཏུས་པ，提婆造。

483 德格版，論，中觀，ཚ卷，27正頁；對勘本版，書號57，852頁。漢譯大藏經內並無此譯。

484 德格版，論，中觀，ཚ卷，39背頁；對勘本版，書號57，884頁。漢譯大藏經內並無此譯。

《思擇焰論》云:

「是究竟吠陀,是『吠檀多』。」[485]

《真如集論》云:

「推論士夫乃世間之因。」[486]

乙三、如何立宗
丙一、安立基二諦

關於基法,吠檀多是如何主張?此處主要依吠檀多不二論解釋。根據內外哲學的說法,整體上,基法分世俗諦與勝義諦兩者,但《奧義書》云:

「我乃梵天(aham brahmāsmi)[487]……彼核心乃你(tat tvam asi.)[488]……此『我』[489]乃梵天(ayam ātmā brahma)[490]」

---

[485] 德格版,論,中觀,ㄞ卷,第八品,251正頁;對勘本版,書號57,611頁。漢譯大藏經內並無此譯。

[486] 德格版,論,量,ㄞ卷,第六品,第1句偈頌文,7背頁;對勘本版,書號107,17頁。漢譯大藏經內並無此譯。

[487] "I am Brahman." *Brihadaranyaka Upanishad* 1.4.10 of the *Yajur Veda*.

[488] "That essence are you." *Chandogya Upanishad* 6.8.7 of the *Sama Veda*.

[489] ātmā。

[490] "This Self (Atman) is Brahman." *Mandukya Upanishad* 1.2 of the *Atharva Veda*.

因此,只有勝義無二之知才是真諦!此宗主張,一切情器諸法都是虛幻而已。時位有四:醒時、夢時、睡時,以及第四時。前三者無法脫離世俗謬性無明的束縛,所以是世俗之時,其境是世俗;勝義諦之時第四時,即只存在殊勝的我、梵天的真實性之時。前三時因世俗謬性無明的束縛,是世間時;第四時遠離幻相,此時的我是勝義諦,也是不二梵天的真實性。

這種勝義諦是我、是梵天、是士夫,也稱為「大自在天」。《奧義書》說梵天具有真諦、覺知、安樂的三種特徵;「我」也是周遍一切、常、離分別、非識境。《中觀心要論》引用密義派的經文且云:

> 「瑜伽師若習,唯一周遍常,梵天不死處,不復來世有;彼常離分別,非任何之境,心支分奪故,為彼而述說。」[491]

此宗說,世俗法只能源於彼此相異的謬識,也是無明所造的幻相。無始以來,因成熟無明習氣而生其果——世俗是由相異妄念所生。在虛幻的世俗事物中,有世間事物、清淨世間事物,以及出世間事物三者。世間事物:知所取事物及能緣具境兩者皆為真實,進而趨入取捨之時,是「醒時實體」或稱為「世

---

[491] 德格版,論,中觀,ᡄ卷,第八品,第16-17句偈頌文,28正頁;對勘本版,書號58,66頁。漢譯大藏經內並無此譯。

間事物」。《喬荼波陀頌》云：

「事物有所緣，世間說二元。」[492]

雖無所取事物，但趣入能緣識時，稱為「夢時實體」或「清淨世間事物」。《喬荼波陀頌》云：

「無事物具緣，許清淨世間。」[493]

此宗承許，所取事物與具境近取識的二元不存在或消滅之時，稱為「熟睡時的實體」或「出世間事物」。《喬荼波陀頌》云：

「無事物無識，說是出世間。」[494]

阿闍黎寂護引用了《喬荼波陀頌》，並且說明吠檀多的主要宗義，其中含括的內容甚多，誠如《中觀莊嚴論自釋》廣云：

「隨後密義派者等人說，唯獨殊勝之我是唯識性，同大虛空。瑜伽師依串習力遠離原始及非原始無明。瓶等若壞，瓶中虛空將會融攝於大虛空中，同理，壽命亦攝於

---

[492] 《喬荼波陀頌》，第四品，第80句偈頌文。

[493] 《喬荼波陀頌》，第四品，第80句偈頌文。

[494] 《喬荼波陀頌》，第四品，第88句偈頌文。

彼,但至極論述者等人卻如是觀執壽命、功德、大種等一切萬物。此世間實屬虛幻自性,雖無二元,卻如夢中夢境見種種性。彼頌云:『如瓶等壞時,瓶之虛空等,皆攝於虛空,命亦攝於我。至極色果,彼彼雖相異,虛空無相異,命亦定如是。[495]如稚凡愚說,虛空具垢染;非智者亦說,依垢而染我。[496]如闇不得知,故起如是執,念繩乃蛇續,觀我亦如是。知定是繩時,方可除妄念,僅繩不二元,我亦定如是。觀執諸事物,壽命等萬物,依某起愚昧,彼皆天所化。是命稱為命,彼種稱大種,念功德為德,說彼等無誤。[497]意於夢無二,卻無疑見二,同理夢醒時,不二卻見二。有情或無情,見二者是意;若意非有時,則不緣二元。知我真實故,遠離諸妄念,此時意非有,無取無能取。[498]』頌說不二的常我之見,前述已破此頌所言諸義。」[499]

根據以上引用偈文,我同虛空;雖見士夫之我各為相異,宛如見不同瓷瓶中的空間皆為相異,但瓷瓶壞滅時卻見彼等

---

495 《喬荼波陀頌》,第三品,第3-4句偈頌文。
496 《喬荼波陀頌》,第三品,第8句偈頌文。
497 《喬荼波陀頌》,第二品,第17-20句偈頌文。
498 《喬荼波陀頌》,第三品,第30-33句偈頌文。
499 德格版,論,中觀,ས།卷,80背頁;對勘本版,書號62,966頁。漢譯大藏經內並無此譯。

之中的空間實為一體。執相異的分別猶如將繩錯看為蛇,根本謬處[500]本是無二,但勝義識卻隨無明之力生起相異二執的謬相。「常我」如同情器兩者的種子;在知道繩非蛇的同時,方可除去執蛇的錯誤,同樣地,知道內外諸法的謬處——光明之我——遭受無明污染的話,方可除去二執謬相。此宗說,只能處於離分別性,遠離「所」、「能」邊際才是自宗不共基、道、果的要義。

吠檀多不承許外境,這點雖然與唯識宗雷同,但是我等認為,此宗觀點與唯識宗的差異是,吠檀多主張勝義識是常、一、無方分。還有,世間世俗猶如錯亂幻相,所以主張執色之量與所量是質體異。

丙二、安立具境識及量

關於具境識及量論,吠檀多阿闍黎們區分離分別識與分別識兩類,這與大部分的聖域印度哲學家所言相同,只不過此宗主張,離分別識必須是存在的究竟真相——梵天;這種無二離分別識並非任何的境及識,其性是僅明自己體性、清淨、無作為、無功德、俱生原始之智。

---

500 譯者註:依某內容所產生的謬誤,故將「འཁྲུལ་གཞི」直譯為謬處,意指謬識所緣之處。以執繩為蛇的謬識而言,該謬處是繩。

吠檀多配合世間名言而立量論時，如伺察派，說量有六：一、現識。二、比度。三、譬喻。四、聲成量。五、義准。六、無體量。[501]在諸量中，吠檀多主要著重於教成或聲成量，這是因爲此宗承許非人爲的吠陀是量的緣故，這點如同伺察派所說。

吠檀多的宗義裡，因爲專門詮釋常我是無二勝義知——梵天的體性，所以在聖域印度的量學辯論史中，依其量學的貢獻來看，並未激起什麼大波瀾，這點其實可從陳那《集量論頌》窺知，吠檀多的主張幾乎未曾出現在該論——反駁敵方針對量學的主張——之中。

同上篇已述，在世俗世間、清淨世間、出世間三種時位中，「何者知」便是「安立量與所量之時」的識，而三時位的事物於此時便稱「所知」。

三智之中，外智是：知種種世間的朝外智慧。內智是：無所取、執能取爲實的分別事物、具境之智。密智是：已滅能所二元之相、僅現自己體性的自證智慧。密智是我，也是一切輪迴及涅槃的種子和基礎。此處的「自證」不應解讀爲「以自己爲境而證悟自己」，而應理解爲「自己就是覺知體性」。

---

501 請參考伺察派「丙二、安立量」的六量內容。

丙三、附帶解說如何混合其他宗義

吠檀多依吠陀的結尾《奧義書》（Upaniṣad），以及說其意趣的《薄伽梵歌》，尤其是《梵經》的解釋而建立宗義，毋庸置疑。我等認為，其實此宗早已受到其他古老教義的巨大影響。

譬如，吠檀多的「隨無明之力而起世俗幻法的謬相」、「若知我是梵天性，方能去除一切執二元的謬誤」、「覺只能處於離分別中」等說法，與數論派的「由共主相產生諸變異等，當覺知士夫了知其義時，諸變異將會在羞澀[502]的狀態下消失，只剩無境的覺知士夫」的說法非常相似。況且，根據歷史記載，吠檀多的阿闍黎喬荼波陀也曾著作《數論頌》的注釋。從此可見，數論派與吠檀多兩派宗義有許多相似之處。還有，吠檀多的量學，尤其是教成或聲成量的論述與伺察派的主張極其相似，這點已在前章說明。

唯識的典籍，尤其是《入楞伽經》的「隨無明之力而起二元謬誤」、「以夢的假境之喻成立醒時之境皆是假相，故存在無外境識」、「於依他起上起執二元分別，故而起遍計執」、「依他起本身不是所遮遍計，此即圓成實」等三法性的論述，

---

502 譯者註：共主相不願意讓覺知士夫得知「諸變異皆由共主相所化」的真相，故是羞澀。

與前述吠檀多說「世間事物、清淨世間事物，以及出世間三者」相似。

阿闍黎龍樹的中觀典籍對此派宗義影響最大的點在於：此宗所持的無生之見。吠檀多成立諸事物皆是不生的理由，與龍樹破除四生所用的理由極為相似。《喬荼波陀頌》云：

「亦非自非他，非實非非實，智不知一切，四者見一切。」[503]

我等認為，中觀師成立空性時採用的理由——如幻的比喻和將繩錯視為蛇的比喻等，確實對此派產生了影響。[504]

吠檀多承許，無二元勝義之知是一、常、周遍一切，這與唯識的阿賴耶不同。正因為主張這種的覺知是常我，所以吠檀多仍是持我論的外道。

中觀師承許諸法只是緣起、非自性生，此與吠檀多「世

---

[503] 《喬荼波陀頌》，第二品，第12句偈頌文。此處的四者指的是第四時位的無二元勝義之知。

[504] 阿闍黎清辨在《思擇焰論》中破除吠檀多時云（德格版，論，中觀，ᡄ卷，第八品，270正頁；對勘本版，書號58，657頁）：「執假相的正見生起之前，若汝等欣喜法性甘露，應如是決定觀照：無我即作者與食者之所依皆無。」做此呼籲。對方回覆：「問，自方的我若同汝等的無我，汝等與我等的宗義豈不相同？答，非也。」此文顯示中觀宗義與吠檀多宗義不相同之理。從此可見，吠檀多成立內外法無生之理與中觀師的理由相似。

俗假法」的說詞雖有部分相似，但我等根據《決定量論疏》[505] 認為，因為吠檀多說無二元之知是勝義，所以是說實派的宗義。[506]

總之，在後起吠檀多著名學者阿闍黎商羯羅的影響之下，以理廣泛建立此派宗義。然而，藏譯丹珠爾的宗義典籍《思擇焰論》及其本文《中觀心要論》、阿闍黎寂護的《真如集論》、《慧心要集論》及其注釋等，卻未明確記載阿闍黎商羯羅的主張，因此，西藏宗義典籍中也未有明文記錄該學者的主張。

阿闍黎商羯羅的聞名著作有《梵經釋》（*Brahma-Sūtra-Bhashya*）[507]，這是一部浩瀚的巨作。吠陀的結尾《奧義書》（*Upaniṣad*）有：《大森林奧義書》（*BṛhadāraṇyakaUpaniṣad*）、《鷓鴣氏奧義書》（又稱「泰帝利耶奧義書」，*Taittirīya Upaniṣad*）、《愛達羅氏奧義書》（*Aitareya Upaniṣad*）、《歌者奧義書》（*Chāndogya Upaniṣad*）、《剃髮奧義書》（*Muṇḍaka*

---

505 ཚད་མ་རྣམ་འདྲེས་ཀྱི་འགྲེལ་བཤད་འབད་ལྷན། *Pramāṇa viniścaya ṭīkā*。

506 阿闍黎寂護的《中觀莊嚴論自釋》（德格版，論，中觀，སྭ།卷，80正頁；對勘本版，書號62，966頁）最終綱要文中也說：「如是，因外道我等之見、所有執著，彼等所言空性絕非圓滿。」又如阿闍黎清辨的《思擇焰論》所言，不僅中觀師的無生空性與吠檀多的主張兩者之間有差異，吠檀多與唯識的主張也有差異。

507 བྲམ་ཟེའི་མདོའི་བཤད་པ། 。

Upaniṣad）、《疑問奧義書》（Praśna Upaniṣad）等[508]——一一說法，在這個基礎上，還有《口訣心要》（Sāhasri）[509]及《薄伽梵歌釋》[510]的著作。自從有了這些著作，吠檀多的教義廣傳十方，直至今日。

我等認為，商羯羅的觀點雖與喬荼波陀雷同，但商羯羅仍有不少新創的觀點。像是阿闍黎商羯羅說梵天有二：一、離德梵天（Nirguna Brahma）。二、具德梵天（Saguna Brahma）。前者是勝義、真相、無妄念、無作為、無境、只屬精神層面[511]。後者是輪迴與解脫的造者大自在天。

據說阿闍黎商羯羅只活三十二歲，然而他在著作中，以廣大理由成立吠檀多所言的無生、無明增益所導致的謬誤幻化世間等，在吠檀多的講述、著作、辯論等推廣進程中，確實無人能及。

十一世紀的羅摩笯遮建立了「制限不二說」[512]的宗義，即不二論所謂的「是梵天的大我」或遍入天本身，雖然相異

---

508 譯者註：關於此處譯詞，可參考https://religion.moi.gov.tw/Knowledge/Content?ci=2&cid=645。

509 མན་དག་གི་སྙིང་པོ།

510 དགའ་པོའི་སྒྲུབ་འགྲེལ་པ།

511 譯者註：直譯是「具境」。為避免「無境」與「僅是具境」兩者用詞所產生的直接矛盾，譯者將「僅是具境」以意譯改為「只屬精神層面」。

512 ཁྱད་པར་ཅན་གྱི་གཉིས་མེད་ཀྱི་ལུགས།

於個別眾生的我,但是個別眾生的我具有能力與大我轉成一體。此後,十三世紀的阿闍黎摩沓婆捨棄不二論,建立了「二元說」[513],即究竟的我或遍入天,與個別眾生的我雖然同樣是常,卻相異。[514]在吠檀多中依序形成「不二論」、「制限不二說」,以及「二元說」三者。

以上已依內外道學者的著作,闡釋了吠檀多的歷史及其宗義的論述。

甲六、闡述耆那派亦稱勝利派的宗義

耆那派不以吠陀為依據,也不承許世間造物主,這點與佛教相同。今擬就耆那派的導師及宗義史、宗義的性質及詞義、主張為何等三方面,簡略介紹此派宗義。

乙一、此派宗義的發展史

根據耆那派自身的典籍,開創耆那派宗義的導師是聖人爾夏巴德瓦(Rṣabhadeva)[515],又稱「殊絕勝者」。根據此派宗義的說法,世間壽量與時衰減隨著時期的先後可分為六時位,

---

513 གཉིས་འཛིན་གྱི་ལུགས། ཡང་ན། གཉིས་སྨྲ་བ།

514 譯者註:光是相異實難區分後二者。根據編輯者格西們的說法,不僅相異,且個別眾生的我並不具有與大我轉成一體的能力。

515 སྐྱེས་པ་ཁྱུ་མཆོག་ལྷ། ऋषभदेव།

其中的第四「苦樂時位」（Dukham Sukham Kal）時期，將出生二十四位導師，而聖人爾夏巴德瓦是第一位；第二十四位是勝者或稱「大雄」（Mahāvīra）。[516]

關於耆那派最後一位導師的名字：幼年時稱筏馱摩那（Vardhamāna）；傳聞尼乾陀（Nirgrantha）、若提子（Jñatiputra）等也是大雄的異名。大雄出生於西元前六世紀，出生在廣嚴城（Vaiśālī）的崗陀羅摩（Kundagrama）城市。父親是若提（Jñātikas）王族，母親名帝夏拉（Trishala）。大雄後來出家，苦行十二年，獨自在比哈省（Bihar）強巴卡（Jambhraka）城的日居固拉（Rijukula）[517]河邊修道，得到正覺，七十二歲圓寂。[518]根據我等所見資訊，大雄導師的出生年份是佛教導師釋迦牟尼的前十六年或是前三十五年，有兩種說法。

關於耆那派的典籍。最早的是阿含經（Āgama），即具格

---

516 Munishri Pramansagar, *Jain Dharm Aur Darshan*, p. 40。或者，Jagadīśacandra Miśra, *Indian Philosophy*, p. 210（根據藏文〔ཐུགས་རྗེ་གྲུབ་〕暫譯）。《世尊勝德讚》，德格版，論，禮讚，ཀ卷，28正頁；對勘本版，書號1，69頁。

517 譯者註：根據張雲凱的《佛教與耆那教之消業與入滅法門初探》（http://www.hcu.edu.tw/upload/userfiles/37837C6FAB904E548360E98C1217A9BE/files/17-6-%E5%BC%B5%E9%9B%B2%E5%87%B1.pdf），該河的名稱是「Rigupālikā」。

518 Munishri Pramansagar, *Jain Dharm Aur Darshan*, p. 40。或者，Jagadīśacandra Miśr, *Indian Philosophy*, p. 210（根據藏文〔ཐུགས་རྗེ་གྲུབ་〕暫譯）。

弟子們輾轉延續的耳傳教授。後由阿含經延伸出「入支釋」（Amgapravista）[519]及「後支釋」（Amgabahya）[520]兩部典籍。入支釋：從導師爾夏巴德瓦所說的經典，乃至其導師的追隨者們所撰的論典，都是以文字記載的著作，又稱「十二部」或稱「具數藏」（Gaṇipiṭaka）。耆那典籍及耆那論典如何詮釋該派宗義等內容，從入支釋應可得知。因大雄令耆那宗義如日中天的傳統，漸分為方衣派[521]、白衣派等大小支派。此處主要介紹耆那派的宗義，所以將會介紹耆那派的重點宗義著作。

至今能夠見聞且名揚四海的耆那宗義著作：西元一世紀或二世紀初時，阿闍黎康達康達（Kundakunda）著作《五蘊法心要》（Pañcastikayasara）[522]。此後不久，阿闍黎烏瑪斯伐蒂（Umāsvāti）撰寫了相當著名的《諦義證得書》（Tattvārtha Sūtra）[523]，此書廣泛建立耆那宗的七種諦義。此書最受重視的注釋，則是出自西元六世紀阿闍黎布嘉巴達（Pūjyapāda）之手的《獲證更高成就》（Sarvārthasiddhi），此論有十個章節，是所有後起耆那教徒的宗義依據。

---

519 ཡན་ལག་ལ་འཇུག་པའི་བསྟན་བཅོས། །

520 ཡན་ལག་ཕྱི་མའི་བསྟན་བཅོས། །

521 ཕྱོགས་ཀྱི་གོས་ཅན། །

522 ཕུང་པོའི་ཆོས་ལྔའི་སྙིང་པོ། །

523 དེ་ཁོ་ན་ཉིད་ཀྱི་དོན་གྱི་མདོ། །

關於量學典籍。西元二世紀左右，耆那派的阿闍黎普賢（Samantabhadra）[524]著作了《阿布達彌曼差》（Āpta-mīmāṃsā）。西元五世紀時，阿闍黎悉達塞那‧帝瓦咖日（Siddhasēna Divākara）著作盛行且廣傳的《入正理論》（Nyāyāvatāra）[525]及《聖心經》（Sanmati Sūtra）。西元八世紀時，阿闍黎阿迦蘭迦（Akalanka）的作品有《集量》（Pramāṇasangraha）[526]及《定理論》（Nyāyaviniscaya-vivarana）[527]。還有著名的量學論師阿闍黎馬拉瓦丁（Mallavadin）的《理輪》（Nayacakra）[528]。眾所周知，佛教阿闍黎法上[529]在他的量學著作中，特別針對《理輪》做了分析。總而言之，在過去兩千年間，推廣耆那派宗義的阿闍黎們先後著作了諸多論典，可從歷史文獻清楚了知相關的詳細內容。

乙二、宗義的性質及詞義

耆那派的宗義性質：追隨聖人爾夏巴德瓦的同時，以耆那七諦義及六質而安立所知真相的一派宗義。耆那派的異名有：

---

524 གུན་ཏུ་བཟང་པོ། །

525 རིགས་པ་ལ་འཇུག་པ། །

526 ཚད་མ་བསྡུས་པ། །

527 རིགས་པ་རྣམ་ངེས། །

528 རིགས་པའི་འཁོར་ལོ། །

529 ཆོས་མཆོག Dharmottara，西元八世紀。

赤裸派、無衣派、塗灰派、勝利派、方衣派、應供派、無羞派、止盡派、苦行派、持命派、遍行派。

這些異名的詞義：信奉此宗義者們，因主張以赤裸苦行而解脫，故稱「赤裸派」；不穿著衣裳，故稱「無衣派」；以塗灰於身上的行為而自居，故稱「塗灰派」；追隨殊絕勝者，故稱「勝利派」；說以東方等方位作為衣裳，故稱「方衣派」；視應供仙人作為導師，故稱「應供派」；赤裸且不以此為羞，故稱「無羞派」；主張每日應剃毛髮，且藉由業的止盡方能解脫，故稱「止盡派」；主張透過斷食、五熱炙身等苦行而得解脫，故稱「苦行派」；只是維持身軀的壽命，不用其他物資，故稱「持命派」；雲遊十方而乞食，故稱「遍行派」。

乙三、如何立宗
丙一、安立七句義

關於耆那派的宗義。此派主張，所知真相是七諦義。西元三世紀左右，阿闍黎烏瑪斯伐蒂的《諦義證得經》云：

「命非命漏縛，遮滅解脫等。」[530]

---

[530]《諦義證得經》，第一品，經號4，第111頁。藏譯以偈頌文的方式呈現，這與漢譯稍有不同，方廣錩譯註的漢譯原文（https://cbetaonline.dila.edu.tw/zh/ZW0021）為：「§1.4 諦即命、非命、漏、縛、遮、滅、解脫。（jīva-ajīva-āsrava-bandha-saṃvara-nirjarā-mokṣās-tattvam.）」

七諦義是，一、命。二、非命。三、漏。四、縛。五、遮。六、決定衰滅。[531]七、解脫。取名「諦義」的原因：從痛苦而欲得解脫者，必須通達彼等真諦之義，且如實取捨，方可解脫，故稱「諦義」。

或是，耆那派以主張所知九句義而說諦義，這個說法也合理。譬如，阿闍黎清辨陳述耆那派的宗義時，在《思擇焰論》中云：

「耆那等人遍計命等九句義，謂命、漏、遮、老、縛、業、罪、福、解脫等。」[532]

九句義與七句義的內容相同，只是以不同的歸類加以詮釋而已。炯丹日惹的《莊嚴宗義之華》云：

「精通星辰論，裸沙門三量，我覺知身量，觀執九句義。」[533]

一、命（jīva）。主張業果等造者是「我」，命有心之

---

[531] 譯者註：直譯是「滅或死」或「滅或衰」。方廣錩譯註的《諦義證得經》只說單一的「滅」字。

[532] 德格版，論，中觀，ཛ卷，90正頁；對勘本版，書號58，223頁。漢譯大藏經內並無此譯。

[533] 炯丹日惹的《莊嚴宗義之華》，炯丹日惹文集，ཇ，51正頁。西藏哲邦寺十尊殿於2006年在西藏印刷。

德[534]，命具有「知」和「見」的性質；命的大小如同身量；命的屬性是常，能入一切時中；命所呈現的變異[535]是無常，具有反覆的屬性。《世尊勝德讚》云：

「裸說如身量，命將衰或盛。」[536]

我等認為，根據此派的說法，命、具命、我、有情等幾乎是同義，然而偶爾得就當下情況做不同的理解。像是《思擇焰論》說的具命九部。此論云：

「命謂具命九部：地、水、木、火、風、蟲、蟻、蜂、人。」[537]

二、非命（ajīva）。遠離了知、看見境的能力之質。非命五質：補特伽羅、縛、法、非法、時間。耆那派說，此五之上再加命，稱為「欲界六質」。詳細內容將在下列「六質」章節中說明。

---

[534] 譯者註：直接翻譯是「德」，意指特徵，即「具有心」是我的特徵之一。
[535] 譯者註：「所呈現的變異」直接從原文翻譯是「異名、品類」（རྣམ་གྲངས་）。譯者根據耆那派的整個篇章採用意譯。
[536] 德格版，論，禮讚，ཀ卷，第46句偈頌文，3背頁；對勘本版，書號1，7頁。漢譯大藏經內並無此譯。
[537] 德格版，論，中觀，ཛ卷，第三品，90正頁；對勘本版，書號58，223頁。漢譯大藏經內並無此譯。

三、漏（āsrava）。《思擇焰論》云：

> 「漏故，漏是善惡等業。」[538]

漏是由結合命與非命所成的異熟蘊體及縛等之因，或彼等根源之業。因為是過患、煩惱、漏入輪迴，故稱為「漏」。漏分樂因十善業和苦因十惡業。

四、縛（bandha）。令我與漏業兩者合、住於一處之質。或，如《思擇焰論》云：

> 「縛是說定者[539]所計三百六十三種邪見。」[540]

縛是說罪者們執著的邪見，屬於了知體性的我被業所縛，不能分離，故稱為「縛」。縛分四[541]：一、本質縛。每一個業的本質都不相同，有些業會除去我的受用，而有些業會除去功

---

538 德格版，論，中觀，ᴱ卷，第三品，90正頁；對勘本版，書號58，224頁。漢譯大藏經內並無此譯。

539 譯者註：藏文直譯是「說決定者」，後文的解釋是「說罪者」、「說過失者」。

540 德格版，論，中觀，ᴱ卷，第三品，90背頁；對勘本版，書號58，224頁。漢譯大藏經內並無此譯。

541 譯者註：此處譯詞雖與西藏原文（自性、住、近支分、偏境）稍有不同，但方廣錩的譯詞更符合解釋的內義，故採用方廣錩譯註的《諦義證得經》的用詞。此書漢譯云：「§8.4 這（縛的）種類（分為業的）本質、止住、威力及微點（的數目等四種）。」

德。二、止住縛。只要還在時限中，這些業就會去除功德等。三、威力縛。依業力大小而一一區分的縛法。四、微點縛。束縛業的多少與成熟其果的順序。542

五、遮（saṃvara）。《思擇焰論》云：

「遮謂遮漏且不累積新業。」543

於有情的相續中，遮止善惡等漏的實物是遮。遮漏之法有六：（一）守護而遮（gupti），即守護身語的惡行。（二）善行而遮（samiti），即相應於法的身語行為。（三）以法而遮，即安忍、寂靜調伏、正直等十法的行持。（四）隨見而遮，即見身不淨等，反覆思惟其見解。（五）極苦（pariṣahajaya）而遮，為能止漏，行持飢渴等二十二種苦行。（六）以行而遮，為能以清淨智慧令我往生淨土，先要依正念、正知、不放逸等行。

六、決定衰滅（nirjarā）。《思擇焰論》云：

「決定衰：『遮』具不食、不飲、修定、加行等苦行，

---

542 譯者註：方廣錩譯註的《諦義證得經》云：「因人的行為而產生，發揮其果報的作用。」

543 德格版，論，中觀，ཤ་卷，第三品，90背頁；對勘本版，書號58，224頁。漢譯大藏經內並無此譯。

此乃決定衰滅過去積業之因。」[544]

因斷飲食等苦行之修道,將滅與我有關的業,或部分滅除過去累積的業。耆那派主張,這稱為「解脫之因」及「善根」。

七、解脫(mokṣās)。《思擇焰論》云:

「解脫謂盡除諸業,並且前往所謂的『集合世間』,位於一切世間之上的所在處。」[545]

此宗主張,依據遮、決定滅、正見、正分別、正行等徹底去除業縛等,方為解脫。

丙二、安立六質或五質

前述耆那派的七句義也能總結於六質的安立。六質:一、命質。二、非命質,即補特伽羅或具色[546]之質。三、法質,即

---

544 德格版,論,中觀,ཧི卷,第三品,90背頁;對勘本版,書號58,224頁。漢譯大藏經內並無此譯。
545 德格版,論,中觀,ཧི卷,第三品,90背頁;對勘本版,書號58,224頁。漢譯大藏經內並無此譯。
546 譯者註:直譯是「有色」。此處的「質」字,方廣錩譯為「實體」。然而,方廣錩在譯註中,將補特伽羅歸類為「有定形物質」,而將「法」、「非法」、「虛空」三者歸類為「不定形物質」。由此可見,方廣錩此處的「實體」是指「物質」。

來去的所依。四、非法質,即停留的所依。五、虛空。六、時間。

一、命的性質:如前述。

二、補特伽羅(pudgala)之質:具有色香味觸之質。誠如烏瑪斯伐蒂的著作《諦義證得經》云:

「§5.23補特伽羅具有觸、味、香、色[547]。(sparśa-rasa-gandha-varṇavantaḥpudgalāḥ.)」[548]

此質是色或色體之質。補特伽羅[549]的詞義:「補特」是「滿」,「伽羅」是「漏」,意指會衰退之法是補特伽羅。因此,耆那派不說補特伽羅是有情。

三、法質:動的所依之質。

四、非法質:住的所依之質。

---

547 譯者註:從藏直譯是顏色。

548 《諦義證得經》(*Tattvārtha Sūtra*),第五品,第23句。漢譯來源:方廣錩譯註的《諦義證得經》(https://cbetaonline.dila.edu.tw/zh/ZW0021),72頁。

549 譯者註:「補特」的動詞字根是pur,「伽羅」的動詞字根是gala。前者是滿或合,後者是衰或分。可參考「耆那宗義精華」網頁(https://www.esamskriti.com/e/Spirituality/Jaina-Darsana/Essentials-of-Jain-philosophy--4.aspx)所說的:「Matter (Pudgala). All physical objects from an atom to the grossest object are given the technical name 'pungala'. This term is a compound formed from two verbal roots viz 'pur' and 'gala', the meaning of the former is to fill – to integrate and that of the latter is to decay – disintegrate.」

五、虛空質：周遍一切有情，且是區隔他法之質。《諦義證得經》云：

「虛空謂區隔[550]。」[551]

虛空有助於提供住所給「命」及「補特伽羅」的緣故，並非無爲法，且是「具足能力引發作用者」[552]。

六、時間質：相應、變異、作用、老幼[553]等眾多特徵的所依之質。《諦義證得經》云：

「相應、變異、作用、老幼皆屬時間。」[554]

由於時間，才有相應生滅等內外法的作用，以及其一步一步地變異。所有作用都因時間而發生，也是因爲時間才能從幼

---

550 譯者註：直譯是「區隔」，方廣錩譯為「提供場所」。當甲乙兩方被區隔的同時，自然會讓甲乙兩者之間讓出一定的空間，想必這就是虛空的作用——提供場所。

551 《諦義證得經》，第五品，第40句。藏譯與漢譯稍有不同，漢譯原文：方廣錩譯註的《諦義證得經》（https://cbetaonline.dila.edu.tw/zh/ZW0021）云：「§5.18 虛空的（功能在於提供）場所。（ākāśasya-avagāhaḥ）」（70頁）

552 དོན་བྱེད་ནུས་པ།

553 譯者註：直譯是「他或非他」，但譯者根據後述解釋——年紀從一個階段進入到另一個階段，決定採用意譯。

554 《諦義證得經》，第五品，第39句。藏譯與漢譯稍有不同，漢譯原文：方廣錩譯註的《諦義證得經》（https://cbetaonline.dila.edu.tw/zh/ZW0021）云：「§5.22 時間的（功能）存在於延續、轉變、所作及長短等之中。（vartanā pariṇāmaḥ kriyā paratva-aparatve ca kālasya.）」（71頁）

到老。

在這些的質體中，補特伽羅之質是具色、色體，其餘五者並不具色。此宗主張，命和補特伽羅兩者是具作用之質，其餘是無作用之質。從此可知，同其他外道，此宗也不認同無我。

根據我等所見，《有蘊五法》（Pañcāstikaya）說，非時間是六質以外的另一質，然而，某些耆那派繼承者的典籍555卻特別安立「五質」之詞。

丙三、安立質及異名一異

質的體性：具德及異名兩者謂「質」。烏瑪斯伐蒂的《諦義證得經》云：

「何者具德及異名，謂質。」556

---

555 可參考阿闍黎康達康達（Kundakunda）著作的《五蘊法心要》（Pañcastikayasara）。

556 《諦義證得經》（Tattvārtha Sūtra），第五品，第37句，125頁。藏譯與漢譯稍有不同，漢譯原文：方廣錩譯註的《諦義證得經》（https://cbetaonline.dila.edu.tw/zh/ZW0021）云：「§5.37 實體有性質與樣態。（guṇa-paryāya-vad dravyam.）〔注釋〕『性質』（guṇa），舊譯為『德』，參見§5.40。『樣態』（paryāya），原意為差別。據作者原註，這裡指樣態的變化與名稱的變化，故譯作『樣態』。」（76頁）

質是自性，異名是變異；[557]前者是常，後者是無常。關於質及異名，此宗如同其他非佛教的勝論派及正理派，雖提出針對質和德的特別論述，卻否定質與德是體性異，安立質與德是體性一。耆那派如何主張質及異名的差異，以及質及異名兩者之間的關聯？《眞如集論釋》云：

> 「境、時、性是體性一，故說質與異名為一。勝論說，數量等——如一、複數等數量——是相異；質是一，但樂等是複數。如是，質的性相是隨後趣入，而異名的性相是反遮，故（質與異名的）性相亦是異。名是取名，義是果。正所謂『境、時、性非異，法與有法非異。數、名、性相、果皆相異故為異。如是，如瓶與（其）色等』。瓶子並非與其色等之境相異，瓶境與瓶性皆屬色等。數量等與瓶相異，因為瓶是一，色等是複數，故數量相異。瓶質是隨後趣入之性相；色等異名是反遮之性相，故性相為異。瓶具盛水作用，色等謂紅衣，故果相異。」[558]

　　總之，耆那派在區分質和異名的基礎之上，建立了如何令一異不相違的論述，故說有為法皆從自他兩者而生，即諸果

---

557 譯者註：如數論派說，由共主相（又稱「自性」）幻化出各種變異般，耆那派說由質產生各種變異。雖然方廣錩說「paryāya」是差別，但Collins的英印網路辭典卻說，「paryāya」是「synonym」（異名、同義詞）。

558 德格版，論，量，ཪྣ，217正頁；對勘本版，書號107，564頁。漢譯大藏經內並無此譯。

與生彼之因為質體一，故是自生；以變異而言，「因」與「異名」是相異，故是他生。耆那自宗持有自他二生的宗義。

丙四、安立具境識

耆那派說，以量（pramāṇa）及宗旨（naya）[559]定解七句義或九句義。[560]如是，證悟之識分五：感官智、聖典智、直觀智、他心智、完全智；[561]五智被兩種量所攝，前二智的境是隱蔽分或以間接方式證悟其境，後三者是直接證悟其境的現識。此宗針對具境識、能知量的論述，與其他內外宗義相較下，確實有著許多與眾不同的觀點。

耆那派主張識是量，因此「如實通達六質之知」是識的性質。《諦義證得經》云：

---

559 譯者註：從藏直譯是「承許、宗旨」，但方廣錩根據梵詞「naya」譯為「觀察法」。根據網路辭典https://www.pitarau.com的解釋「Sanskrit word Naya (नय) literally means wisdom, doctrine. It also means conduct, behavior, good management, prudence, maxim」。譯者參考藏文的（དམ་བཅའ།）及該梵文的詞義之一doctrine的理解，決定譯成「宗旨」。

560 《諦義證得經》，第三品，第1句。藏譯與漢譯稍有不同，漢譯原文：方廣錩譯註的《諦義證得經》（https://cbetaonline.dila.edu.tw/zh/ZW0021）云：「§1.6 由量及觀察法而證得。（pramāṇa-nayairadhigamaḥ.）」（15頁）

561 譯者註：此處五智的用詞是以方廣錩的譯註為主。漢譯原文：方廣錩譯註的《諦義證得經》（https://cbetaonline.dila.edu.tw/zh/ZW0021）云：「感官智、聖典智、直觀智、他心智、完全智。（mati-śruta-avadhimanaḥparyāya-kevalānijñānam.）」（17頁）

「如實至極證悟者是量……以某（理或例）而周遍得知其義者是識。」[562]

知境之門分五：一、智識：所取之境是現在式的事物。智識分依色根者及依意根者兩類。二、聞識：其境是三時事物。三、客識：輪迴因緣所生之識。四、意異名識：現證有情三時的思想及行為。五、僅識：知一切智。客識、意異名識、僅識三者是現證其境的現識；智識、聞識兩者是證其境隱蔽分之量。

此宗主張，執自境之識不依非我的根及意等事物，是現識。現識分二：缺陷現識及圓滿現識。客識和意異名識兩者是證客境[563]的現識，所以是缺陷現識。僅識以三世所攝諸法為境，其性不變是常，所以是圓滿現識。

或者，現識分二：證「共」現識是離分別現識，證「別」現識是分別現識。[564]以「一相」[565]證隱蔽分之量是「比度」。

---

562 《諦義證得經》，第六品，第1句。在方廣錩譯註的《諦義證得經》中，找不到相對應的引文。

563 譯者註：時有時無的境。

564 譯者註：根據佛教其他印度宗教哲學所言，感官覺受直接了知個別事物，是離分別，而分別識則是經由事物的義總執取其境。然而，此宗的說法卻是完全顛倒。為能更好理解耆那派為何這麼說，建議參考方廣錩的譯註：「所謂直接智慧係指一個已經擺脫了業的影響，並具有『正確』認識能力的『勝者』天生就有或其它人不憑任何媒介、工具，自然就能夠得到的智慧；而間接智慧則是普通人借助於某些媒介、工具才能得到的。他們認為，感官智要依靠感官、意識、光線等各種條件才能產生，聖典智要依靠聖典及教授等媒

教言量的依據,是導師爾夏巴德瓦等人所說之言詞。

關於比度的所依因相。「以是天授兒子為理由,成立其色是藍」的推理為例,雖具三相,其宗卻不可信,所以三相有誤。因此,「其餘不應理」的一相才能成立「僅相應所立法的因相」。[566]耆那派阿闍黎器至尊[567]說,以「一切所知,是存在,是量所緣故」的一相論式為例,其中不成立同品喻、不成立同品遍及異品遍、不成立宗法等其他。

依因相成立隱蔽分者,如依下述理成立樹木有心:「樹木有法,有心,從同類而生故。如,馬從馬生卻不從牛生」、「樹木有法,有心,漸次增長故。如,幼馬、少年、耆老的時位,樹木也是從幼苗、莖幹等漸次增長故」、「樹木有法,有心,應時所生故。如,春時生馬,秋時生狗,春夏時長樹木」、

介才能產生,故都屬間接智慧。所以稱『前兩種是間接的』。而直觀智、他心智、完全智都是命本身在一定狀態下自發得到或天生就有的,故都屬直接智慧。所以稱『其它是直接的』。應該注意的是,印度其它宗教哲學派別一般都將感官智當作現量,即當作可靠的直接智慧,而耆那教卻把它當作間接智慧,剛好相反。耆那教貶斥感官智,是為它要求人們閉目塞聽,反觀自證的宗教修持目的服務的。」方廣錩譯註的《諦義證得經》,18頁。

565 譯者註:法稱量學說,正因必須具足三相,但耆那只說一相。

566 《真如集論釋》云:「言『其他』者,意指不相應宗者則不合理為因相,即僅相應宗之意。」(德格版,論,量,ཟི,24背頁。漢譯大藏經內並無此譯。)譯者補充,《真如集論釋》將「其餘不應理」的一相解讀為「該因相(有煙)僅相應宗(此煙山有火)」。

567 སློབ་གྲི། Pātrasvami。

「樹木有法,有心,冬時眠、夏時盛故。如,野騾夜時眠、日時狂」,或「毒樹有法,有害他之心,奪他命故」等,都是此宗成立樹木有心的理由。誠如《思擇焰論》言他方耆那派的立宗,論云:

> 「麥種生麥苗,不生白米苗,此是同類生。如由幼馬、少年、耆老的時位差異而成長眾馬,同理,樹亦從苗、莖、幹、支、葉、花、果等漸次成長,此謂增上。有加害之念便有瞋心,毒樹等奪命故,應知彼有瞋心。如春時生牛馬,秋時生犬,同理,樹亦應時,於春夏時長樹。樹木壽命又應眠時或盛時所起而分,即冬時眠、夏時狂,如野騾等眠。」[568]

樹木有根[569],故是具心者。《思擇焰論》述說他方耆那派的觀點,論云:

> 「依三(吠陀)[570]承許『樹是具心者,有根故,如眾人』。復次,可見葡萄和黃瓜[571]等藤本植物皆是依他而

---

568 德格版,論,中觀,ᵋ|卷,第九品,313背頁;對勘本版,書號58,763頁。漢譯大藏經內並無此譯。

569 譯者註:眼根、耳根的「根」。

570 譯者註:根據編輯者格西們的說法,三部吠陀典籍是《祭祀明論》、《讚頌明論》、《歌詠明論》。

571 譯者註:黃瓜(Cucumis sativus, Trapusha)。

長。可推理蛇頭藥⁵⁷²有眼根，因為彼等隨日光的走向所轉。因烏雲密佈而響聲時，芭蕉等植物方可開始長果，故有耳根。腐朽狗骨放置香櫞⁵⁷³根處，將生多果，故有鼻根。將乳倒入庵摩羅樹時，將生甜果，故有舌根。觸碰含羞草而令其收縮，故有身根。發情婀娜多姿的妙女於體弱期間，以紫梗汁塗腳且戴足環，並刻意以腳觸破尚未結果且尚未開花的無憂樹時，不僅妙女在發起安樂的同時會感羞澀，該無憂樹也會花果茂盛。同理，該妙女口內盛滿蔗糖酒，灑向尚未開花的薄拘羅樹時，會令其樹開花。諸樹因應時而開花生果，故有意根。」⁵⁷⁴

今已依所知九句義、七諦義、六質簡略介紹耆那派的宗義。

甲七、釋順世派宗義

聖域印度的各派非佛宗義，略分為主張前後世及否定前後

---

572 譯者註：某藥名。

573 譯者註：香櫞（Citrus medica var. sarcodactylis〔Noot.〕Swingle）。芸香科，別名佛手柑、俱緣果、枸橼花。英名「Fingered citron, Buddha's hand citron」。梵文稱「Matulunga」，摩登隆伽，出現在《玄應音義》卷第23、《大孔雀明王畫像壇場儀軌》等。原產於中國，果實供觀賞，藥用或做蜜餞，與瓜科的香櫞瓜（佛手瓜）不同。可參考「植物園探索講義113-4，佛經植物」（https://blog.xuite.net/y1420u/twblog/127794506）。

574 德格版，論，中觀，ཨ卷，第九品，311正頁；對勘本版，書號58，757頁。漢譯大藏經內並無此譯。

世兩類；又稱「說常者」或「說斷滅者」。已述的數論派至耆那派都是說常者，此處將要解釋的順世派屬於說斷滅的宗義。我等將以此派宗義的發展史、宗義的性質及分類、如何立宗、安立自宗的合理性等四個科判，簡要地介紹此宗的哲學觀點。

乙一、此派宗義的發展史

根據一些古老內外道典籍的記載，順世派是由天師或布拉斯帕蒂575仙人創造。一些古老的佛教典籍卻說此宗的開山鼻祖是世間眼576仙人。至於世間眼仙人是布拉斯帕蒂仙人的異名還是其弟子，有待進一步考據。世間眼的弟子具入力仙人577是發揚順世派宗義的貢獻者。具入力仙人有岡巴拉578和馬勝579兩位

---

575 ཕྱིའི་བླ་མ་དྲང་སྲོང་ཕུར་བུ། Bṛhaspati。

576 འཇིག་རྟེན་མིག Lokākṣa。譯者註：可參考Krishna於2011年的文獻，連結如下：https://enkrishnadeltoso.wordpress.com/2011/05/10/lokak%e1%b9%a3a-on-causation-avalokitavratas-apparently-discordant-perspectives/。

577 འཇུག་སྟོབས་ཅན། Pravṛtti Balin（？）。譯者註：William L. Ames提出「具入力仙人」（འཇུག་སྟོབས་ཅན།）的梵文應該是「Pravrtti Balin」的推測。細節參考：William L. Ames, Bhāvaviveka's Prajñāpradīpa: A Translation of Chapter Six, Examination of Desire and the One Who Desires, and Chapter Seven, Examination of Origin, Duration, and Cessation (from the Tibetan), 2000。

578 ལ་བ་ཅན། Kambala。

第二品、說外道宗義 | 245

弟子。此後,又有賈亞拉西・博塔(Jayarāśi Bhaṭṭa)[580]等人傳承此宗。《中觀莊嚴論自釋》云:

「天師乃布拉斯帕蒂。隨布拉斯帕蒂之見者,皆是莊嚴此岸者。」[581]

《慧心要集論釋注》云:

「世間眼仙人撰十萬部斷滅見的典籍,此宗的後繼者們謗業、謗因果,否定解脫。」[582]

觀音禁的《般若燈論之註釋》云:

---

579 རྟ་མཆོག Aśvatara。譯者註:藏譯《真如集論》的原文「ལྭ་བ་ཅན་དང་རྟ་མཆོག་ཟེར」,此文明確顯示,岡巴拉(Kambala)和馬勝(Aśvatara)是兩個人。然而,Ganganatha Jha於1939年翻譯及出版的英譯《真如集論》及其蓮花戒的注釋(Tattvasaṃgraha of Shāntarakṣita with the Commentary of Kamalaśīla)中,只說「Kambalāśvatara」一人,沒把「Kambalāśvatara」分成「Kambala+Aśvatara」兩人。Tattvasaṃgraha of Shāntarakṣita with the Commentary of Kamalaśīla, vol 2, 890: "The Sūtra is-'It is from the Boady itself, etc.'-which has ben pronunced by Kambalāśvatara.-(1864)." 更是因為Ganganatha Jha的翻譯,令近代西方文獻只說「Kambalāśvatara」一人,不是「Kambala+Aśvatara」兩人。Ganganatha Jha是根據梵文版的《真如集論》及其蓮花戒的注釋而翻譯成英文,而此論的梵文版早在1873年便由Dr. G. Bühler在Jaisalmer的耆那派寺Pārśva的地底下挖掘出來。

580 ཇ་ཡ་རཱ་སི་བྷཊྚ།

581 德格版,論,中觀,སྭ།卷,99背頁;對勘本版,書號62,1019頁。漢譯大藏經內並無此譯。

582 德格版,論,中觀,ཚི།卷,39背頁;對勘本版,書號57,885頁。漢譯大藏經內並無此譯。

「言『具入力』,謂世間眼仙人之弟子具入力;具入力積極傳授順世宗見於他人。以具入力之形象與分支而稱具入力,是故世間何處有順世者,皆於彼處稱有具入力。」[583]

《真如集論》云:

「岡巴拉[584]以及,馬勝說此論:識乃由身生。」[585]

導師岡巴拉以及馬勝兩位也說,心識是從身體所生,並非從與己相似的前質續而成的宗見。

何時形成順世派的宗義呢?

顯而易見,順世派的某些觀點——無前後世、無業果等斷滅見,早在導師釋迦牟尼之前就已存在。《佛本行集經》[586]云:

「菩薩應知,當今世間仍是隨孽所染,眾生具難馴心。世

---

583 德格版,論,中觀,ཞི,第二品,121背頁;對勘本版,書號58,1156頁。漢譯大藏經內並無此譯。
584 《真如集論》說「具月者」,但其釋卻說「岡巴拉」,即「Kambala」。
585 德格版,論,量,ཟེ卷,第二十六品,第7句偈頌文,68正頁;對勘本版,書號107,168頁。漢譯大藏經內並無此譯。
586 譯者註:從藏直譯是《出離經》(མངོན་པར་འབྱུང་བའི་མདོ།)。根據BDRC的文獻資料,其經 (མངོན་པར་འབྱུང་བའི་མདོ།) 的梵文是「*Abhiniskramana-sūtra*」,翻成漢文是《佛本行集經》。

界仍有推理六師、六隨外道聲聞、六定外道之擾亂。」[587]

悉達多太子出生之前,這世界已有富蘭那迦葉等外道導師,而且古內外道學者們也都認同,富蘭那迦葉等人是順世派的導師。[588]根據後代研究學者的說法,自《順世經》編纂之後,大約在西元前六世紀許,即相近導師釋迦牟尼佛的聖誕時,便有以邏輯的途徑弘揚順世派宗見的現象。

一些西藏的宗義著作說,布拉斯帕蒂仙人為了能從與三十三天的天人及阿修羅們的戰鬥中獲得勝利,著作了說無前後世、無善惡的論著。此仙人逐漸來到人間弘揚其論,而這本論著就是詮釋順世派宗見的主要典籍。這本《順世經》的存在,可從阿闍黎月稱《入中論》、阿闍黎寂護的《真如集論》及其自釋,以及前述的《慧心要集論釋注》得知,因為這些論典引

---

[587] 德格版,經,經典,ས།卷,5背頁;對勘本版,書號72,13頁。藏譯與漢譯稍有不同。漢譯原文:《佛本行集經》(T.03.190.722a.5)云:「而於彼時,有諸六師,其心應當生大憂惱。所謂富蘭那迦葉、摩婆迦羅瞿奢子、阿耆那只奢甘婆羅、波羅浮多迦吒耶那、那闍夷耶私致只子、尼乾陀若低子等。」類似經文也可參考《根本說一切有部毘奈耶》(T.23.1442.107a.2):「善哉菩薩知不,彼瞻部洲,剛強難化,多諸濁亂。外道六師及隨外道六聲聞等并諸六定外道之類,遍滿其土,深著邪見,難可拔濟。」

[588] 譯者註:根據《百論疏》、《摩訶止觀》等漢譯大藏經,富蘭那迦葉雖也否定因果,但當今多數西方文獻,卻公認阿耆多翅舍欽婆羅是順世派導師,若依此觀點,此文也可理解為「富蘭那迦葉等人之中的阿耆多翅舍欽婆羅是順世派的導師之一」。

用了《順世經》的某些文句。《般若燈論之註釋》亦云:

> 「說世間眼大仙人——僅從數論而分支的一派——造世間順世派的十萬宗義。」[589]

仙人之後,再由具入力仙人——世間眼仙人的弟子——撰寫順世典籍,並且將順世派的宗義發揚光大。之後,在阿闍黎寂護的年代,又有順世派的教授師賈亞拉西·博塔(Jayarāśi Bhaṭṭa)撰著《近擾獅》[590]的論著,至今仍有該論的梵文版在。

乙二、宗義的性質及分類

順世派的性質:其根本哲學是持否定業果等見解之非佛教宗義。依此哲學,造善不會得善果,造惡不會得惡果,業果及前後世等都不存在。順世派[591](從藏文直譯為「遠棄派」)的詞義:否定「依善惡業會得善惡果的世間正見」,於遠處拋棄其見,故名。順世派的梵文是「Lokāyātika」,「Loka」是世

---

589 德格版,論,中觀,ཤ卷,第二品,112正頁;對勘本版,書號58,1135頁。漢譯大藏經內並無此譯。

590 ཉེ་བར་དཀྲུག་པའི་སེང་གེ *Tattvopaplavasiṃha*。

591 譯者註:根據「順世派」(Lokāyata;loka〔世間〕,ayataḥ〔盛行〕)的古譯用詞,該詞義可理解為:隨順「雖造善惡業卻不得善惡果」的世間謬見。

間,「apayāta」是遠去。因為此見遠離世間正見,故名。《慧心要集論釋注》云:

「是以衰退世間正見,謂遠棄派;阿憂帝乃離去之義。」[592]

《宗義釋藏》說此宗異名。論云:

「天師布拉斯,自體說斷滅,莊嚴此說無,順世皆異名。」[593]

天師派、布拉斯帕蒂派、說自體派、順世派、說斷滅派、莊嚴此岸派、說無派都是異名。隨天師仙人,故稱「天師派」;隨布拉斯帕蒂仙人,故稱「布拉斯帕蒂派」;事物皆是無因且從自己體性而有,故稱「自體派」;隨順「依善惡業不會得善惡果的世間謬見」,故稱「順世派」;[594]死時我的續流將會斷滅,故稱「說斷滅派」;只要今生活好便能滿足,故稱「莊嚴此岸派」;說無前後世、無善惡業果等,故稱「說無派」。

---

592 德格版,論,中觀,ྈ卷,39背頁;對勘本版,書號57,885頁。漢譯大藏經內並無此譯。
593 衛者明慧的《宗義釋藏》,《西藏十部大明藏》,薩迦文集,第十冊,256頁。
594 譯者註:這段話從藏文直譯是:遠離「依善惡業會得善惡果的世間正見」,故稱「遠棄派」。

根據《真如集論》，[595]順世派又名「說無因派」及「說自性派」。否定他宗所言的世間造主——大自在天，以及否定隱蔽之因——業等，故稱「說無因派」。內外諸法只是源於自然產生的四大，故稱「說自性派」。[596]

關於分類。以言詮的角度分為三者，如《慧心要集論釋注》云：

「復此，此順世派有三……」[597]

一、依妄念者，即不懂法理的哲學家。二、依密語[598]者，即無關四法印，主要以共學文明作為依據的人。三、依斷見者，即持「不存在任何業果及前後世」的斷滅哲學家。前兩者只有順世之名，並非真實的順世派；後者才具順世之實。《入楞伽經》亦云：

---

595 譯者註：雖然原文並沒有「根據《真如集論》」這段文句，但從此藏文段落的腳註293號提供的訊息，可知其與《真如集論》的經號、卷數相同。
596 德格版，論，量，ᢀ卷，181正頁；對勘本版，書號107，473頁。漢譯大藏經內並無此譯。
597 德格版，論，中觀，ᢀ卷，40正頁；對勘本版，書號57，885頁。漢譯大藏經內並無此譯。
598 譯者註：深信除了肉眼所見的奧祕以外，否定任何形而上學的奧祕，像是當今許多知識分子自詡唯物主義，深信唯物主義才是真實的奧義。

「我時答言,婆羅門,是第十一盧迦耶陀。」[599]

經中雖多次提及盧迦耶陀(梵音:Lokāyata;意譯:順世派),但彼等只是因宗見的不同而被取名爲「順世派」,不是眞正的順世派。

還有其他分類,誠如阿闍黎無著的《瑜伽師地論・本地分》云:

「無因見論者,謂依止靜慮及依止尋思,應知二種,如經廣說。」[600]

論說,順世經言「依止靜慮」及「依止尋思」兩種分類。我等認爲,這兩類又可一一分爲二種:一、雖說有前後世,但否定業果的說斷滅者。二、堅決否認前後世及業果的說斷滅者。

乙三、如何立宗
丙一、總說

《莊嚴宗義之華》說順世派的宗義建立。論云:

---

599 德格版,經,經典,ল卷,第六品,256背頁;對勘本版,書號49,660頁。漢譯來源:三藏菩提流支的漢譯《入楞伽經》(T.16.671.548a.7)。

600 德格版,論,唯識,ঙ卷,第七品,75背頁;對勘本版,書號72,851頁。漢譯來源:三藏法師玄奘漢譯的《瑜伽師地論》(T30.1579.310c.3)。

「天師後繼者，斷滅順世間，依地四大種，立諸身心根，量僅一現識，不見故非有。」[601]

順世派說地等四大具有身根及心識，且身心質體為一的有情皆由四大產生；「我」只是根的行境——身心。此世間是驟然形成，因此否定造物主。量只有單一的現識；趣入隱蔽分的比度不執取所量事物，所以不具足量的定義。以「是天授之子的理由推理身色是青」的因相都是錯誤，所以否定證知隱蔽分的比度是量。

在此簡略介紹佛教論典中記錄的此宗著名觀點。阿闍黎提婆在《摧壞迷亂正理因成就》中引用順世派的觀點，論云：

「諸法一切內外處，僅自性成非由餘。豆圓黃伯刺尖長，孔雀開屏其聲響，日出流水往下行，皆自性成無其因。」[602]

同樣地，清辨論師的《思擇焰論》云：

「順世等人說，諸事物不從自他二生，此義雖實，然彼承許內處事物不依因緣、自性而生。彼見種種事物並無

---

[601] 炯丹日惹的《莊嚴宗義之華》，炯丹日惹文集，ཧི，8正頁。
[602] 德格版，論，中觀，ཚ卷，第10-11句偈頌文，19背頁；對勘本版，書號57，827頁。漢譯大藏經內並無此譯。

顯因卻是顯成，如初開蓮花的蕊色亦黃亦紅，其香悅意、花蕊美麗、花葉柔軟、花根粗糙；孔雀羽毛現多樣種類的半圓狀，其身羽毛青色耀眼；未削荊棘之頂亦尖亦刺。若作是言……」[603]

順世派等人說，蓮花葉、瓣、根的粗拙與柔軟；荊棘刺尖；各種顏色的孔雀羽翎，這些都是無人造作、自性而有。此宗依前喻主張，士夫相續所攝的內處事物皆是自性而有。關於「自性而有」的詞義理解，猶如觀音禁的《般若燈論之註釋》云：

「言『自性』者，謂無須觀待一切事物，正依自己體性而有、俱生有、非造作。彼謂自性。說自性者——『世間眼仙人』謂順世派宗義之開宗師——許諸事物從自性而生。」[604]

順世派說，通常如種子生苗等現識所見現象，只是依當下緣而有，所以只成立「當下因果」的論述，不認可隱蔽的因果論——善惡生其果苦樂。從此可見，此宗否定因果論。

---

603 德格版，論，中觀，ㄢ卷，第三品，103背頁；對勘本版，書號58，254頁。漢譯大藏經內並無此譯。
604 德格版，論，中觀，ㄢ卷，第一品，115正頁；對勘本版，書號58，1142頁。漢譯大藏經內並無此譯。

吉祥月稱的《入中論釋》說，世間眼仙人的所言稍異於數論主張——各種變異皆是源於自性或共主相而生。該仙人說，各種有情皆由其性四大自性而生。論云：

> 「唯有四法，為一切眾生之因，謂地水火風，即由彼等變異差別。非但現見蓮華、石榴、孔雀、水鵠等皆應道理，能了知諸法真實義之內心亦唯從彼四法而生。」[605]

順世派說，心識只依身體而生，故無前世後世。如《真如集論釋》引用《順世經》云：

> 「如是，稱『無彼岸』[606]者因無彼岸故……同理，真實義是地水火風四者，從彼等生有情。此為《順世經》之義」[607]

《中觀心要》引他宗云：

---

605 德格版，論，中觀，ཨ卷，第六品，285正頁；對勘本版，書號60，756頁。漢譯來源：法尊法師譯《入中論釋》。譯者註：根據現有譯作版本，原文是「非但現見蓮華、石榴、孔雀、水鵠等皆應道理。即能了知諸法真實義之內心，亦唯從彼四法而生。」譯者認為，根據藏文原意，加上「非但」二字，此段文應改為：「非但現見蓮華、石榴、孔雀、水鵠等皆應道理，能了知諸法真實義之內心亦唯從彼四法而生。」

606 譯者註：直譯是「彼岸」，此詞應理解為「前世或後世」，即遠離現世此岸的「彼岸」。

607 德格版，論，量，ཨ卷，第二十八品，90正頁；對勘本版，書號107，1208頁。漢譯大藏經內並無此譯。

第二品、說外道宗義 | 255

「陶前於餘時,不生已滅故,若許是果故,同瓶喻應無……」[608]

陶瓶是其因陶土之果。順世宗以「陶瓶於後時滅而成無」作為比喻,主張士夫由四大所生,所以死後皆無。《思擇焰論》亦云:

「大種等無心,從彼生心識,如酒令迷醉,火齊珠生火。」[609]

順世派以酒具迷醉的能力、放大鏡生火的比喻,主張心識可從異類的無心大種而有。《釋量論》的注釋中,說順世派為何承許心由身起的主要三個理由。智作護[610]的《釋量論莊嚴疏》[611]云:

「心是身體性,身果及身德,此宗依三宗,串習無其果。」[612]

---

608 德格版,論,中觀,ཨ།卷,第三品,第192句偈頌文,10背頁;對勘本版,書號58,25頁。漢譯大藏經內並無此譯。

609 德格版,論,中觀,ཨ།卷,第三品,107背頁;對勘本版,書號58,262頁。漢譯大藏經內並無此譯。

610 ཤེས་རབ་འབྱུང་གནས་སྲུངས་པ། Prajñākaragupta, 750–810。

611 ཚད་མ་རྣམ་འགྲེལ་གྱི་རྒྱན།

612 德格版,論,量,ཇེ།卷,第二品,46背頁;對勘本版,書號99,879頁。漢譯大藏經內並無此譯。

論說心如何只依賴身體而有，因為三理：心是身的體性，如酒與迷醉的能力；心是身果，如火炬與其光；心是身德，如牆與壁畫。《巴哈斯帕諦經》云：

> 「無彼岸故，是無彼岸……業果亦不給予……無善趣，亦無解脫。」[613]

順世派依何否定業果？該否定僅是靜慮及尋思[614]者，隨自心所想而做的認定。如阿闍黎善親友的《律本事大疏》云：

> 「首先，尋思者言，我等雖見某人具極吝且不布施本性，卻仍富裕且具豐富物資；某人雖具極強欲布施本性，卻仍貧窮且缺物資。彼等尋思：若布施有果，具極吝且不布施性者應是窮人且缺物資，具極強欲布施性者應是富人且具豐富物資，然非如是。因邪見故，彼等傳『無布施、無施供、無火供、無善行、無罪行』之見解及敘述。靜慮者言，我等雖見某人具極吝且不布施本性，卻仍投生於富裕且具豐富物資之家庭；某人雖具極強欲布施本性，卻仍投生於貧窮且缺物資之家庭。彼等念：若布施有果，具極吝且不布施性者應當投生於貧窮且缺物資之家庭，具

---

613 《巴哈斯帕諦經》，經卷39。漢譯大藏經內並無此譯。
614 譯者註：依後述兩篇的內容，「尋思」是尚未以禪定具足神通，卻依親眼所見的現象而推論者；「靜慮」是雖以禪修具足神通，但只見事情的某個面向，缺乏全面觀照。

極強欲布施性者應當投生於富裕且具豐富物資之家庭，然非如是。因邪見故，彼等傳『無布施、無施供、無火供、無善行、無惡行』的見解及敘述。」[615]

依照順世派否定前後世的說法，從前世到今世的我或補特伽羅也應被否定，因為此世的身體僅是來自四大的結合，而且補特伽羅心識之因只是身體而已。

《律本事》說破前世之理：現有士夫心識只由身體而生，而且現有身體只由四大結合所成。《律本事》說破後世之理：死時身體融入四大而滅，根也融入虛空而滅，所以不能延續進入後世。[616]因此，此宗否定前後世的存在。

也因如此，順世派否定解脫——永滅痛苦，如順世派的典籍云：

「美女善行善飲噉，妙身已去非汝有，此身唯是假合成，去已不返不須畏。」[617]

---

[615] 德格版，論，律，ཤི卷，第二品，197正頁；對勘本版，書號87，530頁。漢譯大藏經內並無此譯。

[616] 德格版，經，律，ཀ卷，第二品，24正頁；對勘本版，書號1，54頁。《根本說一切有部毘奈耶》（T.23.1442.692c.12）：「於此有命，名之為生；此身謝已，五大分離，更無生理，名之為死。地歸於地，水歸於水，火歸於火，風歸於風，諸根歸空。四人輿至焚燒之處，以火燒訖，但有殘骨更無所知。」

[617] 此偈被《入中論釋》所引用。德格版，論，中觀，ཨ卷，第六品，285正頁；對勘本版，書號60，757頁。漢譯來源：法尊法師譯《入中論釋》。

順世派說,量之所知只有自相與現前分,不承認共相與隱蔽分。此宗的二諦論:現前分中,俗稱虛幻的影像和幻術等,是世俗諦。除此外,僅依當下緣而有的瓶柱和心識等,是施設勝義諦。不依當下緣而有的四大地水火風等自然實物,則是質有的勝義。

丙二、安立具境識

如何安立心識的性質呢?《巴哈斯帕諦經》云:

「證知境等識,即是身根蘊。」[618]

經說此宗主張,證知境的識或心只是「根之所依內身」、「所緣外身」、「色根」三方的聚體。

此宗雖說具境識可分根識及意識兩者,或錯亂識及不錯亂識兩者,但量只有單一的現識,並無證知隱蔽分的比量。《巴哈斯帕諦經》云:

「僅現識為量……」[619]

《入中論釋》云:

---

618 《巴哈斯帕諦經》,經卷15。漢譯大藏經內並無此譯。
619 《巴哈斯帕諦經》,經卷25。漢譯大藏經內並無此譯。

「唯根所行境，齊此是士夫，多聞者所說，欺惑如狼跡。」[620]

《巴哈斯帕諦經》說，量只有單一的現識；趣入隱蔽分的比度不執取所量事物，所以並不具足量的定義。以「是天授之子的理由推理身色是青」的因相等都是錯誤，所以否定比量。《巴哈斯帕諦經》云：

「比度並非量……」[621]

顯而易見，此宗將現量分之為二：根現識及意現識兩者。《巴哈斯帕諦經》云：

「唯根所行境……」[622]

《巴哈斯帕諦經》清楚說到，根現識與「以神通力見前後世[623]的靜慮者」之意現識。不僅如此，此宗針對六識的說法，誠如《入楞伽經釋・如來藏莊嚴論》明晰所云：

---

620 此偈被《入中論釋》所引用。德格版，論，中觀，ᴣ︎卷，第六品，176背頁；對勘本版，書號60，757頁。漢譯來源：法尊法師譯《入中論釋》。
621 《巴哈斯帕諦經》，經卷6。漢譯大藏經內並無此譯。
622 《巴哈斯帕諦經》，經卷19。漢譯大藏經內並無此譯。
623 譯者註：從此可見，並非所有順世派都否定前世今生。

「順世派等人說斷滅見,即除六識外,別無他法;死時六識亦滅,無前後世間。」[624]

丙三、安立自宗的合理性

與所有的古老內外宗義相較,順世派的宗義相當不同,不僅如此,順世派的見解也成為其他宗義師們極力駁斥的對象,視其為斷滅見。然而,順世派的後繼者們依理成立順世派哲學的合理性。若知道這些後繼者們列舉的理由,會有助釐清順世派宗義的關鍵,故於此處簡略說明。

眾所周知,在順世派的宗義裡,有四種成立之宗和五種否定之宗。先說四種成立之宗:

一、四大是形成身根等的因,具有不見之識。四大在因位時,其識是以隨眠狀態而有,是「唯壽者」;在母胎裡,細微心識入住羯剌藍(kalala)[625]等時,是「大壽者」;依四大之因,果色根等良好成熟後,現起根識時,是「極壽者」。此宗主

---

[624] 德格版,論,經典,刊卷,第七品,261背頁;對勘本版,書號70,632頁。漢譯大藏經內並無此譯。

[625] 譯者註:《一切經音義》卷70:「羯剌藍,盧葛反。或作羯羅藍,或云歌羅邏,皆一也。此云疑滑,亦言和合,謂父母不淨,如蜜和酪,泯然成一。於受生初七日中,疑滑如酪上疑膏也。」指受精卵。

張壽者有三種階段。阿闍黎釋迦慧[626]的《釋迦慧論著》[627]云：

> 「地有心識，故言『地等具識』，此乃順世之見。」[628]

主張「地等四大有識」是順世派的哲理。《釋量論莊嚴疏》亦明云：

> 「依順世見，地等有唯壽者、大壽者、極壽者之差異次第。」[629]

二、承許在顯現四大身之果識時，存在顯現的我，即質體一的身心。

三、某些順世派承許，有情決定分為三類：四大的不顯現有情、顯現人道、顯現畜生道。換句話說，尚未顯現心識時的四大、已經顯現心識時的人道有情，以及已經顯現心識時的畜生道有情，只有這三類能被現識所緣。

四、因為否定非世間現識的證知比量，成立比量的因相也被否定。此宗只承許世間共許的比度及因相，誠如《巴哈斯帕

---

626 ཤཱཀ་བློ།

627 ཆད་མ་རྣམ་འགྲེལ་གྱི་འགྲེལ་བཤད།

628 德格版，論，量，ཏེ卷，第一品，37背頁；對勘本版，書號48，1042頁。漢譯大藏經內並無此譯。

629 德格版，論，量，ཇི卷，第一品，121正頁；對勘本版，書號99，1060頁。漢譯大藏經內並無此譯。

諦經》云：

「莊嚴此岸許，世間說比度，固然某雖言，離世之比度，實為所破義。」[630]

經中明示兩種比度：要破除的比度，及自宗承許的比度。《略釋敵宗理滴》亦云：

「順世派等人說，依『無因相則不生彼』之隱蔽詞而比度，實乃己於他人欲言之義，然應通達比度非量。」[631]

什麼是世間共許的因相？譬如，其他宗派主張士夫的身心是質體異，順世派破除這個觀點後，成立「身心兩者是無二的質體一」的因相，即「瓶子有法，是『身心質體一的士夫身』或『瓶子』任一之伴[632]，是『非鄔波羅花』的事物[633]故，如有瓶之牆」。我等認為，此論式已經證實瓶子與瓶子本身之伴相

---

630 《巴哈斯帕諦經》，經卷35。漢譯大藏經內並無此譯。
631 德格版，論，量，ཐེ卷，97背頁；對勘本版，書號105，272頁。漢譯大藏經內並無此譯。
632 譯者註：「伴」字是直譯。從後述的舉例「有瓶之牆」而進行推論的話，在此的「伴」字可以理解為相比的對象。譬如，比照牆跟牆上的瓶子時，自然能夠知道何為具有盛水作用的容器，何者不是盛水作用的容器，從而產生某種比照的「伴」。
633 譯者註：對譯者而言，如漢堡跟汽水一樣，花與花瓶也是相對的搭配。順世派可能基於這個理由才會想要用「非花」的事物推理成瓶子的「伴」。

違的緣故，間接成立瓶子是「身心質體一的士夫身」之伴。果真如此，便能成立「身心質體一的士夫身」，也能成立「滅身時，心的續流也隨之間斷」，從而成立無前後世，如《釋量論莊嚴疏》云：

「莊嚴此岸等人說，瓶是顯現身性相有情之士夫，以及瓶任一的第二者，非鄔波羅故，如牆。」[634]

五種否定之宗：一、否定前後世，不存在能從前世到今生。今世在胎裡，新的心識於父精母血結合的體內形成，如牛的肉體在因緣聚合時，會生出許多蛆蟲的新身心。其否定理如《般若燈論之註釋》云：

「彼造順世宗義十萬論，彼說⋯⋯『同理，內處等亦無業感，卻隨精血之聚所生。此外，若肉體囤積猶如山丘，又於七日內降雨時，將成大如屍聚之蛆蟲聚，莫非彼等眾生皆來自彼岸？』彼等以諸多見似喻[635]而念執『無因而生』故⋯⋯」[636]

---

634 德格版，論，量，ཧི卷，第四品，149背頁；對勘本版，書號100，374頁。漢譯大藏經內並無此譯。

635 譯者註：如見似因非正因般，見似喻也不是正確的比喻。

636 德格版，論，中觀，ཧི卷，第二品，112正頁；對勘本版，書號58，1135頁。漢譯大藏經內並無此譯。

關於此宗如何主張今世善業不能牽引後世之理，如《巴哈斯帕諦經》云：

「若施能滿足，趣善趣亡者；居於富屋者，為何不布施？」[637]

施食於後世投生善趣的亡者，此舉若滿足亡者，將有此過：位於富麗樓房上的某人也能因遠處的施食幫到乞者。《巴哈斯帕諦經》云：

「旅人正行時，無須用路糧，內居施食子，滿足於行道。」[638]

在家中給予食子（朵瑪）[639]便能滿足旅行者的話，正在遊歷的人將不須攜帶路糧；但親眼所見的事實並非如此。同樣地，祭祀食子給亡者並無任何好處。

沒有後世，為何？猶如瓶子壞滅的同時，瓶子的味、色、形狀等也隨之壞滅般，壞滅此世四大粗身時，依此而有的根、識也會以不顯現的方式徹底消失，不會再生。其否定多理如《律本事》云：

---

[637] 《巴哈斯帕諦經》，經卷44。漢譯大藏經內並無此譯。

[638] 《巴哈斯帕諦經》，經卷43。漢譯大藏經內並無此譯。

[639] 譯者註：「以糌粑或熟麥粉與酥油作成，用以供養佛、菩薩、本尊或諸神，或施食眾鬼的一種麵塑食品。」

> 「壽命存活於此身後,死去消滅,謝已不生。士夫身從四大有,臨終時,地身不顯現於地,水身不顯現於水,火身不顯現於火,風身不顯現於風,根等皆歸虛空。士夫屍與其所依床由五人抬至屍林焚燒,此後不復顯現;燒物成灰,骨似鴿色。」[640]

經中詳細說明此宗如何否定後世之理。《般若燈論之註釋》引用《巴哈斯帕諦》經文云:

> 「樂活至未死,死後無行境,身體成灰塵,豈能赴後世?」[641]

身體以外沒有其他心識,更無後世,誠如《巴哈斯帕諦經》說其理由:

> 「從此身離去,若能赴後世,因愛近親哀,故為何不返?」[642]

---

640 德格版,經,律,ㄋ卷,第二品,24正頁;對勘本版,書號1,54頁。藏譯與漢譯稍有不同,漢譯原文:《根本說一切有部毘奈耶》(T.23.1442.692c.12):「於此有命,名之為生;此身謝已,五大分離,更無生理,名之為死。地歸於地,水歸於水,火歸於火,風歸於風,諸根歸空。四人輿至焚燒之處,以火燒訖,但有殘骨更無所知。」

641 德格版,論,中觀,ㄋ卷,第十六品,334背頁;對勘本版,書號59,838頁。漢譯大藏經內並無此譯。

642 《巴哈斯帕諦經》,經卷46。漢譯大藏經內並無此譯。

如果心識或我分離此世身軀,能赴往後世,自己前世的兒女及親友等人因愛而哀悼時,亡者應該要從後世處返回前世處才對,為何不返回?此宗依多理成立沒有後世。

二、否定業果。其義分二:(一)否定善惡業。今世苦樂並非從過去善惡業而生,也不依任何因緣而成,都是驟然而有。譬如,荊棘刺是尖的,豆子的形狀是圓的等等,都是無須依賴因緣、自然而成的。否定之理如《律本事》云:

「婆羅門之子近勝與從懷生兩人,前往富蘭那迦葉處,問富蘭那迦葉:慧者,汝法為何?是以何法教授弟子?梵行之果為何?其利為何?富蘭那迦葉回:婆羅門子,我如是見且如是說,無布施、無祭祀、無火供、無善行、無惡行。」[643]

明晰闡釋其義的阿闍黎善親友《律本事大疏》云:

「以言『無布施、無祭祀、無火供、無善行、無惡行』五句,破因事物。」[644]

---

[643] 德格版,經,律,ཱ卷,第二品,23背頁;對勘本版,書號1,53頁。藏譯與漢譯稍有不同,漢譯原文:《根本說一切有部毘奈耶》(T.23.1442.692c.3):「爾時,實力子便往詣彼六師之所。晡刺拏迦攝波(又稱富蘭那迦葉,Pūraṇa Kāśyapa)曰,何者是仁所宗法理?於諸弟子以何教授?勤修梵行當獲何果?彼師告曰,太子,我之所宗,作如是見、如是說:無施、無受,亦無祠祀;無善惡行、無業因緣、無異熟果⋯⋯」

[644] 德格版,論,律,ཤ卷,第二品,196正頁;對勘本版,書號87,529頁。漢譯大藏經內並無此譯。

（二）否定果。後世苦樂之果並非源於今生的善惡之業。為何？尋思者見，某些人於今世，雖行布施卻仍貧窮、雖斷殺生卻仍短壽、雖吝卻富、雖殺生卻長壽；靜慮者見，某些人於今世雖行布施後世卻仍貧窮、某些人於今世雖斷殺生後世卻仍短壽、某些人於今世雖是吝嗇後世卻仍富有、某些人於今世雖行殺生後世卻仍長壽，從而否定善惡業之果。《律本事》云：

「行善業之果、行惡業之果，以及彼等異熟皆無。」[645]

《律本事大疏》云：

「言『無善惡行業之果、無異熟果』，謂破果。」[646]

順世派自宗的典籍也說，外道以畜生祭祀是無果的。這種傳統只是狡猾小人為了自己的生計所採取的措施。《巴哈斯帕諦經》云：

「火供所殺畜，若能生善趣，火供之修者，為何不弒父？」[647]

---

[645] 德格版，經，律，ཎ卷，第二品，23背頁；對勘本版，書號1，54頁。藏譯與漢譯稍有不同。漢譯原文：《根本說一切有部毘奈耶》（T.23.1442.692c.7）：「無善惡行、無業因緣、無異熟果……」

[646] 德格版，論，律，ཥ卷，第二品，1967背頁；對勘本版，書號87，531頁。漢譯大藏經內並無此譯。

[647] 《巴哈斯帕諦經》，經卷41。漢譯大藏經內並無此譯。

因火供而殺畜生,卻能使彼等畜生往生增上生,果真如此,修火供的人理應殺害自己的父親,卻為何不殺呢?《巴哈斯帕諦經》云:

「是故婆羅門,所行喪事等,僅為己生計,除此並無餘!」[648]

總而言之,對於自己仍是隱蔽分的所有因果,依自己親眼未見的理由而被否定。

三、否定皈依境至寶。不成立有人能以多世的串習斷一切過,因為不存在多次的前世及後世。此宗說:「意、心、分別識有法,只依身體而有,身體壞滅時彼亦壞滅故。如火炬及其光。」《釋量論》引順世派主張時云:

「覺依於身故,由修無所成」[649]

論中廣說其義:串習慈愛與智慧無法令彼增長成為無邊之德;順世以否定前後世的理由,不成立斷一切過的士夫。《巴哈斯帕諦經》云:

---

648 《巴哈斯帕諦經》,經卷47。漢譯大藏經內並無此譯。
649 德格版,論,量,ཚད་卷,第二品,第34句偈頌文,108背頁;對勘本版,書號87,503頁。漢譯來源:法尊法師譯《釋量論》。

「無善趣解脫，後世我亦無。」⁶⁵⁰

四、否定不見事物。士夫只能是今世根門的行境，不存在後世的增上生和惡趣等不見事物。此宗以自己現識不見的理由否定天道等。《般若燈論之註釋》云：

「何為根行境，世夫惟僅此。」⁶⁵¹

五、否定餘量。比度非量，因為量的性相是執事物，比度不執事物，於境也是錯誤，像是「依是天授之子的理由推理身色是青」，所有因相都是錯誤，依此理否定比量。阿闍黎法上的《量考察論》⁶⁵²云：

「順世派等人，以僅持事物之理而說是量。」⁶⁵³

如是，順世派以四種成立之宗和五種否定之宗而成立其宗哲理。四種成立之宗：一、四大有識。二、我是顯現的質體一之身心。三、有情決定為三：四大有情、人、畜生。四、只承

---

650 《巴哈斯帕諦經》，經卷39。漢譯大藏經內並無此譯。

651 德格版，論，中觀，ཤ卷，第十六品，334背頁；對勘本版，書號59，1100頁。漢譯大藏經內並無此譯。

652 ཚད་མ་བརྟག་པ།

653 德格版，論，量，ཤེ卷，235背頁；對勘本版，書號106，634頁。漢譯大藏經內並無此譯。

許世間共許的比度及因相。五種否定之宗:一、否定前後世。二、否定業果。三、否定皈依境至寶。四、否定不見事物。五、否定餘量。總而言之,《巴哈斯帕諦經》云:

> 「比起明孔雀,今日鴿更勝;較於可疑金,無疑銀更優。」[654]

比起成立遙遠的增上生及解脫等各種具有疑點的理由,還不如自己親眼所見的今世更為重要。順世派依據前述眾理及辯證,成立自宗哲理無過。以上已簡略述說古聖域印度典籍所言的順世宗義。

---

654 《巴哈斯帕諦經》,經卷13-14。漢譯大藏經內並無此譯。

第三品
說內道佛法宗義

總說內道佛法宗義

　　毫無疑問，所有佛法宗義的起源是導師釋迦牟尼。前篇「甲一、印度的哲學發展史・總說哲學」裡，已經述說導師釋迦牟尼佛何時誕生等內容。導師釋迦牟尼順應眾生的共業所見，做此示現：成年時，精通當時印度習俗及其工巧等所有文明；二十九歲時，發起強烈出離心，出家且苦行六年；最終來到菩提樹前，圓滿正等正覺，成就佛果。自於瓦拉那西對五比丘初轉闡釋四諦的法輪起，乃至於拘尸那揭羅示現涅槃，四十餘年間，足行印度中部諸多地方，為不可計數的有緣眾生傳授與其根器相應的法門。

　　導師釋迦牟尼於各種時、處、眾生傳授的諸法，後由佛弟子們依其內容歸類為三藏：主要詮釋戒學的律藏、主要詮釋定學的經藏，以及主要詮釋慧學的論藏。

　　另外，據古老佛學典籍，也可依不同眾生的希求及其根器，如下歸類：導師釋迦牟尼為希求離欲行的眾生，傳授主要詮釋離欲行的聲聞典籍；導師釋迦牟尼為希求廣大行的眾生，傳授詮釋十地和六度的波羅蜜多典籍或菩薩典籍；導師釋迦牟尼為強烈希求奧義的眾生，傳授詮釋欲行的密咒金剛乘的典籍。

　　根據《解深密經》等大乘經典的說法，導師釋迦牟尼因應不同眾生的根器，依序轉三法輪。首先，在瓦拉那西傳授初轉

法輪，其內容是四聖諦。此後，在聖地靈鷲山傳授以般若經為首的二轉無相法輪。最後，在廣嚴城等地傳授三轉善辨法輪。

佛教的四部宗義裡，「說下乘宗義者」或「聲聞二部」[1]主要依據初轉四諦法輪，建立自宗基、道、果的論述。說上乘宗義者裡，中觀師主要依據二轉無相法輪，建立自宗基、道、果的論述；唯識派主要依據三轉善辨法輪，建立自宗基、道、果的論述。[2]

如是，導師釋迦牟尼隨順不同眾生的根器及其希求，因材施教的緣故，不應將所有的佛經視為如言可取。猶如以煉、截、磨三種方式而觀察黃金，佛親自說，佛弟子們要以正理區分經中的了義經和不了義經。其義可參考已撰之《佛法科學總集‧上冊》。[3]

導師釋迦牟尼的典籍裡，其內容彼此之間存在著巨大的差異，這是因應不同眾生的各種根器和希求所致。佛為眾生說法，會依據不同眾生的根器層次和希求因材施教的緣故，佛不會明知自身相續的究竟意趣顯然不適合某人，卻對他殷重宣說該意趣。經論說，就以「佛經是因材施教」的要點總結，佛教行為可分為兩乘：聲聞乘、菩薩乘或稱「大乘」；佛教見解可

---

[1] 譯者註：毘婆沙宗及經部。

[2] 這段文義如衛者明慧的《宗義釋藏》所明示。

[3] 譯者註：《佛法科學總集‧上冊》，初版，113頁。

分為四宗義:毗婆沙宗的宗義、經部宗義、唯識宗義、中觀宗義。《入楞伽經》說,薄伽梵的教法都是因材施教,經云:

「彼彼諸病人,良醫隨處藥,如來為眾生,唯心應器說。」[4]

阿闍黎龍樹的《中觀寶鬘論頌》亦云:

「如諸聲明師,先教學字母,如是佛為他,先說堪忍法。或者為遮止,眾罪而說法,或為成福德,或者依二法。或二俱不依,分別怖深法,為修菩提者,說空悲心要。」[5]

好比學習聲明典籍時,會先從朗誦字母開始學起。同樣地,佛陀為眾生說法時,不會一開始就傳授不適應對方根器的教言,會因應對方能夠堪忍的程度而傳法。其順序是,為某些眾生遮止殺生等罪行而說法;為某些眾生能得福果而說法;雖無人我,卻為某些眾生傳授「所取境與能取識的二元是質體異」的教法;為某些眾生說,莫依「所取境與能取識的二元是質體異」,卻成立「所取境與能取識的二元是質體空」之智是勝義;為某些極上根的眾生說「諸法非諦實有的深奧真相,以

---

[4] 德格版,經,經典,ཤ卷,第一品,203背頁;對勘本版,書號49,534頁。漢譯來源:三藏菩提流支漢譯的《入楞伽經》(T.16.671.524a.12)。

[5] 德格版,論,本生,གེ卷,第四品,第94-96句偈頌文,121背頁;對勘本版,書號96,324頁。漢譯來源:仁光法師譯《中觀寶鬘論頌》。

及耽著事物是諦實有將生怖畏」的空性要義，以及大悲心的精髓法門。

世尊並非一開始就對眾生傳授極為深奧的法門，而是從粗分起漸次引導。阿闍黎提婆的《四百論》云：

「先遮遣非福，中應遣除我，後遮一切見，知此為智者。」[6]

首先遮遣粗分身語意三門惡行的非福業。之後於中段，應遣除二十壞聚見的耽執境，即遣除粗分人我執。最終，說諸法皆無諦實，須遮止一切常見和斷見。

傳授各種法輪的導師釋迦牟尼佛在各處待的時間又是多久呢？如《阿毘達磨大毘婆沙論》[7]云：

6　德格版，論，中觀，ছི卷，第八品，第15句偈頌文，9背頁；對勘本版，書號57，801頁。漢譯來源：法尊法師譯《四百論》。

7　譯者註：類似經文雖不見於漢譯《阿毘達磨大毘婆沙論》中，卻可從《佛說八大靈塔名號經》中尋得。在《佛說八大靈塔名號經》裡，不僅漢譯的「雪山」不見於藏譯外，偈句的先後順序也不相同。漢譯原文：《佛說八大靈塔名號經》（T.32.1685.773b.5.）云：「二十九載處王宮，六年雪山修苦行，五歲王舍城化度，四年在於毘沙林，二年惹里巖安居，二十三載止舍衛，廣嚴城及鹿野苑，摩拘梨與忉利天，尸輸那及憍睒彌，寶塔山頂并大野，尾努聚落吠蘭帝，淨飯王都迦毘城，此等聖境各一年，釋迦如來而行住。」關於地域用詞的梵藏漢對照，譯者的參考依據是日本「中央学術研究所」出版，由岩井昌悟撰寫的論文，該標題為「原始仏教聖典に記された釈尊の雨安居地と後世の雨安居地伝承」（暫譯：原始佛經中，釋迦牟尼佛於結夏與解夏安居的傳統）；論文連結：http://www.sakya-muni.jp/monograph/06/5/4-3.html。

「廣嚴城與鹿野苑，摩拘梨與忉利天，尸輸那及憍睒彌，寶塔山頂並大野，尾努聚落吠蘭帝，淨飯王都迦毘城，此等聖境各一年，釋迦如來而行住，二年惹里巖安居，四年在於毘沙林，五歲王舍城化度，六年林中修苦行，二十三載止舍衛，二十九載處王宮。」[8]

薄伽梵在世時，在轉法輪處鹿野苑、廣嚴城、摩拘梨[9]、忉利天，尸輸那[10]、憍睒彌[11]、大野[12]、寶塔山[13]、尾努聚落[14]、吠蘭帝[15]、淨飯王都迦毘城[16]各待一年，兩年在惹里巖[17]，四年在

---

8 在文革混亂期間，藏譯《大毘婆沙論》變得殘片散頁，並不齊全，所以在藏譯的《大毘婆沙論》中，尚未找到這段常被其他西藏典籍引用的偈句。引用此偈的論典如，布敦寶成（བུ་སྟོན་རིན་ཆེན་གྲུབ་, 1290-1364）的《寶典藏》（གསུང་རབ་རིན་པོ་ཆེའི་མཛོད་），書版，115頁；慧幢親教師（ཡེ་ཤེས་རྒྱལ་མཚན་）的《戒律聖法史》（དག་པའི་ཆོས་འདུལ་བའི་བྱུང་ཚུལ་），慧幢親教師文集，ཐི་卷，經函版，38正頁。還有，龍欽巴（ཀློང་ཆེན་）的《宗派寶藏論》（གྲུབ་མཐའ་མཛོད་）。

9 譯者註：Mankula པ་དཀར་ཅན་།

10 譯者註：Śiśumāra བྱིས་པ་གསོད་།

11 譯者註：Kosambī ཀོཤཱམྦི། ཡང་དག་མཛོད་ལྡན་།

12 譯者註：Āḷavī འབྲོག་གནས།

13 譯者註：Pārileyyaka མཆོད་རྟེན་རི་།

14 譯者註：Beluva བེད་མའི་ཚལ་།

15 譯者註：Verañjā དབྱར་བཙས།

16 譯者註：Kapilavatthu སེར་སྐྱའི་གྲོང་ཁྱེར་, 又稱「迦毗羅衛國」。

17 譯者註：Cāliya འབར་བའི་ཕུག

毘沙林[18]，五年在王舍城，六年苦行，二十三年在毘舍離城，二十九年在皇宮，為成千上萬的眾生宣揚正法。

　　薄伽梵入涅槃前，將正法託付給長老摩訶迦葉[19]，聖者摩訶迦葉託付給阿難[20]，阿難託付給商那和修[21]，商那和修託付給優婆鞠多[22]，優婆鞠多託付給提多迦[23]，提多迦託付給黑天[24]，黑天託付給摩訶善見[25]。眾所周知，這七位聖者又稱「七代付法藏師」[26]。《律雜事》[27]云：

> 「薄伽梵入涅槃前，交付正法於具壽摩訶迦葉。具壽摩訶迦葉交付方丈（阿難）。方丈（阿難）入涅槃前交付正法（商那和修）：『子，我亦將入涅槃，汝當周全護持正法且殷重奉行薄伽梵所言諸教。』具壽商那和修以

18　譯者註：Bheṣajavana སྨན་གྱི་ནགས།。
19　譯者註：Mahākāśyapa འོད་སྲུངས།。
20　譯者註：Ānanda ཀུན་དགའ་བོ།。
21　譯者註：Śāṇavāsika ག་ནའི་གོས་ཅན།。
22　譯者註：Upagupta ཉེར་སྦས།。
23　譯者註：Dhītika དྲི་ཏི་ཀ།。
24　譯者註：Kṛṣṇa ནག་པོ།。
25　譯者註：Sudarśana ལེགས་མཐོང་ཆེན་པོ།。
26　譯者註：Seven patriarchs གདད་རབས་བདུན།；另譯為：飲光、喜慶、麻衣、小護、有愧、黑行、大善見。
27　འདུལ་ཕྲན་ཚེགས།。

神通力點燃、焚燒、降雨、雷電等,示種種變相,悅意施主與梵行者等人,後入無餘蘊體涅槃之法性。具壽優婆鞠多亦交付具壽提多迦。具壽提多迦有意交付正法於具壽黑天。具壽黑天交付具壽善見。如是,諸摩訶聖象皆已入涅槃。」[28]

大迦葉等佛弟子們在導師釋迦牟尼涅槃後,針對佛陀於上述不同地點,對各種眾生傳授的教法做了結集,這就是在歷史文獻中聞名遐邇的「第一次結集」。導師釋迦牟尼涅槃那一年的夏季時,在阿闍世王的資助及迦葉大長老於王舍城七葉窟[29]的召集下,由迦葉長老自己誦論藏,由阿羅漢優波離尊者誦律藏,由阿羅漢阿難尊者誦經藏,並且於三藏典籍中,始以「如是我聞」作為首序,中以詞句的連貫性作為連結,末以「近旁信眾」的「信受奉行」[30]作為結尾;根據佛說的所有內容,建樹三藏。

---

28 德格版,經,律,ད卷,第五十八品,323背頁;對勘本版,書號11,781頁。漢譯的《根本說一切有部毘奈耶》、《根本說一切有部毘奈耶雜事》等找不到類似的經文。

29 譯者註:Saptaparni Cave འདེ་ཆེན་མའི་ཕུག,又稱「畢缽羅窟」(Pippalīguhā)(可參考《阿育王傳》卷四)。

30 譯者註:從藏直譯的話,是「讚嘆佛言」,但譯者決定採用「信受奉行」,畢竟漢譯大藏經多數是以「信受奉行」作為結句。

薄伽梵涅槃後的一百一十年,在國王阿輸迦[31]的資助下,召集阿羅漢善稱[32]等七百位羅漢於毘舍離城,並且破除毘舍離的跋耆族惡比丘眾所行的非法十事,這就是著名的第二次佛教結集。

薄伽梵涅槃後的一百一十六年,在華宮城[33]裡,四位長老各自依梵語、阿婆商夏語、巴利語、畢捨遮夏薩語等四種語

---

31 རྒྱལ་པོ་གྲགས་ལ་སྒྲུབ། 譯者註:當今佛教學者普遍公認,第三次的佛教結集是由阿育王促成的。若以這個觀點而言,此處第二次結集的「國王阿輸迦」,則應非西元前304至232年的「阿育王」。然而,誠如《阿育王經》(T.50.2043.132a.29)云:「此兒者我入涅槃百年後,當生波吒利弗多城王名阿育……爾時,阿育王起八萬四千舍利塔,已生大歡喜,與諸大臣共往雞寺,到已於上座前合掌禮拜,而作是言,佛一切見者,記我以沙施佛,今得是報,更復有人佛所記不?彼時上座比丘名耶舍答阿育王亦有。」根據此經所言,佛陀涅槃百年後,有位國王名「阿育王」(意譯:無憂),造八萬四千塔,而且當時有位上座比丘名「耶舍」。再者,又如世友菩薩造、三藏法師玄奘譯的《異部宗輪論》(T.49.2031.15a.17)云:「佛薄伽梵般涅槃後,百有餘年去聖時淹,如日久沒。摩竭陀國,俱蘇摩城,王號無憂,統攝贍部,感一白蓋,化洽人神。是時,佛法大眾初破,謂因四眾共議大天五事不同。」此論說,在第二次結集、大眾部正處於分裂的時候,出現了一位統領南贍部洲的國王,名號「無憂」。綜合上述二部經論所言,此處的「阿輸迦」應該就是統一印度的「阿育王」,即造八萬四千舍利塔的無憂國王。

32 譯者註:藏文是གྲགས་པ,意譯為:著名。依慈怡法師主編的《佛光大辭典》,該詞的梵文是「Yaśa」或「Yaśoda」,又作耶舍、耶輸陀、耶輸伽;意為名聞、善稱。

33 譯者註:Kusumapura གོང་ཁྱེར་མེ་ཏོག་གིས་རྒྱས་པ,又稱「拘蘇摩補羅城」、「香花宮城」。(即波吒釐城〔Pāṭaliputra〕,又譯為巴連弗邑、華氏城。因為是在華氏城,所以第三次結集又稱華氏城結集。)

言³⁴誦經時，其弟子眾們因彼此之間的差異而分根本四部³⁵。此後，又從四部分裂為十八部，且相互爭執。某時，十八部因得閱《訖栗積王夢兆授記經》³⁶的緣故，彼此和好如初，將彼十八部整合為同一佛教，這就是著名的第三次佛教結集。

當然，關於第三次的佛教結集，也有其他說法，即根據大小乘、顯密乘共同認定的普及經典而定。就以大乘經典而言，主要的結集者是普賢菩薩、文殊菩薩、秘密主金剛手菩薩、慈尊彌勒菩薩等，雖然密咒續經的結集者是金剛手、空行母等，但結集這些續經的途徑與時間顯然不同於顯教經典的結集。

佛法宗義的分類又是如何形成的呢？古老文獻裡，針對如

---

34 譯者註：四大語族，即梵語（ལེགས་སྦྱར།，Saṃskṛta，又稱「天語」）、阿婆商夏語（ཟུར་ཆག Apabhraṃśa，又稱「訛誤語」）、巴利語（ཡུལ་སྨྲ་རང་བཞིན་པ། Pāli，又稱「土語、平常語」）、畢捨遮夏薩語（པ་ཟེའི་སྐད། Piśāca，又稱「顛鬼語、俗語」）。

35 譯者註：根據布頓大師著作的《佛教史大寶藏論》，四部使用語言各有不同，即根本說一切有部使用梵語，正量部使用阿婆商夏語、上座部使用巴利語、大眾部使用畢捨遮夏薩語。參考薩爾吉，〈關於梵漢佛典對勘的一些思考〉，110。

36 རྒྱལ་པོ་གྲི་ཀྱི་རྩིའི་རྨི་ལྟས་ལུང་བསྟན་པའི་མདོ།。譯者註：漢譯大藏經中雖未找到此經，相似內容卻可從《佛說給孤長者女得度因緣經》尋得。《佛說給孤長者女得度因緣經》（T.2.130.853b.5）云：「大王（哀愍王又稱「訖栗積王」）當知，是未來世中人壽百歲時，有佛出世名釋迦牟尼十號具足，彼佛住世演說諸法教化眾生，如其所應作佛事已而入涅槃，入涅槃後於遺法中苾芻弟子諸所作事，王今此夢是彼前相……如王所夢一張白氎有十八人，各各執奪少分而氎不破者，是彼遺法中有諸弟子異見興執，以佛教法分十八部，雖復如是而佛教法亦不破壞。」

第三品、說內道佛法宗義 | 281

何從一開始的根本聲聞一部分為二部、三部，或四部的主張，以及如何由彼四部而分十八部的內容，各有不同解釋，其義將在下個章節「闡述毘婆沙派的宗義」中簡略說明。

大乘經論說，佛法宗義分毘婆沙宗、經部、唯識、中觀，決定為四。雖然其分類在顯教佛經中未有顯著說明，但在佛教的續典[37]及論典裡都有清楚記載。誠如菩提薩埵金剛心要的《廣釋喜金剛略義論》[38]云：

> 「後有毘婆沙，其後知經部，說識為自法，後波羅蜜多，中觀知其義……總共有三乘即聲聞、獨覺，以及此大乘；佛法有四宗，第五非佛意。」[39]

沒有不被毘婆沙宗、經部、唯識、中觀所含括的佛法宗義；沒有不被三乘，聲聞乘、獨覺乘、大乘所含括的佛乘。善稱人中豪傑文殊[40]所撰的《略釋自宗見解周遍觀察》[41]亦云：

37　清楚表述四部詞彙的續典有《喜金剛續》（ཀྱེའི་རྡོ་རྗེའི་རྒྱུད།）的第二品、《時輪續》（དུས་འཁོར་གྱི་རྒྱུད།）、《金剛阿惹立續》（རྡོ་རྗེ་ཨ་རལླིའི་རྒྱུད།）等。

38　བྱང་ཆུབ་སེམས་དཔའ་རྡོ་རྗེ་སྙིང་པོའི་ཀྱེའི་རྡོ་རྗེ་བསྡུས་པའི་དོན་གྱི་རྒྱ་ཆེར་འགྲེལ་པ།。

39　德格版，論，續，ཀ卷，第一品，3正頁；對勘本版，書號1，789頁。漢譯大藏經內並無此譯。

40　འཇམ་པའི་དབྱངས་མིའི་དབང་པོ་གྲགས་པ།。

41　རང་གི་ལྟ་བའི་འདོད་པ་མདོར་བསྡུས་པ་ཡོངས་སུ་བརྟག་པ།。

「毘婆沙及經,瑜伽行中觀。」[42]

所以佛法宗義師決定為四。

佛法四部宗義也攝入於小乘宗義與大乘宗義兩者,毘婆沙及經部兩者是聲聞部,而唯識與中觀兩者是大乘部。[43]毘婆沙及經部兩者依聲聞典籍而釋其宗,所以是聲聞宗義師或聲聞部。唯識與中觀兩者依大乘典籍而釋任一的大乘不共觀點,所以是大乘宗義師。「乘」分二:聲聞獨覺乘、菩薩乘;宗義分四:毘婆沙宗等四宗,這麼分類的關鍵為何呢?誠如《中觀寶鬘論頌》云:

「彼小乘經中,未說菩薩願,諸行及迴向,豈能成菩薩?」[44]

阿闍黎陶增珠吉[45]的《世尊勝德讚》云:

---

[42] 這本續典不在德格版中。奈塘版,論,續釋,ཇི卷,第一品,22背頁;對勘本版,書號42,570頁。漢譯大藏經內並無此譯。

[43] 譯者註:小乘不同於小乘部和小乘宗義,大乘也不同於大乘部和大乘宗義,因為大乘菩薩中,不僅有小乘部的毘婆沙之宗義師,小乘的阿羅漢更是一定要持大乘部的中觀宗義方可解脫。所以,小乘(聲聞乘、獨覺乘)與大乘(菩薩乘)的差異是依有無菩提心的方便品而定,而小乘宗義(及聲聞部、小乘部)與大乘宗義(及大乘部)則是以哲理的不同而分。

[44] 德格版,論,本生,གི卷,第四品,121背頁;對勘本版,書號96,324頁。漢譯來源:仁光法師從藏譯漢的《中觀寶鬘論頌》。

[45] མཁོ་བཙུན་གྲུབ་རྗེ།

「立推理宗義[46]，應不待方便[47]，通文汝善說，亦非全不待[48]。」[49]

讚文說，須以方便區分三乘；反之，區別宗義則須以見解為主，即主要依據關於基、道、果的個別見解，進而區分佛教自己的毘婆沙宗、經部、唯識、中觀。

一切痛苦的根本是無明，為能徹底斷除無明，聲聞部安立人無我，分出毘婆沙及經部二派；於此，大乘部以安立法無我為主，分出唯識及中觀二派。就以無我的解釋，比起下部宗義，上部的解釋更為深奧。

相反地，區分大小乘則是以有無方便品的菩提心和大悲心為主。

甲一、闡述毘婆沙派的宗義
乙一、此派宗義的發展史

毘婆沙宗是如何形成的呢？依我等所見，這與導師釋迦牟尼涅槃後，阿羅漢們將論藏內容總集為《阿毘達磨七論》有

---

46 譯者註：直譯是「事物」，應是「宗義」的意思。
47 譯者註：直譯是「應不待而成立」。
48 譯者註：直譯是「非少亦不待」，換句話說，並非一點點都不觀待。
49 德格版，論，禮讚，ㄇ卷，3正頁；對勘本版，書號1，5頁。漢譯大藏經內並無此譯。

關。眾所周知，毘婆沙宗因編纂《阿毘達磨七論》而聞名遐邇，尤其是在編撰《阿毘達磨大毘婆沙論》後，此宗發展如日中天。古老學者們一致說到，首先，佛弟子們在導師釋迦牟尼涅槃後分裂為各個派系，毘婆沙宗也因此而發揚光大。但是，對於如何分裂為十八部的說法卻各有不同。

看來在藏譯丹珠爾裡，最早且最清楚闡釋這方面內容者，莫過於阿闍黎清辨的《思擇焰論》了！這部論著裡，提及解釋如何分裂為十八部的三種不同主張，這很重要，所以此處將引用《思擇焰論》詳細解說。

第一種主張：從根本一部分裂為根本大眾部[50]與上座部[51]兩派。大眾部[52]再分八派，上座部再分十派。《思擇焰論》云：

> 「如何分裂為各十八支派？從吾師輾轉得聞，如是，佛薄伽梵涅槃後的一百一十六年時，華宮城內達摩阿輸迦為王。因某爭議，大破和合僧。先從一部分裂為根本大眾與上座二部。再從根本大眾部依序分為如是八部：根本大眾部、一說部[53]、說出世部[54]、多聞部[55]、說假部[56]、

---

50 དགེ་འདུན་ཕལ་ཆེན་སྡེ་པ། Mūla-Mahāsāṃghika。
51 གནས་བརྟན་པ། Sthaviravāda。
52 ཕལ་ཆེན་སྡེ་པ། Mahāsāṃghika。
53 བརྗོད་གཅིག་པ། Ekavyāvahārika。
54 འཇིག་རྟེན་ལས་འདས་པར་སྨྲ་བ། Lokottaravāda。
55 མང་དུ་ཐོས་པ། Bahuśrutīya。

制多山部[57]、東山住部[58]、西山住部[59]。上座部依序分為十部：雪山部[60]（又稱『上座部』）、說一切有部[61]（其中又分『分別說部』[62]、『說因部』[63]，有人又將說因部稱為『穆蘭達卡部』[64]）、犢子部[65]、法上部[66]、賢冑部[67]、正量部[68]（有人又將正量部稱為『阿班達卡部』[69]或『拘屢拘羅部』[70]）、多解部[71]、法藏部[72]、善

---

56 བཏགས་པར་སྨྲ་བ། Prajñaptivāda。
57 མཆོད་རྟེན་པ། Caitika。
58 ཤར་གྱི་རི་བོ་པ། Pūrvaśaila。
59 ནུབ་གྱི་རི་བོ་པ། Aparaśaila。
60 གངས་རི་པ། Haimavata。
61 ཐམས་ཅད་ཡོད་པར་སྨྲ་བ། Mūlasarvāstivāda。
62 རྣམ་པར་ཕྱེ་སྟེ་སྨྲ་བ། Vibhajyavāda。
63 རྒྱུར་སྨྲ་བ། Hetuvidyāh。
64 མུ་ཅུན་ཏ་ཀ་པ། Muruntaka, Muduntaka。
65 གནས་མ་བུའི་སྡེ། Vātsīputrīya。
66 ཆོས་མཆོག་གི་སྡེ། Dharmottarīya。
67 བཟང་པོའི་ལམ་པ། ཡང་ན། བཟང་པོའི་སྡེ། Bhadrayānīya。
68 ཀུན་གྱིས་བཀུར་བའི་སྡེ། ཡང་ན། མང་པོས་བཀུར་བའི་སྡེ། Saṃmitīya。
69 ཨ་པན་ཏ་ཀ་པ། Avantaka。
70 གུ་རུ་ཀུལ་པ། Kaurukullaka。
71 མང་སྟོན་པ། Mahīśāsaka；又名「化地部」。
72 ཆོས་སྲུང་བའི་སྡེ། Dharmaguptaka, ཆོས་སྦས། Dharmaguptikas；又稱「法護部」。

歲部[73]（有人又將善歲部稱為『飲光部』[74]）、無上部[75]（有人又將無上部稱為『說轉部』[76]），如是彼等十八部。」[77]

第二種主張：從根本部分裂為三：上座部、大眾部、分別說部。從上座部分二：說一切有部、犢子部，再從彼等內部分出各自分支。《思擇焰論》云：

「如前議題，另有一說。根本部如是分三：上座部、根本大眾部、分別說部。上座部亦分二：說一切有部、犢子部。說一切有部亦分二：說一切有部、經部[78]。犢子部亦分四：正量部、法上部、賢冑部、密林山部[79]。上座部有如是六部[80]。此外，根本大眾部分八：根本大眾部、東山住部、西山住部、王山住部[81]、雪山部、制多

73　ཚར་བཟངས་འབེབས་པ། Suvarṣak。

74　འོད་སྲུང་བའི་སྡེ། Kāśyapīya。

75　བླ་མ་པ། Uttarīya。

76　འཕོ་བར་སྨྲ་བའི་སྡེ། Saṁkrānti。

77　德格版，論，中觀，ཤེ卷，第四品，148正頁；對勘本版，書號58，361頁。漢譯大藏經內並無此譯。

78　མདོ་སྡེ་སྨྲ་བའི་སྡེ། Sautrāntika；又稱「經量部」或「譬喻師」（Dārṣṭāntika）。

79　གྲོང་ཁྱེར་དྲུག་པ། Channagirika或Sannāgarika。

80　譯者註：說一切有部、經部、正量部、法上部、賢冑部、密林山部。

81　རྒྱལ་པོ་རིའི་བའི་སྡེ། Rajagiriya。

山部、義成部[82]、牛住部[83]。如是，彼等為根本大眾部之分類。分別說部亦分為四：化地部[84]、飲光部、法藏部、銅鍱部[85]。如是，彼等聖部分為十八。」[86]

第三種主張：從根本分二：根本大眾部、上座部，雖然這點同第一主張，但其內部如何分裂，卻有不同的解釋。《思擇焰論》在詮釋第三種主張時，也很完整且清楚地述說了各部主要承許或立場為何。此論細云：

「另有如是他說，薄伽梵涅槃一百三十七年後，喜王或稱『廣華』[87]於巴連弗邑城[88]中，召集無取、獲清涼解脫之眾聖者，如聖者摩訶伽葉、聖者摩訶毛[89]、摩訶施、師尊、惹巴達[90]等，得無礙解之羅漢僧眾。此時，違一切善、相應魔孽、持比丘相者以各種神通，依五事之

82　དོན་གྲུབ་པའི་སྡེ། Siddhatthaka。

83　བ་ལང་གནས་པའམ། བ་ལང་གནས་པ། Gokulikas；又稱雞胤部（བྱ་གག་རིས་ཀྱི་སྡེ། Kukkuṭika）。

84　ས་སྟོན་པའི་སྡེ། Mahīśāsaka；又名「多解部」（མང་སྟོན་པ། Mahīśāsaka）。

85　གོས་དམར་སྡེ། Tāmraparṇīya。

86　德格版，論，中觀，ཏི卷，第四品，149背頁；對勘本版，書號58，364頁。漢譯大藏經內並無此譯。

87　པད་མ་ཆེན་པོ།。

88　華氏城 Pāṭaliputra。

89　སྤུ་ཆེན་པོ།。

90　རི་པ་དྲ།。

爭[91]，大破和合僧。上座部多聞者『那伽』和『堅慧』大讚五事為道，是佛陀教法。 五事為：說法回他[92]、無知、猶豫、遍觀[93]、自我復原[94]。是故分裂為上座部與根本大眾二部；如是混亂、破和合僧長六十三載。兩百年後，犢子部正當統攝上座部。此時，根本大眾亦分為

[91] 譯者註：直譯是「五事」非「五事之爭」。當今漢譯佛教學者們普遍將大眾部與上座部的分歧起源之五事稱為「大天五事」，而支持「大天五事」者是大眾部比丘，不是上座部。可是，此處的後文卻說「上座部多聞者『那伽』和『堅慧』大讚五事」，從而可見，此處五事的支持者是上座部。為使讀者們能夠更清楚理解，譯者於「五事」後，多加「之爭」二字。根據佛光大辭典，大天五事是指：一、餘所誘，阿羅漢雖已無婬欲煩惱，然有漏失不淨（遺精、便利、洟唾等）者，乃因惡魔憎嫉佛法，遂對修善者誘惑破壞所致。二、無知，阿羅漢雖依無漏道而修，斷盡三界之見思煩惱，然因無知有染污及不染污二種，阿羅漢僅斷染污無知，尚未斷盡不染污之無知，則尚有疑惑存在。三、猶豫，疑有「隨眠之疑」與「處非處之疑」二種，阿羅漢尚未斷盡後者，則雖為獨覺聖者，每每仍有其惑。四、他令入，阿羅漢須依他人之記莂，方知自己為羅漢，如舍利弗、目犍連等智慧、神通第一之人，亦須依佛陀之授記，始自知已解脫。五、道因聲故起，阿羅漢雖已有解脫之樂，然至誠唱念「苦哉」，聖道始可現起；此係因四聖諦之觀苦、空、無常、無我等，即是聖道。此係大天對五事之闡釋。由以上五事觀點之歧異，遂導致其後上座部與大眾部分裂之勢。

[92] 譯者註：第一事的爭議點在於，有人說，相應佛法的作為應該只是接受佛陀的教言，不應發問。因此，「說法回他」成為第一個爭議之事。編輯者格西們說，關於第一事，有兩種不同說法：回覆他問，以及先說法後再來回覆他人的詢問。

[93] 譯者註：依編輯者格西們的解釋，因為阿羅漢仍有非煩惱性的無知，自然會有非煩惱性的疑惑、猶豫。因為猶豫，所以會全面觀察自己未知或無知的內容。

[94] 譯者註：根據編輯者格西們的說法，自我復原可依兩種角度理解：一、因遠離煩惱污垢，復原自心本有的明性。二、既已出家，則應依自力復養自身，不該再尋親友們的依賴。

二，即一說部及牛住部。

一說部的根本立宗：佛薄伽梵已離世間，且如來無世間法。諸如來轉法輪後，無人趣入教言[95]，卻仍希求一切如來之法語精髓。如來不取色身於胎處，不像菩薩，以羯刺藍、頞部曇、閉尸而趣入胎處；轉象身而入住母身，離欲界心[96]，不像菩薩，起欲界心；佛依周遍饒益有情之自身希求，轉惡趣形[97]。依一智遍知四諦。六識具貪亦離貪。眼見色等。需依他示方能成立阿羅漢。[98]羅漢道中，[99]亦有無知、猶豫、遍觀、斷苦，以及斷不淨。[100]入等引中仍有語造作[101]。以行清淨戒，斷諸結

---

95 譯者註：直譯為「不趣入教言」。依編輯者格西們的解釋，佛陀涅槃後，無人能像佛一樣順應眾生的種種不同根器因材施教，這是此處「無人趣入教言」的意思。一說部認為，佛涅槃後，當佛弟子們在求法時，只能求到一個法門，即總合佛陀的法語精髓，故稱「一說部」。

96 譯者註：直譯為「自身出離」，意思是：不像菩薩，佛陀自己具足出離欲界之心，只為眾生而入母胎。

97 譯者註：直譯為「生於惡趣等」，意思是：轉為大象身形。

98 譯者註：此義等同佛光大辭典中五事的第四者：四、「他令入」：阿羅漢須依他人之記莂，方知自己為羅漢，如舍利弗、目犍連等智慧、神通第一之人，亦須依佛陀之授記，始自知已解脫。

99 譯者註：藏文中雖無「羅漢道中」四字，為使讀者能更好理解，譯者決定加上這四字。

100 譯者註：原文雖將「斷不淨」放置「入等引中仍有語造作」後，但「斷不淨」的主詞仍是阿羅漢的緣故，譯者決定放置「斷不淨」在「入等引中仍有語造作」之前。

101 譯者註：入定中仍可說話。

縛。諸如來無世間正見。心乃本性光明故,隨眠又稱「與心相應」,不稱「與心不相應」;隨眠是他法,現起亦是他法。[102]無過去及未來。預流得定。[103]

此外,牛住部分為多聞部及說假部。多聞部的根本立宗:出離道中無有智慧。苦諦、世俗諦、聖諦是真諦。見行苦故,正趣於無垢,但見苦苦與壞苦不能。僧是離世間。需依他示方能成立阿羅漢。存在正說之道。入等引中仍有語造作。[104]

---

102 譯者註:現起與隨眠通常是同一法的兩個層面,但一說部卻不這麼認為,故說「隨眠是他法,現起亦是他法」。

103 譯者註:相關資訊可參考《異部宗輪論》(T.49.2031.15b.25),論云:「此中大眾部、一說部、說出世部、雞胤部;本宗同義者,謂四部同說:諸佛世尊皆是出世。一切如來無有漏法。諸如來語皆轉法輪。佛以一音說一切法。世尊所說無不如義。如來色身實無邊際,如來威力亦無邊際,諸佛壽量亦無邊際。佛化有情令生淨信無厭足心。佛無睡夢。如來答問不待思惟。佛一切時不說名等,常在定故,然諸有情,謂說名等歡喜踊躍。一剎那心了一切法,一剎那心相應般若知一切法。諸佛世尊盡智無生智恒常隨轉,乃至般涅槃。一切菩薩入母胎中,皆不執受羯剌藍頞部曇閉尸鍵南為自體。一切菩薩入母胎時,作白象形。一切菩薩出母胎時,皆從右脇。一切菩薩不起欲想恚想害想。菩薩為欲饒益有情,願生惡趣隨意能往。以一剎那現觀邊智,遍知四諦諸相差別。眼等五識身有染有離染。色無色界具六識身。五種色根肉團為體。眼不見色。耳不聞聲。鼻不嗅香。舌不嘗味。身不覺觸。在等引位有發語言,亦有調伏心,亦有淨作意。所作已辦無容受法。諸預流者,心心所法能了自性。」

104 譯者註:相關資訊可參考《異部宗輪論》(T.49.2031.16a.11),論云:「其多聞部本宗同義,謂佛五音是出世教:一無常,二苦,三空,四無我,五涅槃寂靜,此五能引出離道故,如來餘音是世間教。有阿羅漢為餘所誘,猶有無知,亦有猶豫。他令悟入道因聲起,餘所執多同說一切有部,其說假部本宗同義。」

說假部：有無蘊之苦,亦有不圓滿之處[105]。諸行[106]相互施設,痛苦亦是勝義。心所非道。無非時死,亦無士夫造作[107]。一切苦皆源於業。[108]

制多山部由牛住部所分出。梵志大天[109]出家後,住於制多山中,此處乃根本大眾部之基地,於此建立制多山部。如是彼等[110]為根本大眾六部。

上座部亦分為二：古老上座部及雪山部。古老上座部的根本立宗：無需依他示而成立阿羅漢,同理,亦無五事。有補特伽羅。存在中有[111]。有徹底涅槃的羅漢。有過去,亦有未來。有涅槃義。

---

105 譯者註：此文中的「處」是指十二處的「處」,即內六處的眼耳鼻舌身意,以及外六處的色聲香味觸法。此宗認為,存在無蘊之苦的緣故,不圓滿之「處」也應存在。

106 譯者註：諸行無常的「行」。

107 譯者註：「非時死」是指死於命不該絕的時候。既然沒有非時死,就不應該有「人為因素導致的非時死」,故說「亦無士夫造作(的非時死)」。

108 譯者註：相關資訊可參考《異部宗輪論》(T.49.2031.16a.16),論云：「其說假部本宗同義,謂苦非蘊。十二處非真實。諸行相待展轉和合。假名為苦。無士夫用。無非時死。先業所得。業增長為因。有異熟果轉。由福故得聖道。道不可修,道不可壞。餘義多同大眾部執。」

109 Mahādeva ལྷ་ཆེན་པོ།

110 譯者註：六部是根本大眾、一說部、牛住部、多聞部、說假部、制多山部。

111 譯者註：中陰身、中有。

雪山部的根本立宗：菩薩非凡夫。外道亦有五神通。說補特伽羅有異於蘊體，因為涅槃時，蘊體雖滅，補特伽羅仍在。入等引中仍有語造作。斷道苦。

古老上座部[112]亦分為二：說一切有部及犢子部。說一切有部的根本立宗：以有為及無為兩者攝一切法，說如是故，將成何義？謂無補特伽羅。有云：『無我此身當有時，無作亦無證知者；當入輪迴瀑流時，當聞聲聖汝所言。』抑或，一切皆由名色所攝。有過去及未來。說預流為不衰退法。有為法中，有為法的性相為三[113]。循序證悟聖四諦。以空門、無願門、無相門而相應無患。以第十五剎那獲預流果；[114]預流得定。阿羅漢仍可衰退。凡夫亦可斷除欲界貪心或害心。外道亦有五神通。天人中亦有梵行。諸經是不了義經。趣入無患是從欲界起。存在世間正見。五識非具貪，亦非離貪。

分別說部從說一切有部而分出。分別說部的支分有：多解部、法藏部、銅鍱部、飲光部。多解部的根本立宗：

---

112 譯者註：直譯是「第一上座部」。依前後文，可將其理解為「古老上座部」。
113 譯者註：三者是生、住、滅。另一種說法是，有為法的定義有四：生、住、滅、無常，或是成、住、壞、空。
114 譯者註：在四諦十六行相的基礎上，見道有十六剎那。說一切有部認為，因為獲得見道十五剎那的緣故，獲得預流果；先有預流向，即正在滅除其所斷障礙，方有預流果，即已經滅除其所斷障礙。預流與預流果同義。

無過去及未來；存在現在際的有為法。見苦即見全四諦。隨眠是他法，現起亦是他法。無中有。天道中亦有梵行。阿羅漢亦積福報。五識非具貪，亦非離貪。補特伽羅等同首身。預流得定。凡夫亦可斷除欲界貪心或害心。佛歸類於僧。僧可成大果，但佛不能。佛與聲聞的解脫為一。不見補特伽羅。除僅從心心所之所生，無一法從此岸世間轉至彼岸世間。諸有為法是剎那性。因行獲增，是生；諸行不住。諸心皆業，身語無業。無不衰退法。供物於塔無果。現在際常是隨眠。見有為法故，趣入無患。[115]

法藏部的根本立宗：佛不歸類於僧。佛可成大果，但僧不能。天道中亦有梵行。世間法亦有。[116]

飲光部的根本立宗：所感之異熟果法仍有變化。有不全

---

115 譯者註：相關資訊可參考《異部宗輪論》（T.49.2031.16c.26），論云：「謂過去、未來是無，現在無為是有。彌四聖諦一時現觀，見苦諦時能見諸諦，要已見者能如是見。隨眠非心亦非心所，亦無所入，眠與纏異；隨眠自性心不相應，纏自性心相應……僧中有佛，故施僧者便獲大果，非別施佛，佛與二乘皆同一道同一解脫。說一切行皆剎那滅。定無少法能從前世轉至後世，此等是彼本宗同義……隨眠自性恒居現在，諸蘊處界亦恒現在。」

116 譯者註：相關資訊可參考《異部宗輪論》（T.49.2031.17a.23），論云：「法藏部本宗同義，謂佛雖在僧中所攝，然別施佛果大非僧，於窣堵波興供養業獲廣大果。佛與二乘解脫雖一，而聖道異。無諸外道能得五通。阿羅漢身皆是無漏。」

知之斷滅。承許法藏部的所有立宗。[117]

銅鍱部的根本立宗：無補特伽羅。

說轉部從說一切有部分出，且傳授阿闍黎無上之典籍，此部的根本立宗：五蘊從此岸世間轉至彼岸世間。除道外，蘊體不滅。有墮根本罪之蘊。不能於勝義中緣補特伽羅。一切亦是無常。如是七相[118]是說一切有部之承許。[119]

犢子部的根本立宗：已具近取之蘊體是施設有。無一法從此岸世間轉至彼岸世間。補特伽羅於近取五蘊之後而轉世。有為法亦有剎那性及非剎那性。補特伽羅與其近取之蘊不可說為一或非一。涅槃與諸法不可說為一或為異。

---

[117] 譯者註：相關資訊可參考《異部宗輪論》（T.49.2031.17a.27），論云：「其飲光部本宗同義，謂若法已斷已遍知則無；未斷未遍知則有。若業果已熟則無，業果未熟則有。有諸行以過去為因，無諸行以未來為因。一切行皆剎那滅。諸有學法有異熟果，餘義多同法藏部執。」

[118] 譯者註：由說一切有部所延伸出的立宗有七相。一、以有為及無為兩者攝一切法。二、一切皆由名色所攝。三、多解部的根本立宗。四、法藏部的根本立宗。五、銅鍱部的根本立宗。六、飲光部的根本立宗。七、說轉部的根本立宗。

[119] 譯者註：相關資訊可參考《異部宗輪論》（T.49.2031.17b.3），論云：「謂說諸蘊有從前世轉至後世，立說轉名非離聖道，有蘊永滅。有根邊蘊。有一味蘊。異生位中亦有聖法。執有勝義補特伽羅。餘所執多同說一切有部。」

不可說有涅槃或無涅槃。五識亦非有貪亦非離貪。[120]

犢子部亦分為二：大山部[121]與正量部。正量部的根本立宗：將成、正在成、將滅、正在滅、將生、正在生、將死、正在死、將做、正在做、將間斷、正在間斷、將行、正在行、將識、識等皆有。

大山部亦分為二：法上部與賢冑部。法上部的根本立宗：不觀待生與生，不觀待滅與滅；[122]賢冑部亦如是說。有關密林山部，有言是大山部支派，有言是正量部支派。犢子部有如是四部。以上為各十八部主要觀點，彼等遵循各教授師漸次成之。」[123]

此外，阿闍黎律天[124]的《略攝相異部派教法》[125]說，根本

---

120 譯者註：相關資訊可參考《異部宗輪論》（T.49.2031.16c.14），論云：「有犢子部本宗同義，謂補特伽羅非即蘊離蘊。依蘊處界假施設名。諸行有暫住，亦有剎那滅。諸法若離補特伽羅，無從前世轉至後世；依補特伽羅可說有移轉，亦有外道能得五通。五識無染亦非離染。若斷欲界修所斷結，名為離欲，非見所斷。」

121 རི་ཆེན་པོ་པ། Mahāgiriya。

122 譯者註：如虛空是事物、是生，但生不一定是觀待眾多因緣之生。同樣地，滅也不一定是觀待眾多因緣之滅。

123 德格版，論，中觀，ཧི卷，第四品，149背頁；對勘本版，書號58，365頁。漢譯大藏經內並無此譯。

124 དུལ་བ་ལྷ། Vinītadeva，或稱「調伏天」。

125 སྡེ་པ་ཐ་དད་པ་བསྡུན་པ་བསྡུས་པ། 。

部分四：說一切有部、大眾部、上座部、正量部，再由彼等分出十八，此說廣爲流傳。論云：

「東西雪山部，說出世間部，與說假部五，為根本大眾。一切[126]與飲光，化地與法藏，隨多聞銅鍱，與分別說部，為薩婆多部[127]。祇多林無畏，大寺住上座，拘屢[128]阿班達[129]，犢子部以及，正量部三說，隨各境義師，說相異十八。」[130]

阿闍黎釋迦光[131]的《律光》[132]說，十八部都是由單一的

---

126 གཞི་ཀུན་པ། ཡང་ན། ཐམས་ཅད་ཡོད་པར་སྨྲ་བ། 說一切有部 Mūlasarvāstivāda。可參考："The bKa' gdams pa School of Tibetan Buddhism Part 2"，25頁。

127 ཐམས་ཅད་ཡོད་པར་སྨྲ་བ། Sarvāstivāda。

128 ས་སྟོངས་རིས། ཡང་ན། གུ་རུ་ཀུ་ལ་པ། 拘屢拘羅部 Kaurukullaka。可參考："The bKa' gdams pa School of Tibetan Buddhism Part 2"，26頁。

129 སྲུང་བ་པ། ཡང་ན། ཨ་པ་ཏ་ཀ་པ། 阿班達卡部 Avantaka。可參考："The bKa' gdams pa School of Tibetan Buddhism Part 2"，26頁。

130 德格版，論，律，སུ卷，154背頁；對勘本版，書號93，1166頁。漢譯大藏經內並無此譯。遍知文殊笑的《宗義寶炬論》（書版，頁數260-273）中，針對十八部如何由四部而分出、由一部而分出、由兩部而分出、由三部而分出的內容，一一列舉其差異。第一，由四部分出的說法有二：一、如前述律天所言。二、引用《問阿闍黎蓮花比丘之年份》而釋。「由一部而分出」則是依釋迦光的論述，即僅由根本部「說一切有部」而分出。「由二部而分出」及「由三部而分出」則是上列《思擇焰論》的三種主張。

131 སློབ་དཔོན། 。

132 འདུལ་བ་འོད་ལྡན། 。

「根本說一切有部」而分出。論云：

> 「有云，古時僅單一之說一切有部。薄伽梵涅槃後，以該部為根本而成他部，故名『根本說一切有部』……隨國王達摩阿輸迦的離世、阿羅漢變成庸俗，以及執著由阿婆商夏語及俗語[133]所誦之律等因素，日漸結合其他教典，如結合種種廣泛語文之典籍，形成十八部教法，故名『根本』。」[134]

依此說法，國王阿育王離世後，阿羅漢們以阿婆商夏語等各方言的念誦，導致從單一的說一切有部而分為十八部。根本說一切有部是十八部的起源，故稱「根本」。

阿闍黎清辨針對十八部中的某些派別之名提出了相關解釋。譬如，分出十八部時，聚集大多的僧眾，故名「大眾部」；承許三世如現在際皆是質有，故名「根本說一切有部」；是上座聖者的種性，故名「上座部」；是受多人敬重阿闍黎（正量，Saṃmata）[135]所持之派系，故名「正量部」[136]；主張出世

---

133 譯者註：英文是prakrit。

134 德格版，論，律，ཉི卷，第十五品，160背頁；對勘本版，書號93，415頁。漢譯大藏經內並無此譯。

135 譯者註：為讀者方便理解，譯者多加括號在旁，西藏原文裡並未明示該阿闍黎的名稱。可參考《三論玄義》，論云：「正量弟子部，有大正量羅漢，其是弟子，故名『正量弟子部』。」

136 譯者註：藏文直譯為「多數敬重部」。

間的佛陀不具世間法,故名「說出世部」;說有爲法是假名安立,故名「說假部」;是迦葉波(又名「飲光」)[137]之派系,故名「飲光部」;守護阿闍黎法藏的派系,故名「法藏部」;隨多聞阿闍黎[138]而說法,故名「多聞部」;於赤銅鍱經函上撰寫三藏,故名「銅鍱部」;說此分別「尚未成果的過去際與現在際是實有,已成果的過去際與未來際是施設有」,故名「分別說部」;住族之女稱「住女」,其子是阿闍黎犢子,是該師所持之派系,故名「犢子部」。至於東山部、西山部、雪山部、祇多林住部、無畏山住部、大寺住部皆隨其住所而命名。

此外,飲光部又稱「善歲部」;化地部又稱「譬喻師」[139];法護部又稱「法藏部」;多聞部又稱「多解部」;銅鍱部又稱「無上部」或「說轉部」;分別說部又稱「說因部」或「穆蘭達卡部」;正量部又稱「阿班達卡部」或「拘屨拘羅部」。

---

137 譯者註:可參考《三論玄義鈔》(T.70.2301.522a.28),論云:「飲光是迦葉波翻名,此部主飲光仙人種姓故,亦名『飲光』。」藏文直譯為「迦葉部」。

138 譯者註:根據藏文的語法,直譯為「多聞的阿闍黎」。根據《五教章通路記》,當時多聞部的律主確實名為「具多聞德」(Bahuśruta)。論云(T.72.2339.409c.24):「名多聞部,當時律主,具多聞德也。」

139 དཔེ་སྟོན་པ། Dārṣṭāntika。

論[140]說，蘊體從此世轉至後世，故名「說轉部」；說已成或將成的有為法是因，故名「說因部」；住於穆蘭達卡山中，故名「穆蘭達卡部」；住於阿班達卡城市，故名「阿班達卡部」；住於拘屨拘羅山中，故名「拘屨拘羅部」。

古籍未說佛法宗義四部中的毘婆沙宗來自上列十八部的哪一部，但聖域那爛陀學者的著作中，對已成立的毘婆沙自宗進行觀察，所以我等據以認為，亦可視毘婆沙宗為說一切有部。

根據聖上座部的說法，阿育王在位時，上座部長老目犍連子帝須（Moggaliputta-Tissa）主持結集，並編成阿毘達摩典籍《論事》（*Kathāvatthu*）[141]。上座部專依此論反駁其敵方根本大眾部與說一切有部兩派。依我等所見，無論西元前是否有說一切有部完整的《阿毘達磨七論》，至少說一切有部在西元前確實存在，而且說一切有部在早期聖域印度中曾是最為盛行的教派。

西元前二世紀左右，說一切有部的宗義開始從印度中部的巴連弗邑，傳至印度其他各處。開始先由優婆鞠多從秣菟羅[142]的

---

140 《思擇焰論》德格版，論，中觀，ཧི་卷，第四品，148正頁；對勘本版，書號58，361頁。漢譯大藏經內並無此譯。

141 གཏམ་གྱི་གཞི།

142 Mathurā བཙུན་པ་བཀག

地方專門傳授此部宗義,[143]令此宗派逐漸盛行,最終傳至克什米爾。據說,克什米爾的毘婆沙宗成為說一切有部的主流。[144]

根據唐三藏玄奘法師的《大唐西域記》,印度北境與中部殑伽河（今譯「恆河」）沿岸,有一千多餘伽藍所,以及六萬多正量部的僧人；印度西北境和中亞區約有六百所寺院,以及一萬六千說一切有部的僧人；印度南境與斯里蘭卡約有兩百所寺院,以及兩萬上座部的僧人。根據此文獻,唐玄奘在世時,於克什米爾及畢捨遮境內,約有二十所大眾部的寺院及一千僧人,而且大乘僧人遍佈於印度多處。我等認為,阿富汗及龜茲約有七萬僧人。[145]

有說,經部也是之後由說一切有部而分出的。[146]

---

143 從秣菟羅（今譯「馬圖拉」；意譯「孔雀城」）尋得西元一世紀的獅頭石碑,碑文記載了關於供養給說一切有部的寺院及僧眾們的土地及物資。這部分內容可參考當代德國學者Klaus L. Janert的 *A Mathurā Inscription on a Varāha Image*（暫譯：《關於一幅筏羅訶圖像的孔雀城碑文》）,我等認為,佛教宗義典籍中常見的中境毘婆沙宗、偏遠毘婆沙宗、克什米爾,毘婆沙宗,這三種分支幾乎都是從說一切有部、印度中境而延伸出來的。

144 *Encyclopedia of Indian Philosophies*（暫譯：《印度哲學百科全書》）, vol., 7, 100。

145 《大唐西域記》未說總數,我等是依《大唐西域記》前後零散文義,統計當時在阿富汗與龜茲的僧人數目。

146 *Encyclopedia of Indian Philosophies*（暫譯：《印度哲學百科全書》）, vol., 8, 25。

乙二、此派主要依據的典籍為何

什麼經論是毘婆沙宗義的依據？以經而言，是四諦法輪、《百教授經》[147]、《三合詩散文鬘經》[148]、《迦旃延氏經》[149]、《梵網經》等。[150]以論而言有二：《阿毘達磨七論》，以及攝其要義的《阿毘達磨大毘婆沙論》，據說[151]是佛薄伽梵涅槃後，優婆鞠多等人所撰。此宗又說《阿毘達磨七論》是經典，非由他造，因為該七論的編撰是源於佛陀與聖者舍利弗等人對話的整理。阿闍黎佛子稱友[152]的《阿毘達磨俱舍論釋——明義論》[153]云：

「傳言如是，聖者迦多衍尼子造《阿毘達磨發智論》；

---

147 མདོ་སྡེ་གདམས་ངག་བརྒྱ་པ།
148 སྤེལ་མ་གསུམ་པའི་ཕྲེང་བ།
149 ཀཱ་ཏྱའི་མདོ། Kātyāyana Sūtra。現存的漢譯本，見於《雜阿含經・第301經》，劉宋求那跋陀羅（Guṇabhadra）譯（T.99.2.85c-86a.）。可參考蔡耀明對此經的相關研究（http://buddhism.lib.ntu.edu.tw/FULLTEXT/JR-MAG/mag542521.pdf）。
150 衛者明慧的《宗義釋藏》，《西藏十部大明藏》，薩迦文集，第十冊，257頁。
151 譯者註：關於由誰編作《阿毘達磨大毘婆沙論》的其他說法，建議參考〈第一品、總說哲學〉的「甲一、印度的哲學發展史」。
152 སློབ་དཔོན་སངས་རྒྱས་བཤེས་གཉེན།，約西元八世紀。
153 མཛོད་ཀྱི་འགྲེལ་བཤད་དོན་གསལ།。

上座世友造《阿毘達磨品類足論》[154]；大德天寂[155]造《阿毘達磨識身足論》[156]；聖者舍利子[157]造《阿毘達磨法蘊足論》[158]；聖者目犍連[159]造《施設論》[160]；滿慈子[161]造《阿毘達磨界身足論》[162]；拘瑟恥羅[163]造《阿毘達磨集異門足論》[164]。」[165]

有些毘婆沙宗人說，《阿毘達磨七論》中，以《阿毘達磨發智論》為主幹，而《阿毘達磨法蘊足論》等其他六論是《阿毘達磨發智論》的眷屬或支分。如《阿毘達磨俱舍論釋——明義論》云：

「他說，言『論』者，謂《阿毘達磨發智論》，即於彼

---

154 རབ་ཏུ་བྱེད་པའི་གཞི། ཡང་ན། རབ་ཏུ་བྱེད་པ།

155 ལྷ་སྐྱིད།

156 རྣམ་ཤེས་ཀྱི་ཚོགས།

157 ཤ་རིའི་བུ།

158 ཆོས་ཀྱི་ཕུང་པོ།

159 མོའུ་འགལ་གྱི་བུ།

160 གདགས་པའི་བསྟན་བཅོས།

161 གང་པོ།

162 ཁམས་ཀྱི་ཚོགས།

163 གསུས་པོ་ཆེ།

164 འགྲོ་བའི་རྣམ་གྲངས།

165 德格版，論，阿毘達磨，ཀུ་卷，第一品，9正頁；對勘本版，書號80，21頁。漢譯大藏經內並無此譯。

身有六足[166]：《阿毘達磨品類足論》、《阿毘達磨識身足論》、《阿毘達磨法蘊足論》、《施設論》、《阿毘達磨界身足論》、《阿毘達磨集異門足論》。」[167]

據聞，迦多衍尼子在造《阿毘達磨發智論》時，整理出說一切有部的全數主張。此論不僅詮釋正文，善巧將阿毘達磨的舊論歸納一處，還引進當時其他宗義的諸多新論，進而創新其宗的不共主張，很快成為說一切有部的主要依據論典。

依當代學者們詳細研究《阿毘達磨七論》文獻歷史的結果，認為七論中最早造的二論是《阿毘達磨集異門足論》與《阿毘達磨法蘊足論》，後二階段是四論：《施設論》、《阿毘達磨界身足論》、《阿毘達磨識身足論》、《阿毘達磨品類足論》，最後才是《阿毘達磨發智論》。[168]

說一切有部的《阿毘達磨七論》至今仍可見於漢譯中，而藏譯的《施設論》只有「施設世間」、「施設因」、「施設業」三篇，其餘之前並未翻譯，所以不存在於藏譯的甘珠爾與

---

166 譯者註：直譯是「支分」。譯者配合著漢傳佛教「一身六足」的普及說法，決定譯為「足」。

167 德格版，論，阿毘達磨，୩卷，第一品，7正頁；對勘本版，書號80，17頁。漢譯大藏經內並無此譯。

168 *Encyclopedia of Indian Philosophies*（暫譯：《印度哲學百科全書》），vol., 7, 102.

丹珠爾中。

西元二十世紀初期,中國譯師法尊,藏名「洛桑卻帕」,將完整的《阿毘達磨發智論》與《阿毘達磨大毘婆沙論》從漢譯藏,所以今日可見彼二論於藏譯之中。[169]分析藏譯的《阿毘達磨發智論》時,看來此論確實是《阿毘達磨大毘婆沙論》的內容依據。《阿毘達磨發智論》有二十卷、八蘊[170]、四十四納息[171],涉及的內容十分廣泛。

《阿毘達磨發智論》闡釋許多關於阿毘達磨的內容,而且諸多《阿毘達磨發智論》的內容皆被早期阿闍黎們,尤其是說一切有部的著名四師——法救、妙音、世友、覺天——所主張。這四位阿闍黎分析了論中的諸多艱巨難題,從而特別傳授且建立自宗說一切有部。《阿毘達磨發智論》將隨舍利子的《阿毘達磨法蘊足論》的犢子部稱為「阿毘達磨舊部」,對該

---

[169] 近代中國譯師「洛桑卻帕」又名「法尊」於1945-1949年間,將完整的《阿毘達磨大毘婆沙論》從漢譯藏,在正臨文化大革命混亂之際,只剩部分散失的藏文譯本。在抄寫第十四世達賴喇嘛尊者手邊擁有的零散譯文後,印刷其文獻,目前藏地內外都有這份資料。後又依尊者指示,目前正在臺灣翻譯尚未齊全的部分。

[170] 譯者註:雜蘊、結蘊、智蘊、業蘊、大種蘊、根蘊、定蘊、見蘊。

[171] 譯者註:雜蘊有「世第一法納息」等八、結蘊有「不善納息」等四、智蘊有「覺支納息」等五、業蘊有「惡行納息」等五、大種蘊有「大造納息」等四、根蘊有「根納息」等七、定蘊有「得納息」等五、見蘊有「念住納息」等六。

部的宗見進行反駁，也破除分別說部與大眾部的宗見。說一切有部的最早論典有二，阿闍黎法勝[172]所造的《阿毘曇心論》[173]，共十品；阿闍黎妙音所造的《阿毘曇甘露味論》[174]，共十六品。這兩部論只見於漢譯中，不見於其他譯文中。

西元四世紀左右時，自阿闍黎世親造《阿毘達磨俱舍論》及其自釋起，《阿毘達磨俱舍論》成為說一切有部最著名的典籍。相較其他阿毘達磨的典籍，多數藏地的大型寺院只將《阿毘達磨俱舍論》列為主要論典，且有盛行學習此論的傳統。這點也可從西藏學者們的「總義」與「判辨」[175]等層出不窮的注釋得知。

《阿毘達磨七論》在聖上座部中雖是赫赫有名，但根據當今巴利文的「*Abhidharma Nikaya*」（《阿毘達磨尼迦耶》）

---

172 ཆོས་དཔལ།。

173 ཆོས་མངོན་པའི་སྙིང་པོ།。

174 ཆོས་མངོན་པའི་བདུད་རྩི།。譯者註：雖然印順長老的《說一切有部為主的論書與論師之研究・第六卷》說：「四大論師之一的妙音，梵語瞿沙（Ghoṣa）……漢譯有《甘露味阿毘曇論》，末署『得道聖人瞿沙造』。」且將其論名為《甘露味阿毘曇論》，但CBETA中的正式論名是《阿毘曇甘露味論》，譯者決定以後者為主。

175 譯者註：「總義」（སྤྱི་དོན།）是指，其論著作的方式，主要是以消文釋義的方式整理其依據經論的綱要，不以破他宗、立自宗、反他駁的方式為主而撰寫。「判辨」（མཐའ་དཔྱོད།）是指，其論著作的方式，主要是以破他宗、立自宗、反他駁的方式撰寫。

而分析時,如何認定《阿毘達磨七論》的主張卻不同於說一切有部。上座部的《阿毘達磨七論》是:一、《法集論》(Dhamma-saṅganī)。二、《分別論》(Vibhaṅga)。三、《界論》(Dhātu-kathā)。前三者與說一切有部相同。四、《人施設論》(Puggala-paññatti)。五、《論事》(Kathā-vatthu)。六、《雙論》(Yamaka)。七、《發趣論》(Paṭṭhāna)。上座部說,第五《論事》是論典,其餘都是佛陀親言的經典。

我等認為,上座部中近代最廣為人知的阿毘達磨論著是《攝阿毘達磨義論》[176],以及由阿闍黎覺音(Buddhaghoṣa)所造的《清淨道論》(Visuddhi-magga)[177]兩部,而且後人針對這兩部論撰寫了諸多注釋。

乙三、宗義的性質及分類

毘婆沙宗義的性質:依自身根本宗義,無根識所取、無自證,且主張外境是諦實有的佛法宗義。毘婆沙的詞義:說三世為質之別[178]故,或其宗義與《阿毘達磨大毘婆沙論》相同,故

---

176 關於上座部的典籍《攝阿毘達磨義論》是如何建立心所的簡略內容,已在《佛法科學總集・下冊》中詮釋。

177 རྣམ་པར་དག་པའི་ལམ། 。

178 譯者註:例如,瓶是金瓶與鐵瓶的總,金瓶與鐵瓶是瓶的別。相關細節可參考《佛法科學總集・上冊》的「總與別」。

名為「毘婆沙」。《慧心要集論釋注》云：

> 「位於西境克什米爾毘婆沙，詮釋其典籍並許過去及外來因，且說三世為質之別，抑或，彼說與《阿毘達磨大毘婆沙論》相同，故名。」[179]

什麼是「說三世質之別」？主張三世是彼之所依質有事物的別。譬如，主張苗有三世；苗是總，苗的三世是苗的別。[180]

若主張毘婆沙與說一切有部為一，依克什米爾阿闍黎眾賢[181]的典籍《阿毘達磨順正理論》[182]所說，毘婆沙應許不僅三世是實有，三無為亦是實有；[183]若非如此，毘婆沙將不是說一切有部，且如尊者世友的《異部宗輪論》[184]所言，據聞毘婆沙主張一切有為及無為之法皆是實有，以及毘婆沙是說因部。[185]

---

179 德格版，論，中觀，ཤི卷，42正頁；對勘本版，書號57，891頁。漢譯大藏經內並無此譯。

180 譯者註：例如，人是亞洲人和美洲人的總，亞洲人和美洲人是人的別，同樣地，苗是「苗的未來」和「苗的過去」的總，「苗的未來」和「苗的過去」是苗的別。

181 འདུན་བཟང་།。

182 ཆོས་མངོན་པ་རིགས་པའི་རྗེས་འབྲང་གི་བསྟན་བཅོས།。

183 譯者註：眾賢所造《順正理論》或為《阿毘達磨順正理論》卷15（T.29.1562.421a.15）：「我宗三世及三無為皆實有故。」

184 གཞུང་ལུགས་ཀྱི་བྱེ་བྲག་བཀོད་པའི་འཁོར་ལོ།。

185 譯者註：世友所造《異部宗輪論》（T.49.2031.15b.9）：「一說一切有部，亦名說因部。」

毘婆沙宗的分類：《阿毘達磨俱舍論釋——明義論》云：

「是毘婆沙宗者，非克什米爾亦有，即一切偏遠毘婆沙宗人。」[186]

此論明白指出，有克什米爾毘婆沙宗與偏遠毘婆沙宗兩類。我等認為，另有針對該分類的其他說法，即克什米爾毘婆沙宗、偏遠毘婆沙宗、中境毘婆沙宗，共分為三。或者，另三種為：克什米爾毘婆沙宗、偏遠毘婆沙宗、西境毘婆沙宗。

乙四、如何立宗
丙一、總說

如前已述，《阿毘達磨七論》建立此宗的關鍵論述，而且此宗完整的不共見解之依據及理由，亦於《阿毘達磨大毘婆沙論》、《阿毘達磨俱舍論》及其自釋中做了詳細的說明。因此，我等會根據這些文獻，概說毘婆沙的宗見。

我等認為，雖然《佛法科學總集》已大概講解了此宗針對基法真相的某些論述，然而，如果能一併整理並且列出此派的關鍵宗義，方能了知且輕易學習此宗一系列完整的論述。所以這本《佛法哲學總集》擬大致詮釋之前已述的內容，以及稍做解釋

---

[186] 德格版，論，阿毘達磨，51卷，第八品，311背頁；對勘本版，書號80，1597頁。漢譯大藏經內並無此譯。

之前未說的內容。讀者應了知也會以這種方式介紹其他宗義。

毘婆沙說，一切所知可歸納為五事：一、相色法。二、主心法。三、隨心所。四、不相應行。五、無為法。主張所知五事都是「質中成立」[187]、作性之事物。有為法分三：色法、相應、不相應行。相應又分為二：心與心所。關於無為法，克什米爾毘婆沙說無為分三：虛空、擇滅、非擇滅；中境毘婆沙說，彼等之上再加「如所有性」，共四。

毘婆沙不說有為法的定義是「具生住壞滅四者的作用」，卻說有為法的定義是「具生者、住者、壞者、滅者」。[188]色等的事例事物雖能同時存在四種性相[189]，但彼四作用得依序形成，

---

[187] 譯者註：在本書的「總說外道宗義」裡，雖已標此譯者腳註，但考慮令讀者方便閱讀，決定再次加此腳註。此詞的藏文是「ཧྲས་སུ་གྲུབ་པ」。漢譯大藏經中，不僅譯此詞為「實有」，也把「ཧྲས་སུ་ཡོད་པ」譯為「實有」，卻未明示該二的區別。根據這篇「丙一、總說」所言，「ཧྲས་སུ་གྲུབ་པ」（「質中成立」）與「ཧྲས་སུ་ཡོད་པ」（「質有」或「質體有」）不同。為使讀者能夠區別「ཧྲས་སུ་ཡོད་པ（質有）」及「བདེན་པར་ཡོད་པ（真實有）或「實有」）」的差別，譯者選擇將「ཧྲས་སུ་ཡོད་པ」譯為「質有」或「質體有」。

[188] 譯者註：毘婆沙對生、住、壞、滅（或稱「成住壞空」）的「作用」與「作者」兩者彼此間的差異，提出不同於其他宗派的觀點。換句話說，有為法不一定有其生、住、壞、滅的作用，但一定有其生、住、壞、滅的作者。還有，漢譯大藏經的古譯將此處的「壞」字（衰壞之意）譯為「異」，如《阿毘達磨俱舍論自釋》云：「能衰名異。」然而，若要讓現代讀者將「異」字理解為「衰壞」，確實不易，譯者決定直接翻成「壞」字，這樣讀者們會較為容易理解。

[189] 譯者註：四種性相是，生者、住者、壞者、滅者。

即先有生,再有住,再有壞,再有滅。

雖然毘婆沙說有為法一定是剎那性,但又主張生與滅的中間階段卻有非生滅性的住,由此可見,相較經部以上安立的剎那性,此宗的說法顯得非常粗淺。[190]此外,不同於佛教經部以上針對如何安立常的說法,毘婆沙說,但凡是常,存在於前際的所有都會存在於後際。

毘婆沙在六因、五果、四緣之上,提出「同時因果」的不共主張。依三世之作用而立三世苗:播種到田裡後,尚未長出苗前,是未來苗;生苗後,在苗尚未滅前,是現在苗;滅苗後是過去苗。[191]時間不是常,因為具足有為法的生等四性相[192]。緣過去及未來的現在識具有其境。識依境根兩者而生。過去業所感得的果可於現在際成熟。於未來苗及過去苗時,仍亦有苗。說一切有部的七個派系中,除了分別說部外,其餘派系都主張「三世是質有」;分別說部承許,現在式與未生果的過

---

190 譯者註:經部以上說,已生的當下就已形成正在滅,生滅中間並不存在非生滅性的住。

191 《阿毘達磨大毘婆沙論》(阿毘達磨大毘婆沙論卷第七十七,結蘊第二中十門納息第四之七。T.27.1545.396a.13)說:「說一切有部有四大論師,各別建立三世有異,謂尊者法救說類有異;尊者妙音說相有異;尊者世友說位有異;尊者覺天說待有異。」詳細內容參考《佛法科學總集・上冊》。

192 譯者註:此處的「生等四性相」是,生者(又稱「成」)、住者、壞者、滅者(又稱「空」)。

去式是質有[193]，未來式與已生果的過去式不是質有，[194]有此分別。

以瓶子為例，瓶子為何存在於瓶子的過去式及未來式？

某人即將要見瓶子的時候，此人相續的見瓶眼根與其境瓶子兩者正在發生，所以是瓶子的未來式；正在看瓶時，此人相續的見瓶眼根與其境瓶子兩者，皆是瓶子的現在式；見後背對瓶子的當下，此人相續的見瓶眼根與其境瓶子兩者是瓶子的過去式。因此，毘婆沙主張瓶子存在於瓶子的過去及未來之時。

為何過去瓶及未來瓶是瓶子呢？依序，過去瓶是已有瓶，未來瓶是將有瓶，彼二與現在瓶是同類的緣故，安立為瓶。譬如，林中樹木尚未成柴，卻因為是木柴的類別，稱其為「柴」。又像是與擠出的乳同類的緣故，即便是尚未擠出、仍存在於奶娘的體中，便稱為「乳」。

世俗諦：在破壞及去除彼支的最後，徹底失去彼執之識。比如，用槌敲壞瓶子的支分時，執瓶之識將會失去；以瓶內的

---

193 譯者註：在此「質有」二字的藏文是「ཪྫས་གྲུབ」，也是「質中成立」的縮寫。根據編輯者格西們的解釋，藏譯《阿毘達磨大毘婆沙論》雖用此詞，但此詞於此處的正確理解應是「ཪྫས་སུ་ཡོད་པ」（「質有」或「質體有」）才對，不應該是「ཪྫས་སུ་གྲུབ」（質中成立）。

194 《阿毘達磨俱舍論自釋》，德格版，論，阿毘達磨，ཀུ卷，第五品，239正頁；對勘本版，書號79，586頁。相關漢譯資訊：真諦譯《阿毘達磨俱舍釋論》（T.29.1559.257b.29）。詳細內容參考《佛法科學總集・上冊》。

水為例,依識各別去除該水的味道等其他特徵時,執該水之識將會消滅。主張世俗諦與施設有兩者同義。

相反地,勝義諦是:以無方分之色及無方分的微塵為例,即便破壞或以識去除一一彼支,仍不會失去彼執之識。勝義諦與質有同義。主張一切法都是「質中成立」,且說「質中成立」不一定是質有,因為無論任何一法,其體性必須獨立存在,而且毘婆沙不知「僅依他支施設而有」之義。

法的性質:攝持[195]自之體性者。基法二諦所囊括的任何一法,都能攝持自之定義或體性,所以攝持自之體性者都是「法」。《阿毘達磨俱舍論》云:

> 「攝自性……」[196]

《俱舍滿增注》云:

> 「若云:『攝持自之性相,故為法。此言過甚。』許其義,故無過。依吾等言,諸法攝持自之性相故,不違法

---

[195] 譯者註:藏文是「འཛིན」,具「持有」之義。之所以不翻「持有」卻譯為「攝持」,是搭配《阿毘達磨俱舍論》中「攝自性非餘,以離他性故」的「攝」字。如,只有瓶子方可攝持瓶子本有的體性,只有火方可持有火本有的定義。

[196] 德格版,論,阿毘達磨,ཀུ卷,第一品,第19句偈頌文,2背頁;對勘本版,書號97,5頁。漢譯來源:玄奘大師譯《阿毘達磨俱舍論》(T.29.1558.4b.18):「攝自性非餘,以離他性故」。

之自性。」[197]

「攝持自之體性者」的「體性」有二：自之不共性及自之共性。隨個案不同，不僅自之共性與自之不共性並不相違，縱使在一個案例上，也可依「特徵」之態，無違結合彼二。以特徵剎那性為例，不僅是有法[198]無常自之不共性，也是有法柱子、瓶子等自之共性。特徵堅、濕、暖、動，依序是有法地、水、火、風的自之不共性，而特徵無常、空等是有法地、水、火、風的共性。如《阿毘達磨大毘婆沙論》云：

「有餘師言，相有二種：一、自相。二、共相。堅、濕、煖、動相是自相，色相是共相。如是二相，互不相違，於一法立，亦無有過。」[199]

《阿毘達磨俱舍論釋——明義論》亦云：

「自相作意即作意自相，如念『色具堪成所害性相』等。『等』字攝『如受具領納性相』等義。共相作意為

---

[197] 德格版，論，阿毘達磨，si 卷，第一品，13 正頁；對勘本版，書號 81，30 頁。漢譯大藏經內並無此譯。

[198] 譯者註：在此的「有法」是某特徵的所依之義。

[199] 《阿毘達磨大毘婆沙論》，第六冊，第一百二十七卷，939 頁。漢譯來源：《阿毘達磨大毘婆沙論》（T.27.1545.663b.15）。

作意無常,即具無常至『出』[200]之間的十六行相。」[201]

共相是與己同性,反之,自相是與己不同性。《俱舍滿增注》云:

「眼識等應知,質之自相與青等自之體性不同。」[202]

此宗認為,色法及識法必須觀察後可得;色法的最終必須是無方分微塵,識法的最終必須是無分[203]最短剎那續流,所以主張構成粗色的基礎是無方分微塵,構成識法的基礎是無分剎那。正因為可由積累無方分微塵而成種種粗法,主張外境是實有。

主張存在名副其實的四大種;四大種與四大種之界並無差異,一切聚色都有四大種的全部作用。

業分為思業及思已業兩者。思業有二:相應意識的思心所,以及由身語業所生的思心所;思業又稱「意業」。思已業

---

200 譯者註:十六行相為,無常、苦、空、無我、因、集、生、緣、滅、靜、妙、離、道、如、行、出。
201 德格版,論,阿毘達磨,ཁུ卷,第二品,236正頁;對勘本版,書號80,555頁。漢譯大藏經內並無此譯。
202 德格版,論,阿毘達磨,གུ卷,第二品,31背頁;對勘本版,書號81,76頁。漢譯大藏經內並無此譯。
203 譯者註:「無分」謂不可再分者,即無其支分。

是由思業所生的身業與語業兩者，而身業與語業兩者又各分為表色及無表色二類。經部、唯識、自續三派不說業是色法；毘婆沙與中觀應成派說，身語業是色法。

即便業與其果之間的相隔期長久，但善惡業仍可感得其果樂苦，不會錯亂。為什麼呢？

有些毘婆沙師說，過去造業乃至未感果之間，之所以業果得以銜結，是因為有不相應行屬性、非業性質的「不失壞」[204]。像是放款給他人的借據，會令本利不失壞，故無業果錯亂之過。有些毘婆沙師說，之所以業果得以銜結，是因為善惡二業有著不相應行屬性、非善惡二業性質的「得體」[205]。

此宗如何認定業果所依處的「我」呢？

有些毘婆沙的正量師說，蘊是我。正量部中，拘屢拘羅師說，全五蘊是我。正量部中，阿班達卡師說，只有心是我。正量部中，犢子師說，我是不可說。[206]克什米爾毘婆沙及某些經部的論師說，蘊的續流才是業果所依之「我」的事例。當主張全五蘊是補特伽羅的事例時，不會說五蘊中的一一蘊體是補特

---

204 ཆུད་མི་ཟ་བ།。

205 ཐོབ་པ།。

206 阿闍黎律天的《略攝相異部派教法》說，拘屢拘羅部、阿班達卡部，以及犢子部三者隸屬正量派內部。至於《思擇焰論》的另一種說法，建議參考前述毘婆沙的「乙一、此派宗義的發展史」中，關於十八部如何分出的解釋。

伽羅，卻會主張五蘊的和合體是補特伽羅。主張心識是補特伽羅事例的論師們說，意識不間斷地從所有造業者的前世走向感果者的後世，所以意識是補特伽羅。毘婆沙說，「有」一定是法我，所以不承許粗細法無我的論述。粗分人無我：無「常、一、自主的補特伽羅」。細微人無我：無「自主質有的補特伽羅」。[207]細微無我與細微人無我同義。

然而，在毘婆沙的正量部中，犢子部的論師說，我是自主質有，所以不說細微人無我是「無自主質有的補特伽羅」。又說，我若迥異於蘊，將如外道所言，是常，且有「雖不持蘊卻可獨立持我」[208]之過；我若是蘊，將有補特伽羅多相[209]之過，而且滅蘊時我亦應滅的緣故，我於死時同蘊，我的續流將會間斷；有「已造之業應成失壞」之過，故而主張不可說自主補特伽羅是常或無常。犢子部說，細微無我只是無常、一、自主的我。

能知之量有現識與比度兩者。現量有三：根現識、意現

---

[207] 譯者註：可以不經其他，便可直接認出，就是質有、自主質有。換句話說，可以不經其他，便可直接認出補特伽羅，就是「自主質有的補特伽羅」，這被毘婆沙宗給破除。

[208] 譯者註：根據編輯者的格西們說，「雖不持蘊卻可獨立持我」的例子猶如牛圈中的唯一一頭山羊般，「我」是可徹底脫離五蘊的個體，這與「可以不經其他，便可直接認出的我」不同，後者是指可以操控身心的主宰者，而毘婆沙宗也的確認同其義。

[209] 譯者註：蘊和我如果是一，如同有眼、鼻、手、足等多種蘊體，於同一時內，應成有多種「我」的過失。

識、瑜伽現識,除此外,不承許自證現識。所依色根是量;根識執境時,不僅不會現起境相[210],且會離相[211]直接[212]執境;眼根見色,而眼識執色或知色,毘婆沙主張「見」與「知」兩者不同等諸多內義。

前列毘婆沙的整體觀點是以克什米爾毘婆沙宗為主,此宗概要如《慧心要集論》所整理的內容。論云:

「空二滅清淨,三無為是常,有為諸無我,剎那無作者,眼生識無相,現知微塵聚,智說毘婆沙,克什米爾論。」[213]

祇多梨的《善逝教典分別論》也提出極為類似的觀點。論云:

「三無為是常,虛空與二滅,諸行剎那性,無我無作者,以根所生識,現識知細聚,智說毘婆沙,克什米爾論。」[214]

---

210 譯者註:所緣事物的影像。

211 譯者註:直譯是「無相」,即不經任何影像而知或執某內容。

212 譯者註:直譯是「赤裸」。恐讀者不知「赤裸執境」的意思為何,譯者決定採用意譯。

213 德格版,論,中觀,ঙী卷,第21句偈頌文,27正頁;對勘本版,書號57,853頁。漢譯大藏經內並無此譯。

214 德格版,論,中觀,ঙ্যা卷,第1句偈頌文,7背頁;對勘本版,書號63,884頁。漢譯大藏經內並無此譯。

丙二、別說主要立宗
丁一、安立所知五法

從之前整理的毗婆沙宗概論裡，此處再針對幾個重要的不共觀點稍做解釋。毗婆沙依《阿毗達磨俱舍論》及其自釋等阿毗達磨的典籍，建立基法真相時，主張蘊、界、處攝一切法，五蘊攝一切有為法。

五蘊是色蘊、受蘊、想蘊、行蘊、識蘊。說「處」一詞時，其分類有十二處，即色處、聲處、香處、味處、觸處、法處的外六處，以及眼處、耳處、鼻處、舌處、身處、意處的內六處。若再廣泛分類，則說有十八界：色界、聲界、香界、味界、觸界、法界六者是所緣境之界；眼根界、耳根界、鼻根界、舌根界、身根界、意根界六者是所依根之界；眼識界、耳識界、鼻識界、舌識界、身識界、意識界六者是能依識之界，共十八界。處與界攝一切法，而十八界中的法界以及十二處中的法處攝無為法；色蘊、意處、法界三者攝一切法。

被色蘊所攝的有：五蘊中的色蘊；十二處中的色處、聲處、香處、味處、觸處、眼處、耳處、鼻處、舌處、身處，共十處；十八界中的色界、聲界、香界、味界、觸界、眼根界、耳根界、鼻根界、舌根界、身根界，共色十界；法處與法界中的無表色。

被意處所攝的有：五蘊中的識蘊、十二處中的意處，以及十八界中的識七界，即意根界、眼識界、耳識界、鼻識界、舌識界、身識界、意識界。

被法界所攝的有：色蘊中的無表色；五蘊中的受蘊、想蘊、行蘊；十二處中的法處，以及十八界中的法界。《阿毘達磨發智論》云：

> 「頗有一界、一處、一蘊攝一切法耶？答：有。一界謂法界；一處謂意處；一蘊謂色蘊。」[215]

其略義如《阿毘達磨俱舍論》云：

> 「總攝一切法，由一蘊處界……」[216]

我等認為，毘婆沙以「所知五法」安立自宗基法真相，誠如阿闍黎世親《阿毘達磨俱舍論自釋》云：

> 「一切法略有五品：一色、二心、三心所、四心不相應

---

[215] 《阿毘達磨大毘婆沙論》，第一冊，第二十卷，1358頁。漢譯來源：《阿毘達磨大毘婆沙論》（T.27.1545.987b.19）或《阿毘達磨發智論》（T.26.1544.1027b.9）。

[216] 德格版，論，阿毘達磨，ㄍ卷，第一品，第19句偈頌文，2背頁；對勘本版，書號97，5頁。漢譯來源：玄奘大師譯《阿毘達磨俱舍論》（T.29.1558.4b.17）。

行、五無為。」[217]

其義也可從阿闍黎佛子稱友的《大乘阿毘達磨集論釋》[218]得知。論云：

「所知五相：色、心、心所法、心不相應行、無為。」[219]

「相色法」攝「色等五境」[220]與「眼等五根」[221]等一切內外色法；「主心法」與「隨心所法」兩者攝內在心識之法；「不相應行法」攝一切三世非色、非識之有為法，以及有為法的三特徵：生、住、滅；「無為法」攝不由因緣所生之法。此宗創立一切法皆被所知五法所攝的觀點。

戊一、相色法

此宗主張相色法有十一類：色處、聲處、香處、味處、觸處的五外色；眼處、耳處、鼻處、舌處、身處的五內色，以及

---

217 德格版，論，阿毘達磨，ཀུ卷，第二品，63正頁；對勘本版，書號79，157頁。漢譯來源：玄奘大師譯《阿毘達磨俱舍論》（T.29.1558.18b.16）。

218 ཆོས་མངོན་པ་ཀུན་ལས་བཏུས་པའི་བཤད་པ།

219 德格版，論，唯識，རི་卷，第一品，143背頁；對勘本版，書號76，1328頁。漢譯大藏經內並無此譯。

220 譯者註：色、聲、香、味、觸。

221 譯者註：眼、耳、鼻、舌、身。

無表色,共十一。《阿毘達磨俱舍論》也提及「無表色」。論云:

「亂心無心等……」[222]

如《阿毘達磨俱舍論》所說,無表色是種不顯露、無障礙的特殊色法,具五特徵:一、在心散亂或無心時仍會存在。二、善惡任一。三、具前後任一的續流。四、由彼因內四大種所生。五、無表。

此宗認為,外色五境與內色五根皆由彼因四大種而生、是積聚極微塵而形成的外境。如何累積無方分微塵而成立外境呢?這是毘婆沙的根本宗義,所以此處會對此稍加解釋。一般而言,最小的色法是極微塵,最短的名字是單一的字母,最短的時間是時邊際剎那,先從這個觀點解釋。《阿毘達磨大毘婆沙論》云:

「有為法有三分齊,謂時、色、名。時之極少謂一剎那;色之極少謂一極微;名之極少謂依一字。」[223]

---

222 德格版,論,阿毘達磨,ཀུ卷,第一品,第8句偈頌文,2正頁;對勘本版,書號97,4頁。漢譯來源:玄奘大師譯《阿毘達磨俱舍論》(T.29.1558.3a.16)。

223 《阿毘達磨大毘婆沙論》,第七冊,第一百三十六卷,347頁。漢譯來源:《阿毘達磨大毘婆沙論》(T.27.1545.701a.27)。

極微塵是粒子[224]中的最小單位，不僅是色法的最初基礎，也是無方分、一性卻有多者圍繞在側、自身中並無支分與和合體的區別、以互不觸碰之態而處其位。當位於中間的一個極微塵被其他極微塵圍繞在側時，如果這些極微塵會彼此觸碰，將會全面觸碰，進而彼此融合；若某面觸碰，則有「將成有方分」之過。《阿毘達磨大毘婆沙論》云：

> 「問：彼極微量復云何知？答：應知極微是最細色，不可斷截、破壞、貫穿；不可取、捨、乘、履、搏、掣；非長、非短、非方、非圓、非正不正、非高、非下、無有細分、不可分析、不可覩見、不可聽聞、不可嗅嘗、不可摩觸，故說極微。[225]……尊者世友作如是說，極微展轉互相觸不？答：互不相觸。若相觸者即應住至第二剎那。」[226]

阿闍黎妙護的《成外境義》也說同樣的理論。論云：

> 「彼此不相觸，住無方分相，故由地壇城，積聚而成立。」[227]

---

224 譯者註：直譯為「塵」。

225 《阿毘達磨大毘婆沙論》，第七冊，第一百三十六卷，354頁。漢譯來源：《阿毘達磨大毘婆沙論》（T.27.1545.702a.4）。

226 《阿毘達磨大毘婆沙論》，第三冊，第七十三卷，545頁。漢譯來源：《阿毘達磨大毘婆沙論》（T.27.1545.380a.18）。

227 德格版，論，量，མ卷，第56句偈頌文，191背頁；對勘本版，書號106，514頁。漢譯大藏經內並無此譯。

在質極微塵以及積聚微塵兩者中，四大地水火風的無方分塵，以及大種所造色香味觸四無方分塵，這八個無方分質塵一一皆是質極微塵。由此八所結合的最小微塵是積聚微塵。質極微塵是無方分，積聚微塵是有方分；七個極微塵累積後，成為一微塵。

構成外境色法的最初基礎：積聚一一不可分解其支的無方分極微塵後，形成種種粗分法類，且說外境只能是真實有。以青色為例，青色並非只是心識所見的青相，而是可從心識所見的青相獨立出來、由無方分極微塵為構成基礎所成的一種外境色法。不但可依經驗建立有外境諸法的正當性，其義也能依理觀察而成立。

先要積聚細微支分，才能構成粗法。分解粗法支分時，從粗到細的最後必須安立再也不能被分解的終極質。倘若沒有這種終極質，則不能合理詮釋為何可由積聚微塵構成粗分。如果將土地、石頭等粗色一一分解，其支分割到最終要有不能再小之質。如果此質是有方分，將可再被繼續分解，將有不成最小之過。總之，只剩「主張為無方分」或「主張可被無止盡分解」其中之一的選項；如果承許後者，那麼，即便是個極小的水滴也可被無止盡地分解，故而主張無方分。

此宗說，如構成色法的根本基礎極微塵是無方分，同理，在分解非色之行心識的前時段與後時段中，最終的「時邊際剎

那」也是無時分,因為其中再也無法分解前剎那與後剎那的支分。

雖然毘婆沙與經部兩者都相同主張,極微塵是無方分、極微塵彼此之間不會相互觸碰,但毘婆沙卻說極微塵彼此之間有間隔,而經部說無間隔。毘婆沙說四大種與四大種之界無差異,且說一切聚色都有四大種的全部作用,都是真正的四大種。經部以上卻說,四大種不同於四大種之界;雖說一切聚色都有全部的四大種之界,卻不一定是真正的四大種;以聚集極微塵所形成的水之質為例,這雖是水界或是「能力」,卻不是水。相關理由已在《佛法科學總集》的上冊中詳細說明。[228]

戊二、主心法及隨心所法

主心法有六識,即眼識、耳識、鼻識、舌識、身識,以及意識。根據《阿毘達磨俱舍論》,隨心所法分為六類四十六心所:一、地法。二、善地法。三、煩惱地法。四、不善地法。五、小煩惱地法。此五為定心所。六、附帶不定心所。雖然在

---

[228] 《佛法科學總集・上冊》(185頁):「依下部阿毘達磨教典所說,毘婆沙部認為在單一的極微塵中,必須具有四大種及色、香、味、觸四質,總共有八塵質,而且八塵質是具相的地、水等。經部宗則認為,聚色雖然具有八塵質,但八塵質是以『能力』或以『種子』的形態,隱藏存在著,唯有當眼識去看聚色的時候,八塵質才會顯現。因此,一切聚色雖然具有地水等八塵質,但僅以能力或種子形態存在而不一定顯現,故非具相地水等。」

《大乘阿毘達磨集論》及其自釋，以及《大乘五蘊論》[229]中，欲、慧、念、勝解、三摩地等被歸類為「別境」，非「地法」，但毘婆沙部卻說彼等[230]相應一切心。

如鹹水大海與小溪的結合般，與「疑」相應之心雖有慧，但慧弱疑強。同樣地，與「散亂」相應之心有「三摩地」；與「忿」相應之心有「欲」；與「忘念」相應之心有「念」；與「不信」相應之心有「勝解」；此等論述皆是依照其相應二者之力道強弱而安立。

《阿毘達磨俱舍論》未提及，而於《大乘阿毘達磨集論》說到另外的五個心所：一、無癡善。二、根本煩惱見。三、不正知。四、忘念。五、散亂。《阿毘達磨俱舍論》列出四十六心所，主要是因為這些心所的性質各各不同的緣故。我等認為，無癡善、根本煩惱見、不正知三者屬慧性，而忘念屬念性，散亂則屬定性，所以《阿毘達磨俱舍論》未將這五個從四十六心所獨立出來。關於心所的質體有與施設有的差異，詳細情況請參照《佛法科學總集‧下冊》得知。[231]

---

229 ཕུང་པོའི་རབ་བྱེད།，阿闍黎世親造。

230 譯者註：「彼等」謂十大地法：一、受。二、想。三、思。四、欲。五、觸。六、慧。七、念。八、作意。九、勝解。十、三摩地。

231 《佛法科學總集‧下冊》（147頁）：「心所的質體有與施設有的差異……」

戊三、不相應行法

不相應行法分為十四:一、得。二、非得。三、同分。四、無想。五、無想定。六、滅盡定。七、命。八至十一、生住壞[232]滅的四有為性相。十二、名聚。十三、句聚。十四、文聚。《阿毘達磨俱舍論》云:

>「心不相應行,得非得同分,無想二定命,相名身等類。」[233]

這十四法雖然是有為法,但不是色法,也不相應心心所,故稱「不相應行法」。毘婆沙說,不相應行法是迥異於色、心、心所質體的事物;經部以上說,不相應行法只是依賴著色、心、心所三者階位所施設,並非從彼等獨立出來的質體。

十四法中的「得」:謂令所得物可在相續中獲得的某種質體。如捆綁包袱的繩索與包袱有別,「得」的性質可從所得物中獨立出來。

非得:謂令不得物無法獲得的某種質體。

同分:謂某種與有情的行為、想法、性質相似的質體。

---

232 譯者註:此處的「壞」字,或毘婆沙部與經部針對有為法的性相所解釋的「生住壞滅」的「壞」字,按藏文是衰敗、老壞的意思。

233 德格版,論,阿毘達磨,ཀུ卷,第二品,第35句偈頌文,5正頁;對勘本版,書號79,11頁。漢譯來源:玄奘大師譯《阿毘達磨俱舍論》(T.29.1558.22a.6)。

無想:謂暫時遮擋生於無想天之天人相續的心及心所的某種質體。

無想定:謂自果無想天之因,從入定起乃至未出定前,遮擋心與心所的質體。

滅盡定:謂依聖者心續中三界最細微的心識——非想非非想天之心——遮擋心與心所的質體。

命[234]:謂身識所依的不相應行之質體。《俱舍論切要釋》引《比丘尼曇摩提那經》[235]云:

「壽暖以及識,三法捨身時,所捨身僵仆,如木無思覺。」[236]

以上為毘婆沙部所說。

身識所依是命,命之所依為何?若說:「如身及識無所依,將無身及識,所以命的所依是身及識。」經部認為,按

---

234 譯者註:《阿毘達磨俱舍論》又將命稱為壽。論云:「命根體即壽,能持煖及識。」

235 དགེ་སློང་མ་ཆོས་སྦྱིན་གྱི་མདོ། *Bhikṣuṇī Dharmadinnā Sūtra*。

236 德格版,論,阿毘達磨,ཀུ卷,第一品,8背頁;對勘本版,書號82,14頁。漢譯大藏經內並無此譯。《大乘密嚴經》(*Mahāyāna-ghana-vyūha Sūtra* འཕགས་པ་རྒྱན་སྟུག་པོ་བཀོད་པའི་མདོ།;德格版,經,阿毘達磨,ཅ卷,第三品,45背頁;對勘本版,書號50,104頁)亦有類似《比丘尼曇摩提那經》的經文。經云:「壽煖及與識,若捨離於身,身則無覺知,猶如於木石。」漢譯來源:唐不空譯《大乘密嚴經》(T.16.682.770b.12)。

照這種說法,彼二相互依賴而有的緣故,不能成立彼二。[237]抑或,若可成立,等同命無止盡,因為其因心識不可能全無。[238]因此,經部將意識及其種子的同類品[239]施設為命根。[240]

前述毘婆沙與經部雙方的說法都具爭議,所以瑜伽部[241]說,隨業力故,將阿賴耶識的同類品施設為命根。

解說關於有為法的生住壞滅四性相。有為法的定義是「可象徵有為的某法」;能起之生、能安之住、能老之壞、能滅之無常四者,皆與所象徵的有為法同時產生,而且彼四性質與有為法是質體異。《阿毘達磨發智論》云:

「有為法——生、住、老、無常,當言有為耶?無為

---

237 譯者註:若身心依賴命而有,命得先有,才有身心;若命依賴身心而有,先要有身心,方能有命。若兩者彼此依賴,等同兩者都無,因為無法證明何者先有。

238 譯者註:若說「命依賴著心識,故可成立命」,那麼,命將無止盡,因為其因心識沒有斷滅之時。

239 譯者註:「意識及其種子的同類品」是指,意識及其隨眠(種子)會隨著投生之處的不同,轉成其類之意識,像是依賴人道的緣故,才能成立「人的心識」,隨畜生道才能成立「畜生的心識」。總之,經部不說「意識及其種子施設為命」,畢竟人死後仍有意識及其種子。經部說「意識及其種子的同類品施設為命」,因為人的意識與人命同時壞滅。

240 德格版,論,阿毘達磨,ཀུ卷,第二品,79正頁;對勘本版,書號79,196頁。相關漢譯文獻:《阿毘達磨俱舍論》(T.29.1558.26a.22)云:「命根者何?頌曰:命根體即壽,能持煖及識。」

241 譯者註:唯識派的異名。

耶？答：應言有為。」²⁴²

《阿毘達磨大毘婆沙論》云：

「復次，若法為生所起、為老所衰、為無常所滅，是有為義；與此相違是無為義。」²⁴³

既然有為法的性相有四，為何經說生住滅三者是有為法的性相呢？那是將「壞」²⁴⁴併入「住」中，以一性相而說彼二的緣故。這麼說的目的是，住是起貪之處，為遮緣住之貪，故將住、壞兩性相合一解說。《阿毘達磨俱舍論自釋》云：

「經說住異，是此異別名，如生名起，滅名為盡，如是應知，異名住異……²⁴⁵謂愚夫類無明所盲，於行相續執

---

242 《阿毘達磨大毘婆沙論》，第一冊，第二卷，117頁。漢譯來源：《阿毘達磨大毘婆沙論》（T.27.1545.198c.9）或《阿毘達磨發智論》（T.26.1544.926a.14）。

243 《阿毘達磨大毘婆沙論》，第三冊，第七十六卷，664頁。漢譯來源：《阿毘達磨大毘婆沙論》（T.27.1545.392c.24）。

244 譯者註：《阿毘達磨俱舍論自釋》稱「壞」為「住異」或「異」。意思是，衰壞是安住的變異。雖然「住異」與「住」看似矛盾，為斷緣住之貪，《阿毘達磨俱舍論自釋》將「住異」與「住」合為一個性相，並且提出為何以三性相解釋有為法的理由。

245 德格版，論，阿毘達磨，ɡ卷，第二品，80背頁；對勘本版，書號79，202頁。漢譯來源：玄奘大師譯《阿毘達磨俱舍論》（T.29.1558.27a.17）云：「豈不經說有三有為之有為相？於此經中應說有四，不說者何？所謂住相，然經說住異，是此異別名。如生名起，滅名為盡。如是應知，異名住異。」

我我所，長夜於中而生耽著。世尊為斷彼執著故，顯行相續體是有為及緣生性，故作是說有三有為之有為相，非顯諸行一剎那中具有三相。」[246]

若駁：「四性相本身尚需象徵有為法之四性相，將成無窮盡；若不需，四性相將成無為法。」以象徵有為法的事例瓶子為喻，當瓶子形成時，瓶子自身、瓶子的生、住、壞、滅的根本四性相形成的同時，也會有「相應四性相」[247]，即「形成根本生之生」（又稱「生之生」）、「安其根本住之住」（又稱「住之住」）、「衰老根本壞之壞」（又稱「壞之壞」），以及「消滅根本滅之滅」（又稱「滅之滅」）。總之，同時形成九法：事例有為法、根本四性相、相應四性相。

依根本生所生[248]法有八：事例有為法、住、壞、滅根本三性相，以及相應四性相。「根本生」無法產生自己本身，卻可從生之生形成。由此可知，生之生所形成的法只有單一的根本生，依此類推其他三相應性相。有為法的四性相，除了自己本

---

246 德格版，論，阿毘達磨，ཀུ卷，第二品，80背頁；對勘本版，書號79，202頁。漢譯來源：玄奘大師譯《阿毘達磨俱舍論》（T.29.1558.27b.29）。

247 མཚན་པའི་མཚན་ཉིད་བཞི།

248 譯者註：根據毘婆沙宗，有為法的四性相及心心所是相互為因果的，所以生是住的因，住也是生的。因此宗承許「同時因果」，經部以上否定「同時因果」的觀點。

身以外，都具其他三性相，況且再加上生之生等相應四性相，將有全部四性相。總之，彼等皆是相互依存而有的緣故，毘婆沙部否定「將成無窮盡」的過失。《阿毘達磨俱舍論自釋》云：

> 「謂法生時并其自體九法俱起，自體為一相、隨相八。本相中，生除其自性，生餘八法隨相，生生於九法內唯生本生。謂如雌雞，有生多子，有唯生一。生與生生，生八、生一，其力亦爾。本相中，住亦除自性，住餘八法隨相，住住於九法中唯住本住。異及滅相，隨應亦爾。是故生等相復有相隨相唯四，無『無窮』失。」[249]

毘婆沙部說，以一色蘊為例，當有為法的生滅住性相象徵[250]色蘊是有為法時，色蘊本身就是生滅住的緣故，不會象徵彼生滅住的作用，卻會因為彼有「能生」[251]等他義，進而象徵色蘊是有為法。是故，此宗不認同生滅住性相指生滅住的作用，而認為是生者、滅者、住者之另一種質體[252]。《阿毘達磨俱舍論

---

249 德格版，論，阿毘達磨，ꥤ卷，第二品，81正頁；對勘本版，書號79，201頁。漢譯來源：玄奘大師譯《阿毘達磨俱舍論》（T.29.1558.27b.16）。

250 譯者註：有為法的定義是「可象徵有為的某法」。

251 譯者註：毘婆沙說，生、滅、住指的是生者、滅者、住者，又稱能生、能滅、能住。

252 譯者註：毘婆沙說，色蘊與色蘊的「能生」（或稱「生者」）是不同的質體。經部以上否定這種觀點。

自釋》云：

「此於諸法能起名生，能安名住，能衰名異，能壞名滅。」[253]

《阿毘達磨俱舍論釋——明義論》云：

「承許有為性相他質體性，無須爭論。」[254]

毘婆沙主張，雖然同時存在色等事物的四性相，但相應彼四時，當依序建立：先有生的作用，再有住的作用，再有壞的作用，才有滅的作用。

經部以上的佛教宗義主張，有為法的生等性相是指諸色生壞住的作用；生等並非迥異於諸色的質體，所以是施設有。以苗為例，前無而新生是生、與前者同類之安是住、前剎那與後法性質相異是壞、不存在於成立自時的第二剎那是滅，而這四性相是同時成立。

雖然多解部、克什米爾毘婆沙部，以及一般的毘婆沙說，有為法被剎那性所周遍，卻又說生與滅之間存在著有別於其二

---

[253] 德格版，論，阿毘達磨，ཀུ卷，第二品，80背頁；對勘本版，書號79，202頁。漢譯來源：玄奘大師譯《阿毘達磨俱舍論》（T.29.1558.27a.15）。

[254] 德格版，論，阿毘達磨，ཀུ卷，第二品，158背頁；對勘本版，書號80，378頁。漢譯大藏經內並無此譯。

的住,所以彼等對剎那性的解讀與經部以上不同。

經部反駁毘婆沙說,果真如此,將有「有為法非剎那性」之過。毘婆沙回:我宗認為「剎那性」是指「圓滿生等四者的作用」。《阿毘達磨俱舍論自釋》云:

「若言我說一法諸相用,皆究竟名一剎那。」[255]

論說,安立「剎那性」必須圓滿生等四性相之作用。

關於一切有為法皆是剎那性之論述,如《思擇焰論》云:

「一切有為法皆是剎那性……此為多解部的根本立宗」[256]

阿闍黎衹多梨的《善逝教典分別論疏》亦云:

「一切五蘊體性之有為法皆剎那性,聚因集緣所行之純事物皆剎那性,僅有生剎那故。」[257]

犢子部認為,有為法分是剎那性及非剎那性兩者。心、

---

[255] 德格版,論,阿毘達磨,ༀ卷,第二品,83正頁;對勘本版,書號79,206頁。漢譯來源:玄奘大師譯《阿毘達磨俱舍論》(T.29.1558.28b.5)。

[256] 德格版,論,中觀,ཧྐ卷,第四品,152正頁;對勘本版,書號58,378頁。漢譯大藏經內並無此譯。

[257] 德格版,論,中觀,ཎ卷,8背頁;對勘本版,書號63,883頁。漢譯大藏經內並無此譯。

心所、聲音、火花、閃電、瀑布等是剎那性,否定四大是剎那性。「滅」是因為依賴後起的他因,以及相遇滅因而承許為無常,如《阿毘達磨俱舍論自釋》云:

> 「剎那何謂?若謂世間見薪等與火合故致滅,無餘量過其見[258],故一切滅非不待因。」[259]

阿闍黎滿增的《俱舍滿增注》亦云:

> 「何故不許一切有為法皆是剎那性?心心所、某色、某不相應行是剎那性,然某色、某不相應行非剎那性,身亦非剎那性故,於原有體性[260]下並非為無。是故,身趣他處亦不相違,做如是念。」[261]

---

258 譯者註:玄奘大師的譯文是「無餘量過現量者」,此處根據藏文譯為「無餘量過其見」。此句意思是,沒有比「看到薪火合故致滅」更好的其他正量。

259 德格版,論,阿毘達磨,ㄐ卷,第四品,166背頁;對勘本版,書號79,410頁。藏譯與漢譯稍有不同,此處的漢譯原文:玄奘大師譯《阿毘達磨俱舍論》(T.29.1558.67c.11)「剎那何謂?……世間現見薪等,由與火合故致滅……定無餘量過現量者,故非法滅皆不待因。」

260 譯者註:犢子派對剎那性的解讀較為表面,像火花、閃電、念頭等,其改變非常快速,這類有為法是剎那性,而房子、肉身等不是剎那性,因為無法在短時間內看到房子及肉身的變化,而且身體能在維持本有的體性下,從此處移動到彼處,不見其剎那轉變的差異。

261 德格版,論,阿毘達磨,ㄐ卷,第四品,4正頁;對勘本版,書號81,925頁。漢譯大藏經內並無此譯。

《思擇焰論》云:

「承許有為法有剎那性,非剎那亦有⋯⋯此謂犢子部等人之立宗也。」[262]

針對犢子派的這種說法,其他毘婆沙師說,「滅」若要依賴後起他因,則覺、聲、焰、電等將在無滅因下沒有任何壞滅,無後起之因故。若犢子師主張「彼等自然而滅」,這豈不有損「滅要依賴後起他因」之立宗?《俱舍滿增注》云:

「承許『是生之體性者,其中有剎那行、非剎那具因、一切滅皆是具因』。此宗非理,滅因之時無有定數故,剎那性覺焰音聲之滅時亦應成不定故。因此,汝將承許一切覺焰音聲等僅為無因。」[263]

如果犢子派說,雖然有為法一定會滅,但是並非「從因生起立即為滅」。此說不應理,有為之滅不依賴後起之因的緣故。若說有為法是滅,則必須承許「生起立即為滅」。換句話說,如果有為之滅依賴後起之因,即使不主張生起立即為滅,但彼理不成立故,汝必須承許生起立即為滅;若不主張生起立

---

262 德格版,論,中觀,ཀ卷,第四品,152背頁;對勘本版,書號58,377頁。漢譯大藏經內並無此譯。

263 德格版,論,阿毘達磨,ཀུ卷,第四品,5正頁;對勘本版,書號81,927頁。漢譯大藏經內並無此譯。

即為滅,將有事後無滅之過。誠如《俱舍滿增注》云:

> 「言:『毋庸置疑,有為法雖是滅,卻非生起即然。』若許是滅,毋庸置疑,將許生起即然。何以故?蓋事物之滅將為無因也。以是有因、待因故,非生起即然,亦為無因。若不許生起即然,事後亦無故,有為之滅將為無,此亦不應理故,應許有為法生起立即為滅。」[264]

一般而言,剎那性的解讀不是只有滅。如「器剎那」是指空的器皿;「天授剎那」是指離其能力的天授;「僅時剎那」是指時邊際剎那。阿闍黎滿增的《俱舍滿增注》云:

> 「剎那性一詞,其義頗多。問:何謂剎那?如是,剎那之詞亦可指空,如言『器剎那』,應知是空。示無能時,如『天授剎那』乃言離其作用。時之邊際,謂『僅剎那』。」[265]

關於不相應行十四類中的名聚、句聚、文聚三者。名:

---

[264] 德格版,論,阿毘達磨,ɡ١卷,第四品,4背頁;對勘本版,書號81,927頁。漢譯大藏經內並無此譯。
[265] 德格版,論,阿毘達磨,ɡ١卷,第四品,4正頁;對勘本版,書號81,925頁。漢譯大藏經內並無此譯。

僅示其性質,如言「色」。句:顯示結合其性的特徵,如言「色無常」。文:名句兩者的基礎,如言「A」。「聚」是集聚其法。毘婆沙部認為,名、句、文三聚皆是不相應行法。以語表述「瓶子」時,內心會映現瓶相,將其稱為「名」方可意會瓶子,光憑語音不能意會瓶子,像是牛畜所發之聲無法意會其義。《阿毘達磨俱舍論自釋》云:

> 「此三非以語為自性。語[266]乃音聲,非唯音聲即令了義。云何令了?謂語發名,名能顯義,乃能令了。」[267]

克什米爾毘婆沙部說,名、句、文及其三聚是分別識中所現聲總,所以是不相應行;經部認為,彼三聚是語的表述、自相聲音,故是色法。

戊四、無為法

克什米爾毘婆沙部說,虛空、擇滅、非擇滅三法是無為法,而中境毘婆沙宗添加真實性,主張四無為法。虛空是風之

---

266 這段文字依北京版及奈塘版稍做修改。

267 德格版,論,阿毘達磨,㽞卷,第二品,84背頁;對勘本版,書號79,210頁。漢譯來源:玄奘大師譯《阿毘達磨俱舍論》(T.29.1558.29b.24)。

所依，行礙、色[268]之分離；虛空是「不障蔽其他色法，也不被其他色法障蔽」的常質。六界中的空界是明、暗其中一性的色處。

擇滅：遮止爾之有漏所遮。非擇滅：障礙生起爾之所遮。毘婆沙部說，三無為法是特殊的無為之質，而主張真實性的毘婆沙也說真實性是質有，因為該宗不知如何安立真實性是無遮的無為法。《慧心要集論釋注》云：

> 「克什米爾毘婆沙言，虛空等是三無為，亦是常……中境毘婆沙許四無為故……爭言我方亦許如是四無為乃質有。何謂四？虛空、非擇滅、擇滅、真實性。」[269]

如是，阿毘達磨典籍將所知分為五事八十法，即十一色、六心、四十六心所、十四不相應行、三無為。《佛法科學總集・上冊》細說其中的色、不相應行、無為法；《佛法科學總集・下冊》詳說心與心所。

---

268 譯者註：藏文直譯是「行分離」，卻無明示分離的受詞為何。根據《佛法科學總集・上冊》：「毘婆沙部認為『與礙分離，與色分開』乃虛空……」譯者決定在此處多加「礙」、「色」二字。

269 德格版，論，中觀，剎卷，41背頁；對勘本版，書號57，890頁。漢譯大藏經內並無此譯。

丁二、安立因果
戊一、安立六因

前述所知五事的前四法是有為法,最後一法是無為法。舉凡有為法,皆應依賴其因緣而生,如此一來,毘婆沙部是如何安立因果呢?《阿毘達磨俱舍論》提出六因理論,而經部以上[270]則否定同時因果,故而認為某法的「俱有因」[271]及「相應因」[272]雖有該法的因之名,卻無該法的因之實。毘婆沙則說,俱有因及相應因兩者確實是因,故說因果可以同時。

因分為六:能作因、俱有因、同類因、相應因、遍行因、異熟因。《阿毘達磨俱舍論》云:

> 「能作及俱有,同類與相應,遍行并異熟,許因唯六種。」[273]

---

270 譯者註:直譯是「等」,但可透過常識理解為「以上」,即經部、唯識、中觀。

271 譯者註:ལྷན་ཅིག་འབྱུང་བའི་རྒྱུ།。雙方互為因果同時產生,如苗是苗之生住壞滅的俱有因,而苗之生住壞滅也是苗的俱有因。

272 譯者註:མཚུངས་ལྡན་གྱི་རྒྱུ།。心與心所兩者互為相應,所以心是心所的相應因,心所也是心的相應因。

273 德格版,論,阿毘達磨,ཀུ卷,第二品,第49句偈頌文,5背頁;對勘本版,書號79,12頁。漢譯來源:玄奘大師譯《阿毘達磨俱舍論》(T.29.1560.313a.17)。

今依《阿毘達磨俱舍論》解釋六因。第一、能作因。性質：不障礙生起爾法，且迴異於爾之法。如瓶子並不障礙柱子的形成，所以瓶子可安立為柱子的能作因。《阿毘達磨俱舍論自釋》云：

「一切有為唯除自體，以一切法為能作因，由彼生時無障住故。」[274]

不生果之理有二：「不圓滿聚因數量而不生」，以及「雖然具足近取因及俱生緣，卻因為有障礙而不生」。後者如，把種子植入於水份、施肥、溫度、濕度等條件皆已完滿的農田裡，卻被烏鴉啖食，有障礙而不生。

生果也要兩個條件：因緣具足，以及沒有障礙。正因如此，不障礙生爾果的他法都可安立為爾因。此理亦如《俱舍滿增注》云：

「何故諸法是能作因？於生是無障住性故。不生果有二相：無因故、有障故；反之則是於生無障住性，有因故、無障故。是故成立異於自體的他法是能作因之因。」[275]

---

[274] 德格版，論，阿毘達磨，ཀུ卷，第二品，80背頁；對勘本版，書號79，202頁。漢譯來源：玄奘大師譯《阿毘達磨俱舍論》（T.29.1558.27a.15）。

[275] 德格版，論，阿毘達磨，གུ卷，第一品，13正頁；對勘本版，書號81，30頁。漢譯大藏經內並無此譯。

第二、俱有因。性質:不僅是同時質體異,也是相互協助彼此之生的「同屬」[276]。例如,同一聚體中的地等四大、心及與其隨從心所之受。《阿毘達磨俱舍論自釋》云:

> 「四大種更互相望為俱有因,如是諸相與所相法心與心隨轉亦更互為因。」[277]

第三、同類因。性質:生與爾同種之後者。例如,瓶子第一剎那是瓶子第二剎那的同類因。《阿毘達磨俱舍論》云:

> 「同類因相似……」[278]

此宗主張多數的有為法皆有同類因。

第四、相應因。性質:不僅以五相彼此相應,亦是無障相互為生的同屬。例如,「眼識」及「其隨從之受」兩者皆以相應五相而彼此相應,故互為相應因。《阿毘達磨俱舍論自釋》云:

> 「謂要同依心心所法,方得更互為相應因。此中同言顯所依一,謂若眼識用此剎那眼根為依,相應受等亦即用

---

[276] གཞི་མཐུན། 譬如,丙既是甲,丙又是乙,丙則成為甲跟乙的同屬。
[277] 德格版,論,阿毘達磨,ཀུ་卷,第二品,86背頁;對勘本版,書號79,215頁。漢譯來源:玄奘大師譯《阿毘達磨俱舍論》(T.29.1558.30b.19)。
[278] 德格版,論,阿毘達磨,ཀུ་卷,第二品,6正頁;對勘本版,書號79,13頁。漢譯來源:玄奘大師譯《阿毘達磨俱舍論》(T.29.1558.31a.20)。

此眼根為依,乃至意識及相應法同依意根,應知亦爾。
相應因體即俱有因。」[279]

何為心心所兩者相應的五相?一、所依相應。二、所緣相應。三、所現相應。四、時間相應。五、質體相應。所依相應:主[280]心隨從雙方所依之根為一,即主心所依增上緣之根亦是隨從心所之所依。所緣相應:緣同一境,即主心緣何境,其境便是隨從心所的所緣。所現相應:所見境為同一境,即何境現於主心,其境亦是隨從心所的所現境、所見境。時間相應:同一時間,即主心與其隨從心所雙方的生、住、滅三個階段都是同時。質體相應:主心與其隨從心所雙方只有單一質體。如一個主心的隨從心所中,只有一個受、一個想,因此,主心與其隨從心所都只有單一質體,這點相同。

第五、遍行因。性質:生自果後同地[281]染法之煩惱。同地煩惱之因必須為爾,[282]如壞聚見和邊見,故稱「遍行因」。

---

279 德格版,論,阿毘達磨,ㄐ卷,第二品,91正頁;對勘本版,書號79,226頁。漢譯來源:玄奘大師譯《阿毘達磨俱舍論》(T.29.1558.32c.4)。
280 譯者註:直譯是「心」。為求清楚區分主心與隨從心所之別,故加「主」字。下列譯文應知亦同。
281 譯者註:「同地」煩惱是如,欲界的貪與欲界的瞋是兩種不同的煩惱,但是都屬於欲界煩惱。
282 譯者註:「爾」是遍行因的代名詞,如欲界的壞聚見和邊見就是「與欲界煩惱同地煩惱」之因。

《阿毘達磨俱舍論自釋》云：

「謂前已生遍行諸法，與後同地染污諸法為遍行因……此與染法為通因故，同類因外更別建立。」[283]

第六、異熟因。性質：有漏善惡任一所攝。是招異熟之因，故名「異熟因」。如諸有漏惡業、有漏善業等都是異熟因。而如同無生苗果能力的腐壞種子，諸無記業缺乏生異熟果的能力，所以不是異熟因。《阿毘達磨俱舍論自釋》云：

「唯諸不善及善有漏是異熟因，異熟法故。何緣無記不招異熟？由力劣故，如朽敗種。」[284]

戊二、釋四緣

對於四緣，毘婆沙部的不共說法為何？《阿毘達磨俱舍論釋——明義論》云：

「若問，諸因與諸緣有何異？答：絲毫差異亦無。」[285]

---

283 德格版，論，阿毘達磨，ཀུ་卷，第二品，91背頁；對勘本版，書號79，227頁。漢譯來源：玄奘大師譯《阿毘達磨俱舍論》（T.29.1558.32c.15）。

284 德格版，論，阿毘達磨，ཀུ་卷，第二品，92正頁；對勘本版，書號79，128頁。漢譯來源：玄奘大師譯《阿毘達磨俱舍論》（T.29.1558.33a.5）。

285 德格版，論，阿毘達磨，ཀུ་卷，第二品，174正頁；對勘本版，書號80，415頁。漢譯大藏經內並無此譯。

一般而言,因與緣兩者只是異名,並無差異。然而,可以這麼理解:「此法之因」指的是此法的近取因,即主因;「此法之[286]緣」指的是輔助生果的俱生緣。

四緣如《阿毘達磨俱舍論心髓燈疏》[287]云:

「何謂諸緣?說有四緣。於何處說?經說:『緣有四』等。」[288]

四緣為:因緣[289]、等[290]無間緣、所緣緣、增上緣。第一、因緣的性質:由「除了能作因以外的其他五因任一」所攝,且助生自果。因此,「除了能作因以外的其他五因」都是因緣。

第二、等無間緣。性質:不僅相應,且生自果後識。除了臨終補特伽羅的心心所外,承許所有心心所都是等無間緣。

第三、所緣緣。性質:堪為緣爾識之境。此宗安立諸法皆是所緣緣。

---

286 譯者註:直譯為「緣」。但根據前後文,應理解為「此法之緣」,好讓讀者更容易理解。

287 ཆོས་མངོན་པའི་འགྲེལ་པ་གནད་ཀྱི་སྒྲོན་མ།,作者是陳那。

288 德格版,論,阿毘達磨,ཅུ卷,第二品,174正頁;對勘本版,書號80,415頁。漢譯大藏經內並無此譯。

289 譯者註:藏文直譯是「因之緣」,非一般所理解的「因緣(因與緣)」。

290 譯者註:藏文直譯是「無間緣」,但譯者決定採用通常譯詞「等無間緣」。此文中,藏文的「無間緣(དེ་མ་ཐག་པའི་རྐྱེན།)」和「等無間緣(མཚུངས་པ་དེ་མ་ཐག་པའི་རྐྱེན།)」也會相互交替使用。漢譯的「等」字裡,有同等、相應(指心心所)的意思。

第四、增上緣。以無障於生而堪為緣。承許所有能作因是增上緣的緣故,一切法皆是增上緣。《阿毘達磨大毘婆沙論》云:

「謂因緣攝一切有為法;等無間緣除過去、現在阿羅漢最後心心所法,攝餘過去現在一切心心所法;所緣緣、增上緣總攝一切法……」[291]

《阿毘達磨俱舍論》云:

「因緣五因性,等無間非後,心心所已生,所緣一切法,增上即能作。」[292]

若問,諸有為法是從多少緣而生呢?諸心心所從四緣而生;無想定和滅盡定兩者從所緣緣以外的其他三緣而生;除無想定和滅盡定兩者外,其他的不相應行、色等從因緣和增上緣兩者而生。《阿毘達磨俱舍論》云:

「心心所由四,二定但由三,餘由二緣生……」[293]

---

[291] 《阿毘達磨大毘婆沙論》,第七冊,第一百三十一卷,166頁。漢譯來源:《阿毘達磨大毘婆沙論》(T.27.1545.283b.2)。

[292] 德格版,論,阿毘達磨,ཀུ卷,第二品,第62句偈頌文,6正頁;對勘本版,書號79,13頁。漢譯來源:玄奘大師譯《阿毘達磨俱舍論》(T.29.1560.313b.13)。

[293] 德格版,論,阿毘達磨,ཀུ卷,第二品,第64句偈頌文,6背頁;對勘本版,書號79,14頁。漢譯來源:玄奘大師譯《阿毘達磨俱舍論》(T.29.1560.313b.18)。

此宗說，一切有爲法皆有增上緣及因緣兩者；一切心心所皆有四緣；諸法皆是所緣緣與增上緣兩者。

戊三、釋五果

以言詮分果爲五：一、異熟果。二、增上果。三、等流果。四、士用果。五、離繫果。諸有爲法中有異熟、等流、增上、士用四果，而無爲法中有「得」[294]的士用果，以及依對治力滅離任何有漏的離繫果兩者。《阿毘達磨俱舍論自釋》云：

「本論說：果法云何？謂諸有爲及與擇滅。」[295]

異熟果是六因中的最後異熟因之果；增上果是第一因能作因的果；等流果是同類與遍行兩因的果；士用果是俱有與相應兩因的果。《阿毘達磨俱舍論》云：

「後因果異熟，前因增上果，同類遍等流，俱相應士用。」[296]

---

294 譯者註：建議參考「戊三、不相應行法」中的不相應行十四法的第一者「得」。該文中說，「得」謂某種質體，令所得物可在相續中獲得，如捆綁包袱的繩索與包袱有別，「得」的性質可從所得物中獨立出來。

295 德格版，論，阿毘達磨，ཀུ卷，第二品，93正頁；對勘本版，書號79，231頁。漢譯來源：玄奘大師譯《阿毘達磨俱舍論》（T.29.1558.33c.6）。

第一、異熟果。性質:爾性無覆無記、爾被有情相續所攝、爾因有漏善惡任一之果,如苦受。《阿毘達磨俱舍論自釋》云:

> 「唯於無覆無記法中有異熟果,為此亦通非有情數,唯局有情,為通等流及所長養,應知唯是有記所生。一切不善及善有漏能記異熟,故名有記。」[297]

第二、增上果。性質:在爾因以前未有[298]的有為法。例如,由於有情的共業而後來形成的共同受用之器世間。《阿毘達磨俱舍論自釋》云:

> 「諸有為法,除前已生,是餘有為之增上果。」[299]

第三、等流果。性質:與爾因同類之所生。比如,瓶子的第二剎那是與自因瓶子第一剎那同類的等流果。《阿毘達磨俱舍論自釋》云:

---

296 德格版,論,阿毘達磨,ㄍ卷,第二品,第56句偈頌文,6正頁;對勘本版,書號79,13頁。漢譯來源:玄奘大師譯《阿毘達磨俱舍論》(T.29.1560.313b.2)。

297 德格版,論,阿毘達磨,ㄍ卷,第二品,96背頁;對勘本版,書號79,240頁。漢譯來源:玄奘大師譯《阿毘達磨俱舍論》(T.29.1558.35b.11)。

298 譯者註:「爾因以前未有」意味著「增上果在其因之後才有」。

299 德格版,論,阿毘達磨,ㄍ卷,第二品,97背頁;對勘本版,書號79,241頁。漢譯來源:玄奘大師譯《阿毘達磨俱舍論》(T.29.1558.35c.4)。

> 「似自因法,名等流果,謂同類、遍行因之果。」[300]

等流果有兩種:一、受用等流果,如過去殺害他性命導致今生短壽。二、造作等流果,如過去殺害他性命的慣性導致現在仍喜歡殺生。

以殺業為例,其異熟果是,由殺害他人性命的業力墮落畜生道等;其等流果是,雖已從惡趣投生人道仍短壽、喜歡殺生;其增上果是,外器世間的飲食、藥物、果實等條件的不足。

第四、士用果。性質:依某因之力而有的所生或所得,如陶師所造的陶瓶就是依某因之力而生的果。果陶瓶是由於士用之造作而有,故名「士用果」。《阿毘達磨俱舍論》云:

> 「若因彼力生,是果名士用。」[301]

第五、離繫果。性質:依擇慧力證自境真相而滅所斷之離,如透過證無常之慧而滅其所斷常執的離。《阿毘達磨俱舍論自釋》云:

> 「由慧盡法,名離繫果,滅故名盡,擇故名慧,即說擇

---

[300] 德格版,論,阿毘達磨,ཀུ卷,第二品,97正頁;對勘本版,書號79,241頁。漢譯與藏譯稍有不同。漢譯原文:玄奘大師譯《阿毘達磨俱舍論》(T.29.1558.35b.20):「似自因法,名等流果,謂似同類、遍行二因。」

[301] 德格版,論,阿毘達磨,ཀུ卷,第二品,第57句偈頌文,6正頁;對勘本版,書號79,13頁。漢譯來源:玄奘大師譯《阿毘達磨俱舍論》(T.29.1560.35b.9)。

滅名離繫果。」³⁰²

丁三、安立能知之識

此宗建立境的論述既如前述,那麼,此宗又是如何建立具境識的論述呢?同經部,毘婆沙宗說知境者或執境者為識。《阿毘達磨大毘婆沙論》云:

> 「問何故名智?答:能知所知故名為智。問:何故名所知?答:是智所知故名所知。尊者妙音作如是說:『能量故名智;所量故名所知。能稱、所稱、能度、所度,應知亦爾。』脅尊者言:『能知故名智。若法是智所行、所緣、所取境事,說名所知。』智與所知相對建立,故無有智不知所知,亦無所知非智所知。³⁰³無智無所知。」³⁰⁴

「識」或「心」³⁰⁵有時也可作為「智慧」。

---

302 德格版,論,阿毘達磨,㐅卷,第二品,97正頁;對勘本版,書號79,241頁。漢譯來源:玄奘大師譯《阿毘達磨俱舍論》(T.29.1558.35b.28)。

303 譯者註:藏原文於此處有這麼一句「有智有所知」。

304 《阿毘達磨大毘婆沙論》,第五冊,第一百零八卷,721頁。漢譯來源:《阿毘達磨大毘婆沙論》(T.27.1545.547b.15)。

305 譯者註:此處的「心」字指的是,心類學或心理學的「心」(སེམས།),而非「心心所」的「心」(སེམས།),後者的「心」與心所存在著「主與隨」的關係,但前者範圍更大,含括一切心心所。

能知識有根識、意識、心心所、量與非量等。量有現識和比度兩者。現量有根現量、意現量、瑜伽現量三者。承許所依色根[306]是量。我等認為，犢子部等某些支派否定與根現量體性相異的意現量。

毘婆沙部不許自證之理：雖承許諸識為明觀[307]領納性，但堅決否定境色法與見其眼識之間存在著非該二[308]的「顯現於識的境相與能取相」。還有，諸識雖能斷定他境，卻不能斷定自體，[309]畢竟於自體中無所斷能斷二元。因此，毘婆沙部絕不承許自證現識。《阿毘達磨大毘婆沙論》云：

「若緣自性，有違理失，自性不能取自性故。」[310]

阿闍黎蓮花戒的《略釋敵宗理滴》云：

「諸毘婆沙宗師說，自證現識亦不應理，有違『於自有

---

306 譯者註：如眼識的所依眼根不僅是色法，也是量。
307 譯者註：藏文的「གསལ་རིག」二字雖有「明知」及「明觀」等解讀，但考慮到「知」字不能周遍邪見等顛倒識，因顛倒識不知其境卻觀其境，故決定譯為「明觀」。
308 譯者註：即境色法與見其色法的眼識兩者。
309 譯者註：諸識雖可「斷定他境」或「證他境」，卻不能「斷定自體」或「自證」。
310 《阿毘達磨大毘婆沙論》，第二冊，第三卷，161頁。漢譯來源：《阿毘達磨大毘婆沙論》（T.27.1545.15b.21）。

所作為』故。」[311]

識如何知境呢？諸經部師說，因為青色顯現[312]似己影像給持青眼識，在青滅後的瞬間，也是在持青眼識之時，該眼識仍可經由似青之相了知青色，即便當時青色已滅且不存在。

毘婆沙部說，諸境色法顯現於根，但根識並非色法，色法之相不可能如同影像般顯現於根識，從而否定黃、青等境相顯現於根識。根識是以無相、不現境的影像、直接的方式執境。其理由是：如果「識直接執[313]境」這並非真相的話，將無理由可以證實「存在無法直接可見的事物」，再者，汝[314]等雖許識見粗體，卻有「粗體不是微塵聚體」之過。[315]總之，眼根見色，但眼識不見色；所依眼根見色法的緣故，稱「眼識執色或知色」。此宗區別見與知兩者。《阿毘達磨大毘婆沙論》云：

---

311 德格版，論，量，ཤི་卷，92背頁；對勘本版，書號105，259頁。漢譯大藏經內並無此譯。

312 譯者註：「顯現」可理解為二：事物所呈現的影像，或心識所見影像。

313 譯者註：由原文直譯為「見」（མཐོང་།）。根據編輯者格西們的說法，在此的「見」指的是「赤裸而取」之義。譯者根據前後文，尤其是毘婆沙部針對「見」（མཐོང་།）與「知」兩者的區分，決定將此「見」字改成「執」字。

314 譯者註：「汝」指的是經部師。

315 譯者註：毘婆沙對經部諸師駁道：「如果根識不能直接見到粗色，只能透過其影像而見時，等同根識所見不是粗色本身。」進而提出「根識所見之境並非結合微塵聚體」的過失。

「眼界用者謂能見色[316]……諸色但是眼識所識,眼根不能了別色故。」[317]

經部不區分見與知兩者,知色者本身見色的緣故,主張見知兩者無異。毘婆沙部反駁:如果同諸經部所言,只有眼識見色的話,識為無礙,即便中間隔著牆壁仍須見色,將有此過。《阿毘達磨俱舍論》云:

「眼見色同分,非彼能依識,傳說不能觀,被障諸色故。」[318]

毘婆沙部認為,極微塵及其聚體並不會顯現於眼識,眼識雖不知一一極微塵,卻可直接了知聚極微塵的粗體。譬如一根毛髮、一粒沙塵等單一個體於遠處時,肉眼[319]雖不能見,卻可直接見到集結多物的聚體。

之前引用過的祇多梨的《善逝教典分別論》,也說出毘婆

---

316 《阿毘達磨大毘婆沙論》,第三冊,第七十一卷,425頁。漢譯來源:《阿毘達磨大毘婆沙論》(T.27.1545.368b.16)。

317 《阿毘達磨大毘婆沙論》,第三冊,第七十一卷,443頁。漢譯來源:《阿毘達磨大毘婆沙論》(T.27.1545.370a.29)。

318 德格版,論,阿毘達磨,ༀ卷,第一品,第42句偈頌文,3背頁;對勘本版,書號79,7頁。漢譯來源:玄奘大師譯《阿毘達磨俱舍論》(T.29.1560.311c.20)。

319 譯者註:原文中雖無「肉眼」兩字,但恐讀者誤以為此處的主詞是「眼識」,故加「肉眼」二字。

沙是如何詮釋根識知境的相關內容。論云：

「由根所生識……」[320]

彼論自釋《善逝教典分別論疏》，闡述此偈時，云：

「由諸根或作根所生現識，彼智無境相故，不經介入似相而施設，卻直接識知微塵、極微塵之聚蘊，非如他宗（說依似相而見）之和合體。若問：極微塵若已離根，如何見彼（聚體）？（答：）——雖已離根，根之行境卻僅有其他同類與同俱者。雖不見各別，然非不能見其聚集，雖遠處不見散落毛髮，卻可緣（髮）辯故。」[321]

聖域印度的佛教四部中，承許外境諦實有、否定自證、其哲理專依《阿毘達磨大毘婆沙論》而建立的著名毘婆沙部之宗義，已於以上簡略闡述。

甲二、闡述經部的宗義
乙一、此派宗義的發展史

古文獻雖然沒有明確地說經部[322]的宗義史，但其宗顯然是

---

320 德格版，論，中觀，ས།卷，第2句偈頌文，7背頁；對勘本版，書號63，884頁。漢譯大藏經內並無此譯。

321 德格版，論，中觀，ས།卷，38背頁；對勘本版，書號63，961頁。漢譯大藏經內並無此譯。

322 譯者註：又稱「經量部」。

興盛於導師世尊涅槃的幾百年之後。一些學者說，[323]說一切有部是聲聞部的根本，所以經部是從說一切有部延伸出來的分支。又有一些學者說，克什米爾上座尊者[324]、尊者室利邏多[325]等師駁斥毘婆沙說一切有部的錯誤論點，進而弘揚經部，所以此宗是從說一切有部所延伸出來的。[326]

有些史料雖然明確記載，經部哲學一開始是由聖域印度阿闍黎鳩摩邏多（又稱「童受」）廣傳，但是其義應當理解為，鳩摩邏多將經部與譬喻部二合為一而視為合理之宗，並以此為基礎宣揚宗義。眾所周知，阿闍黎鳩摩邏多是譬喻部宗義的鼻祖，不但如此，後來的一些研究也顯示，鳩摩邏多的著作被阿闍黎無著及世親兩位引用於其著作之中。阿闍黎菩提賢的《慧心要集論釋注》[327]也明示經部與譬喻部兩者實為異名。[328]

經部阿闍黎鳩摩邏多的傳記，只有大唐阿闍黎玄奘的《大唐西域記》有略提及，未見明載於其他史料中。《大唐西域記》云：

---

323 衛者明慧的《宗義釋藏》，383頁；*Encyclopedia of Indian Philosophies* （暫譯：《印度哲學百科全書》），vol., 8, 25。

324 ཁ་ཆེའི་གནས་བརྟན་བཅུན་པ། 。

325 བཅུན་པ་དཔལ་ལྡན། Śrīrāta。

326 炯丹日惹的《莊嚴宗義之華》，炯丹日惹文集，ཧི，97正頁。

327 ཀུན་ལས་བཏུས་པའི་བཤད་སྦྱར། 。

328 德格版，論，中觀，ཧི卷，42背頁；對勘本版，書號57，892頁。漢譯大藏經內並無此譯。

「尊者呾叉始羅國人也。幼而穎悟,早離俗塵,遊心典籍,棲神玄旨,日誦三萬二千言,兼書三萬二千字。故能學冠時彥,名高當世,立正法,摧邪見,高論清舉,無難不酬。五印度國咸見推高。其所製論凡數十部,並盛宣行,莫不翫習,即經部本師也。當此之時,東有馬鳴,南有提婆,西有龍猛,北有童受,號為四日照世。故此國王聞尊者盛德,興兵動眾,伐呾叉始羅國,脅而得之,建此伽藍,式昭瞻仰。」[329]

雖然根據記載,[330]鳩摩邏多著有《喻鬘論》、《癡鬘論》[331]、《顯了論》[332]、《日出論》[333]、《九百論》[334]等,

---

329 雖於蒙古譯師貢怙主皈依的藏譯《大唐西遊記》中未見此文,但此段落確實記載於原文中,見《大唐西遊記》(T.51.2087.942a.10)。

330 依CBETA(中華電子佛典協會,Chinese Buddhist Electronic Text Association,簡稱CBETA),比丘窺基的《成唯識論述記》(T.43.1830.274a.8)云:「北天竺呾叉翅羅國有鳩摩邏多,此言童首,造九百論。時五天竺有五大論師,喻如日出明導世間名日出者,以似於日,亦名譬喻師,或為此師造參考鬘論集諸奇事,名譬喻師,經部之種族。」吉藏的《中論序疏》(T.42.1824.4c.28)云:「其師是鳩摩羅陀,造日出論。」遁麟的《俱舍論疏》(T.41.1822.496a.10)云:「鳩摩羅多,此云豪童,是經部祖師,於經部中造喻鬘論、癡鬘論、顯了論等」。(CBETA中未見《喻鬘論》、《癡鬘論》、《顯了論》的緣故,看似這些論典也不存在於當今的漢譯大藏經中。)

331 གདེ་སྙུག་སྟེར་བ།

332 གསལ་བར་བྱེད་པ།

333 ཉི་མ་འཆར་བ།

334 དགུ་བརྒྱ་པ།

當今卻不見彼等論著。阿闍黎鳩摩邏多的主要著名弟子有兩位，室利邏多（Śrīrāta，西元三百年左右），以及訶梨跋摩（Harivarma）又名「獅子鎧」。

阿闍黎室利邏多著有《經部毘婆沙論》。廣為人知的是，阿闍黎眾賢在《阿毘達磨順正理論》裡，將阿闍黎室利邏多稱為「上座」後，駁斥其宗而立自宗。

阿闍黎訶梨跋摩聽聞、研習大小二乘的觀點，著有《成實論》。根據某些漢譯的文獻，阿闍黎提婆在《四百論》[335]裡，引用了阿闍黎訶梨跋摩的著作後，列舉了諸多經部與大乘宗義的共同主張。

論[336]說，發揚經部宗義，令其輝煌的阿闍黎有：克什米爾上座尊者、尊者童受或稱「鳩摩邏多」、尊者室利邏多、尊者譬喻者，以及尊者證天[337]等人。

乙二、此派主要依據的典籍為何

經部宗義依據的典籍只有導師世尊的經文，故而得名「經部」。經部主要依據的經典是初轉四諦法輪等。毘婆沙部主張

---

335 譯者註：藏譯四百論共有十六品，前八品由法尊法師漢譯，後八品由玄奘大師漢譯。古譯大藏經中，稱後者為「廣百論本」。
336 衛者明慧的《宗義釋藏》，258頁。
337 བཙུན་པ་རྟོགས་པའི་ལྷ།

《阿毘達磨七論》是佛語經典，諸經部師卻不認同《阿毘達磨七論》是佛語經典，而主張《阿毘達磨七論》是由諸阿羅漢所造，而且多數經部師還說，《阿毘達磨七論》的作者們持有虛空是常質等諸多不合理的說法，因此諸經部師認為《阿毘達磨七論》不能算是由諸阿羅漢所造；這些作者只是徒具阿羅漢之名的凡夫而已。總之，諸經部師說：「我等認定，為量者是經典，而非論典。」

毘婆沙師反駁，精通三藏的比丘稱為「三藏法師」[338]，若依經部的說法，屏除《阿毘達磨七論》，三藏將無法齊全，因為除《阿毘達磨七論》外，不見其他論藏。經部回應，[339]經典論述真相、詮釋諸法性相的緣故，因此可安立經藏為論藏，所以沒有過失。眾所周知，在現今仍然可見的論典中，世親自己是持經部的宗見，在《阿毘達磨俱舍論自釋》裡，多次一一破除克什米爾毘婆沙部的不共宗見。

那麼，可否把阿闍黎妙護（Śubhagupta）的《成外境義》、《觀遮他品》、《觀聞論》、《成遍知論》等視為經部自宗的典籍？我等認為，不僅妙護的著作，[340]就連阿闍黎法上的諸量

---

338 譯者註：直譯為「三藏比丘」。

339 阿闍黎佛子稱友的《阿毘達磨俱舍論釋——明義論》。德格版，論，阿毘達磨，句卷，第一品，9正頁；對勘本版，書號80，21頁。漢譯大藏經內並無此譯。

340 譯者註：為令讀者更容易理解前後邏輯，譯者決定多加「不僅妙護的著作」這七個字。

學著作,都被無等至尊大士阿底峽視為持經部宗的典籍。阿底峽的《中觀優波提舍寶篋》[341]云:

「阿闍黎妙護、法上、世親等前輩廣造聲聞經部之典籍。」[342]

尤其是在吉祥法稱的量學著作中,廣《釋量論》、中《定量論》,以及《釋量論自釋‧第一品》等,皆以自宗觀點成立外境有,應將彼等視為詮釋經部宗義的典籍,誠如吉祥法稱[343]云:

「若趣檢視外境義,我說應待經部梯。」[344]

乙三、宗義的性質及分類

經部宗義的性質:自部的根本宗義是「承許自證與外境兩

---

341 དཔའ་བའི་མན་ངག་རིན་པོ་ཆེའི་ཟ་མ་ཏོག་ཅེས་བྱ་བ། 。

342 德格版,論,中觀,ཀི卷,112背頁;對勘本版,書號64,327頁。漢譯大藏經內並無此譯。

343 དཔའ་བའི་མན་ངག་རིན་པོ་ཆེའི་ཟ་མ་ཏོག་ཅེས་བྱ་བ། 。

344 此二句源於文殊怙主薩迦班智達的《量理寶藏論自釋》(ཚད་མ་རིགས་གཏེར་རང་འགྲེལ།,薩迦文集,對勘本版,書號17,59頁)。這跟薩迦班智達的《學者入門》(མཁས་པ་ལ་འཇུག་པའི་སྒོ།,薩迦文集,對勘本版,書號18,118頁)的用詞稍有不同。《學者入門》:「若是趣外境義時,我說是待經部時。」

者皆是諦實有」的佛教宗義。「經部」與「譬喻部」二詞是異名。

經部詞義：不跟隨《阿毘達磨大毘婆沙論》，主要依薄伽梵所說經典而說宗義，故名。譬喻部詞義：善巧以譬喻詮釋一切法，故名。如[345]《慧心要集論釋注》云：

「承許《六門陀羅尼經》[346]、《大方廣佛華嚴經普賢菩薩行願王品》[347]等如言可取，且隨彼等經典，故名『經部』。異名謂『譬喻部』，即精通以譬喻詮釋故。」[348]

雖有上列明文，但是實在難以安立由《聖廣大遊戲大乘經》[349]、《佛說十地經》[350]、藏譯甘珠爾中的《六門陀羅尼經》、《大方廣佛華嚴經普賢菩薩行願王品》等經典，直接詮

---

345 炯丹日惹的《莊嚴宗義之華》（炯丹日惹文集，ཅ།，96正頁）亦說同理。此論云：「承許《六門陀羅尼經》、《大方廣佛華嚴經普賢菩薩行願王品》、《一偈經》、《四偈經》、《二句陀羅尼經》、《聖廣大遊戲大乘經》、《四法經》、《十地經》等經典皆是如言可取，且釋彼等經義，故名『經部』。精通以譬喻詮釋故，亦名『譬喻部』。」諸多其他西藏學者的著作亦如是言。

346 འཕགས་པ་སྒོ་དྲུག་པའི་གཟུངས།。

347 འཕགས་པ་བཟང་པོ་སྤྱོད་པའི་སྨོན་ལམ་གྱི་རྒྱལ་པོ།。

348 德格版，論，中觀，ཤི། 卷，42背頁；對勘本版，書號57，892頁。漢譯大藏經內並無此譯。

349 འཕགས་པ་རྒྱ་ཆེར་རོལ་པའི་མདོ། Lalitavistarasūtra；古譯稱「方廣大莊嚴經」。

350 མདོ་སྡེ་ས་བཅུ་པ།。

釋經部的不共主張。因此我等認爲，仍須檢視「承許彼等佛說典籍是經部宗義的依據」是否合理。

根據西藏宗義文獻，經部分爲「隨經經部」與「隨理經部」兩派。[351]前者是視經典皆是如言可取的宗義師，如隨《阿毘達磨俱舍論自釋》的經部師。後者「隨理經部師」：依《七量論》所言，如承許《釋量論》所說通用理路之經部師是隨理的宗義師。

乙四、如何立宗
丙一、總說如何立宗

爲能明白經部的重要觀點，首先我等引用《慧心要集論》及阿闍黎祇多梨的《善逝教典分別論》針對此宗立場所解釋的偈句，這樣絕對能釐清經部自宗的主要結構。《慧心要集論》云：

「所見非根境，識乃具相生，虛空同石女，滅則如虛空，行[352]無有物體[353]，亦不許三時，無表非聚色，經部

---

351 譯者註：「隨經」與「隨理」是從藏直譯，前者謂依據佛陀經言建立該派的主要宗旨，後者則是隨理路建立該派的主要宗旨。漢系佛教稱其爲「隨教行」與「隨理行」。

352 譯者註：根據後文的解釋，此處的「行」指的是不相應行。

353 譯者註：由微塵所累積的色法物體。

學者說。」³⁵⁴

《善逝教典分別論》云：

「以自識證知，以及見根境，虛空同石女，二滅如虛空。心不相應行，不隨後三時，礙非色無色，謂經部學者。」³⁵⁵

前兩段引文概要地指出，經部普遍認同的五個主要觀點：一、毘婆沙宗說，根色法以無相的形式知境，此不合理。經部自宗主張，境相會顯現於依根之識，根識是以具境相的形式所生而知境的。

二、安立虛空只是排除觸礙的非事物³⁵⁶之無遮，如同石女。安立擇滅、非擇滅兩者亦同虛空，只是無遮。

三、不相應心等諸不相應行都是施設有，並無色體之質。

四、有為法只是剎那性，不隨三時而立。³⁵⁷

---

354 德格版，論，中觀，ཤི་卷，第23句偈頌文，27正頁；對勘本版，書號57，853頁。漢譯大藏經內並無此譯。

355 德格版，論，中觀，ཨ་卷，第3-4句偈頌文，7背頁；對勘本版，書號63，884頁。漢譯大藏經內並無此譯。

356 譯者註：經部以上的「事物」（དངོས་པོ་）一詞，謂「具有因果生滅作用的有形或無形事物」，即有為法。

357 譯者註：直譯為「不隨後三時」。該義應理解為，經部說有為法一定是現在式，所以不成立三時，有為法更不會因為三時的差異而被安立。譯者決定譯為「不隨三時而立」。

五、不承認無表色是真正的色法。[358]因為經部否定無表色是真正色法的緣故，主張身語意三任一的業必須是思心所。教典說上述觀點都是經部學者所說的自宗。

經部如何建立蘊、界、處的論述呢？相關的多數內容與阿闍黎無著的《大乘阿毘達磨集論》，以及阿闍黎世親的《阿毘達磨俱舍論》和《大乘五蘊論》[359]等論吻合。不同於毘婆沙部的是，經部否定「諸法是質中成立」，也否定「無表色是真正的色法」。

經部也否定唯識派關於阿賴耶識、末那識等的主張，彼二宗的差異是，經部認為業果所依的意識才是我的事例。

經部又說，外境可由聚集無方分的微塵而成立；極微塵不僅是無方分，彼此之間也不會相互觸碰。這點雖然與毘婆沙部相同，但是毘婆沙部說極微塵之間存在空隙，而經部否定空隙之說。還有，我等認為，毘婆沙部不說「四大種」與「四大種之界」的差異，而經部以上區分「四大種」與「四大種之界」，即所有聚色都有完整的四大種之界，但不一定要有完整的具相四大種。

---

[358] 經部否認無表色是真正的色法，其依據和理由都已在《佛法科學總集・上冊》中解釋。

[359] ཕུང་པོ་ལྔའི་རབ་བྱེད། *Pañcaskandhaprakaraṇa*。

丙二、別說主要立宗

前已總述經部宗義的某些重要觀點,以下將以五個主張詳細解說此派宗義:一、安立自相及共相。二、成立有為法是剎那性。三、因果被前後時所周遍。四、此宗如何安立外境之義。五、安立能知之識。

丁一、安立自相及共相

若以隨理經部的觀點為主要依據,勝義及世俗的論述必須由自相及共相兩法來建立。在阿闍黎法稱所造的《釋量論》中,區分自共二相時,論云:

> 「勝義能作義,是此勝義有,餘為世俗有,說為自共相。」[360]

此宗說,於證知勝義之現識中,爾法是能生自果作義[361]之法,彼等諸法皆是勝義,反之,不能作義的諸法皆是世俗。「於勝義中有」與「於世俗中有」的法,依序為自相與共相。

---

[360] 德格版,論,量,ཚེ,第三品,第3句偈頌文,118背頁;對勘本版,書號97,526頁。漢譯來源:法尊法師譯《釋量論》。

[361] 譯者註:「能生作義」謂具足能力引發生果的作用者。其中「義」的梵字是「ārtha」(अर्थ),有多重意涵,如目的、境、意義等。

《佛法哲學總集‧下冊》也將解說安立二諦的兩種途徑：一、以識所現而安立，即於證知勝義之無謬現識的所現境中是諦實，故為勝義諦；於世俗知分別識中是諦實，故為世俗諦。二、以是否「於勝義中，具足能力引發生果的作用者」而安立。

自相的定義：從法本身而有，且非僅由分別識所施設。自相、事物、無常、勝義諦、有為法、行[362]、現量直接所量等同義。事例如瓶子、柱子、心識。持爾現識根據爾的實際情況而證知，彼現識所見與分別識施設無關，故為「從法本身而有，[363]且非由分別識所施設」。自相分三：色法、識法、不相應行，相關詳細內容已在《佛法科學總集‧上冊》中解釋。

自相必須是「不混合境、時、性」的事物。不混合境、時、性的意思是：以柱子為例，東西兩境都有柱子，但位於東方的柱子不在西方，這是「不混合境」；早晚兩時都有柱子，但早上的柱子於晚時沒有，這是「不混合時」；柱子有木製柱與鐵製柱兩種，但木柱並非鐵柱，這是「不混合性（質）」。總之，某法於證知勝義之無謬現識的所現境中是諦實的緣故，

---

362 譯者註：諸行無常的「行」。
363 譯者註：直譯是「以爾之性相而有」。考慮到前文已說「從法本身而有」、前後文的關聯，以及此宗的「以爾之性相而有」與「從法本身而有」兩種說法實為同義的緣故，決定譯為「從法本身而有」。

稱「勝義諦」。

共相的意思：只是由分別識所施設之法。共相、世俗諦、常、無爲法等同義。事例如虛空。共相只是分別識的所現，卻非現識的所現境之法，故承許共相爲「只是由分別識所施設」。常法中，不僅有無爲三法，即二滅[364]及虛空，還有法與有法、共與別等，這些依分別識所建立之義也該安立爲共相無爲法。《釋量論》云：

> 「法有法建立，如異非異等，是不觀實性，如世間所許。唯依如是許，遍立能所立，為入勝義故，諸智者所作。」[365]

如前引文所述，共與別、同屬、一與異、相屬與相違、所立與能立等增益法，就以法本身而言是共相，然而，是彼法不一定是共相。[366] 以是自相的法爲例，金瓶是共、是別、是瓶與事物的同屬、是一；行是能立；聲無常是所立；煙火兩法是相屬；冷熱兩法是相違。

---

364 譯者註：擇滅與非擇滅。

365 德格版，論，量，ཚེ，自義比量品，第87-88句偈頌文，98正頁；對勘本版，書號97，477頁。漢譯來源：法尊法師譯《釋量論》。

366 譯者註：譬如，雖然「一」本身不是刹那性，所以是常，然而，是「一」不一定是常。像瓶是一，卻是無常。同樣地，共本身是常，然而，是共不一定是常，因為金瓶是共，卻不是常。

分別識以非自返體[367]的角度辨別有為法與無常兩者,而且彼二的相異只會現於分別識中,不然其相異應從境本身而有。若是如此,彼二將是質體異。這樣一來,將有承許彼二法是「非因果之質體異」的必要,將有彼二應成毫無關聯之過。此宗說,諸事物皆非僅由分別識施設,而是從境本身而有;諸無為法則是僅由分別識所施設。

共相分三:一、觀待事物之共相。二、觀待非事物之共相。三、觀待事物及非事物兩者共法之共相。彼三的事例依序為,現於執瓶分別識的瓶相、現於執虛空之分別識的虛空相,以及執某處無瓶之分別識的所現境。《釋量論》云:

「依有事無事,及依二俱故,其總亦三種。」[368]

論說,共相的自主體性雖無分類,但以所緣而言,可分為耽執分別識之觀待事物的所現境、耽執分別識之觀待非事物的所現境,以及耽執分別識之觀待事物及非事物二共法的所現境。

---

[367] 譯者註:「非自返體」與「返體」同義,大白話是:法本身的意思。有為法一定是無常,無常也一定是有為法,但無常的理解是每剎那都在轉變其性的「剎那性」,而有為法的理解是「具有生果的作為」,就以彼二的理解而言,的確有所不同,這就是「以非自返體的角度辨別有為法與無常兩者」的意思。

[368] 德格版,論,量,ཇེ་卷,第三品,第51句偈頌文,120背頁;對勘本版,書號97,530頁。漢譯來源:法尊法師譯《釋量論》。

自相具有四種特徵：一、性質特徵是「具足能力引發生果的作用者」[369]。二、所現特徵是不共相[370]。三、具境特徵是「非僅由能詮聲的增上緣而所現之境」。四、作用特徵是生執爾識。反之，共相的特徵是：一、性質特徵是「非具足能力引發生果的作用者」[371]。二、「同」[372]謂所現特徵是共相。三、具境特徵是「僅由能詮聲的增上緣而所現之境」。四、作用特徵是不生執爾識。《釋量論》廣說其義。論云：

「能否作義故……同不同性故，聲境非境故，若有餘因由，有無覺心故。」[373]

在《釋量論》的自義比量品，以及特別是現量品中，詳細解說共相不是事物的理由。譬如，執瓶分別識見瓶子時，會現非非瓶，此相[374]是詮瓶之聲的直接所詮義，而不是事物瓶子。

---

369 譯者註：直譯是「能作義」，意思是「具足能力引發生果的作用者」。
370 譯者註：執早時瓶子的眼識只會看到早上的瓶子，不會看到午時的瓶子，但執瓶分別識所現瓶相中，不存在早時瓶子與午時瓶子的差異。
371 譯者註：直譯是「非具作能力」，意思是「非具足能力引發生果的作用者」。
372 譯者註：解釋《釋量論》偈文「同不同性故」中的「同」字。
373 德格版，論，量，ཚེ卷，第三品，第1-2句偈頌文，118背頁；對勘本版，書號97，530頁。漢譯來源：法尊法師譯《釋量論》。
374 譯者註：執瓶分別識中所現的瓶相。

如果瓶子是詮瓶聲的所詮[375]義，光靠詮瓶之聲，瓶子必可成為執瓶分別識的所現境。若是如此，執瓶分別識等同執瓶眼識，定將清楚見瓶。若是如此，等同增上緣的眼根雖是衰壞卻仍有執瓶眼識般，必可清楚見瓶，然而事實並非如此。從此可知，要生起清楚見瓶之識，必須要有眼根，光靠詮瓶之聲不會生起清楚見瓶之識。如《釋量論》云：

「所詮故非事，根等俱果故[376]……諸聲顯立名，彼為名言作，爾時無自相，故彼中非名。」[377]

論說，自相存在於名言的直接境中應不合理。若是合理，名言所詮的自相事物也應成存在於之後的名言之時。何為真實的名言之境呢？分別識的所現境就是真實的名言之境。以執金瓶為瓶的分別識為例，不僅其執的直接所取[378]，也將金瓶見為

---

375 譯者註：為讀者能更好理解，譯者決定多加「所詮」二字。
376 德格版，論，量，ཅེ་卷，第三品，第11句偈頌文，119背頁；對勘本版，書號97，526頁。漢譯來源：法尊法師譯《釋量論》。
377 德格版，論，量，ཅེ་卷，自義比量品，第87-88句偈頌文，98正頁；對勘本版，書號97，477頁。漢譯來源：法尊法師譯《釋量論》。
378 譯者註：執瓶分別識的所取境指的是瓶的義總，即分別識中顯現的瓶子影像。

瓶，所見彼二之義[379]於此執的顯現之中混合為一，這又稱「混合所現及施設為一」。《釋量論》云：

「由此了知覺，錯知似一事。」[380]

此宗說，執樹分別識因為結合[381]詮樹之聲而知「具枝葉者」。執樹分別識所見義總[382]雖然不是自相之樹[383]，卻錯將混合所現及施設為一，將其所現與外境自相之事物二者視為一法。「錯將混合所現及施設為一」的「所現」是指顯現的基礎，即外境自相的事物；其中的「施設」必須理解為聲義、非事物之法、分別識的直接境。

佛法量學中，聲義是重要關鍵，牽涉的內容甚廣，所以在《佛法哲學總集‧下冊》裡，會先解釋阿闍黎陳那如何建立聲義的論述，再說阿闍黎法稱對此的詳細闡釋。

如同不成立自相事物是聲義，自相事物是分別識之所取

---

379 譯者註：執金瓶為瓶的分別識見到的二相為：一、將金瓶見為瓶。二、將執金瓶為瓶的分別識之直接所取，或是義總見為瓶。

380 德格版，論，量，ཇི卷，自義比量品，第121句偈頌文，99正頁；對勘本版，書號97，480頁。漢譯來源：法尊法師譯《釋量論》。

381 譯者註：將「這是樹」的聲音結合於「具枝葉者」；樹的定義是具枝葉者。

382 譯者註：為讀者能更好理解，譯者決定多加「義總」二字。

383 譯者註：意思是真正的樹，即既是自相又是樹，故稱「自相之樹」。

境[384]也不合理。如果樹總執識[385]的所現是事物，執樹分別識將成不錯亂識，這樣一來將有下述任一之過：不錯亂識將見隨行明例的質體異之總，[386]或是，諸樹明例將會混合。[387]

還有，樹總執識若不錯亂，不僅樹總執識所現應成自相且必須是樹。如此一來，何處有執樹分別識，彼處將會有樹。因此，將不可能有缺柴之人。應依同理破除所現的樹為外境之相是事物。[388]樹總執識若不錯亂，樹與樹的明例將成毫無關聯的質體異，將有彼等諸過。《釋量論》云：

---

384 譯者註：分別識的所取境與義總同義。
385 譯者註：在佛教量學的大教典中常見「樹總執識（ཤིང་གི་སྤྱི་འཛིན་པའི་བློ།）」。此詞的正確理解應是「經由樹總所生的執爾之識」絕非「執樹總之識」。執樹的分別識只是錯亂在其所現境上，卻不錯亂在其所執境上，若所執境也錯亂，該分別識將成顛倒識。簡單說，看錯了叫「錯亂識」，而錯誤理解的心識叫「顛倒識」。執樹分別識只會把樹總看成樹，但對樹的理解（所執為樹）是無誤的，所以執樹分別識是「錯亂識」而非「顛倒識」。
386 譯者註：樹是總，樟樹是明例（明其是樹之例）；實際上何處有樟樹，彼處有總相的樹，故說「總隨行明例」。在看到樟樹的眼識中，無法區分樟樹與樹，那是因為樟樹與樹質體一的緣故。如果不錯亂識能見隨行明例的質體異之總，意味著「看到樟樹的眼識會見到區別於樟樹的總相之樹」。
387 譯者註：樟樹與松樹是質體異。然而，如果不錯亂分別識所見的樟樹與樹質體一，於此同時，不錯亂分別識所見的松樹也與樹質體一，那麼，見樟樹的不錯亂分別識將見松樹，而且見松樹的不錯亂分別識也將見樟樹，會有混合樟樹與松樹之過。
388 譯者註：執樹分別識會將其所見之樹顯現為外境或真實之樹。經部說，執樹分別識所現之相並非事物或樹本身。

> 「彼體似外一，似從餘遮返，觀察支無故，非是彼自性。」[389]

如果非事物法並非只由分別識所施設，必定得無奈承許非事物法是具足能力引發生果的作用者。如此一來，必須承認執樹分別識所現的樹之體性、與外境樹為一、從非樹他法而返等所現全然是樹。然而，分別識之所現並無樹枝，不能成辦樵夫心中所求，故說樹總執識所現非樹。

總結此章要點，分別識所現之法[390]若是事物，證爾的具境分別識將不錯亂於自之所現境，而且真相必須像分別識所現般成立。若是如此，將有顛倒真相之過。

丁二、成立有為法是剎那性

不同於毘婆沙宗，諸經部師說，生等有為法之性相的作用並非依次發生，因為有為法於生時是住也是壞，進而成立諸有為法是每一剎那都在壞滅的剎那性。通常依二理安立無常：一、續流無常，又稱「粗分無常」。二、剎那無常，又稱「細微無常」。以名為「天授」的補特伽羅為例，天授已經

---

389 德格版，論，量，ཅེ་卷，自義比量品，第77句偈頌文，97正頁；對勘本版，書號97，476頁。漢譯來源：法尊法師譯《釋量論》。

390 譯者註：直譯為「分別識中之法」，為能更好理解，譯者決定多加「所現」二字。

去世,這是連大字都不認識的牧人也能依現識決定的內容,相當粗略。比前者更細微的是,第一剎那時的天授不存在於第二剎那。較此又更細微的是,其壞性是從第一剎那時起便有。因此,要知道細微無常,得先會意一般的粗分無常。

　　成立有為法是剎那性。什麼是剎那性呢?一切有為法都具有其壞性,是因為生其法之因所致,要知道一切有為法不存在於成立自時的第二剎那[391]。依此理由成立有為法是剎那性的同時,主要還需成立「壞不觀待後因」[392],這點極為重要。阿闍黎法稱的《釋量論》云:

「無因故若滅,自體即相屬。」[393]

　　論說,諸行在成立自身時就是壞性,這是本身的體性所

---

[391] 譯者註:以存在長達三百剎那的某瓶為例,其瓶之所以存在,是因為有第一剎那的瓶子、第二剎那的瓶子、第三剎那的瓶子,乃至第三百剎那的瓶子之綜合體。該合體或長達三百剎那的瓶子也是有為法,所以不存在於成立自時的第二剎那。其中的「自時」指的是三百剎那,而「第二剎那」指的是「自時的下一剎那」,即第三百零一剎那。從此可知,從藏文直譯雖是「第二剎那」,但有時也可理解為「下一剎那」。

[392] 譯者註:「第一剎那瓶子在壞」的進程,並非從第二剎那才開始,而是在第一剎那時就有,因為產生第一剎那瓶子的主因本身具有「自時在壞」的屬性,而且第一剎那瓶子由此具有「自時在壞」屬性之主因而生。因此,其壞性並非觀待其他後來的因素而形成。

[393] 德格版,論,量,ཐེ卷,自義比量品,第195句偈頌文,102正頁;對勘本版,書號97,486頁。漢譯來源:法尊法師譯《釋量論》。

致,故有「行與壞之相屬」[394]。諸行本體生成壞性並非源於其他因素,只是依生其法之因本身之力,令其法生成壞性的緣故。《定量論釋》又云:

「復次,以蘊界處之性相成立行是無常,故無過。」[395]

經前述種種內容了知:有為法的體性為何、成立有為法是無常、破不觀待後因之諍、壞性不成無因、成立壞性是事物[396]體性等論述。

阿闍黎寂護《真如集論》,以及其難義之釋阿闍黎蓮花戒所著的《真如集論釋‧第十三觀堅定事物品》、阿闍黎法上的《成剎那性壞論》[397]及其釋婆羅門珍珠瓶[398]所造的《成剎那性壞論釋》[399]等典籍,都已善巧陳列有為法是剎那性的精要,且詳述其理由。從前引的教典中,此處列出阿闍黎法上《成剎那

---

[394] 譯者註:直譯是「相屬」。為了讓讀者更容易且清楚了解該相屬的主詞為何,譯者決定多加「行與壞之」四個字,即有為法或稱「行」(具有因果的行為,故名)的屬性與其壞的屬性是相互不可分離的屬性。簡略來講,「相屬」就是某兩法之間的關聯、相互不可分離的屬性。

[395] 德格版,論,量,ཤེ卷,第二品,179背頁;對勘本版,書號97,677頁。漢譯大藏經內並無此譯。

[396] 譯者註:經部說,事物與有為法同義。

[397] སྐད་ཅིག་མ་འཇིག་པ་གྲུབ་པ།

[398] བྲམ་ཟེ་སུ་ཏིག་ཕྲེང་བ།

[399] སྐད་ཅིག་མ་འཇིག་པ་གྲུབ་པའི་འགྲེལ་པ།

性壞論》的某些要義。論云：

> 「又，所壞事物為何？從自性因生成壞性，或生成住之有法？依第一尋，是事物壞之法性故，且僅待自體而壞故，無絲毫壞因之作。若事物自體非壞有法，縱有百餘壞因，仍不轉其體性故，不能壞也，故亦僅無絲毫壞因之作矣！」[400]

論說，有人主張：「事物之所以會壞，是依賴其他後因而壞。」依兩種伺察反問：事物從自因本身的體性而生成壞性，或生成不壞的住性？若是前者，應成「壞性不依賴後因」；若是後者，即使遇到上百種壞因，仍不轉移其住性為其他性，應成「後成壞因不壞事物」的過失。《成剎那性壞論》又云：

> 「故事物從自因有，僅住須臾便壞，非生後即壞。於彼之宗，此周遍觀亦不合理。」[401]

論說，若言：「有為法於第一剎那生，於第二剎那住。」

---

[400] 德格版，論，量，ཅེ卷，253背頁；對勘本版，書號106，691頁。漢譯大藏經內並無此譯。

[401] 德格版，論，量，ཅེ卷，253背頁；對勘本版，書號106，692頁。漢譯大藏經內並無此譯。

對此，反駁：如同第一剎那，第二剎那也得要生住二者，彼法的下一剎那[402]又得要生住二者，故有永遠不壞的過失。[403]

又，若有人說：「瓶子不是從形成自己體性時便已生成壞性，而須依賴後成的壞因而成無常。」對此，反駁：以白色氆氌染成紅色為例，雖然此白氆氌依賴之後的紅色，但不一定能成功染為紅色，同理，瓶子之壞雖然依賴後成的壞因，仍有「不一定能壞其瓶」的過失。況且，在所有的事物裡，某些事物可能會依賴後成的壞因而壞，而某些事物卻可能不會相遇後成的壞因，若是如此，將有彼等事物成為常法的過失。

如果事物是剎那性，[404]如何知道這根柱子就是我昨天見到

---

402 譯者註：直譯是「第二剎那」，但此處應理解為「下個剎那」。就以這段的整體內容，「下個剎那」會更好理解，故譯者決定譯為「下個剎那」。

403 譯者註：因為有第一剎那的瓶子、有第二剎那的瓶子、有第三剎那的瓶子，乃至有第三十剎那瓶子的綜合體，才會有長達三十剎那的瓶子。以長達三十剎那的瓶子為例，形成此瓶時，便同時產生「此瓶的第一剎那」以及「第一剎那的瓶子」。若照對方所說：「此瓶只生於第一剎那，且只於第二剎那住」的話，那麼，依此類推，第二剎那的瓶子也只生於第二剎那，且住於第三剎那才對。若如此，第三十剎那的瓶子也只生於第三十剎那，且住於第三十一剎那才對。然而，這不合理，因為將有二過：一、將有瓶子永遠不壞滅的過失。二、此處是以長達三十剎那的瓶子為例，瓶子的第三十一剎那並不成立。

404 譯者註：柱子在每一剎那都在變化，等同下一剎那的柱子並非這一剎那的柱子，遑論昨日的柱子是今日的柱子。

的柱子呢？答：這是因為種類續流[405]尚未間斷，以及被「先後為一的常執」所障蔽，導致我等見彼二為一，故無過失。阿闍黎智作護的《釋量論莊嚴疏》亦云：

「言：『事物是一時，壞亦另一時』，此壞論不應理。
何時有事物，故彼時有壞，方可合理說為具壞。」[406]

經部說，應該承許「任何事物的壞性都得與其事物本身同時產生」，否則有為法是剎那性將不合理。

若反駁：「明明可見有為法於多剎那中尚未壞滅而住，故有為法不一定是剎那壞滅性。」則反問：以長達五剎那未壞而住的有為法而言，第二剎那時是否仍有長達五剎那之質？如果回答沒有，長達五剎那的事物將於第二剎那喪失其長達五剎那之質，只住於一個剎那；若如此，長達五剎那的事物將成剎那性。如果回答：「第二剎那時仍有長達五剎那之質。」那

---

[405] 譯者註：雖然昨日的柱子並非今日的柱子，但昨日的柱子與今日的柱子兩者皆是存在於相同的續流之中，像是昨日的課程不是今日的課程，但昨日的課程與今日的課程同屬同個學期的同一課程。由此可知，「長達三十剎那的瓶子」與「長達九十剎那的瓶子」雖然同樣是瓶子，其種類續流卻不相同。「長達三十剎那瓶子中的第一剎那之瓶」與「長達三十剎那瓶子中的第三十剎那之瓶」才是同一個種類續流，而「長達三十剎那瓶子中的第一剎那之瓶」與「長達九十剎那瓶子中的第一剎那之瓶」卻是不同的種類續流。

[406] 德格版，論，量，ཚེ卷，第四品，276背頁；對勘本版，書號100，695頁。漢譯大藏經內並無此譯。

麼，第二剎那時，將有「住於前一剎那之質」及「長達五剎那之質」，如此一來，此事物的時間將有「長達六個剎那」的過失。[407]如同上述，經部以眾多理由成立諸有為法是剎那性。

因為成立諸有為法是剎那性的說法與毘婆沙宗不同，關於三時的論述，經部與毘婆沙宗也徹底不同。經部說，是有為法一定是現在，而且三時之中只有現在是事物，並說過去與未來二時為非事物。以某一事物，如苗為例，苗於滅時，所有苗支的體性都會隨之而滅，任何其他事物都不可得，所以過去只是將滅事物之滅，故是無遮、非事物。雖然有生苗之因，卻因為助緣未齊備而不生，故安立為未來。如「過去」只是滅其所滅，無絲毫本身的實體[408]，未來亦應立為非事物。

此宗如何安立非剎那性的不壞之常呢？《釋量論》云：

「若自性無壞，智者說彼常。」[409]

某法本身的體性是不壞有法，許其為常。若說：「瓶之滅

---

407 譯者註：嚴格來講，第二剎那時，已無第一剎那，豈有住五剎那之質？如果硬要說第二剎那時仍有住五剎那之質，等同說「第二剎那時，仍有只住第一剎那之質」。若如此，「只住第一剎那之質」應算為一剎那，再加上住五剎那之質，該時將共計有六個剎那。

408 譯者註：直譯為「本身的體性」。此處應理解為：經部說，「非事物」只是分別識臆想出來的產物，無絲毫實體的基礎，過去與未來也是如此。

409 德格版，論，量，ཅེ卷，第二品，第205句偈頌文，115正頁；對勘本版，書號97，518頁。漢譯來源：法尊法師譯《釋量論》。

不存在於瓶尚未滅時,卻存在於瓶滅之時,所以瓶滅是無常。」答:滅的體性只是遮其所遮,不會從自身的體性轉成其他性,故無過失。同理,以瓶子的返體為例,在無瓶時,之所以沒有瓶子的返體,是因為沒有瓶子返體的基礎[410],才無瓶子的返體,而非瓶子返體轉成其他性所成的「無」,所以瓶子的返體不是無常。

又反駁:「以金瓶之滅為例,難道金瓶之滅不是於前時無,新生於後時的嗎?」答:若是新生,必須依賴因緣,但瓶滅只是心識將「前時有的瓶子成為沒有」施設為「瓶滅」而已,瓶滅並不依賴因緣,故無過失。

有為法每剎那在壞,非其性者則安立為常,與此有關的要點皆源於「遮論」、「遮遣論」,即以聲詮釋,或以分別識現其境時,只現「遮非爾」[411],不是以境自相之力顯現於識。這正是為何量學典籍隨不同情況詮釋遮、遮遣、返體、排他等論述,這些都是同義異名。《佛法科學總集・上冊》對遮遣之論述有詳細的解釋,請參照。[412]

---

410 譯者註:瓶子返體的基礎就是瓶子。
411 譯者註:「遮非爾」的比喻如,執瓶分別識會視瓶子的義總不是(遮)非瓶(非爾)。
412 《佛法科學總集・上冊》,「乙六、遮遣與成立」,232-244頁。

丁三、因果被前後時所周遍

此章節是關於經部如何主張因果被前後時所周遍的內容，是從「成立有爲法是刹那性」所延伸。前已出版的《佛法科學總集》裡，已詳細解釋一般佛教徒是如何無異議地否定諸行由無因而生、否定諸行由造物主內心動搖後而生、否定諸行由常因而生的同時，又是如何無異議地承許因果[413]兩法必須是同類，而且隨種種不同因而生種種不同果等內容。

經部對於因的建立，依時間分直接因與間接因兩者：直接因的果是近果；間接因的果是遠果。依生果之理分近取因與俱生緣兩者，且說近取因是不共因，俱生緣是共因。如麥的種子只會是麥苗的因，不會是米苗的因。同樣地，米的種子只會是米苗的因，不會是麥苗的因，所以種子是不共因。水、肥料等是麥和米兩者的因，所以是共同因。也可以這麼解釋：之所以會生麥苗和米苗，主要是有近取因的緣故；之所以會產生麥苗或米苗的大小、好壞等諸多差異，主要是有俱生緣的緣故。

關於果，依時間分直接果與間接果兩者；依續流分近取果與俱生果兩者。

經部主張，因果被前後時所周遍，所以，因已滅的當下便

---

413 譯者註：直譯是「因果兩法」，但應理解為「果與其主因兩法」。

無礙生果,即「因已滅」與「果已生」雙方的作用是同時發起的,猶如天秤的兩端,一邊高時另一邊低的現象是同時形成。如果因果能夠同時,彼二已有也將同時;既是已有,將無須依因再生,[414]故說因果同時不合理。《釋量論》云:

「能益即能生。」[415]

如論所說,因的安立必須基於對生自果有益;同時的事物之間,一者對產生另一者有益不合理。

毘婆沙宗說,某法的能作因[416]、俱有因,以及相應因是彼法名副其實的因,所以主張存在同時的因果。《阿毘達磨俱舍論》陳述毘婆沙自宗對緣起的解釋後,論云:

「觸六三和生……樂等順三受。」[417]

論中依序指出觸與受。經部問:「受在觸後生?還是受觸

---

414 譯者註:如果因果是同時,在米種仍在時,米苗將是已生,換句話說,苗於種子之時就有。那麼,農夫明明看到苗是在種子滅後才有,難道要說「已有的苗又再次而有」嗎?如果已有的苗能夠依靠苗之自力再有,那麼,農夫為得果而種因的目的將不存在,這樣一來,何須成立因果論!

415 德格版,論,量,གྲ་卷,自義比量品,第106句偈頌文,98背頁;對勘本版,書號97,479頁。漢譯來源:法尊法師譯《釋量論》。

416 譯者註:直譯是「具有能力的作因」,意指「能作因」。

417 德格版,論,阿毘達磨,ཀུ་卷,第三品,第30句偈頌文,8正頁;對勘本版,書號79,17頁。漢譯來源:玄奘大師譯《阿毘達磨俱舍論》(T.29.1558.22a.6)。

兩者同時生?」如《阿毘達磨俱舍論自釋》云:

「受生與觸為後、為俱?」[418]

毘婆沙師答:觸受兩者是俱有因,所以觸受兩者並無前後生之別,是同時生起。如《阿毘達磨俱舍論自釋》云:

「毘婆沙師說俱時起,觸受展轉俱有因故。」[419]

經部師反駁,同時生的兩法不能成為能生法及所生法,因為彼此沒有能力產生對方。為什麼呢?因為該法的體性已經形成,所以無一法有能力再生該法。此諍亦如《阿毘達磨俱舍論自釋》云:

「云何二法俱時而生,能生所生義可成立,如何不立?
無功能故,於已生法餘法無能。」[420]

毘婆沙師回經部師,經部師你已說「同時生的兩法不能成為能生法及所生法」,其義等同「該法體性已經形成,所以無

---

[418] 德格版,論,阿毘達磨,ཀུ་卷,第三品,134背頁;對勘本版,書號79,332頁。漢譯來源:玄奘大師譯《阿毘達磨俱舍論》(T.29.1558.53a.2)。

[419] 德格版,論,阿毘達磨,ཀུ་卷,第三品,134背頁;對勘本版,書號79,332頁。漢譯來源:玄奘大師譯《阿毘達磨俱舍論》(T.29.1558.53a.2)。

[420] 德格版,論,阿毘達磨,ཀུ་卷,第三品,134背頁;對勘本版,書號79,332頁。漢譯來源:玄奘大師譯《阿毘達磨俱舍論》(T.29.1558.53a.4)。

一法有能力再生該法」，此言無異於將宗立為理[421]。《阿毘達磨俱舍論自釋》云：

> 「此與立宗義意無別，如言『二法俱時而生，能生所生義不成立』，『於已生法餘法無能』義意同前，重說何用？」[422]

經部師反駁，若如此，同時生的兩法應成「彼此互生」的過失。《阿毘達磨俱舍論自釋》云：

> 「若爾，便有互相生失。」[423]

毘婆沙師說，我毘婆沙已許「同時生的兩法彼此互生」的緣故，我無「應成極端」[424]的過失。同時生的因就是同時生的果，其例頗多，如我倆正在爭論的議題觸與受而言，事實只會如同我所承許。《阿毘達磨俱舍論自釋》云：

---

421 譯者註：理由本來應是釐清某宗的途徑，但若將宗立為理由，等同以「是無常」來釐清「是無常」，這種方式不是正確的邏輯推論。

422 德格版，論，阿毘達磨，句卷，第三品，134背頁；對勘本版，書號79，332頁。漢譯來源：玄奘大師譯《阿毘達磨俱舍論》（T.29.1558.53a.6）。

423 德格版，論，阿毘達磨，句卷，第三品，135正頁；對勘本版，書號79，332頁。漢譯來源：玄奘大師譯《阿毘達磨俱舍論》（T.29.1558.53a.8）。

424 譯者註：直譯是「應成極端」，意指「有將成過度的偏激言論之過」。

「許故非失，我宗許二為俱有因亦互為果。」[425]

經部師反駁，毘婆沙師你雖然承許觸受是同時互生的因，然而，實際上觸受互為同時因與果的說法已違背薄伽梵契經的意趣，經說：「眼觸為緣生眼觸所生受，非眼受為緣生眼受所生觸。」[426]況且，以立因喻[427]的角度而言，某法生另一同時法確實與理相違，故同時因果之說，並不合理。為什麼呢？世間及量學共許，當某法生另一法時，能生法與所生法有先後時之別。如世間說，先有種子為因，後有苗為果；先有乳為因，後有酪為果；先有擊鼓，後有聲音；先有意根，後有意識。

成立果眼識與其因眼根兩者是先後法[428]時，隨之也會成立其增上緣眼根與所緣緣色法二者是同時法，像是果眼識與其隨從受、觸不僅同時，其因的眼與（其所緣的）色、四大種、七項大種所造也是同時。主張「先有因根境兩者，後有果識；先有因大種聚，後有果各式大種所造」，並無任何相違。《阿毘

---

425 德格版，論，阿毘達磨，ཁུ卷，第三品，135正頁；對勘本版，書號79，332頁。漢譯來源：玄奘大師譯《阿毘達磨俱舍論》（T.29.1558.53a.9）。

426 譯者註：這段經文源於《阿毘達磨俱舍論》，原文（T.29.1558.53a.10）是：「仁雖許爾，而契經中不許此二互為因果。契經但說，眼觸為緣生眼觸所生受，曾無經說，眼受為緣生眼受所生觸。」

427 譯者註：宗因喻的「因相」、「比喻」。

428 譯者註：直譯為「先後的事物」。

達磨俱舍論自釋》云：

> 「仁雖許爾，而契經中不許此二互為因果，契經但說：『眼觸為緣生眼觸所生受。』曾無經說：『眼受為緣生眼受所生觸。』又，此義非理，違能生法故。若法極成能生彼法，此法與彼時別異極成，如先種後芽、先乳後酪、先擊後聲、先意後識等，先因後果非不極成，亦有極成同時事物，如眼識等、眼色等俱，四大種俱有所造色，此中亦許前根境緣能發後識，前大造聚生後造色，何理能遮？」[429]

毘婆沙師說，雖然是先有因根境兩者，後有果識，但如世間說麥苗與其影是同時，同樣地，因觸與果受兩者也是同時。

《阿毘達磨俱舍論自釋》云：

> 「如影與身，豈非俱有？」[430]

---

[429] 德格版，論，阿毘達磨，ཀུ卷，第三品，135正頁；對勘本版，書號79，332頁。藏譯與漢譯稍有不同。原譯來源：玄奘大師譯《阿毘達磨俱舍論》（T.29.1558.53a.10）：「仁雖許爾，而契經中不許此二互為因果，契經但說：『眼觸為緣生眼觸所生受。』曾無經說：『眼受為緣生眼受所生觸。』又，此義非理，越能生法故。若法極成能生彼法，此法與彼時別異極成，如先種後芽、先乳後酪、先擊後聲、先意後識等，先因後果非不極成，亦有極成同時因，如眼識等、眼色等俱，四大種俱有所造色，此中亦許前根境緣能發後識，前大造聚生後造色，何理能遮？」

[430] 德格版，論，阿毘達磨，ཀུ卷，第三品，135正頁；對勘本版，書號79，333頁。漢譯來源：玄奘大師譯《阿毘達磨俱舍論》（T.29.1558.53a.18）。

經部師說，因觸與果受不同於同時的麥苗與其影，先有因觸，後有果受。為什麼呢？果識只會在先有增上緣根與所緣緣境兩者之後有。第一剎那時，結合增上緣根、所緣緣境，以及識三者。第二剎那時，由於結合彼等的緣故，產生與領納受相應且以自力決斷自境為何的心所——觸。第三剎那時，由心所觸而產生果受。《阿毘達磨俱舍論自釋》云：

「有說，觸後方有受生，根境為先，次有識起，此三合故即名為觸，第三剎那緣觸生受。」[431]

　　毘婆沙師說，若如此，所有主心將不會有隨從之受，也不會有觸。此諍如《阿毘達磨俱舍論自釋》云：

「若爾，應識非皆有受，諸識亦應非皆是觸。」[432]

　　經部師說，不存在「所有主心將不會有隨從之受，也不會有觸」的過失，像是由先有的緣色之觸產生了後有的緣聲之觸，而與其後觸同時而有的受，也是由前因緣色之觸所生。因

---

[431] 德格版，論，阿毘達磨，ㄍ卷，第三品，135正頁；對勘本版，書號79，333頁。漢譯來源：玄奘大師譯《阿毘達磨俱舍論》（T.29.1558.53a.19）。
[432] 德格版，論，阿毘達磨，ㄍ卷，第三品，135正頁；對勘本版，書號79，333頁。漢譯來源：玄奘大師譯《阿毘達磨俱舍論》（T.29.1558.53a.21）。

此,一切觸都有與其同時的受,[433]而一切識也有其隨從之觸。如《阿毘達磨俱舍論自釋》云:

> 「無如是失,因前位觸故,後觸位受生,故諸觸時皆悉有受,所有識體無非是觸。」[434]

毘婆沙師說,經部師你的「一切心都有受觸」之說不合理,因為與經典和正理兩者皆已違背。像是經部你說「由所緣相異、先有的緣色之觸生後有的緣聲之觸,以及與其後觸同時而有的受」,不成立此論。為何不能成立?所緣種類相異的先有緣色之觸若能生受,引發其受的先有之觸將會緣取迥異於色的聲音,應成此過。抑或,與「相應緣聲之心的後觸」同時而有之受,將會緣色——迥異於相應其受主心的所緣之聲,應成此過。如果說先後觸受的所緣相異,且能轉移前位之所緣而緣聲時,於緣聲主心的隨從中,應成「絕無由先有的緣色之觸而引發的後有緣聲之受」,將有此過。抑或,在緣聲之前、緣色之時,不僅要有緣色識的隨從受,與此同時,也要有緣聲之

---

433 譯者註:經部師之所以說「若某主心的隨從有觸,與此同時,於其隨從中也必定有受」,為的是反駁毘婆沙於前述的「主心將無隨從之受,亦無隨從之觸」的過失。經部雖立「同時觸受」,但同時而有的觸受不是因果,這是經部師與毘婆沙師爭論的重點。

434 德格版,論,阿毘達磨,ཀུ卷,第三品,135正頁;對勘本版,書號79,333頁。漢譯來源:玄奘大師譯《阿毘達磨俱舍論》(T.29.1558.53a.22)。

觸,但這不會發生,因為在緣聲之前、緣色之時,由於因緣不具足,在緣色識隨從受的同時不應有緣聲之觸。《阿毘達磨俱舍論自釋》亦云:

> 「此不應理,何理相違?謂或有時二觸境別,因前受位觸生後觸位受,如何異境受從異境觸生?或應許受此心相應,非與此心同緣一境。既爾,若許有成觸,識是觸無受,於此位前有識有受而體非觸,緣差故然。」[435]

經部師說,在緣聲之前、緣色之時,由於因緣不具足,在緣色識隨從受的同時確實無緣聲之觸故,又有何過?此諍如《阿毘達磨俱舍論自釋》云:

> 「斯有何過?」[436]

毘婆沙師說,經部師你說「在緣聲之前、緣色之時,由於因緣不具足,在緣色識隨從受的同時,無緣聲之觸」,此論若為實,等同說「雖然一切有情心中皆有十大地法,卻無十大地法的定數」,應成此過。若問:依何教量成立此定數?答:依阿毘達磨論典之量而立。《阿毘達磨俱舍論自釋》云:

---

435 德格版,論,阿毘達磨,ཀུ卷,第三品,135背頁;對勘本版,書號79,333頁。漢譯來源:玄奘大師譯《阿毘達磨俱舍論》(T.29.1558.53a.22)。
436 德格版,論,阿毘達磨,ཀུ卷,第三品,135背頁;對勘本版,書號79,334頁。漢譯來源:玄奘大師譯《阿毘達磨俱舍論》(T.29.1558.53a.29)。

「若爾,便壞十大地法,彼定一切心品恒俱。彼定恒俱依何教立?依本論立。」[437]

經部師說,我等認為契經是量,阿毘達磨論典非量,如世尊言:「當依經量。」[438]還有,不應將阿毘達磨論的「一切心皆有」,理解為「一個主心的隨從中,受等十法是大地法」。大地法之義為,某心具下列任一地法:既具尋又具伺之地、離尋僅具伺之地、離尋亦離伺之地、善地、不善地、無記地、有學地、無學地、非學地亦非無學地等。僅具信等善心為善地法之義,僅具癡等煩惱心為煩惱地法之義。《阿毘達磨俱舍論自釋》云:

「我等但以契經為量,本論非量,壞之何咎?故世尊言:當依經量。或大地法義非要遍諸心。若爾,何名大地法義?謂有三地:一有尋有伺地、二無尋唯伺地、三無尋無伺地。復有三地:一善地、二不善地、三無記地。復有三地:一學地、二無學地、三非學非無學地。若法於前諸地皆有,名大地法。若法唯於諸善地中有,名大

---

[437] 德格版,論,阿毘達磨,句卷,第三品,135背頁;對勘本版,書號79,334頁。漢譯來源:玄奘大師譯《阿毘達磨俱舍論》(T.29.1558.53a.29)。

[438] 譯者註:這段經文源於《阿毘達磨俱舍論》,原文(T.29.1558.53b.3):「故世尊言,當依經量。」

善地法。若法唯於諸染地中有，名大煩惱地法。」[439]

毘婆沙師反駁，經部師你說「觸受並非同時，觸後才有受」，此與經文相違，經說：「眼及色為緣生於眼識，三和合觸，俱起受想思。」[440]你如何提出合理的答覆？此諍如《阿毘達磨俱舍論自釋》云：

「若於觸後方有受生，經云何釋？如契經說：眼及色為緣生於眼識，三和合觸，俱起受想思。」[441]

經部師答，契經只說「俱起受」卻未說「與觸俱起之受」，[442]故無過失。此答覆如《阿毘達磨俱舍論自釋》云：

「但言俱起不說觸俱，此於我宗何違須釋？」[443]

一些聲聞部的學者表示，對於契經的「凡是三和合之聚，

---

[439] 德格版，論，阿毘達磨，ㄍ卷，第三品，135背頁；對勘本版，書號79，334頁。漢譯來源：玄奘大師譯《阿毘達磨俱舍論》（T.29.1558.53b.2）。

[440] 譯者註：這段經文源於《阿毘達磨俱舍論》，原文（T.29.1558.53b.14）：「如契經說：眼及色為緣生於眼識，三和合觸俱起受想思。」

[441] 德格版，論，阿毘達磨，ㄍ卷，第三品，136正頁；對勘本版，書號79，334頁。漢譯來源：玄奘大師譯《阿毘達磨俱舍論》（T.29.1558.53b.2）。

[442] 譯者註：經部師認為，經文的意思是，雖認同「與觸同時而有的受」，但這不是指「果受是與觸同時而有」，故無有過失。

[443] 德格版，論，阿毘達磨，ㄍ卷，第三品，136正頁；對勘本版，書號79，335頁。漢譯來源：玄奘大師譯《阿毘達磨俱舍論》（T.29.1558.53b.15）。

彼皆爲觸」[444]，雖然經說觸是不同於六受與六愛的法處，但實際上，就彼等的體性而言，並無差異。同理，契經雖然說觸也不同於境根識三者，但因爲彼等的體性並無相異，經說境根識三和合者是觸。

另一些聲聞部的學者指出，「經言云何六？六法門：一、六內處；二、六外處；三、六識身；四、六觸身；五、六受身；六、六愛身。」[445]依結合境根識三因所生的果而取名的緣故，經已明示所謂的「觸」是不同於根境識三者的心所。

再者，《阿毘達磨俱舍論自釋》云：

「和所生故，五根、境、識和合亦合理故……」[446]

《俱舍滿增注》對此的解釋：

「由和所生之念，故而廣說『和所生故』……」[447]

---

444 譯者註：這段經文源於《阿毘達磨俱舍論》，原文（T.29.1558.53b.2）：「三和合觸。」

445 譯者註：這段經文源於《阿毘達磨俱舍論》（T.29.1558.53b.16）。

446 德格版，論，阿毘達磨，ㄍㄨ卷，第三品，133正頁；對勘本版，書號79，328頁。漢譯與藏譯稍有不同。漢譯原文：玄奘大師譯《阿毘達磨俱舍論》（T.29.1558.52b.8）：「和所生，謂根、境、識三和合故……」

447 德格版，論，阿毘達磨，ㄍㄨ卷，第二品，308正頁；對勘本版，書號81，766頁。漢譯大藏經內並無此譯。

根據「結合境根識是和合生之義」的他方立場而推論的話，顯而易見，「境根識之和合」的意思就是「這三者的同時聚合」。

總之，毘婆沙部與經部兩宗對「境根識之和合」的解讀是什麼？《阿毘達磨俱舍論自釋》云：

「此即名和合，謂因果義成，或同一果故名和合，謂根境識三同順生觸故……」[448]

不言而喻，「齊全因根境兩者與果識事物」為「境根識三者之和合」，[449]或「相應境根識三因而生果觸」為「境根識三者之和合」，[450]但是，毘婆沙師對「根境識三同順生觸」的理解，是基於根境識三與觸是同時發生，而經部師的解讀是「和合境根識三者之後而生觸，卻非同時」。以上是彼二宗的差異。

經部依量學典籍所說的理由，進而成立因果二時必有先後之別，此處簡略闡釋此義。《釋量論》云：

---

448 德格版，論，阿毘達磨，句卷，第三品，133正頁；對勘本版，書號79，328頁。漢譯來源：玄奘大師譯《阿毘達磨俱舍論》（T.29.1558.52b.11）。

449 譯者註：這段是毘婆沙部的立場。

450 譯者註：這段是經部的立場。

「無前無能故,後亦不合故,一切因先有⋯⋯」[451]

如果因果是同時,果前將無因,則因不能助益生自果。況且後果既已形成,因則無須助益果的形成,將有彼等過失。因此,一切因必須在自果之前存在。阿闍黎律天的《觀相屬論廣釋》[452]亦云:

「謂『爾時因果無法俱時而聚故、生果時因亦滅故。』爾時生果,彼時因滅,故無二聚。」[453]

經部主張,何時生果,此時當滅其果所依的因,不可能同時存在因果兩者。從此可知,經部不同於毘婆沙宗,不承認某法的俱有因及相應因兩者是該法真正的因。還有,經部主張先有因的「果因」[454],故而成立因果必是先後。

丁四、此宗如何安立外境之義

諸色聲是以四大為因所生,且是由於累積外境的極微塵而

---

451 德格版,論,量,ཅེ།卷,第三品,第246句偈頌文,127背頁;對勘本版,書號97,548頁。漢譯來源:法尊法師譯《釋量論》。

452 འབྲེལ་པ་བརྟག་པའི་རྒྱ་ཆེར་བཤད་པ།。

453 德格版,論,量,ཞེ།卷,17背頁;對勘本版,書號106,42頁。漢譯大藏經內並無此譯。

454 譯者註:正因的決定分類之一。正確的理由或稱「正因」可分為:果因、自性因、不可得因三者。

成。因此,構成色法的基礎是無方分極微塵,且極微塵彼此之間不會觸碰,這個觀點雖與毘婆沙部所說雷同,但毘婆沙部表示,極微塵彼此之間存在著空隙,而經部卻說無空隙。在阿闍黎妙護的《成外境義》裡,詳細解說經部是如何主張無方分微塵,以及由累積彼等微塵形成粗色等內容。論云:

「互相不觸碰,住無方分性……」[455]

其義可從《佛法科學總集·上冊》已對此文的解釋得知。經部主張外境實有,但唯識派破除此宗,承許諸色只是內在心識的所現而已;不僅「見外境」僅屬謬見,見諸色是外境且具距離[456]的眼識等根識也是錯亂識。在阿闍黎妙護的《成外境義》裡,闡釋經部是如何反駁彼說之理。論云:

「眼等之諸實,識境非外境;識見外境故,如夢二月識……云識乃欺誑,或諸色不能,寧非無緣乎?彼二非善說。」[457]

---

455 德格版,論,量,ཀྱེ卷,第56句偈頌文,191背頁;對勘本版,書號106,514頁。漢譯大藏經內並無此譯。

456 譯者註:彷彿色法在前,見色眼識在這,色法與見色眼識之間存在著某種的距離。

457 德格版,論,量,ཀྱེ卷,第2-3句偈頌文,189背頁;對勘本版,書號106,509頁。漢譯大藏經內並無此譯。

唯識派說，觀待眼根的識量之境雖是諸色，但諸色只是內在心識的體性，絕非外境。因此，見外境就像夢中見種種相，又像見一月成二月等，只能是錯亂識。

經部反駁，此說不合理。即便唯識派你說：「雖然眼識見色法是外境且具距離，但事實並非如此。」無論你說的理由是「見彼之識的自境為欺誑」也好，或「諸色不能成為依根識量之境」也罷，總之，此論將有「彼識無所緣」的過失，故不合理。

另外，還有如此過失：夢中雖然見到自己被截肢，但其現象並非事實。外境若僅如夢中斷頭，等同絕無，這樣一來，醒時的斷頭現象肯定也不可能發生。如果你說，醒時的斷頭與健身等現象如同夢境，那麼，為避免仇家斬斷自身首頸，或為健身所做的努力，都會毫無意義。《成外境義》云：

「夢中斷自肢，所見皆非實。彼義若絕無，醒時豈能有？若許醒斷頭，壯體亦如夢，何故汝當勤，避斬與健身？」[458]

否定外境還有下列過失：欺誑諸時境的誑識都是錯亂的，只有不欺誑自境的識是不錯亂，除此以外，沒有其餘不錯亂識

---

458 德格版，論，量，ཞེ卷，第4-5句偈頌文，189背頁；對勘本版，書號106，509頁。漢譯大藏經內並無此譯。

的定義。因此,主張證諸色的眼識是錯亂識實不應理。由於患病等因緣導致增上緣的根受損,這類根識確實是錯亂的,但沒有彼等謬因的所有根識,卻被唯識派說成錯亂,這種說法屬於臆造。《成外境義》云:

「非欺誑不亂,欺誑皆錯亂;識若不欺誑,時境與他人,應知為不亂,無不亂餘義……[459]害根識雖亂,然汝說諸識,無謬因亦亂,此言則荒謬!」[460]

唯識派又說,若真有外境,當某人的敵親雙方注視同一人時,那一個人的身體將具厭惡及喜愛兩種體性,應成此過。

針對此駁,經部回覆:所謂「敵親雙方所見的厭惡及喜愛不屬於同一外境的身體,因為其身乃識的體性」,此說不應理。對同一色身所產生的厭惡及喜愛,都是因為串習其身的功德或過失的緣故,形成該厭惡感或喜愛感之差異性,這與「只是識之體性的緣故,形成該差異」的說法無絲毫關聯,故應成立有外境。《成外境義》云:

「愛惡等色身,非同一外境,無關其作用,僅屬識性

---

[459] 德格版,論,量,ཅེ卷,第6句偈頌文,189背頁;對勘本版,書號106,510頁。漢譯大藏經內並無此譯。

[460] 德格版,論,量,ཅེ卷,第30句偈頌文,190背頁;對勘本版,書號106,512頁。漢譯大藏經內並無此譯。

云。愛惡於一身,皆因德等習,各別因所助,其果成別異。」[461]

此外,唯識派亦以「俱緣決定」[462]的理由破除外境等內容,如何破其宗義於《成外境義》中已詳細解說。

丁五、安立能知之識

經部諸師所承許,如阿闍黎陳那的《集量論頌》和阿闍黎法稱的《釋量論》之敘述。能知量有二:現識與比度。現量又分二:自證與他證。他證又分三:一、依不共增上緣色根的根現識。二、只依增上緣意的意現識。三、依增上緣止觀雙運的瑜伽現識。現識分類等內容,已於《佛法科學總集·下冊》解說,而《佛法哲學總集·下冊》將會詳細闡述如何安立現識及其相關的要義——量果論、成立其識的所取相與能取相二法等內容。

經部如何主張根現識的三緣「一、所緣緣,即外境色法。二、增上緣,即根現識的所依根。三、等無間緣,即根現識前一刻之意」、如何安立六識、《大乘阿毘達磨集論》的五十一

---

[461] 德格版,論,量,ཤི།卷,第125句偈頌文,194正頁;對勘本版,書號106,520頁。漢譯大藏經內並無此譯。
[462] བློ་གཅིག་དམིགས་ངེས། 。譯者註:所緣與能緣決定是同時俱有。

心所、心與心所是質體一等諸多要義,都已在《佛法科學總集》上、下二冊裡解說。

毘婆沙宗諸師否定心識能夠領受自己或自證,經部卻不以為然。《成外境義》云:

「猶如燈火能,亮自身及他,同理識亦能,具二緣之性。」[463]

猶如燈火能照亮自他,內在心識或心法不僅能明其境,也能明自身。如經論說,每一個心識都有所取相及能取相的二性。阿闍黎衹多梨的《善逝教典分別論疏》亦如是云:

「於一分別心,見內與見外,並非如二燈,[464]所明與能明。」[465]

關於成立自證的理由,若以阿闍黎陳那的《集量論頌自釋》為主,論云:

---

463 德格版,論,量,ཅེ་卷,第106句偈頌文,193正頁;對勘本版,書號106,518頁。漢譯大藏經內並無此譯。

464 譯者註:不需要兩盞燈來相互照亮,光是一盞燈就能照亮自己及他物。

465 德格版,論,中觀,ཤ་卷,53正頁;對勘本版,書號63,996頁。漢譯大藏經內並無此譯。《章嘉宗義》(82頁)云:「不僅見於內,亦見於外故,不同於燈火,所明與能明。」有不同譯文。

「亦由後時念……」[466]

意指以憶念之因成立。特別是阿闍黎法稱的《釋量論》云：

「樂等不依餘……」[467]

《釋量論・現量品》詳說，當證外境的根識現起時，領納安樂等感受本身應成立為證知自己。如果不存在自證，應成「無長期記憶文字之心識」，有此大過。要理解這論述是經部自宗的觀點。兩位量學大師成立自證的理由，皆與「識的所取相與能取相二法」關係密切，彼義會在《佛法哲學總集・下冊》中細說。

不同於毘婆沙部，經部的另一個不共論述是：如根識，以外境諸色為所取境的離分別心之意是現識，而且根識是其等無間緣，如契經所說：「比丘，色識有二相，依眼與依意。」[468]

一般而言，如非佛的不穿耳，以及佛教的聲聞犢子部等諸師，都不認同意現量。他們反詰，若有意現量，前根現識的一

---

466 德格版，論，量，ཅེ་卷，2正頁；對勘本版，書號108，92頁。漢譯來源：法尊法師譯編《集量論頌略解》，11頁。
467 德格版，論，量，ཅེ་卷，第三品，第249句偈頌文，128正頁；對勘本版，書號97，548頁。漢譯來源：法尊法師譯《釋量論》。
468 此經文被多部印度量學典籍所引用，但源於哪部經典卻不明確。

切所執境是否爲意現量的所執境？還是意現量會執取不被前根現識所執的境？如果是前者，因爲其境已被前根現識所執，意現識將不是量；如果是後者，意現識將執該根現識未執之境，這樣一來，盲人也將見色，因爲即便沒了眼睛，意現識仍可現執色法。《釋量論》云：

「若緣前領受，意則非是量；若緣未見者，盲等應見義。」[469]

根據量學自宗的回覆，執色意現識也會執取不被前根現識所執的其他境，所以意現識不會成爲已決識。況且意現識是由其等無間緣前執色根現識所生，因此不會有盲人見色之過。《釋量論》云：

「是故諸根識，無間緣所生，意能緣餘境，故盲者不見。」[470]

執色意現識雖然會執取不被根現識所執的其他境，卻不會執取因時間或空間所障礙的境。還有，意現識是由其等無間緣前根現識所生的緣故，意現識雖不執取「與前根現識的所執異

---

469 德格版，論，量，ཇི卷，第三品，第239句偈頌文，127背頁；對勘本版，書號97，547頁。漢譯來源：法尊法師譯《釋量論》。
470 德格版，論，量，ཇི卷，第三品，第243句偈頌文，127背頁；對勘本版，書號97，457頁。漢譯來源：法尊法師譯《釋量論》。

種」之境,卻會執取「與前根現識的所執異質」之境,所以執色意現識雖會執取不被其等無間緣根現識所執的其他境,卻只執現起的決定境,且不執遭久時或遠距離障礙之境。《釋量論》云:

> 「待隨自義者,根生覺是因,故此雖緣餘,許緣境決定。」[471]

如何形成意現識?依佛教量學諸師普遍的說法,有三種不同的立場:一、承許輪流生起根現識與意現識兩者。二、承許生三階段。三、承許意現識生於根現識的續流終際。[472]

一、承許輪流生起,這是《釋量論莊嚴疏》的作者智作護的觀點,[473]即先有一剎那的根現識,再生一剎那的意現識,之後再生一剎那的根現識。總之,先是引發根現識,終由意現識

---

[471] 德格版,論,量,ཅེ་卷,第三品,第244句偈頌文,127背頁;對勘本版,書號97,457頁。漢譯來源:法尊法師譯《釋量論》。

[472] 根據薩迦班智達的《量理寶藏論》(第三冊,271頁),第一個觀點源於《釋量論莊嚴疏》的作者智作護;第二個觀點源於大梵志夏格阿難陀;第三個觀點源於法上。其中薩迦班智達自宗以大梵志為合理之說。《量理寶藏論》云:「我的教授師僅獲夏格阿難陀之意趣,視其為應理之說。」我等認為,彼論文中「我的教授師」應理解為克什米爾的大班智達釋迦釋日。

[473] 雖然其說法從藏譯的智作護著作中未見相關的明文記載,但仍有諸多學者如是流傳。克主傑的《七部量論莊嚴除心意闇》(ཚད་མ་སྡེ་བདུན་གྱི་རྒྱན་ཡིད་ཀྱི་མུན་སེལ།,二十一冊,147頁)亦云:「智作護言,引根現識為首,以意現識為尾而說輪流生起根意。此言僅流傳於諸學者中,卻不明於智作護及其弟子的任何藏譯著作。」

為結尾，承許如是輪流發起根現識與意現識。

二、承許生三階段，這是大梵志夏格阿難陀[474]的觀點，[475]即先有一剎那的根現識，由此為直接的引因，再同時生起三法：第一剎那的執色意現識、第二剎那的執色根現識、領受彼二的自證。向外義之證的階段有二，而向內義之證的自證階段為一，故說「生三階段」。

三、承許生於根現識的續流終際，這是阿闍黎法上的觀點，即以根現識為增上緣，且於根現識的最終剎那壞滅後，立即生起第一剎那的意現識。誠如阿闍黎法上的《正理滴論大疏》[476]云：

「許意識繼眼功用之後是現識；眼仍有功用時，一切知色僅觀待眼，如若不然，任何觀待眼之識將不應理。」[477]

---

474 བྲམ་ཟེ་ཆེན་པོ་ཤྲི་གར་ཨ་ནནྡ། 。

475 雖然其說法從藏譯的大梵志著作中未見相關的明文記載，但仍有諸多學者如是流傳。克主傑的《七部量論莊嚴除心意闇》（二十一冊，152頁）亦云：「傳其說是大梵志所許，此言僅流傳於古文學中，卻不明文記載於大梵志的任何藏譯著作。顯而易見，該觀點與《量理寶藏論》的意趣相同。」

476 རིགས་ཐིགས་རྒྱ་ཆེར་འགྲེལ། 。

477 德格版，論，量，ཝེ卷，43正頁；對勘本版，書號105，120頁。雖然漢譯大藏經內並無此譯，但有近代何建興譯註此論的現量品，且譯其論名為《正理滴論廣釋》。該段落的何建興譯文（49頁）為：「（意識知生起時，）眼的作用已然停止，是而意識知應視為是（獨立於感官的）知覺。但是當眼根仍有作用時的色物之知，則全然是依於眼（的感官知）。否則，將沒有任何（單只是）依待於眼的識知。」

阿闍黎法上的意趣要義是,於根現識續流終際所生的意現識是能證其境的意現識。在凡夫相續裡,當每一個執色根現識生起時,增上緣眼根的不共作用仍然存在的話,執色根現識的續流將會延續,仍會依增上緣眼而現起執色根現識。反之,當每一個執色根現識生起時,增上緣眼根的不共作用如果消失的話,將由發起的執色意現識銜接執色根現識的續流。

根據阿闍黎法上的說法,第一個觀點不應理的關鍵為何呢?《釋量論》云:

「故漸次緣者,領受彼不能⋯⋯」[478]

一剎那的根現識與一剎那的意現識是輪流生起的話,等同意現識介入於前後剎那根現識的中間,這樣一來,將有根現識則不能無間斷地執取自境之過。按照「生三階段」的第二觀點,如果根現識無法延續的話,根現識將不證自境;[479]如果根現識會延續的話,此時[480]則無現起意現識的機會,將有此過,

---

478 德格版,論,量,ཇི卷,第三品,第256句偈頌文,128正頁;對勘本版,書號97,549頁。漢譯來源:法尊法師譯《釋量論》。

479 譯者註:如果根現識只有一剎那、無法延續,因為時間太短,只會成為「見而不定」,無法證知其境。

480 譯者註:在根現識現起的同時不會現起意現識。法上認為,意現識只會在根現識結束後才能現起。

故不合理。⁴⁸¹因此，自宗以排除法證實「生於根現識的續流終際」第三個觀點的合理性，而且後來的諸多印度、西藏的量學論師們也如是認可。⁴⁸²

丙三、附帶解說心識是具相之理

心識如何證境？依照經部以上的通常說法，心識是以顯現境相而證境。根識如何顯現境相呢？有三種說法：「種種無二」⁴⁸³主張，一個心識會見多個境相；「半卵對開」⁴⁸⁴主張，一個心識只見一個境相；「能取同數」⁴⁸⁵主張，有多少境相，便有多少心識。《佛法科學總集‧下冊》雖已略說這三種不同說法，但是彼此內部爭論會在《佛法哲學總集》的唯識章節裡

---

481 譯者註：如果根現識現起的同時不會現起意現識，將無你所謂的「第二階段」，所以會有自說矛盾之過。

482 後來學者如阿闍黎祇多梨於《愚趣論》（ཉེས་པ་འཇུག་པའི་རྟོག་གེ། 德格版，論，量，ཤེ་卷，第一品，327正頁；對勘本版，書號106，905頁。漢譯大藏經內並無此譯）云：「承許意屬性之現識於圓滿眼等功用時，方可為量。」此論說意現量要在根現識的續流終際發起。根據解脫源藏（བར་པའི་འབྱུང་གནས་སྦས་པ།）的《推理論》（རྟོག་གེའི་སྐད།。德格版，論，量，ཤེ་卷，342背頁；對勘本版，書號106，948頁。漢譯大藏經內並無此譯），意現識的時間過短，而且還得依經論而立，所以安立意現識應如法上所言。藏地中，俄派的量學諸師，以及賈曹傑等格魯派的量學諸師，多數也都視法上的觀點為自宗立場。

483 སྣ་ཚོགས་གཉིས་མེད།

484 སྒོ་ང་ཕྱེད་ཚལ།

485 གཟུང་འཛིན་གྲངས་མཉམ།

稍做解釋。

經部說，青與執青眼識兩者是質體異；青色不同於依青留下的識性影像或稱「青相」，兩者實為因果。當執青之識顯現似青影像時，稱為「見青」，所以經部主張心識都是具相。《慧心要集論釋注》云：

> 「闡釋經部宗義之教理後，此處言『所見非根境』，謂眼等所現見諸色皆被心識所取，而非眼根等境。為何？眼等諸識皆具其境相而生。『無法見色物，心識具相生……』如文所示故。」[486]

經部針對心識為何具相之理，亦如彼論云：

> 「經部等人如是說，於已變色的清淨琉璃前，某人見其境、以眼取彼琉璃與其色二法時，琉璃是現識所取，而其色是以影像所取。如彼士夫以二相取，現識所見僅屬識相；以識所見形色之所依而言，是極微塵之聚，是無間隔、互不相觸體性，如是承許所取二相。」[487]

論說，根識雖會同見玻璃及顏色兩者，根識是依自力見玻

---

[486] 德格版，論，中觀，ཤཱ卷，42正頁；對勘本版，書號57，891頁。漢譯大藏經內並無此譯。
[487] 德格版，論，中觀，ཤཱ卷，43正頁；對勘本版，書號57，891頁。漢譯大藏經內並無此譯。

璃,而以影像的形式證其顏色。

成立「心識是具相」的最終要義在於:如果心識能以「離相」明晰證知外境,諸境將成「明之體性」[488];若是如此,青等將不觀待心識便可成「明」,會有此過。[489]經部承許,之所以清楚見到青色等境,是因為心識,而所見諸青的基礎則是由於外境有的極微塵所建成的法。[490]

關於根識證境之理。毘婆沙部說,根識執與其同時有的境;經部諸師說,根識所取與根識二為因果,故不同時。若問:如果非同時,根識如何執境?答:根識執境的當下,根識所取雖然已滅,但彼根識所取留下的識相仍可被根識所領受,經部依此理安立根識執境。[491]《釋量論》云:

「彼如何緣異,由理智了知,能立識行相,因性為所取。[492]……除為因事外,全無餘所取,彼中覺所現,說

---

[488] 譯者註:此處的「明」指的是心法,即唯明唯觀的「明」。

[489] 譯者註:經部認為,青色是因,青相或依青留下的識性影像為果,而且執青眼識與青相為體性一,執青眼識是藉由青相而證知青。倘若執青眼識能不經青相或青的影像直接證知青色,等同執青眼識與青為體性一,這樣一來,將有「青成識性」之過。

[490] 遍知文殊笑的《宗義寶炬論》,頁數217。

[491] 譯者註:直譯是「安立領受所取」,但根據前後文,應理解為「安立根識執境」。

[492] 德格版,論,量,ཅེ卷,第三品,第247句偈頌文,127背頁;對勘本版,書號97,548頁。漢譯來源:法尊法師譯《釋量論》。

為彼所取。」[493]

論說,根識所取必須是根識的因;除了根識的所緣緣以外,並無其他的根識所取。[494]意指由根識直接所見的緣故,稱爲「根識的所取之境」。

總而言之,經部諸師將陳那父子兩位所著的量學典籍的內容,如經部與唯識兩派共許的自義比量與他義比量、成立「排他」是聲義、能知識的總義、成立心識的所取與能取二相等,建立爲合理的自宗。其中的特別之處是,經部以外境說爲自宗,像是執色眼識等諸他證現識皆依執外境義而生,進而建立量果論述,即依彼等現識而生其果第一分別識。

以上概說了在聖域印度的佛法四宗義中,主張自證及外境是眞實義的經部宗義。

甲三、闡述唯識的宗義
乙一、此派宗義的發展史

唯識宗義是如何形成的呢?眾所周知,唯識宗義始於西元

---

493 德格版,論,量,ཅེ卷,第三品,第224句偈頌文,127正頁;對勘本版,書號97,546頁。漢譯來源:法尊法師譯《釋量論》。

494 譯者註:直譯是「除了根識的所緣以外,並無根識所取」。

四世紀、獲佛授記[495]的聖域印度偉大阿闍黎無著聖者。這位阿闍黎不僅詮釋經義，更是以唯識觀點闡述《般若經》義，從而建立唯識宗義，令其傳承迅速蓬勃；唯識宗義屬於大乘宗義。

阿闍黎龍樹創立中觀宗義，奠定了《般若經》的「諸法無自性」之論述。阿闍黎無著則是根據《解深密經》另釋佛陀三轉法輪的意趣，主張雖然《般若經》詞面上說諸法皆無自性，但實際上是佛陀意緣三無性而說，故《般若經》不是如言可取，後轉善辨法輪的《解深密經》才是了義經，從而創立和廣傳舉世聞名的唯識宗義。

整體而言，阿闍黎龍樹創立中觀宗義，阿闍黎無著創立唯識宗義。中觀及唯識這兩位鼻祖都一致承許四諦、十二緣起、四念住等共乘次第的修持；在大乘道次第中以悲為本的菩提心、六度學處等方便品的修持，雙方亦無差異。然而，兩派在破除人法二我的見解上，存在著巨大的差異。

---

495 關於阿闍黎無著的授記，《大方廣菩薩藏文殊師利根本儀軌經》（འཇམ་དཔལ་ རྩ་རྒྱུད།；德格版，經，續，ཤི་卷，309正頁；對勘本版，書號88，880頁）云：「比芻名無著，精通論典義，分辨不了義，了義等諸經。」（在漢譯的《大方廣菩薩藏文殊師利根本儀軌經》並未找到類似譯文）還有，《解深密經疏》（དགོངས་འགྲེལ་འགྲེལ་ཆེན།. 德格版，論，經釋，ཤི་卷，31正頁；對勘本版，書號68，73頁）云：「佛滅度後九百年……」（在漢譯的《解深密經疏》裡，雖未找到類似譯文，但類似譯文卻在《辯中邊論述記》獲得。《辯中邊論述記》云：「佛滅度後九百年間，無著菩薩誕生於世。」）名聞四海的阿闍黎無著之傳記也簡略記載於《布頓佛教史》（152-153頁）。

聲聞部否認佛曾說大乘法,所以不承許佛陀三轉法輪。大乘部諸師則主張,我等導師釋迦世尊於示現成佛的那年傳四諦法輪等教法,故聲聞部教義與大乘部教義是同時形成的。[496]不僅如此,二轉無相法輪及三轉善辨法輪是大乘部教法,所以成立三轉法輪。由於聲聞部諸師針對佛說大乘提出諍議,在過去大乘諸師的著作中,如阿闍黎龍樹的《中觀寶鬘論頌》、慈尊聖者的《大乘莊嚴經論》、阿闍黎清辨的《思擇焰論》、阿闍黎寂天[497]的《入菩薩行論》[498]等,都特別成立「佛說大乘」的理論。

乙二、此派主要依據的典籍為何

唯識宗義的主要依據是後轉善辨法輪的《解深密經》,以及《般若經》、《大方廣佛華嚴經》[499]、《入楞伽經》、《佛說十地經》、《大乘密嚴經》等。阿闍黎蓮花戒的《中觀明論》[500]云:

---

496 《大乘莊嚴經論》;德格版,論,唯識,ཕི་卷,第二品,第1句偈頌文,2正頁;對勘本版,書號70,806頁。
497 ཞི་བ་ལྷ། Śāntideva。
498 སྤྱོད་འཇུག Bodhisattvacharyāvatāra。
499 ཕལ་པོ་ཆེའི་མདོ། Avataṃsakasūtra。
500 དབུ་མ་སྣང་བ། Madhyamakāloka。

「《十地經》云:『所言三界此唯是心。』⁵⁰¹《解深密經》、《入楞伽經》、《大乘密嚴經》等亦說,諸法皆是唯心之體性。是故經言,除唯心外無餘是真實義。是故,不成立諸法無自性。」⁵⁰²

誠如前引經文所言,唯識主張「無外境、唯識是眞實有」。無著聖者依何著作創立唯識宗義?即《瑜伽師地論》的五分論⁵⁰³:一、《本地分》⁵⁰⁴。二、《攝決擇分》⁵⁰⁵。三、《攝事分》⁵⁰⁶。四、《攝異門分》⁵⁰⁷。五、《攝釋分》⁵⁰⁸;二集論——詮釋共乘總義的《大乘阿毗達磨集論》,以及詮釋大乘不共義的《攝大乘論本》。我等認為,此宗是以《攝大乘論本》為根本依據;不識《攝大乘論本》,則不得知唯識義,更

---

501 譯者註:《佛說十地經》(T.10.287.553a.11)。

502 德格版,論,中觀,ཤི卷,145背頁;對勘本版,書號62,1143頁。漢譯大藏經內並無此譯。

503 譯者註:本地分(瑜伽師地論的卷1-50)、攝決擇分(瑜伽師地論的卷50-80)、攝釋分(瑜伽師地論的卷81-82)、攝異門分(瑜伽師地論的卷83-84)、攝事分(瑜伽師地論的卷85-100)。

504 རྣལ་འབྱོར་སྤྱོད་པའི་ས། Maulī bhūmiḥ。

505 རྣལ་འབྱོར་སྤྱོད་པའི་ས་ལས་གཏན་ལ་དབབ་པ་བསྡུ་བ། Viniścayasaṃgrahaṇī。

506 རྣལ་འབྱོར་སྤྱོད་པའི་ས་ལས་གཞི་བསྡུ་བ། Vastusaṃgrahaṇī。

507 རྣལ་འབྱོར་སྤྱོད་པའི་ས་ལས་རྣམ་གྲངས་བསྡུ་བ། Paryāyasaṃgrahaṇī。

508 རྣལ་འབྱོར་སྤྱོད་པའི་ས་ལས་རྣམ་པར་བཤད་པའི་བསྡུ་བ། Vyākyāsaṃgrahaṇī。

不能得知該派如何詮釋《般若經》等諸多契經的意趣。[509]這正是阿闍黎無著的諸弟子重視《攝大乘論本》的關鍵因素。還有,不僅阿闍黎世親造《攝大乘論本》的注釋——《攝大乘論釋》,尊者無性[510]所著的浩瀚巨作《攝大乘論釋》[511],至今仍可見於藏譯的丹珠爾中。《攝大乘論本》的各個綱要都已明晰建立於《攝大乘論本》的第一分「總標綱要」裡。[512]

唯識宗的主要創始人之一阿闍黎世親,又著作了哪些唯識論著呢?論師著有:《大乘莊嚴經論疏》[513]、《辯中邊論》[514]、《辨法法性論釋》[515]、《釋軌論》[516]、《大乘成業論》[517]、《大乘五蘊論》、《唯識二十論》[518]、《唯識三十論頌》[519],

---

509 遍知文殊笑的《宗義寶炬論》,臺灣出版,頁數326。

510 བཙུན་པ་ངོ་བོ་ཉིད་མེད་པ།

511 ཐེག་པ་ཆེན་པོ་བསྡུས་པའི་བཤད་སྦྱར།

512 丹珠爾裡的《攝大乘論本》尚未圓滿其藏文翻譯,當今也不見《攝大乘論本》的梵本。

513 མདོ་སྡེ་རྒྱན་གྱི་བཤད་པ། *Mahāyāna-sūtrālamkāra-kārikā-bhāṣya*。

514 དབུས་མཐའི་འགྲེལ་བ། *Madhyāntavibhāgakārikā-bhāṣya*。

515 ཆོས་ཉིད་རྣམ་འབྱེད་ཀྱི་འགྲེལ་བ། *Dharma-dharmatā-vibhaṅga-bhāṣya*。

516 རྣམ་པར་བཤད་པའི་རིགས་པ། *Vyākhyāyukti*。

517 ལས་གྲུབ་པའི་རབ་བྱེད། *Karmasiddhi-prakaraṇa*。

518 ཉི་ཤུ་པ། *Viṃśatikā-vijñapti-mātratā-siddhi*。

519 སུམ་ཅུ་པའི་ཚིག་ལེའུར་བྱས་པ། *Triṃśikā-vijñaptimātratā*。

這八本論著又被廣稱為「八部論典」（The Eight Prakarana）。

不僅如此，阿闍黎世親又著有《緣起初別釋》[520]、《大方等大集經·無盡意菩薩品釋》[521]、《佛說十地經釋》[522]、《攝大乘論釋》、《隨念三寶經釋》[523]等諸多經典與論典的注釋。

此外。盛行於西藏學者之間的「與慈尊相關的二十法品」[524]為：《現觀莊嚴論》[525]與《大乘莊嚴經論》的二莊嚴，《辯中邊論頌》[526]與《辨法法性論》[527]二辨品，以及《究竟一乘寶性論》[528]合稱「慈氏五論」[529]，加上《瑜伽師地論》的五分論、二集論，以及「八部論典」。

---

520 རྟེན་ཅིང་འབྲེལ་བར་འབྱུང་བ་དང་པོའི་རྣམ་པར་དབྱེ་བ་བཤད་པ། Pratītyasamutpāda-vyakhya。

521 བློ་གྲོས་མི་ཟད་པས་བསྟན་པའི་མདོ་འགྲེལ། Akṣayamatinirdeśasūtra-vyakhya。

522 ས་བཅུ་པ་མདོ་འགྲེལ། Avataṃsakasūtra-vyakhya。

523 རྗེས་དྲན་གསུམ་གྱི་འགྲེལ་པ། Ārya-ratnatrayānusmṛti-sūtra-vyakhya。

524 བྱམས་པ་དང་འབྲེལ་བའི་ཆོས་ཉི་ཤུ།。

525 མ་ངོན་་རྟོགས་་རྒྱན། Abhisamaya-alaṅkāra 或 Abhisamayālamkāra nāma prajnāpāramitopadeśa śāstra。

526 དབུས་མཐའ་རྣམ་འབྱེད། Madhyanta-vibhaga-karika。

527 ཆོས་ཉིད་རྣམ་འབྱེད། Dharmadharmatāvibhāga。

528 རྒྱུད་བླ། Ratnagotravibhāga。

529 中觀與唯識是否都涵蓋於「慈氏五論」的意趣之中？西藏學者對此的說法不一。例如，仁達瓦認為，慈氏五論都是唯識。文殊怙主宗大師父子則表示，《現觀莊嚴論》與《究竟一乘寶性論》兩論是中觀，其餘三論是唯識。遍知篤布巴喜饒堅贊等說他空師卻主張，慈氏五論的意趣是非唯識派的瑜伽行宗見──他空大中觀宗見。

無著聖者創立名揚四海的唯識宗義後,隨其傳承的持教阿闍黎有:阿闍黎世親、阿闍黎陳那、上座護法[530]、阿闍黎安慧[531]、阿闍黎法稱、阿闍黎帝釋慧[532]、阿闍黎釋迦慧[533]、大班智達法上、阿闍黎智作護、阿闍黎樂喜[534]、金洲法稱、阿闍黎香諦巴等。我等認為,在彼等論師中,有些論師於上半輩子持唯識宗見,於下半輩子持無自性的見解。像是阿闍黎無著針對《究竟一乘寶性論》所撰寫的注釋,根據西藏學者的說法,彼釋是以中觀空無自性的論述而建立,所以承許無著聖者雖是唯識宗義之始祖,但是自身的立場卻是無自性。[535]

　　無著與世親兩兄弟創立了唯識,尤是弘揚隨經唯識的教義。後於西元五世紀時,阿闍黎陳那撰寫了《集量論頌》及其自釋、《觀所緣緣論》[536]及其自釋。於西元七世紀時,阿闍黎法稱撰寫了《釋量論》、《定量論》、《正理滴論》、

530　གནས་བརྟན་ཆོས་སྐྱོང་། Dharmapāla, 530-561。

531　བློ་གྲོས་བརྟན་པ། Sthiramati或Sāramati, 475-555。

532　ལྷ་དབང་བློ། Devendrabuddhi, 630-700。

533　ཤཱཀྱ་བློ། Śākyabuddhi, 660-720。

534　བདེ་བྱེད་དགའ་བ།,十一世紀。

535　雖然藏譯丹珠爾中《究竟一乘寶性論釋》的造者被傳為是無著,但近代學者對此抱持疑惑的態度。漢譯大藏經中的《究竟一乘寶性論》裡,雖無明文記載作者的名稱,但有其作者是安慧論師(Sāramati)的說法。

536　དམིགས་པ་བརྟག་པ། Ālambanaparīkṣā。

《因滴論》537、《成他相續論》538、《觀相屬論》539、《諍正理論》540的「七量論」，從此令隨理唯識的教義發揚光大。

乙三、宗義的性質及分類

唯識宗義的性質：自己的根本宗義為不承許外境，然而承許心識是實有的內道宗義。唯識、心識派、瑜伽行三者是同義異名。唯識的詞義：一切法唯是心識之體性，故名。心識派的詞義：說心識雖見諸法似外境有，卻僅是心識，故名。瑜伽行的詞義：猶如諸瑜伽師以觀想力轉地為金，外境雖無，但因顯現於內心而有，故名。大乘經典出現「唯識」541一詞的緣故，將此派宗義定名「唯識」，如《大方廣佛華嚴經・十地品》云：

「三界所有，唯是一心。」542

---

537 གཏན་ཚིགས་ཐིགས་པ། Hetubindunāmaprakaraṇa。

538 རྒྱུད་གཞན་གྲུབ་པ། Santānātarasiddhināmaprakaraṇa。

539 འབྲེལ་བ་བརྟག་པ། Sambandhaparikṣāvṛtti。

540 རྩོད་པའི་རིགས་པ། Vādanyāyanāmaprakaraṇa。

541 譯者註：雖然下面引用的兩個經文用詞都是「唯心」並非「唯識」，但是藏譯經文的用詞並無不同，都是「སེམས་ཙམ།」，「唯識」或「唯心」。

542 德格版，經，華嚴，ཁ卷，第三十一品，220背頁；對勘本版，書號36，471頁。漢譯來源：實叉難陀譯《大方廣佛華嚴經》（T.10.279.194a.14）。

《入楞伽經》亦云：

「安住於唯心，不分別外境。」[543]

在此要釐清的一個重點是，前述引用的《大方廣佛華嚴經‧十地品》中「唯是一心」的「唯」字。諸中觀師表示，此經的「唯」字不破外境，是破除心識以外的世間造物主。中觀與唯識對此字的解釋不同。同樣地，所有出現在佛教典籍的「瑜伽行」之詞也不一定與唯識同義，如提婆聖者的《四百論》又名為《瑜伽行四百論》。[544]

唯識派分二：一、隨經唯識派，即以《瑜伽師地論》的五分論為主要依據的唯識派。二、隨理唯識派，即以「七量論」為主要依據的唯識派。唯識派又可依相分二：一、真相唯識派。二、假相唯識派。雖然真假兩派一致認同，眼識會以間距[545]見色法、見色法為粗分、見色法為色法，但假相唯識派說，彼等三見是混合產生，真相唯識派則說彼等三見並非混合產生。假相唯識派又說，由於無明習氣所染產生彼等三見，真相唯識

---

543 德格版，經，經典，ཤ卷，第八品，168背頁；對勘本版，書號49，413頁。漢譯來源：實叉難陀譯《大乘入楞伽經》（T.16.672.629b.11）。

544 承許他空派的西藏學者們，指出唯識派與瑜伽行派之間的差異，並特別表示，無著兄弟不是唯識派，是瑜伽行派；比起龍樹的理聚諸論所說的空見，無著兄弟所建立的無二見更為深奧。

545 譯者註：眼識見色法時有種距離感。

派則說彼等三見不遭無明習氣所染。我等認為，基於前述關鍵的差異，導致唯識分真相唯識和假相唯識兩派。

真相唯識派分三：一、能取同數。二、半卵對開。三、種種無二。假相唯識派分二：一、有垢假相唯識派。二、無垢假相唯識派。關於這些分支的論述，誠如尊者須菩提妙音所著的《別說照明一切乘》云：

> 「真相種無二，於一心實性[546]……許不許因果，稱戲論唯識，無戲論唯識；許假相分二，清淨及有垢。」[547]

論說真相唯識派與假相唯識派又稱為「有戲論唯識派」及「無戲論唯識派」；假相唯識派又分有垢假相唯識及無垢假相唯識兩派。阿闍黎菩提賢的《慧心要集論釋注》云：

> 「瑜伽行有二支，有相及無相。阿闍黎陳那等師許有相，由示他相故，如云：『內所知之性，所見為外境，實則不然……』謂許六識聚。阿闍黎無著等師許無相，由許遍計之相，宛如眼翳者之所見，皆有髮絲故，如云：『外境若是有，則無離妄智，若無則不能，獲證佛

---

[546] 德格版，論，中觀，ᨀ卷，308正頁；對勘本版，書號63，1876頁。漢譯大藏經內並無此譯。
[547] 德格版，論，中觀，ᨀ卷，310背頁；對勘本版，書號63，1883頁。漢譯大藏經內並無此譯。

正覺⋯⋯為行離妄智，雖見境然無，精通彼無義，無彼故無識。』謂許八識聚。有說單一，單一者亦謂有相之某一派。」[548]

乙四、如何立宗
丙一、總說如何立宗

為能以偈句的形式釐清此宗的某些不共要義，先引《慧心要集論》。論云：

「無外境方分，亦無極微塵；別見無所緣，領納猶如夢；離所能異質，心識勝義有；瑜伽行典籍，渡識海彼岸。」[549]

阿闍黎衹多梨的《善逝教典分別論》也說了極為相似的內

---

[548] 德格版，論，中觀，剂卷，43背頁；對勘本版，書號57，895頁。漢譯大藏經內並無此譯。阿闍黎無著主張八識，阿闍黎陳那主張六識，故論說阿闍黎無著是無相派，阿闍黎陳那是有相派。我等認為，此處的有相與無相應該結合真相與假相來理解。反之，若說無著自宗的主張是無相的話，將會產生更大疑惑。或是有可能這麼理解，有相與無相的差異須結合自宗有無「所取與能取二性」的主張而區分。若是如此，其論述的依據是否與某些西藏學者所說「陳那自宗承許自證，而無著兄弟是否定自證的唯識」有關，仍要觀察。總之，唯識派分真相唯識派與假相唯識派兩者，這不僅是諸多古老佛教典籍所說，更是諸多聖域印度與西藏宗義著作中明文記載的內容。

[549] 德格版，論，中觀，剂卷，第24句偈頌文，26背頁；對勘本版，書號57，853頁。漢譯大藏經內並無此譯。

容。論云：

> 「方分謂非有，極微塵亦無；所見無所緣，宛如領納夢；脫離所與能，識是勝義有；即越瑜伽行，論海之彼岸。」[550]

彼二論典針對唯識宗義綱要的用詞甚是相似。其中又特別指出唯識宗義的不共要義是下列具關聯的三點：一、唯識諸師否定「具有外境粗分的旁支或方分之法」，亦否認「無方分極微塵——成立外境粗法的起源」兩者。二、如夢境，錯亂根識雖然見諸法是外境，實為不可得。三、遠離所能為相異質體的二元之識才是勝義有。以上三個根本宗義是所有唯識宗師一致親口承許的。

丙二、別說主要立宗
丁一、安立所知的本質——三性相

我等認為，唯識宗在建立基法真相時，其二諦論述如同諸大乘經論、阿闍黎龍樹中觀著作等所說，但自宗的不共論述主要是依《解深密經》所說的三性相。所知的性相或本質為三：

---

550 德格版，論，中觀，ᴺᴵ卷，第6句偈頌文，8正頁；對勘本版，書號63，885頁。漢譯大藏經內並無此譯。《善逝教典分別論疏》的用詞稍有不同。論云：「具方分非有，諸微塵亦無。」

一、依他起,即因緣的有為法。二、遍計執,[551]即僅由妄念的增益所成。三、圓成實,即依他起為空依有法[552]後,破除所遮遍計執之空;依此建立三自性。唯識宗說,圓成實是諸法的究竟性細微無我;三性相中,遍計執非勝義有,而依他起與圓成實兩者是勝義有。阿闍黎無著的《攝大乘論本》略說所知性相,論云:

> 「所知相復云何應觀?此略有三種:一、依他起相,二、遍計所執相,三、圓成實相。」[553]

阿闍黎世親的《三自性論》[554]亦云:

> 「由緣自在轉,及唯分別事,所現即依他,似現為徧計。所現之似現,常恆無所有,此無變異故,即圓成自性。」[555]

如論文所明示,所見遮處依他起:爾之體性隨因緣所轉,

---

551 譯者註:唯識章節中的「遍計執」與「遍計所執」同義且可相互取代。

552 譯者註:藏文直譯是「空處」,意指空性的所依之處,譯者在此決定依意譯,採用「空依有法」的譯詞。

553 德格版,論,唯識,ཤི卷,第二品,13正頁;對勘本版,書號76,30頁。漢譯來源:唐玄奘大師譯《攝大乘論本》(T.31.1594.137c.27)。

554 རང་བཞིན་གསུམ་ངེས་པར་བསྟན་པ། Trisvabhāvanirdeśa。

555 德格版,論,唯識,ཤི卷,第2句偈頌文,10正頁;對勘本版,書號77,29頁。漢譯來源:劉孝蘭譯《三自性論》。

雖然以間距見爾不同於心，事實上只是施設而有的事物，非外境有。所遮遍計執：明明外境不存在於遮處依他起中，卻見依他起是外境有。不變圓成實之自性：雖然見依他起是外境有，事實上卻非如此。《三自性論》結合譬喻詮釋三性相，論云：

> 「咒力幻作故，有象身現起，許唯顯現相，象實全非有！徧計性如象，依他猶象相，於彼無象事，圓成許似此。」[556]

譬如，幻化師透過咒語與物質的力量，令觀眾見石木為象。此時，於石木境上只會現起象影，絕無實象。同樣地，增益為有間距、外境有的遍計執也未曾存在於依他起上，如未曾存在於石木境上的所見之象；心識以有間距、外境之相所見的依他起，如石木境上現起的象影；[557]僅破依他起是所遮遍計執之空是圓成實，如石木境上無象。

在阿闍黎世親的《三自性論》裡，又以「已觀待名言，分別諸自性；依彼增上力，如次證當說」[558]詮釋三性相。遍計執

---

556 德格版，論，唯識，ཧི卷，第27句偈頌文，10正頁；對勘本版，書號77，31頁。漢譯來源：劉孝蘭譯《三自性論》。

557 譯者註：石木境上所見之象雖然未曾存在過，但石木境上所見之象影是存在的。

558 德格版，論，唯識，ཧི卷，第22-26句偈頌文，11正頁；對勘本版，書號77，31頁。漢譯來源：劉孝蘭譯《三自性論》。

是唯名言施設性，依他起是名言施設者，而圓成實是周遍斷除唯名言施設性。依趣入的順序而言，先趣入遠離所能二元性[559]的依他起，再趣入於依他起上未曾有過、僅被施設為所能二元[560]的遍計執，後趣入決定依他起絕無所能二元性[561]，或周遍成立其法性的圓成實。

無常、有為法的體性是依他起的體性，同樣地，於空依有法的依他起上，破除所遮遍計執之空的圓成實，不僅不與依他起的體性為異，也不與依他起的返體為一。誠如在阿闍黎世親的《唯識三十論頌》云：

「故此與依他，非異非不異，如無常等性……」[562]

如是的圓成實是唯識自宗主張的中道、遠離二邊。聖者慈尊的《辯中邊論頌》亦云：

---

[559] 譯者註：直譯是「所能二元」但應理解為「所能二元的異質性」而非「沒有所能二元」。

[560] 譯者註：同上，此處應理解為「所能二元是異質性」。

[561] 譯者註：同上，此處應理解為「絕無所能二元的異質性」。

[562] 德格版，論，唯識，ཤི卷，第12句偈頌文，2背頁；對勘本版，書號77，5頁。漢譯來源：唐玄奘大師譯《唯識三十論頌》（T.31.1586.61a.18）。在阿闍黎安慧的《唯識三十頌疏》（སུམ་ཅུ་པའི་བཤད་པ།）的關於三性相之詮釋裡，論云：「若唯有識，如何不違契經？」謂一切法若是唯識而有，經說依他起、遍計執、圓成實等三自性，豈不與唯識有違？我等認為，此釋文針對其不違之諍論提出經文意趣的詮釋。

「虛妄分別有,於此二都無,此中唯有空,於彼亦有此。故說一切法,非空非不空,有無及有故,是則契中道。」[563]

不實妄念的依他起[564]是勝義有,空依有法的依他起是所能二元的異質之空,而且該空就是依他起的究竟性,是勝義有。空性圓成實一直是空依有法依他起的究竟真相,可是由於執著所能二元是質體相異之妄念所障蔽,故而見不到圓成實。總之,依他起與圓成實兩法是真實成立,並非不真實;一切法的所能二元都是質體相異之空。

《般若經》等也說「故說一切法,非空非不空」,意指依他起是真實有,而且所能二元非質體異,依他起與圓成實兩者是以有法與特徵之式彼此存在。因此,依他起與圓成實兩法真實有,而且一切法的所能非質體異,故說依他起的所能二元非質體異之空,是遠離二邊的中道。

三性相如何被二諦所攝?遍計執與依他起二者是世俗諦,而圓成實是勝義諦。關於三性相,先說遍計執。「僅由執爾分別

---

563 德格版,論,唯識,ཕི1卷,第2句偈頌文,40背頁;對勘本版,書號70,902頁。漢譯來源:唐玄奘大師譯《辯中邊論頌》(T.31.1601.477c.9)。

564 譯者註:此處《辯中邊論頌》的依他起指的是個別的依他起,即輪迴的根本,並非所有的依他起。

心所成立」是遍計執的性質,如瓶柱為異之分[565]、外境有。遍計執的詞義:由妄念周遍計念之分,故名。《攝大乘論本》云:

> 「自相實無,唯有遍計所執可得,是故說名遍計所執。」[566]

遍計執分二:一、品類遍計執[567]:是所知的遍計執,又稱「存在的遍計執」,與非空性的常法同義,如虛空。二、斷相遍計執[568]:不是所知的遍計執,又稱「不存在的遍計執」,如所能二元是質體異。遍計執可依增益分二:一、自性遍計執[569],即色於詮色之聲與執色分別心的趣入境中依自相而有。二、差別遍計執[570],即色生於詮色生之聲與執色生分別心的趣入境中依自相而有,如《解深密經》云:

> 「若於分別所行遍計所執相所依行相中,假名安立以為色蘊,或自性相或差別相;假名安立為色蘊生、為色蘊

---

565 譯者註:直譯為「瓶柱為異之分」。其中的「分」字把「瓶柱就是相異」轉成單一的主詞或受詞。

566 德格版,論,唯識,ཤི卷,第二品,16正頁;對勘本版,書號76,38頁。漢譯來源:唐玄奘大師譯《攝大乘論本》(T.31.1594.139b.4)。

567 རྣམ་གྲངས་པའི་ཀུན་བཏགས།

568 མཚན་ཉིད་ཡོངས་སུ་ཆད་པའི་ཀུན་བཏགས།

569 དངོ་ལ་ཀུན་ཏུ་བཏགས་པའི་ཀུན་བཏགས།

570 ཁྱད་པར་ལ་ཀུན་ཏུ་བཏགས་པའི་ཀུན་བཏགས།

滅、及為色蘊永斷、遍知，或自性相或差別相，是名遍計所執相。」[571]

論中，分別所行境、遍計執性相之所依，名為「行相」，是遍計執的施設處之依他起。「色蘊」等詞詮釋色的體性；「色蘊生」等詞詮釋個別的色蘊，或特徵色蘊之生；「假名安立」等詞詮釋：「聲音與分別心的施設處是自相有，此為遍計執」。總之，此文說依他起上的自性與差別的遍計執為何。

第二、依他起。「依自因而生」是依他起的性質。依他起、有為法、緣起等同義。《解深密經》云：

「若即分別所行遍計所執相所依行相，是名依他起相。」[572]

論說依他起有三特徵：一、「分別所行境」謂依他起是何識之境。二、「遍計執性相之所依」謂依他起是爾上自性與差別遍計執的施設處。三、「行相」謂依他起的體性，即可讓以爾為所現境之識呈現見爾的不共相。依他起另有三特徵：[573]

---

571 德格版，經，經典，ཅ་卷，第七品，22背頁；對勘本版，書號49，52頁。漢譯來源：唐玄奘大師譯《解深密經》（T.16.676.696b.15）。

572 德格版，經，經典，ཅ་卷，第七品，22背頁；對勘本版，書號49，52頁。漢譯來源：唐玄奘大師譯《解深密經》（T.16.676.696b.20）。

573 例如阿闍黎月稱在《入中論》裡就是以上列三種特徵詮釋唯識宗的依他起。德格版，論，中觀，འ་卷，第六品，206背頁；對勘本版，書號60，524頁。

一、因特徵,即並非由累積極微塵之力而有,由內在的習氣所成。二、性質特徵,即自相有。三、境特徵,即非於一切聲與分別境中勝義有。[574]依他起的詞義:依其他因緣所生起,抑或,自生彼法後彼之住時不超過一剎那,故名。《攝大乘論本》云:

「何因緣故名依他起?從自熏習種子所生,依他緣起故名依他起;生剎那後無有功能自然住故,名依他起。」[575]

第三、圓成實。「不成立如我執所增益之空的真相」是圓成實的性質。圓成實、空性、真實義、真實際[576]、無相、勝義、法界等同義。《辯中邊論頌》云:

「略說空異門,謂真如實際,無相勝義性,法界等應知。」[577]

---

[574] 譯者註:依他起不僅是一切聲與分別心之境,也是勝義有,但依他起於一切聲與分別心之境中並非勝義有,因為一切聲都是以聲總而執其境,所以色並非於詮色之聲的趣入境中勝義有。「色於詮色之聲與執色分別心的趣入境中依自相而有」、「依他起於聲與分別心之境中勝義有」、「色與執色分別心質體異」等皆是同義。

[575] 德格版,論,唯識,ཤི卷,第二品,16正頁;對勘本版,書號76,38頁。漢譯來源:唐玄奘大師譯《攝大乘論本》(T.31.1594.139a.27)。

[576] ཡང་དག་མཐའ།

[577] 德格版,論,唯識,ཤི卷,第一品,第15句偈頌文,40背頁;對勘本版,書號70,903頁。漢譯來源:唐玄奘大師譯《辯中邊論頌》(T.31.1601.465c.13)。

關於圓成實，《解深密經》云：

> 「若即於此分別所行遍計所執相所依行相中，由遍計所執相不成實故，即此自性，無自性性、法無我、真如清淨所緣，是名圓成實相。」[578]

「分別所行境、遍計執性相之所依、行相」是指空依有法的依他起；「遍計所執相不成實」是指不成立空依有法依他起是所遮遍計執性；「即此自性，無自性性、法無我」是指不成立有法依他起是所遮遍計執性，此為法無我；「真如清淨所緣，是名圓成實相」是指清淨道的究竟所緣之真實義乃圓成實。圓成實的詞義：自身的體性不隨其他因緣所變，且是清淨道之究竟所緣，故名「圓成實」。《攝大乘論本》云：

> 「何因緣故名圓成實？由無變異性故名圓成實；又由清淨所緣性故，一切善法最勝性故，由最勝義名圓成實。」[579]

不同於中觀派的主張——《般若經》說諸法皆無自性，唯識派表示，所知的自性或性相分為三類的緣故，《般若經》所

---

578 德格版，經，經典，ཤེས།卷，第七品，24正頁；對勘本版，書號49，54頁。漢譯來源：唐玄奘大師譯《解深密經》（T.16.676.696b.20）。
579 德格版，論，唯識，རི།卷，第二品，16正頁；對勘本版，書號76，38頁。漢譯來源：唐玄奘大師譯《攝大乘論本》（T.31.1594.139b.7）。

說的「無」字應結合三性相而一一詮釋,即遍計執無自性、依他起無生性、圓成實無實性。

什麼是遍計執無自性?《解深密經》云:

> 「云何諸法相無自性性?謂諸法遍計所執相。何以故?此由假名安立為相,非由自相安立為相,是故說名相無自性性……譬如空花,相無自性性,當知亦爾。」[580]

經說,成立遍計執的正向理由是唯名言安立,反向理由是非以自相之力而有,故說遍計執是無自性。遍計執分二:存在的遍計執以及不存在的遍計執兩者。此處經文所說的「遍計執如空花」,譬喻是指無自性、唯分別心所施設,而非徹底不存在。

什麼是依他起無生性?比如幻化師化石木為馬象,觀眾見石木是馬象,卻無真實馬象,同樣地,雖見依他起是外境有,卻無外境有。而且,依他起又不是獨立自主而生之性,故說依他起是無生性。《解深密經》云:

> 「譬如幻像,生無自性性,當知亦爾……云何諸法生無自性性?謂諸法依他起相。何以故?此由依他緣力故有,非自然有,是故說名生無自性性。」[581]

---

[580] 德格版,經,經典,ʤ卷,第七品,17正頁;對勘本版,書號49,39頁。漢譯來源:唐玄奘大師譯《解深密經》(T.16.676.694a.15)。

[581] 德格版,經,經典,ʤ卷,第七品,17正頁;對勘本版,書號49,39頁。漢譯來源:唐玄奘大師譯《解深密經》(T.16.676.694b.2)。

什麼是圓成實無實性？猶如虛空是僅遮觸礙且周遍一切，同樣地，圓成實也是僅遮法我且周遍一切所知；不成立法我之體性，故說無實性。《解深密經》云：

> 「一切諸法法無我性，名為勝義，亦得名為無自性性，是一切法勝義諦故，無自性性之所顯故。由此因緣，名為勝義無自性性……譬如虛空，惟是眾色無性所顯，遍一切處；一分勝義無自性性，當知亦爾，法無我性之所顯故，遍一切故。」[582]

總而言之，「非僅依分別所施設且從境自身而有」是自相、依自相之力而有、實有，是唯依分別施設之法的反方。依他起與圓成實兩者是前者自相，而遍計執是後者僅依分別所施設之法。唯識有別於其他大乘宗義，在奠定基法眞相時，是以分別所見與離分別所見而說兩種破除所遮之法。根據近代的注釋，要破除的二所遮又依序名為「依分別意識之所遮」與「依離分別根識之所遮」。依分別意識的法我是，不依聲音與分別心的趨入處──針對某法及其屬性與特徵──所結合的名言，且是從境自己的實性而有。依離分別根識的法我是：諸色並非只是執爾根識之體性或所見而已，而是與執爾之識體性相異且

---

582 德格版，經，經典，ཤེ卷，第七品，17正頁；對勘本版，書號49，30頁。漢譯來源：唐玄奘大師譯《解深密經》（T.16.676.694a.27）。

以有間距而存在。《佛法哲學總集・下冊》會詳細解說其義。

丁二、安立所知之處——阿賴耶
戊一、如何主張心識數量

佛教的宗義論師們,對於心識的數量為一、為二、為六、為七、為八、為九等,各有不同主張。說一識的論師們表示,就像某隻猴子從房子的各門窗朝外觀看,雖然是單一心識,卻依一一色根而趨入各別之境,各識因而得名。若問:眼睛見色、耳朵聽聲時,執色眼識與執聲耳識應分開安立,不是嗎?答:於多個門窗的屋內點燃一盞油燈時,光線會從各個孔洞透出。同理,當單一心識的某一分執色的同時,該識的某另一分只會執聲。《法集要頌經》[583]云:

「離身於處有,遠方單一行,調伏此心識……」[584]

依前所引諸多經論,主張心識的特徵是無身離色,且依色根之處而有等。說一識者是聲聞部裡的「菩薩成立一識派」[585]。

---

583 ཆེད་དུ་བརྗོད་པའི་ཚོམས།

584 德格版,經,經典,སི་卷,第31護心品,第7句偈頌文,243正頁;對勘本版,書號83,83頁。藏譯與漢譯不同,於宋天息災漢譯的《法集要頌經》不見此文。

585 བྱང་སེམས་གཅིག་པུར་སྒྲུབ།

阿闍黎世親在《攝大乘論釋》[586]結合其喻而說：

> 「謂諸菩薩成立一意識，次第生起，意識雖一，若依止眼根生得眼識名，乃至依止身根生得身識名，此中更無餘識異於意識……以同類故，此意識由依止得別名。譬如作意業得身口等業名……意業雖復是一，若依身門起名身業，若依口門起名口業，意識亦爾，隨依止得別名。」[587]

說一識者分二類，即「說單一阿賴耶識」與「說單一意識」。克什米爾學者拉卡世米（Lakṣimī）的《五次第論疏》[588]在敘述瑜伽行唯識派的四個主張時，清楚地說「說單一阿賴耶識派」是唯識內部的派系。論云：

> 「於此，有說僅有阿賴耶識。」[589]

阿闍黎菩提賢的《慧心要集論釋注》在詮釋真相與假相唯識的差異時，表明一識派裡亦有真相與假相兩派。論云：

---

586 ཐིག་བཤམས་འགྲེལ་པ། 。

587 德格版，論，唯識，ཪི། 卷，第三品，145背頁；對勘本版，書號76，376頁。漢譯來源：真諦大師譯《攝大乘論釋》（T.31.1595.185a.5）。

588 རིམ་པ་ལྔའི་འགྲེལ་པ། 。

589 德格版，論，續，ཆི། 卷，第四次第，240正頁；對勘本版，書號19，636頁。漢譯大藏經內並無此譯。

> 「瑜伽行有二：有相與無相。如阿闍黎陳那等諸師主張有相……如阿闍黎無著等諸師主張無相……有說單一，單一者亦存在於某些有相師中。」[590]

心識的數量為二的說法為何呢？

印度阿闍黎菩提流支（Bodhiruci）[591]依《唯識論》安立自性清淨心與相應心兩者，[592]並承許前者是真實義的體性，稱之為「心」卻無其所緣；後者相應心則是與信、貪等心所相應的心。韓國阿闍黎圓測所造的《解深密經疏》云：

> 「菩提留支唯識論云，立二種心。」[593]

心識的數量為六的說法為何呢？

毘婆沙宗、經部、隨理唯識派、中觀自續派，以及中觀應成派等師都主張六識，即眼識、耳識、鼻識、舌識、身識、意

---

590 德格版，論，中觀，引卷，43背頁；對勘本版，書號57，895頁。漢譯大藏經內並無此譯。

591 譯者註：又名「菩提留支」。

592 譯者註：《唯識論》（T.31.1588.64b.24）云：「心有二種，何等為二？一者相應心。二者不相應心。相應心者，所謂一切煩惱結使、受想行等諸心相應，以是故言『心意與識及了別等義一名異』故。不相應心者，所謂第一義諦常住不變自性清淨心，故言『三界虛妄但是一心作』，是故偈言『唯識無境界』故。」

593 德格版，論，經典，引卷，第四品，214背頁；對勘本版，書號68，510頁。漢譯來源：圓測大師造《解深密經疏》。

識的六識。《父子合集經》[594]云:

> 「大王,何者是識界?如眼為主,攀緣於色,對色知故,眼識生,或能知青黃赤白雜色亦知長短麁細,如是一切所有色等物,眼識所能覩者,名為眼識界。如是若知聲、若知香、若知味、若知觸、若知法,或知六根所緣所知,是名意識界。」[595]

《阿毘達磨俱舍論自釋》云:

> 「有六識身,謂眼識身至意識身。」[596]

根據般若的經典,識只決定分為六識,從而建立六識的真實義;根據小乘契經,建立蘊、界、處時,於識蘊中只說六識,且安立意處為意界。《四百論釋》[597]也說決定分為六識的

---

594 ཡབ་སྲས་མཇལ་བའི་མདོ།

595 德格版,經,寶積,ཆ卷,第二十六品,133正頁;對勘本版,書號42,319頁。漢譯來源:唐菩提流支譯《大寶積經》(T.11.310.417a.4)。雖然在宋日稱等譯的《父子合集經》中出現相似經文,仍有許多不同之處。如經云:「云何識界?謂若眼根為主,緣彼形色及彼表色,名眼識界。若餘五根緣於自境各別建立,名五識界。又此識界,不著於根,不住於境,非內非外及二中間。然此識界,各各了別彼彼境已,即便滅謝,生無所來,滅無所去。」因此,譯者決定於此處引用唐菩提流支譯《大寶積經》(T.11.310.417a.4)。

596 德格版,論,阿毘達磨,ཀུ卷,第一品,33背頁;對勘本版,書號79,83頁。漢譯來源:玄奘大師譯《阿毘達磨俱舍論》(T.29.1558.4a.22)。

597 བཞི་བརྒྱ་པའི་འགྲེལ་པ།

理由。論云：

> 「眼等六根如實見其六境諸色之體性，由根、境故，識聚成六。」[598]

眼根至意根六者決定為識的不共增上緣，而且色處至法處六者決定為識境，故說心識的數量決定為六。眼識至身識的不共增上緣是色根，而意識是從其不共增上緣的意根所生。

心識的數量為七的說法為何呢？

克什米爾學者拉卡世米的《五次第論疏》說，在六識上加上末那識，共七識。論云：

> 「有說，僅有染污意與識。」[599]

心識的數量為八的說法為何呢？

阿闍黎無著兄弟兩者依《解深密經》而分了義經與不了義經時，說六識之上又加阿賴耶識與末那識，共立八識。《解深密經疏》中，中國唐玄奘大師也依《入楞伽經》與護法論師的著作而許八識；《解深密經疏》的作者圓測大師自己也隨此論

---

[598] 德格版，論，中觀，ཙ卷，第十一品，180正頁；對勘本版，書號60，1357頁。漢譯大藏經內並無此譯。

[599] 德格版，論，續，ཆི卷，第五次第，240正頁；對勘本版，書號19，72頁。漢譯大藏經內並無此譯。

承許八識。隨經唯識派表示,施設義補特伽羅必須從施設處的蘊體內找到,因此,隨經唯識派建立異熟所依阿賴耶,以及依賴其上習氣的種子阿賴耶,相關的詳細內容將於之後解釋。

心識的數量為九的說法為何呢?

印度阿闍黎真諦三藏說,心識之上再加第七識末那識或染污意、第八識阿賴耶識、第九識無垢識,許共九識。《解深密經疏》云:

「真諦三藏,依決定藏論,立九識義。」[600]

我等認為,根據《解深密經疏》的敘述,聖者無著所造的《決定藏論》雖由真諦三藏所漢譯,但《瑜伽師地論》中並未記載關於九識的章節,所以《解深密經疏》不成立真諦三藏的九識論。[601]真諦三藏說,第七識末那識是:僅緣阿賴耶識而執我、我所的煩惱障,不能成佛;第八識阿賴耶識有三:一、自相阿賴耶識,即能成就佛位之大義的心識。二、異熟阿賴耶識,即緣十八界者。三、染污阿賴耶識,即緣真實義而執法我之識。第九識無垢識,與真實義的體性相同且具兩種作用:

---

600 德格版,論,經典,引卷,第四品,214背頁;對勘本版,書號68,511頁。漢譯來源:圓測大師造《解深密經疏》。

601 譯者註:圓測大師的《解深密經疏》亦云:「大唐三藏,依楞伽等及護法宗,唯立八識,不說第九。」

一、所緣是真實義。二、能緣是無垢之心識;《解深密經疏》說,此識又名「本覺」。

戊二、異熟所依之阿賴耶

關於心識數量,前已略說佛法典籍的不同觀點,此處針對八識觀點再做詳細的解說。像是《攝大乘論本》的十法論述,一開始便以「所知依分」,即「因阿賴耶」的論述建立。由此可知,阿闍黎無著兄弟親口承許的阿賴耶識,就是經說「諸法唯是心」意趣的關鍵因素。

阿賴耶識的續流相當堅固;阿賴耶識的本質非善非惡,是無記性;阿賴耶識不僅是形成一切內外萬法的基礎,也是從無始以來投生至今的根本識,故而阿闍黎無著兄弟及其弟子們依某些大乘典籍,親口承許阿賴耶識,如《解深密經》云:

「阿陀那識甚深細,一切種子如瀑流,我於凡愚不開演,恐彼分別執為我。」[602]

《大乘密嚴經》云:

「猶如淨空月,眾星所環繞,藏識與諸識,住身亦如

---

[602] 德格版,經,經典,ཤི卷,第五品,13背頁;對勘本版,書號49,31頁。漢譯來源:唐玄奘大師譯《解深密經》(T.16.676.692c.22)。

是。」[603]

《大乘密嚴經》以眾星俱時住於虛空為例，說眼識等六、第七末那識，以及阿賴耶識皆同時住於身內。《入楞伽經》云：

「無始世來虛妄執著種種戲論諸熏習故，大慧，阿梨耶識者……」[604]

《攝大乘論本》引《阿毘達磨大乘經伽他》云：

「無始時來界，一切法等依……」[605]

《攝大乘論本》依大乘典籍說，有情從無始來，自身就具備「界」或「因阿賴耶」；阿賴耶識是無記、非善非惡、是成萬法種子的安置處。

那麼，阿賴耶識的所緣為何？如阿闍黎世親的《唯識三十論頌》云：

---

603 德格版，經，經典，ཟ་卷，第七品，37背頁；對勘本版，書號50，84頁。漢譯來源：唐不空大師譯《大乘密嚴經》（T.16.682.765b.26）。

604 德格版，經，經典，ཅ་卷，第六品，142背頁；對勘本版，書號49，352頁。漢譯來源：元魏菩提流支譯《入楞伽經》（T.16.671.556b.28）。

605 德格版，論，唯識，རི་卷，第一品，3正頁；對勘本版，書號76，7頁。漢譯來源：唐玄奘大師譯《攝大乘論本》（T.31.1594.133b.15）。

「不可知執受,處了常與觸,作意受想思,相應唯捨受,是無覆無記……」[606]

論說阿賴耶識具備所緣、所見、相應、性質的四種特徵。阿賴耶識的所緣是根、境、習氣三者;所見是雖見其境卻不知;性質是無覆無記;相應則是只與五遍行相應。

一、阿賴耶識所緣的特徵:論說「執受、處」,謂「執受」我與法的習氣,以及「處」色法等五境與外在的器世間,都是阿賴耶識的所緣。名言習氣雖被阿賴耶識所見,卻非阿賴耶識之境;依名言習氣之力,阿賴耶識見五根、五境等情器世間,故說彼等是阿賴耶識的所緣。無為法只是因為被第六意識所增益,故而成為阿賴耶識的境,但阿賴耶識又不具美化種種詞彙之想,故不安立無為法是阿賴耶識的所緣。

二、所見特徵。論說「了(別)」,謂阿賴耶識雖然清楚見到情器世間,卻不知彼等,故論說「不可知」,即阿賴耶識不僅不能決定彼境,也不能事後憶念。

三、相應特徵。論說「常與觸、作意、受、想、思相應;唯捨受」,謂阿賴耶識是常有,即乃至圓滿異熟的牽引之前,只會與觸、作意、了或受、想、思的五遍行相應。唯獨捨受是

---

606 德格版,論,唯識,ཤི་卷,第3-4句偈頌文,1正頁;對勘本版,書號77,3頁。漢譯來源:唐玄奘大師譯《唯識三十論頌》(T.31.1586.60b.5)。

阿賴耶識的受。阿賴耶識只與五遍行相應，不相應其他心所。其理由是：阿賴耶識是無覆無記，所以阿賴耶識的隨從並無善、根本煩惱、隨煩惱。阿賴耶識無法清楚斷定其境的緣故，也不相應五別境。阿賴耶識的隨從，其同種續流都必須不間斷的緣故，阿賴耶識也不相應四不定。

四、性質特徵。論說「是無覆無記」，謂阿賴耶識是善、煩惱等習氣的安置處，而且能於同一相續裡，同時現起善心與惡心的緣故，阿賴耶識的本質是無覆無記。因此，阿賴耶識的性質：其續流極為堅固、是習氣的安置處、緣取根境習氣三者任一、雖見其相根境二者卻不決定、是無覆無記的主心意識。

一般來說，心、意、別識[607]三者同義。就以詞義而言，稱之為「心」，是因為阿賴耶識是諸習氣的安置處；稱之為「意」，是因為末那識從無始以來一直執我，依此串習而思惟；稱之為「別識」，是因為屬於有漏業的異熟，故名為「異熟別識」，或依當下背景各自詮釋，像是六識各別了知六境，故名「別識」。阿闍黎安慧的《唯識三十頌疏》云：

「此中，由善不善業習氣的成熟力，如是引發果的生起，這就稱為異熟。因為染意恆常思量為我性，所以稱

---

607 譯者註：相關的詳細內容請參考《佛法科學總集・下冊》的「甲一、心與心所的差異」。

為末那（manana，思量），因為色等外境的顯性，眼等六識成為境的了別。」[608]

阿賴耶識性質的詞義：是諸法種子的安置處，故名「阿賴耶（漢譯：所有的基礎）」；不僅結合生處時執持身體，乃至未死間執有身軀，故名「執持識」[609]。阿闍黎世親的《緣起初別釋》云：

「何故名阿賴耶識？諸法種子之處故；稱『執持識』亦如是，自結生其餘同類起，乃至未亡間，由其識執身故。」[610]

阿賴耶識的異名有「所知依」、「一切種子識」、「執持識」、「根本識」、「窮生死蘊」，以及「有支」等。《攝大乘論本》云：

「阿賴耶是所知依、為執持識（阿陀那識）性、為心性、為阿賴耶識性、為根本識性、窮生死蘊為性、有支

---

608 德格版，論，唯識，ཤི卷，149背頁；對勘本版，書號77，397頁。漢譯來源：韓廷傑譯《唯識三十頌疏》（http://big5.xuefo.net/nr/article63/625897.html）。
609 譯者註：古譯依梵音譯「阿陀那識」。
610 德格版，論，唯識，ཆི卷，第二品，22正頁；對勘本版，書號66，1046頁。漢譯大藏經內並無此譯。

等皆是阿賴耶識,唯阿賴耶識是新大道。」[611]

關於阿賴耶識的異名,大乘典籍說,是所知三自性的依處,故稱「所知依」;為一切種子的所依,故稱「一切種子識」;執持異熟身軀,故稱「執持識」。聲聞部中,大眾部的典籍說,是煩惱諸法的根本,故稱「根本識」。化地部的典籍說,乃至解脫前一直趣入,故稱「窮生死蘊」。上座部的典籍說,為輪迴之因,故稱「有支識」。正量部的典籍說,是有漏業的異熟,故稱「異熟識」。共乘典籍說,作為一切輪迴與涅槃的基礎,故稱「阿賴耶識(漢譯:所有基礎之識)」。

戊三、成立阿賴耶的八個理由

諸唯識典籍已列舉許多存在阿賴耶識的理由,若略說其關鍵,可分八項應成:一、若無阿賴耶識,不可能執受[612]其身。二、不可能有「初」[613]或「有始以來」。三、不可能有

---

611 德格版,論,唯識,རི་卷,第一品,5正頁;對勘本版,書號76,10頁。藏譯與漢譯稍有不同,漢譯原文:唐玄奘大師譯《攝大乘論本》(T.31.1594.134a.26):「阿賴耶如是所知依,說阿賴耶識為性,阿陀那識為性,心為性,阿賴耶為性,根本識為性,窮生死蘊為性等;由此異門,阿賴耶識成大王路。」

612 譯者註:此處的「執受」二字是古譯,意思是獲取。

613 譯者註:「初」字是《瑜伽師地論・攝決擇分》的用詞,相同於無始以來的「始」字。

「明了」[614]。四、不可能有種子[615]。五、不可能有業。六、不可能有身受領納。七、不可能無心[616]定。八、不可能有命終。如《瑜伽師地論・攝決擇分》云：

> 「執受初明了，種子業身受，無心定命終，無皆不應理。由八種相，證阿賴耶識決定是有。」[617]

阿闍黎佛子稱友的《大乘阿毘達磨集論釋》亦云：

> 「由八相得知有遍執受識。何以故？如是，若無遍執受識，將絕無近取身、絕無無始來、絕無明了、絕無種子、絕無業、絕無身領納、絕無無心定，且無識故，絕無命終。」[618]

關於第一理「若無阿賴耶識，不可能執受其身」。從結生起，乃至未死前，相續中的執受身體之心識會一直存在，不會間斷，更不會時有時無，必須完整具備這般特徵。因為六識不完整具備這些特徵，六識無法執受身體，而阿賴耶識具備所有

---

[614] 譯者註：「明了」字是《瑜伽師地論・攝決擇分》的用詞，意思是心識。

[615] 譯者註：善惡的種子。

[616] 譯者註：直譯是「無心」，實際是「雖無六識而入定」。

[617] 德格版，論，唯識，ཤི卷，第一品，2正頁；對勘本版，書號74，4頁。漢譯來源：三藏法師玄奘漢譯的《瑜伽師地論》（T30.1579.579a.18）。

[618] 德格版，論，唯識，ཤི卷，第一品，134正頁；對勘本版，書號76，1306頁。漢譯大藏經內並無此譯。

特徵。如果沒有阿賴耶識,將不能合理安立「緣阿賴耶識而執為我」的末那識,也無法執受新的身軀。

關於第二理。有人說,如果主張阿賴耶識,阿賴耶識是一直存在於相續中,而六識任一是偶爾存在於相續中,這樣一來,在某一補特伽羅的相續裡,將有「同時現起二識」之過。駁:如果於自己的相續中,不可能同時生起二識的話,將有此過:譬如,在某一補特伽羅的相續裡,會同時產生六根及其境色等六法,也會同時無差別地產生想見、想聽彼境等的作意,依你所說,將有「無始來[619]都不可能產生六識的任何一者」之過。反問:那麼,豈不與經說「不許同時二識生者」[620]違害?答:經文的意趣是「同時不產生同類二識」之義,故無違害。

關於第三理。若說「同時不產生二識」,將有此過:現知形色的眼識正在現起時,應無明了意識能證知形色。實際上,現知形色的眼識正在現起時,證知形色的意識明了其所緣與所見;當意識憶念前執色眼識的領納境時,該意識才無法明了其所緣與所見。

關於第四理。善後生惡,惡後生善,即便六識已衰滅許久,仍會偶爾發起,六識續流並不堅固,因此,只有阿賴耶識

---

619 譯者註:藏文直譯是「初」,為能對應《瑜伽師地論・攝決擇分》的「初」字義的同時,又能讓讀者更好理解此文如何銜結第二過「無始以來」,譯者決定採用「無始來」之譯詞。

620 譯者註:《成唯識寶生論》(T.31.1591.91b.17)也有相同的表述。

才能成為留置習氣之處。若無阿賴耶識,將無安置善惡種子之處,等同無「種子」。

關於第五理。於何處行走、行走者、行走之業等,當彼等尚未現起於識境之前,不存在移動至他處的作用。若仍硬說「同時不產生二識」,[621]將有此過:移動至他處時的道路、腳步的移動、行走者是我、認知地石等識將無法同時產生,這樣一來,將不會有行走與停留的作用。從經驗可知,彼等認知可於一一剎那中成立。總之,將有「於一剎那的心識中,無法現起體性相異之法」的過失。

關於第六理。若無阿賴耶識,將有此過:當意專注他境或熟睡等時,將無「能生身受苦樂種子」的基礎。此時,即便對身體做出有利或有害的行為,身體領納苦樂將不合理。

關於第七理。若主張無阿賴耶識,將有此過:某一具備遮止六識之兩種禪定任一的補特伽羅相續中,因停止六識、無有六識,此補特伽羅的身體應成屍體。這樣一來,將會違背薄伽梵所說的「生識不捨身」[622]。若答:具備二無心定的某補特伽羅相續中,仍有不明晰的第六意識,故無與「生識不捨身」的經文相違之過。駁:此不合理。因為其相續中仍有不明晰的第

---

621 譯者註:直譯是「如果不同時產生二識」。為避免重複第三理「同時不產生二識」,此處譯者決定多加「硬」字。

622 譯者註:《大智度論》(T.25.1509.231a.8)亦用相同文句。

六意識，會有集合境根識三之觸，故有受想等。因此，不成立無心定是遮擋受想之定。反問：若許阿賴耶識，其隨從中仍有受想的緣故，豈能成立無心定是遮擋受想之定？答：六識隨從中的受想是粗分，所以會被無心定所遮擋，而阿賴耶識隨從的受想是極細分，故不被無心定所遮擋。

關於第八理。我等臨終時，須依序從身體各處，並以某一心識收攝體溫與體感而亡。然而，這種心識不是五門根識。若是根識，因為根識處於身體的各個部位，當無彼等根識時，將有於該處收攝體溫與體感之過。不僅如此，亦有「昏倒時是已亡」之過。意識不同於根識，不會只是處於身體的部位；意識也不像阿賴耶識，因為阿賴耶識周遍處於體內，故而堅固。因此，意識也不具足逐漸收攝體溫與體感的作用。若非如此，僅憑意識之力，應令體溫不退失，故而死前不失體溫才對，可是，在死之前意識明明還在，體溫卻已收攝，這是親眼目睹的事實。因此，依前理等，以排除法說，若無阿賴耶識，將有「不會收攝體溫與體感而亡」之過。

成立阿賴耶識的八個主要理由裡，安立初、明、業皆不合理的三應成，是依他方否定阿賴耶識的主要理由，即有違「不許同時生起二識」[623]之經文所產生的爭辯之理。至於其他

---

623 譯者註：直譯是「諸有情類各一識相續」，其義等同「不許同時生起二識」。為保持前後文的一致性，譯者決定採用「不許同時生起二識」的譯詞。

五理,則是成立有阿賴耶識的正因。

　　總之,無著兄弟等隨經唯識的論師們,之所以親口承許阿賴耶識的關鍵因素是,業果所依、從某一世轉生至另一世的補特伽羅必須要有其事例。眼識等六識是粗分、彼等續流並不堅固、不存在於結生之時,所以眼識等六識不只無助投生轉世,亦不合理成為留置習氣之處。如果否定留置習氣之處,又否認阿賴耶識時,一切的善惡種子將會失壞。隨經唯識依此思惟主張,阿賴耶識是獨立於眼識等六識之外,且助結生,更是善惡等所依之識。

戊四、能依種子的阿賴耶

種子或習氣的性質

　　在異熟所依阿賴耶與能依種子阿賴耶兩者裡,能依種子阿賴耶是習氣或種子,即一切身識、身者識、食者識、彼能受識、世識、數識、處識、言說識等十五識的來源。此篇中的「習氣」[624]是指留置於心識上的功能,而阿賴耶識正是習氣的留置處。猶如油滲透於沙中,或紙上的印記,留置處阿賴耶識也如是留置或安置習氣。心識所留置的習氣、心識所留置的

---

624 譯者註:古譯稱為「熏習」。

內種子、心識所留置的功能,以及能依種子阿賴耶等,皆是同義。色法、心法、不相應行之三者中,習氣是不相應行;善、惡、無記三者中,習氣是無記;質體有與施設有的兩者中,習氣是施設有。《攝大乘論釋》[625]云:

「功能差別說名熏習,功能亦謂具功能者,不言餘者。若謂:彼等相互為異或非異?此問不應理,以具功能者為因所施設故。」[626]

論說,具功能者的阿賴耶是質體有,而功能是依其所施設的施設有。我等認為,《攝大乘論釋》的「功能與具功能者,非質體一、非質體異,所以習氣與其所依阿賴耶兩者非質體一亦非質體異」,此文並非指一般的質體一或異,而是針對質有的質體一或異而說。[627]《擇攝密義疏》[628]云:

---

625 譯者註:此論的作者是阿闍黎無性。

626 德格版,論,唯識,ཪི,第一品,203背頁;對勘本版,書號76,535頁。漢譯與藏譯稍有不同。漢譯原文:玄奘大師譯《攝大乘論釋》(T.31.1598.430a.15):「由此所引功能差別說名熏習,及如理作意者,謂此為因所生意言。」

627 譯者註:功能與具功能者是有為法,也是體性相異,故為「一般的質體靈異」。那麼,此說豈不與《攝大乘論釋》所說相違嗎?答:論文的意思是,功能與具功能者並非質有中的質體一或異,因為功能是施設有,不是質有,所以不是與具功能者的質體一或異。

628 譯者註:根據BDRC的資料,此論是《攝大乘論》的注釋,然而論中並未註明作者是誰。此論的藏文全名是 དོན་གསང་བ་རྣམ་པར་ཕྱེ་བ་བསྡུས་ཏེ་བཤད་པ།

「依習氣而釋何謂習氣等題。問：以何相應法安立習氣？再問：何為習氣？與留置處阿賴耶識俱生俱滅的留置法，且其法是生成未來之理由，謂習氣。猶如世間中，苣蕂會合花朵而俱生俱滅之味，生成彼味與似彼味之理由。或如論典中，相應污染品的諸貪，以及相應清淨品且與多聞所攝的念慧俱生俱滅之心，生成彼心與似彼心之理由，謂習氣。」[629]

累積諸業而生其果，如果能依此詮釋習氣的性質與作用會更容易理解，我等會朝此方向解釋。業是指作者趣入境的行為，例如我等身語意三任何好壞動作都會造業。業在自心上留置各種善惡習氣，而這些習氣會在未來生成各式苦樂。以殺業為例，因造殺業，故有兩種功能，不僅此業具有未來生成惡果的功能，即便業已壞滅，[630]其生果功能仍會伴隨該業的質體續流。

還有，任何善惡行為都會引生當下的利益或害處，無論如何，這些對心識而言都具有其影響力。因此，心識所留置的功能有二：一、於心識本身的種類續流裡，產生後者的功能。二、無關種類續流，卻是能生他果的功能。功能又如，香爐裡

---

[629] 德格版，論，唯識，ㄒ︀ㄧ，328正頁；對勘本版，書號76，861頁。漢譯大藏經內並無此譯。

[630] 譯者註：「業已壞滅」是指該殺生的動作不復存在，已經停止。

雖已無香,其味仍在。

總而言之,能依種子阿賴耶是下述任一:於留置處阿賴耶識上,即便留置者七識及其隨從即將壞滅,仍具能生種類續流後者的功能,或能生異熟果的功能。留置時,留置處與留置者是俱生俱滅。[631]

如何留置習氣

如何將習氣留置在所依阿賴耶識上?譬如,把芝麻與馥郁的花朵擺在一起,之後即便沒了花朵,芝麻仍會留存花香般,因為所留置的習氣與能留置的心識同時會合於一個相續中,即便之後沒有了留置者心識,習氣仍留存於留置處上。《攝大乘論本》云:

> 「何等名為熏習?熏習能詮,何為所詮?謂依彼法俱生俱滅,此中有能生彼因性,是謂所詮。如苣蕂中有花熏習,苣蕂與華俱生俱滅,是諸苣蕂帶能生彼香因而生。」[632]

---

631 譯者註:「俱生俱滅」的用詞來自無著論師的《攝大乘論本》。譬如,扎西的善念是習氣的製造者或留置者,只有在此善念壞滅的同時,才會產生該習氣的留置處阿賴耶識。從此可知,扎西相續中,與該善念同時存在的阿賴耶識並非該善念的習氣留置處,而相關習氣的留置處阿賴耶識,只有在該善念壞滅的同時才會形成。

632 德格版,論,唯識,ཪི་卷,第一品,6正頁;對勘本版,書號76,13頁。漢譯來源:唐玄奘大師譯《攝大乘論本》(T.31.1594.134c.2)。

此宗主張,習氣的留置處阿賴耶識必須具備五種特徵:一、堅固。二、無記。三、留置合理化。四、與留置者有關。五、是絕對所依。

第一、堅固。譬如,留存花香之處必須是如石頭等堅固物;像是在最後一剎那的聲音或閃電等不堅固物上,即便留下花香,不僅會壞滅,更不會留存。所以,七識無法成為善、惡、無記習氣的留置處。況且,在熟睡或昏倒時,六識會隨粗識的停止而無;經論說末那識不存在於無心定時,所以七識是不堅固的。

第二、無記。譬如,留存花香之處必須是淡味物,花香無法留存於蒜頭、旃檀等重味物上。同樣地,習氣的留置處必須得是像淡味物的無記才行,在如重味物的善、惡之上無法留置習氣。

第三、留置合理化。問:如果習氣的留置處必須是堅固且無記的話,那麼,這必須是無為法嗎?譬如,留存花香的作用者必須是無常法,花香絕不可能留存於不具持香作用的常法上,同樣地,習氣只能留置在無常法上,無法留置在不具留置堪能性的常法上。

第四、與留置者有關。光留置處是無常還不夠,譬如,同一個器皿,且有「俱生俱滅」[633]之相屬的芝麻才有辦法留住花

---

633 譯者註:花朵的滅與花香留置處芝麻的生同時之義。

香,毫無關聯的東邊花朵的香味是無法留存在遠處南方的芝麻上。同樣地,只能在同一相續,且具「俱生俱滅」之相屬的留置者七識,才能在留置處阿賴耶識上留置習氣,如天授的七識無法留置其習氣於不同相續的供施之阿賴耶識上。還有,即使是同一相續,但不具足「俱生俱滅」之相屬也無法留置習氣,如昨日的七識便不能留置其習氣於今日的阿賴耶識上。

五、是絕對所依。譬如,即便國王下令指派某區的負責人,該區的最終領導人仍是國王,[634]同樣地,此宗主張,阿賴耶識隨從中的受等仍須依賴阿賴耶識,故無法成為習氣的留置處,只有阿賴耶識才能依自力成為習氣的留置處、習氣的絕對所依。

如何安立習氣?諸瑜伽行的論師持三種論述:一、不依留置者,卻隨因緣,僅現由法性所留置的舊習氣。二、依留置者,僅留置新的習氣。三、隨因緣現起由法性所留置的習氣,以及留置未有過的新習氣兩者。誠如《攝大乘論本》的注釋《擇攝密義疏》中,依序闡釋這三種說法,論云:

「此尋思有三。有說,熏習無待置者、依法性而住,僅與諸貪俱生俱滅而周遍現起,不是生成……又有說,見依苣蕂等置者而置,故是前無生成,亦是前生周遍現起……又有說,熏習乃依法性所住而周遍現起,亦是前無

---

634 譯者註:直譯是「並非該區的最高官員」。

生成。」[635]

　　三種觀點中,若只是由法性而有的習氣,此生將無法藉由守戒、布施等留置習氣,此說無理,故不成立。如果只說「依留置者僅留置新的習氣」時,將有不存在「不待留置者、於心識上由法性而有的種子」的過失。因此,唯識主張,必須安立新置習氣,以及由法性而有的兩種習氣。

習氣的類別

　　能依種子阿賴耶,或阿賴耶識上的習氣有多種分類:分六類、分三類,以及分四類的兩種說法。

　　第一、在不分別是否為真假習氣的基礎上可分六類。一、如麥等外種子。二、阿賴耶識上的習氣等內種子。三、不清楚是善或惡的不明了外種子。四、不清楚是善或惡的不明了內種子。五、僅存於所見的世俗種子。六、是最終種子,故稱「勝義種子」。

　　其中的不明了外種子、不明了內種子、勝義種子,以及世俗種子,並非獨立於內外種子之外。就以彼等的性質而言,不明了的內外兩者,以及無尋無找、僅依所見與名言之力所安立

---

[635] 德格版,論,唯識,ཨི་卷,328正頁;對勘本版,書號76,862頁。漢譯大藏經內並無此譯。

的麥和米，之所以稱為「種子」，事實上，只是因為阿賴耶識上的習氣成熟，從而成立麥苗與稻苗等內外諸法。除此外，不經依賴內習氣的成熟，是不可能形成苗等諸法。仔細觀察時，一切果實的最終種子，必須是阿賴耶識上的種子，而世俗種子及勝義種子兩者只是依識所立，《攝大乘論本》及其注釋也詳細說明了這六種的分類。《攝大乘論本》云：

「外內不明了，於二唯世俗，勝義諸種子，當知有六種。」[636]

第二、習氣依果分為三類。一、名言習氣，即由分別心所留置的習氣。二、我見習氣，即由末那識等人我執所留置的習氣。三、有支習氣，即善或惡業所留置的習氣。《攝大乘論本》亦云：

「此中三種者，謂三種熏習差別故：一、名言熏習差別，二、我見熏習差別，三、有支熏習差別。」[637]

這三種習氣的差異為何呢？

---

[636] 德格版，論，唯識，ᄛ卷，第一品，7正頁；對勘本版，書號76，16頁。漢譯來源：唐玄奘大師譯《攝大乘論本》（T.31.1594.135a.23）。

[637] 德格版，論，唯識，ᄛ卷，第一品，12正頁；對勘本版，書號76，27頁。漢譯來源：唐玄奘大師譯《攝大乘論本》（T.31.1594.137a.29）。

名言習氣：以名言詮釋「此是彼」等諸法時，作為其因的習氣。依此習氣為因，令意識廣泛緣取各種境的緣故，又名為「戲論習氣」。譬如，「這是黃」、「這是青」等各種名言之因的習氣。

我見習氣：不僅是一直生起我執的習氣，也是生起薩迦耶見的習氣，又名「薩迦耶見習氣」。比如，隨我執習氣之力，雖見諸法無關自心，彷彿是從外境自身而有，但這種看法只是源於自心的習氣，並非從外境自身而有。換句話說，如果沒有習氣，即便事物就在自己的面前也不能見到。

有支習氣：成立有情生死之因的習氣。完全成熟此習氣，進而產生異熟，又名「異熟習氣」。依此習氣之力，產生善趣、惡趣，以及各種苦樂。

再進一步解釋這三種習氣時，譬如，依賴著「這是木」、「這是水」等名言，會產生「見到木與水」的想法，這就是源於名言習氣。產生這種看法之後，會見到「該名言並非自心所設的外在之境，卻是從外境自身所成立」，這便是源於我見習氣。此後，便依此看法相應各類不同之境，造下各種善惡之業，再依彼業習氣形成諸有情的生處與苦樂，這就是源於有支習氣。

那麼，如何由此三種習氣生成十五識呢？身識、身者識、食者識、彼所受識、彼能受識、世識、數識、處識、言說識九

者，皆源於名言習氣；自識、他識兩者，皆源於我見習氣；善趣識、惡趣識、死識、生識四者，皆源於有支習氣。《攝大乘論本》云：

> 「此中若身、身者、食者識、彼所受識、彼能受識、世識、數識、處識、言說識，此由名言熏習種子。若自他差別識，此由我見熏習種子。若善趣、惡趣、死、生識，此由有支熏習種子。」[638]

關於十五識。眼等五界是身識；末那識是身者識；意界是食者識；外在色等六界是意界的所受識；六識是能受識；不斷進入輪迴續流的是世識；一或十等的數識；器世間的處識；所見、所聞、所覺、所知等四名言的言說識；見我與見我所的是自識；見他與見他所的是他識；如人道的善趣識；如畜生道的惡趣識；死緣起支是死識；生緣起支是生識。誠如阿闍黎世親的《攝大乘論釋》云：

> 「身識謂眼等五界，身者識謂染污識，受者識謂意界，應受識謂色等六外界，正受識謂六識界，世識謂生死相

---

[638] 德格版，論，唯識，ཪི卷，第二品，13正頁；對勘本版，書號76，31頁。藏譯與漢譯稍有不同。漢譯原文：唐玄奘大師譯《攝大乘論本》（T.31.1594.138a.3）：「此中若身、身者、受者識、彼所受識、彼能受識、世識、數識、處識、言說識，此由名言熏習種子。若自他差別識，此由我見熏習種子。若善趣、惡趣、死、生識，此由有支熏習種子。」

續不斷識,數識謂從一乃至阿僧祇數識,處識謂器世界識,言說識謂見聞覺知識,如此九識是應知依止,言說熏習差別為因。自他差別識者,謂自他依止差別識,我見熏習為因。善惡兩道生死識者,謂生死道多種差別識,有分熏習為因。」[639]

此論裡,四言說識中的「覺」,其義與《解深密經》的了知四種義中的「了別義」是同義。還有,這段文中的「應知」是指了知諸法僅是心識所現之義。

第三、分四類的兩種說法。第一種說法是以如何成立情器世間而分四類:一、共相種子。二、不共相種子。三、有受生種子。四、無受生種子。《攝大乘論本》云:

「此中相貌差別者:謂即此識有共相,有不共相,無受生種子相,有受生種子相等。共相者,謂器世間種子。不共相者,謂各別內處種子。共相即是無受生種子,不共相即是有受生種子。對治生時,唯不共相所對治滅。」[640]

此宗主張,於阿賴耶識上,成立有情共同所受器世間的種

---

639 德格版,論,唯識,ཪི卷,第三品,143背頁;對勘本版,書號76,370頁。漢譯來源:真諦大師譯《攝大乘論釋》(T.31.1595.181c.10)。
640 德格版,論,唯識,ཪི卷,第一品,12正頁;對勘本版,書號76,28頁。漢譯來源:唐玄奘大師譯《攝大乘論本》(T.31.1594.137b.10)。

子,不僅是共相種子,也是無受、成立外世間的種子。還有,於阿賴耶識上,成立各個不共所受眼等六處的種子,不僅是不共相種子,也是有受、成立內世間的種子。因此,有受生與無受生種子並非從共相與不共相種子獨立出來的種子。

分四類的第二種說法:一、粗重相種子。二、輕安相種子。三、有受盡相種子。四、無受盡相種子。《攝大乘論本》云:

「復有麤重相及輕安相:麤重相者,謂煩惱、隨煩惱種子。輕安相者,謂有漏善法種子……復有,有受盡相、無受盡相:有受盡相者,謂已成熟異熟果善不善種子。無受盡相者,謂名言熏習種子,無始時來種種戲論流轉種子故。」[641]

粗重相種子:如根本煩惱與隨煩惱的種子。彼等種子是投生惡趣的種子,或是令心無法堪能的種子,故名。輕安相種子:如世間凡夫相續中信與不放逸等十善的種子,是意輕安、修習種子,或是令心堪能的種子,故名。有受盡相種子:善惡業種子之果的體性已熟者;不會再次成熟其性,故名。無受盡相種子:如「此是彼」等針對色等諸法所取名的名言習氣,其

---

641 德格版,論,唯識,নি卷,第一品,12背頁;對勘本版,書號76,29頁。漢譯來源:唐玄奘大師譯《攝大乘論本》(T.31.1594.137b.27)。

義不同於上述有受盡相種子的反方;尚未受盡所能二相的謬行,故名。

丙三、說末那識

末那識的性質

唯識說,在阿賴耶識與六識的七個心識上,還要再加末那識,共有八識。末那識是一直執我及我所的心王,其所緣是阿賴耶識。《唯識三十論頌》云:

「是識名末那,依彼轉緣彼,思量為性相,四煩惱常俱,謂我癡我見,并我慢我愛,及餘觸等俱。」[642]

論說末那識具有四種特徵:一、所緣。二、所見。三、屬性。四、伴隨。末那識的所緣是阿賴耶識。緣阿賴耶識後,末那識所見永遠是我及我所。末那識的屬性是有覆無記。伴隨末那識的是我見、無明、我慢、有覆無記之貪等四根本煩惱、相應末那識的五遍行心所,以及依見解立名的散亂、依癡立名的不信、依癡立名的懈怠、依癡立名的昏瞶、依貪婪立名的掉舉、依貪癡立名的放逸等六種隨煩惱。末那識永遠依五相與彼

---

[642] 德格版,論,唯識,ཤི卷,第5-6句偈頌文,1正頁;對勘本版,書號77,3頁。漢譯來源:唐玄奘大師譯《唯識三十論頌》(T.31.1586.60b.10)。

等相應,且有彼等心所的伴隨。阿闍黎安慧的《唯識三十頌疏》也清楚詮釋其義。論云:

>「所緣就是阿賴耶,因為與薩迦耶見等相合,所以我和我所都以阿賴耶識為所緣[643]……復次,它以何為自性呢?所以說『思量為性相』。因為是以思量為性相,所以稱為『意』,依訓釋詞的緣故。因為識的自性,它一定與心所相應,但不知與何心所、幾心所,或何時相應,故說頌曰:『四煩惱常俱,有覆無記攝。』因為心所有二種:煩惱及此餘。為了簡別此餘,而說與煩惱俱。煩惱有六種,並非與之都相應,故說與四煩惱相應,相應就是相合。煩惱有二種:不善及有覆無記。為了簡別不善,所以說有覆無記。有覆識不應當與不善法相應,有覆是由於染污性,無記是因為善和不善性無所記別。『常』是指一切時,只要有它,就與之相應。」[644]

成立末那識的經論與理由

關於末那識《大乘密嚴經》云:

---

643 德格版,論,唯識,ཤི卷,152背頁;對勘本版,書號77,404頁。漢譯來源:韓廷傑譯《唯識三十頌疏》(http://big5.xuefo.net/nr/article63/625897.html)。
644 德格版,論,唯識,ཤི卷,153正頁;對勘本版,書號77,404頁。漢譯來源:韓廷傑譯《唯識三十頌疏》(http://big5.xuefo.net/nr/article63/625897.html)。

「心是阿賴耶,思我性是意。」⁶⁴⁵

阿賴耶識是習氣的留置處,故稱阿賴耶識為「心」;末那識一直執我、想我,故稱為「意」⁶⁴⁶。《入楞伽經》亦云:

「心法體清淨,虛空中無熏。」⁶⁴⁷

經說,心的本性雖無污垢的熏染,但當前的熏染者卻是末那識。詮釋阿賴耶識的前引諸經也如是詮釋末那識。

如《攝大乘論本》說,依六理成立末那識。第一理、沒有末那識,將有「無不共無明」⁶⁴⁸之過。阿賴耶識受染不應理,凡夫六識的續流又不堅固,此時還無末那識的話,將不存在於一切時現起的「所依不共無明」。此無明只會出現在所依末那識的隨從中,故此無明又稱「不共所依」⁶⁴⁹;不共無明是心所,需要相應某心王;不共無明是煩惱,無法相應阿賴耶識;

---

645 德格版,經,經典,ཕི་卷,第三品,45背頁;對勘本版,書號50,104頁。藏譯與漢譯不同。漢譯較為接近的原文:唐不空大師譯《大乘密嚴經》(T.16.682.754a.19):「染意亦如是,執取阿賴耶,能為我事業,增長於我所」。

646 譯者註:末那識是梵文音譯,意譯為「染意」。

647 德格版,經,經典,ཅ་卷,167正頁;對勘本版,書號49,410頁。漢譯來源:元魏菩提流支譯《入楞伽經》(T.16.671.556b.28)。

648 譯者註:མ་འདྲེས་པའི་མ་རིག་པ,直譯為「無雜染無明」。唐玄奘大師將其詞譯為「不共無明」,細節可參考下述來自《攝大乘論本》的引文。

649 譯者註:其所依除了末那識以外,不觀待與其他共同的所依,故名。

乃至未現證真實義前,不共無明的續流不得間斷,所以不相應六識。依此排除法之理,無奈於八識中,不共無明只剩與末那識相應的選項。總之,沒有末那識,將無法排除「無不共無明」之過。《攝大乘論本》云:

> 「復次,云何得知有染污意?謂此若無,不共無明則不得有,成過失故。」[650]

第二理、沒有末那識,將有「不同五識」[651]之過。沒有末那識,將有此過:五識各有不共俱生所依的各根,意識卻無俱生所依的意根。《攝大乘論本》云:

> 「又五同法亦不得有,成過失故。所以者何?以五識身必有眼等俱有依故。」[652]

第三理、沒有末那識,將有「無二定是否寂靜差別」之過。滅盡定時沒有末那識,所以相應寂靜;停止六識的無想定仍有末那識,故不相應寂靜。若無末那識,將有「無法區別彼

---

650 德格版,論,唯識,ཉི卷,第一品,4正頁;對勘本版,書號76,8頁。漢譯來源:唐玄奘大師譯《攝大乘論本》(T.31.1594.133c.12)。

651 譯者註:唯識說,如木依地而立,與五根識同時而有的所依是五根,同樣地,與意識同時而有的所依是末那識。如果沒有末那識,將有「無與意識同時而有的所依」之過,這樣一來,將有「與五根識不同」之過。

652 德格版,論,唯識,ཉི卷,第一品,4正頁;對勘本版,書號76,8頁。漢譯來源:唐玄奘大師譯《攝大乘論本》(T.31.1594.133c.13)。

二定」之過。《攝大乘論本》云:

> 「又無想定與滅盡定差別無有,成過失故。謂無想定染意所顯,非滅盡定;若不爾者,此二種定應無差別。」[653]

第四理、沒有末那識,將有「無任何心識能對應恆常執我的釋詞」之過。阿賴耶識與五識不執我,雖然意識與其隨從執我,其續流卻不堅固。因此,若無末那識,將有「無任何心識能證明恆常執我的說法」之過。《攝大乘論本》云:

> 「又訓釋詞亦不得有,成過失故。」[654]

第五理、沒有末那識,將有「生無想天者應無我執」之過。若無末那識,將有此過:生無想天者沒有粗分受想,又末那識的緣故,將無我執以及想我的我慢。《攝大乘論本》云:

> 「又無想天一期生中,應無染污成過失故,於中若無我執我慢。」[655]

---

[653] 德格版,論,唯識,ཪི卷,第一品,4正頁;對勘本版,書號76,8頁。漢譯來源:唐玄奘大師譯《攝大乘論本》(T.31.1594.133c.15)。

[654] 德格版,論,唯識,ཪི卷,第一品,4正頁;對勘本版,書號76,8頁。漢譯來源:唐玄奘大師譯《攝大乘論本》(T.31.1594.133c.15)。

[655] 德格版,論,唯識,ཪི卷,第一品,4正頁;對勘本版,書號76,8頁。漢譯來源:唐玄奘大師譯《攝大乘論本》(T.31.1594.133c.18)。

第六理、沒有末那識，將有「無一切時發起我執」之過。如果沒有末那識，將有此過：在造善、惡、無記等業的動機發起時，將不會有於一切時都存在於凡夫相續中的我執。我執存在於一切時，如「我修慈心」的善、「我在殺生」的惡，以及「我在飲食之想」的無記等，這點可依經驗證實。如果沒有末那識，我執只相應惡心，這樣一來，我執與善心、無記心是同時而有，將不應理。反之，有末那識的緣故，我執便可存在於末那識的隨從中。末那識是無記，在末那識的隨從中可同時存在善惡等心，並不矛盾。《攝大乘論本》云：

> 「又一切時我執現行現可得故，謂善、不善、無記心中；若不爾者，唯不善心彼相應故，有我我所煩惱現行，非善無記。」[656]

丙四、如何成立唯心論

如前述《慧心要集論》偈頌綱要所示，可知唯識整體宗義，其根本宗義是，空所能二元之識是勝義有。眾所周知，唯識依此關鍵持「無外境有、成立諸法皆是唯心、唯識」的宗義。成立萬法唯識的說法分二：無著兄弟等的隨經唯識派，以

---

[656] 德格版，論，唯識，ㄖ卷，第一品，4正頁；對勘本版，書號76，8頁。漢譯來源：唐玄奘大師譯《攝大乘論本》（T.31.1594.133c.19）。

及陳那父子等的隨理唯識派。

無著兄弟及其追隨者們主張,如前釋阿賴耶識時所說,異熟所依阿賴耶識上的能依種子成熟,故而顯見外在事物等種種情器,依此說明諸法唯識之義。《攝大乘論本》介紹十五識及其源於三種習氣中的何者後,論云:

「又此諸識皆唯有識,都無義故。此中以何為喻顯示?應知夢等為喻顯示。謂如夢中都無其義獨唯有識,雖種種色聲香味觸,舍林地山似義影現,而於此中都無有義。由此喻顯,應隨了知一切時處皆唯有識。」[657]

文中清楚說到唯識自宗如何詮釋唯識之義,而其依據有《大方廣佛華嚴經‧十地品》與《解深密經》。《大方廣佛華嚴經‧十地品》云:

「三界所有,唯是一心。」[658]

《解深密經》云:

「『世尊!諸毘鉢舍那三摩地所行影像,彼與此心,當

---

[657] 德格版,論,唯識,ཪི卷,第二品,13背頁;對勘本版,書號76,32頁。漢譯來源:唐玄奘大師譯《攝大乘論本》(T.31.1594.138a.20)。

[658] 德格版,經,華嚴,ཁ卷,第三十一品,220背頁;對勘本版,書號36,471頁。漢譯來源:實叉難陀譯《大方廣佛華嚴經》(T.10.279.194a.14)。

言有異?當言無異?』佛告慈氏菩薩曰:『善男子!當言無異。何以故?由彼影像唯是識故。善男子!我說識所緣,唯識所現故。』『世尊!若彼所行影像,即與此心無有異者,云何此心還見此心?』『善男子!此中無有少法能見少法,然即此心如是生時,即有如是影像顯現。善男子!如依善瑩清淨鏡面,以質為緣還見本質,而謂我今見於影像,及謂離質別有所行影像顯現。如是此心生時,相似有異三摩地所行影像顯現。』」[659]

《攝大乘論本》引這段《解深密經》的經文後,又云:

「即由此教理亦顯現。」[660]

前引《解深密經》闡釋了顯現外在諸色為何都是唯識的理由,故而建立諸法皆是唯識的要義。阿闍黎世親的《唯識三十

---

[659] 德格版,經,經典,ཅི卷,第八品,27正頁;對勘本版,書號49,62頁。漢譯來源:唐玄奘大師譯《解深密經》(T.16.676.698a.27)。雖是同一段經文但譯詞稍有差異者,亦出現在唐玄奘大師翻譯的《攝大乘論本》(T.31.1594.138b.5)。論云:「又薄伽梵《解深密經》亦如是說,謂彼經中慈氏菩薩問世尊言:『諸三摩地所行影像,彼與此心當言有異?當言無異?』佛告慈氏:『當言無異,何以故?由彼影像唯是識故;我說識所緣,唯識所現故。』『世尊!若三摩地所行影像,即與此心無有異者,云何此心還取此心?』『慈氏!無有少法能取少法,然即此心如是生時,即有如是影像顯現。如質為緣還見本質,而謂我今見於影像,及謂離質別有所見影像顯現。此心亦爾,如是生時,相似有異所見影像。』」

[660] 德格版,論,唯識,ཤི卷,14正頁;對勘本版,書號76,33頁。漢譯來源:唐玄奘大師譯《攝大乘論本》(T.31.1594.138b.14)。

論頌》也出現與《攝大乘論本》相同的論述。論云：

「由假說我法，有種種相轉，彼依識所變⋯⋯」[661]

如施設「我、壽者、士夫」等，以及施設「法、蘊、界、處」等，所有各類我相與法相之境，只是心識顯見所變。《唯識二十論》云：

「見境故唯識，絕無有彼等，如由眩瞖見，未有諸髮月。」[662]

謂以眩瞖者見髮[663]為例，說明為何雖無外境，各種境相仍顯現於識。

駁：諸色不是外境有的話，為何某些境會顯現諸色等相，而另一些不會？還有，特定事物有時會顯現其相，有時不會，這難道不都是由時空等決定因素所造成的嗎？故不合理。回：雖說諸法皆是唯識，但名言有的合理性也得建立。他方再駁：

---

661 德格版，論，唯識，ཤེ་卷，第1-2句偈頌文，1正頁；對勘本版，書號77，3頁。漢譯來源：唐玄奘大師譯《唯識三十論頌》（T.31.1586.60a.27）。

662 德格版，論，唯識，ཤེ་卷，第1句偈頌文，3正頁；對勘本版，書號77，8頁。藏譯與漢譯稍有不同。漢譯原文：唐玄奘大師譯《唯識二十論》（T.31.1590.74c.3）「若識無實境，則處時決定，相續不決定，作用不應成。」

663 譯者註：某種眼疾會讓患者無論見什麼，都會見到一縷縷的髮絲，如影隨行。

如果沒有外境,契經為何說諸色與處?豈不相違?《唯識二十論》如是回覆。論云:

> 「依彼所化生,世尊密意趣,說有色等處,如化生有情。」[664]

世尊只是為這類需求的所化眾生說外境有,實為不了義經的意趣。《唯識二十論》說此密意。論云:

> 「識從自種生,似境相而轉,說有色等處,如化生有情。」[665]

《唯識二十論自釋》亦云:

> 「色現識從自種子緣合轉變差別而生。佛依彼種及所現色,如次說為眼、處色⋯⋯」[666]

世尊如是宣說的殊勝為何呢?為令度化眾生證悟二無我義,無論是構成外境有的極微塵之個體、多體聚合,或是多體

---

[664] 德格版,論,唯識,ཤི卷,第7句偈頌文,3背頁;對勘本版,書號77,9頁。漢譯來源:唐玄奘大師譯《唯識二十論》(T.31.1590.75b.10)。

[665] 德格版,論,唯識,ཤི卷,第8句偈頌文,3背頁;對勘本版,書號77,9頁。漢譯來源:唐玄奘大師譯《唯識二十論》(T.31.1590.75b.17)。

[666] 德格版,論,唯識,ཤི卷,6正頁;對勘本版,書號77,17頁。漢譯來源:唐玄奘大師譯《唯識二十論》(T.31.1590.75b.19)。

尚未聚合,皆不能為心識之境。因此,外在色相無法成為各識之境。總之,不存在毘婆沙部與經部所說的「構成外境有的無方分極微塵」。《唯識二十論》云:

> 「俱合六方分,極微塵變六。」[667]

唯識自宗依理破除外境有,並成立心識是諦實有。我等認為,阿闍黎無著兄弟兩人對唯識的解讀並無不同。

阿闍黎陳那父子等隨理唯識師主張,僅憑經由成熟阿賴耶識上的習氣所見,這並非唯識的解讀,[668]「唯識」主要得依識與其境性為何的觀察而做解釋。如阿闍黎陳那的《觀所緣緣論

---

[667] 德格版,論,唯識,ཤི卷,第12句偈頌文,3背頁;對勘本版,書號77,9頁。藏譯與漢譯稍有不同。漢譯原文:唐玄奘大師譯《唯識二十論》(T.31.1590.76a.1):「極微有方分,理不應成一。」

[668] 阿闍黎陳那父子是否承許阿賴耶識,西藏學者有不同說法。依現有阿闍黎陳那的著作,無論是直接或間接,都未出現關於阿賴耶識的解釋。如果阿闍黎陳那承許阿賴耶識的話,在《觀所緣緣論》及其注釋(དགས་པ་བརྡག་རྒྱ་འགྲེལ)裡,尤其詮釋根識的所緣緣與增上緣都是建立在功能或習氣之上的章節時,應要解說阿賴耶識才對,但無絲毫相關說明,所以(阿闍黎菩提賢的)《慧心要集論釋注》說,阿闍黎陳那主張六識,此言絕非謬論。還有,阿闍黎法稱的兩部著作《釋量論》與《定量論》中,雖依多理成立諸法唯識的理論,卻不依阿賴耶識,只依六識建立其論述,我等認為,這才是阿闍黎法稱自宗的觀點。同理,阿闍黎法稱自宗主張阿賴耶識的話,應要在《成他相續論》及其注釋中明確說明「不同相續的補特伽羅是依不同相續的阿賴耶識而成立」,然而,無論直接或間接,都無相關說明。《釋量論·現量品》(第三品,第520句偈頌文)說:「非從阿賴耶,而生起餘識。」其中出現一次「阿賴耶」的詞彙,然而,其義是否為「隨經唯識主張的異熟心識,是不明了、其屬性是無覆無記、其續流是極為堅固」,仍待觀察。

自釋》云：

「諸有欲令眼等五識以外色作所緣緣者，或執極微許有實體，能生識故；或執和合，以識生時帶彼相故。二俱非理。所以者何？『極微於五識，設緣非所緣，彼相識無故，猶如眼根等。』所緣緣者，謂能緣識帶彼相起，及有實體令能緣識託彼而生。色等極微，設有實體能生五識，容有緣義，然非所緣，如眼根等於眼等識無彼相故。如是極微於眼等識無所緣義。『和合於五識，設所緣非緣，彼體實無故，猶如第二月。』色等和合於眼識等有彼相故，設作所緣，然無緣義。如眼錯亂見第二月，彼無實體不能生故，如是和合於眼等識無有緣義。」[669]

就以外境有而言，無論是一一的極微塵或彼塵的和合，要成為生起執爾根識之境，及其識的所緣緣，都不合理。《觀所緣緣論》及其自釋做此總結。論云：

「『如是二外境，識境不應理。』故外二事於所緣緣互闕一支，俱不應理。」[670]

---

669 德格版，論，量，ཤི་卷，86正頁；對勘本版，書號97，432頁。漢譯原文：唐玄奘大師譯《觀所緣緣論》（T.31.1624.888b.7）。

670 德格版，論，量，ཤི་卷，86正頁；對勘本版，書號97，433頁。藏譯與漢譯稍有不同。漢譯原文：唐玄奘大師譯《觀所緣緣論》（T.31.1624.888b.20）：「故外二事於所緣緣互闕一支，俱不應理。」

此論破除外境有,且說雖無外境仍可安立根識的所緣緣。如《觀所緣緣論》云:

「內色如外現,為識所緣緣,許彼相在識,及能生識故。決定相隨故,俱時亦作緣……」[671]

像是青色,是內在心識的性質,不是外境有卻顯見其似外境有。為何唯識說青色是執青眼識的所緣緣?因為執青眼識就是青色的體性,眼識顯見的青色不僅是執青眼識的所現境,也是其識的緣。問:青色與執青眼識是同時且同一體性的話,青色豈是執青眼識之緣?答:因為具足「有此便生根識,無此不生根識」的無謬決定相隨,故名為「緣」。總之,是根識體性的色、聲等境,不僅是根識的所緣,也是根識的緣,故具備所緣緣的兩種特徵,[672]或稱「顯現所緣緣」[673]。以上內容皆是以「具所緣緣之名者」而說。真正的所緣緣,如阿闍黎陳那的《觀所緣緣論》云:

「或前為後緣,引彼功能故。」[674]

---

671 德格版,論,量,ཤེ་卷,第7句偈頌文,86正頁;對勘本版,書號97,431頁。
漢譯原文:唐玄奘大師譯《觀所緣緣論》(T.31.1624.888c.17)。

672 譯者註:「所緣緣」,顧名思義,即所緣與緣兩者的結合。

673 སྣང་བའི་དམིགས་རྐྱེན།

如由前執青根識所擁有,且令後執青根識安置青相功能,才是逐漸生起後後根識的所緣緣。《觀所緣緣論》云:

「識上色功能,名五根應理……」[675]

令執青眼識與青色同時產生的功能本身,不僅是後執青根識的所緣緣,也稱為「根」。《觀所緣緣論自釋》云:

「謂眼功能與待內色之識所現境相,不是以緣區別而生。彼二亦從無始際,展轉為因。謂此功能至成熟位,生現識上五內境色,此內境色復能引起異熟識上五根功能。根境二色與識一異、或非一異?隨樂應說如是諸識惟內境相為所緣緣,理善成立。」[676]

從上述內容可了知,阿闍黎陳那是如何且依何主因詮釋唯識。

---

674 德格版,論,量,ཚེ卷,第7句偈頌文,86正頁;對勘本版,書號97,431頁。漢譯原文:唐玄奘大師譯《觀所緣緣論》(T.31.1624.888c.23)。

675 德格版,論,量,ཚེ卷,86正頁;對勘本版,書號97,431頁。漢譯原文:唐玄奘大師譯《觀所緣緣論》(T.31.1624.888c.23)。

676 德格版,論,量,ཚེ卷,87正頁;對勘本版,書號97,435頁。藏譯與漢譯稍有不同。漢譯原文:唐玄奘大師譯《觀所緣緣論》(T.31.1624.889b.5):「此根功能與前境色,從無始際展轉為因。謂此功能至成熟位,生現識上五內境色,此內境色復能引起異熟識上五根功能。根境二色與識一異、或非一異?隨樂應說如是諸識惟內境相為所緣緣,理善成立。」

《釋量論》中，經部師依所能二元的性相而說生相似法，[677]即成立所能二元是質體相異的理由，此說與外境有的論述，都被阿闍黎法稱依多理所破。而且，在破除所能質異的眾理中，最著名的莫過「俱緣決定」。《釋量論》是直接以「俱緣決定」的理由成立心識二法[678]，而《定量論》則是以此理破除所能質異。論云：

> 「『由決定俱時緣故，青及彼慧非為異』。何以故，雖是顯現不同性，但青色者非是以與領受相異為其自體性，由決定與彼俱時緣故，如二月等。若除此等以外一行相不可得者則其他亦無可得。於不同自體中此非所許，由無有相屬之因由故。於色及光明等中或以適宜能生起彼之智為相狀，或以能生起適宜根為相狀之相屬為有故無有光明色等當不可得，由果法依因法無有錯亂故。由是以與光明不間斷之色俱時所取為相狀故，即成所取。再者，由某些光明亦觀見故，並由無有光明之色亦由某些眾生之差別能觀見故，於彼等中決定非有俱時可得而唯決定青之行相及覺知等。於不同時此非覺知，

---

677 譯者註：經部主張執瓶眼識所見瓶相只是相似瓶子，不說其相就是瓶子。依此理成立，所能二元的性相為異。簡單地說，就是瓶子與執瓶眼識是質體相異。

678 譯者註：以執瓶眼識為例，二法為：一、執瓶眼識證瓶的向境的外證。二、證執瓶眼識的向識的內證。

如青及黃。」[679]

阿闍黎法上的《決定量論疏》也解釋了這段文義。論云：

「與何法俱緣決定，則不與彼法相異，如由一月成二。
所取諸青等相亦與心識俱緣決定。」[680]

依此「俱緣決定」的理由，成立執青根識等諸根識之境只是心識顯見。我等認為，這點與阿闍黎陳那《觀所緣緣論》所說的關鍵理由並無不同。

什麼是「俱緣決定」呢？「俱」是俱時、同時；「緣」是證知；「決定」是周遍。總而言之，是周遍同時證知之義。以「青色有法，不與執爾根識質體相異，爾與執爾根識是俱緣決定故」的論式為例，[681]自證現量成立其論式的宗法——青色與執爾根識是俱緣決定，而周遍是指「被俱緣決定周遍的青色與執青根識二法，不可能是質體相異」的依理推論。

我等認為，像是阿闍黎智作護所造的《成立俱緣決定

---

679 德格版，論，量，ཤེ卷，166正頁；對勘本版，書號97，645頁。漢譯原文：剛曉譯《定量論》，179-182頁。

680 德格版，論，量，ཙེ卷，第二品，163正頁；對勘本版，書號104，1152頁。漢譯大藏經內並無此譯。

681 譯者註：藏文直譯為「依彼因相為例」，但未指出「彼」字的內容。

論》682，以及阿闍黎香諦巴所造的《成立唯心性論》683等後起論述，皆以「俱緣決定」為主而釋唯心論，由此可見，依此理而說的唯識論變成主流解讀。涉及「俱緣決定」的內容極為廣泛，故在《佛法哲學總集‧下冊》中再行解釋。

丙五、真相派與假相派的爭辯

之前在唯識的分類時說過，唯識宗義內可分真相與假相兩派，此為眾所周知。至於哪些唯識的先賢大阿闍黎視真相派或假相派為自宗，這很難決定，因為後期學者對此的說法不一，眾說紛紜。根據《慧心要集論釋注》，阿闍黎無著兄弟是假相派，阿闍黎陳那父子是真相派，話雖如此，阿闍黎帝釋慧與阿闍黎釋迦慧以真相宗詮釋《七量論》及其依據《集量論頌》，而阿闍黎智作護與阿闍黎法上兩人則是以假相宗解釋彼等。還有，《思擇焰論》在破無著兄弟的見解時，卻介紹了真相派的觀點。如西藏某些學者所說，684我等也認為，阿闍黎無著兄弟與陳那父子的著作裡，確實都無差別地詮釋了真相派與假相派的立場。

區分真相或假相，得依「根識見青等時的所取相」之解釋

---

682 ཕྱིན་ཅི་མ་ལོག་པ་བསྒྲུབ་པ། །

683 སེམས་ཙམ་ཉིད་དུ་གྲུབ་པའི་བསྟན་བཅོས། །

684 如遍知文殊笑的《宗義寶炬論》（書版，頁數236）所說。

而安立。以執青眼識為例,執青眼識見青為青,其相便是真相派與假相派的爭議基礎。真相與假相兩派一致表示,執青眼識見青為青、見青為粗、見青為外境有,然而,真相派說,只有見青為外境有受到無明污染,而見青為青、見青為粗不受無明所染。反之,假相派說,不僅見青為外境受到無明所染,見青為青、見青為粗也受到無明所染。這是兩派立場上的差異。

總而言之,真相派認為,執青眼識見青為青本身符合實際,並無錯誤;假相派卻說,執青眼識見青為青本身不合實際,故許有誤、是假。這無關「青色為粗本身是錯,故說見青為粗有誤」,而是執青眼識顯見與該根識質體相異的粗相,故說此見有誤。

假相派說,於眼識中起青相時,若所見為實,那麼,所見之相是單一粗相,或是多種極微塵的和合體?彼二中,無論哪種說法,都被破除外境有的理路所害,故不應理。真相派回覆:針對承許存在與心識質體相異的外境極微塵之和合色身或色法者,才有彼過,我等不主張外境有,故無此過。此回覆如阿闍黎法上的《決定量論疏》云:

「於色身性,將有此過。豈不否定非色身?」[685]

---

685 德格版,論,量,i卷,第一品,157背頁;對勘本版,書號104,1138頁。漢譯大藏經內並無此譯。

對此，假相派駁：不同於聳立出來的獨角，外境有的色身或色法是由多種微塵一一佔據彼此的空間而增廣其形。如果根識所見為真，外境有的色身將得成立，但此論卻被破外境有的理路所害。此駁斥如《決定量論疏》云：

「色身不是聳角，是由眾多量小諸物周遍斷除彼此性境所生，故而色身具足廣境。」[686]

真相派與假相派彼此所爭議的真假差別在於，識所取境不受無明所染為真，識所現境受無明所染為假，阿闍黎法上也如是承許假義。所以此處所說的真或假，無關是否具足能力引發其作用，也無關中觀與唯識爭議的真假。

唯識真相派雖說，當根識證境時會顯現境相而證，但該派內部對此細節卻各持不同觀點。某些論師說，看著燦爛多彩的畫像時，畫中有多少顏色，就應顯現等量之相，否則所現之相將不合實際，自然無法證知真相。識與相的體性相異不應理，因此，有多少相，應當發起同樣數量之識。對此爭議，有三種不同說法：一、能取同數，即有多境相，便有多心識。二、半卵對開，即一識只見一相。三、種種無二，即一識顯見多相。這三派的論師都稱已破他方諍論、合理建立自宗。

---

686 德格版，論，量，剩卷，第一品，157背頁；對勘本版，書號104，1138頁。漢譯大藏經內並無此譯。

第一、能取同數針對上述的諍論回覆：看著燦爛多彩的畫像時，畫中有多少顏色，便同時產生相同數量的同類眼識。像眼識執色的同時，耳識也可執聲般，眼識耳識等諸多異類心識可同時發起。這種說法已明確記載於阿闍黎寂護的《中觀莊嚴論自釋》裡。論云：

「將示彼宗所想，如色、聲等異類識，一切同類諸識亦同境相之數量，諸多境識同時顯現。」[687]

關於此文解釋，《中觀莊嚴疏》[688]又云：

「『一切』僅謂某外境有之說。彼等說，識雖具相，但絕不違同時顯見羅列畫相。」[689]

看著燦爛多彩的畫像時，若能同時發起多種同類眼識，將有諍論：看著單一顏色的白畫時，因為畫裡有旁側、中間等多個部位，將會同時發起多個眼識。能取同數回：是的，我方承許同時發起多個心識。如《中觀莊嚴論》云：

---

687 德格版，論，中觀，ས།卷，62背頁；對勘本版，書號62，922頁。漢譯大藏經內並無此譯。

688 དབུམཉནགྱིདཀའབགྲེལ།，阿闍黎蓮花戒造。

689 德格版，論，中觀，ས།卷，第二品，98正頁；對勘本版，書號62，1015頁。漢譯大藏經內並無此譯。

「如是白色等,單一識亦為,中側為異故,所緣變各種。」[690]

關於此義的解釋,《中觀莊嚴疏自釋》云:

「若許多相……」[691]

這樣一來,將有「無法只生單一心識」的諍論。能取同數答:只有在執無方分極微塵時,才會生起單一心識。駁:此說不應理,無方分極微塵不被正量所成立故。《中觀莊嚴論自釋》依序破除彼等論述。論云:

「既如是,何謂單一?謂執無方分塵境……不見空一切方分之塵。」[692]

總之,能取同數主張:如某人看著燦爛多彩的畫像時,畫裡有多少青黃等顏色,此人便會同時生起等同畫中顏色數量的具境眼識。阿闍黎寂護的《中觀莊嚴論》云:

---

[690] 德格版,論,中觀,ས་卷,第31句偈頌文,54正頁;對勘本版,書號62,898頁。漢譯大藏經內並無此譯。
[691] 德格版,論,中觀,ས་卷,63正頁;對勘本版,書號62,922頁。漢譯大藏經內並無此譯。
[692] 德格版,論,中觀,ས་卷,63正頁;對勘本版,書號62,922頁。漢譯大藏經內並無此譯。

「顯見羅列畫，心識量同多。」[693]

第二、半卵對開或半卵對切。證知所取相、所取的心識，以及證知能執相、能執的心識兩者是依序而生，彼二識[694]為質體異，猶如已被對切的一整顆蛋。阿闍黎旃達日哈日巴的《中觀寶鬘》云：

「半卵對開之，唯識真相派，所取與能執，彼二相為異，猶如毘婆沙[695]。」[696]

半卵對開派說，執青眼識與證知執青之識是依序而生，所以彼二為質體異。一般來說，彼二識都是執爾識的體性[697]。

第三、種種無二。雖有多境，卻不因此而成多識，因為一識可顯見多境。一識仍可顯現多相，這並不矛盾。如果不認同種種無二所說，將有「於一切時不生同類一識」之過。阿闍黎

---

693 德格版，論，中觀，ཤི卷，第30句偈頌文，54正頁；對勘本版，書號62，898頁。漢譯大藏經內並無此譯。

694 譯者註：直譯是「二相」，但應理解為二識，即證青識與證執青眼識之識。因為先有證青識，後有證執青眼識之識，故彼二為質體異。

695 譯者註：根據編輯者格西們的說法，此詞（བྱེ་བྲག་པ）有兩種可能的解讀：勝論派與毘婆沙宗。

696 德格版，論，中觀，ཤི卷，第74句偈頌文，69背頁；對勘本版，書號63，1042頁。漢譯大藏經內並無此譯。

697 譯者註：直譯是「心識體性」。根據編輯者格西們的說法，其義應理解為「執爾心識之體性」。

祇多梨的《善逝教典分別論》云:

「如是,說心識無相是下劣,故是具相。若對種種無二起瞋,任於何時將無一識。」[698]

種種無二,謂某人看著彩色時,無論彩繪裡有多少青黃等色,彼等諸相雖會一一顯現,但具境心識只會顯見彩色而已,故名「種種無二」。

種種無二與阿闍黎寂護等諸師,是如何破除前述能取同數的觀點呢?如《中觀莊嚴論自釋》云:

「謂無機緣,不應理彼等所言『無前後,起二心』之論。同理,彼論將違『一切有情相續為一』之經文,彼等難以反駁。若回,依成熟心識而許彼論……」[699]

同時發起多個同類心識的話,將有「一補特伽羅有多異相續」之過,亦有違經之過,因為經說「補特伽羅相續中,不許同時二識生者」。[700]能取同數回此駁道:經說「不生多識」是

---

698 德格版,論,中觀,ས卷,59背頁;對勘本版,書號63,1012頁。漢譯大藏經內並無此譯。

699 德格版,論,中觀,ས卷,65背頁;對勘本版,書號69,929頁。漢譯大藏經內並無此譯。

700 譯者註:《成唯識寶生論》(T.31.1591.91b.17)也出現相同用詞「不許同時二識生者」。

指不生多個阿賴耶識;縱有多識,仍不因此成多有情。

種種無二是如何破除半卵對開的呢?證所取識與證能取識兩者,若是質體相異,將有「如不同相續之識彼此互成隱蔽分」之過。果真這麼主張,執青識將於證爾之識成隱蔽分,這樣一來,事後憶念「我見此青」將不應理。若說:「執青識與證爾識雖是彼此互為隱蔽分,但仍可生起這般憶念。」此不應理,這等同他人先見青色後,自己卻憶念為「我之前看到青色」。半卵對開反駁:從一個阿賴耶識而生的緣故,不具功能產生如他相續的憶念,故合理於同一相續產生憶念。關於前述諸多諍論,《善逝教典分別論》云:

> 「若許所能之識是相異,此時,應成如他相續,決定彼此為隱蔽分……彼此是隱蔽分,又有何過失?若答:我見此之執,將不應理。彼二由功能而生,何違如是執?若駁:應成他相續。答:非也,於彼無此功能故。若有功能,生果將不可遮故。若問:如何於一相續中有?若答:於一阿賴耶識而生故。」[701]

多數中觀師與唯識師都認同,前述種種無二的一識現多相

---

701 德格版,論,中觀,ᴺᴵ卷,54背頁;對勘本版,書號63,999頁。漢譯大藏經內並無此譯。

的主張,即執彩色境無須兩個以上[702]的眼識,一個執彩眼識便可同時執取彩色。若非如此,一個眼識不可能見蝴蝶翅膀上的青、黃等顏色。《釋量論》云:

「如花蝶等色,眾多如何現?」[703]

對於「根識如何顯現自所取境」,以上列舉約有三種不同主張,並且簡略介紹彼此之間的問答,其細節內容應依大教典得知。雖有諸多論師說過,在真相與假相兩派裡,假相派的宗義、真相派的種種無二派是深奧的,然而,我佛教的大多論師是持真相種種無二的觀點為自宗。

丙六、安立量

唯識派是如何主張量呢?我等認為,依阿闍黎無著兄弟著作的詞面意思,量分現識、比度、教言量三。

自阿闍黎陳那建立了浩瀚的佛教量學起,唯識諸師一致主張,量決定分為現、比二者。現識分根現識、意現識、自證現識、瑜伽現識四者,但只有此分四類的說法與經部宗相同,至於現識是否一定非錯亂,經部與唯識在此有關鍵性差異。經部

---

702 譯者註:直譯為「等」。
703 德格版,論,量,ཅེ卷,第三品,第200句偈頌文,126正頁;對勘本版,書號97,544頁。漢譯來源:法尊法師譯《釋量論》。

認為,「離分別且非錯亂」是現識的定義。唯識卻說,無始以來由於受我見熏習所染,根識見自所取境為外境有實屬錯亂,故而主張執青根識錯亂於自所見。因此,阿闍黎吉祥法稱於《定量論》中說,「離分別且由堅固習氣所生之識」是現識的定義。論云:

> 「當此亦與一切所有智之境界相反時云何說為染雜及另外者?若謂由無有差別故者,則由染雜之習氣無有接續之過失而不善巧亦觀見於語言無有憑信故,一者說非是能量,此外者謂由習氣穩固故乃至不離生死恆隨順相屬,於語言中觀待不虛妄,此中始為能量。」[704]

駁唯識之諍:由於破除一切根識的所取義,將無法合理成立錯亂因所染與不染的差異,這樣一來,根識將無量與非量的分類。唯識答:可依當下的錯亂因所染與不染,進而於根識中成立量與非量的分類。離分別且由堅固習氣所生的根識雖是錯亂,但在名言中並非錯亂,故可立其識為量,這是唯識的要義!

唯識不說外境有,故將根識的所緣緣分二:「顯現所緣緣」與「功能所緣緣」[705]。前者只具所緣緣之名,後者才是真正的所緣緣,由此建立了不共的三緣論述。一般來說,唯識針

---

[704] 德格版,論,量,ཚེ་卷,167正頁;對勘本版,書號97,647頁。漢譯原文:剛曉譯《定量論》,191頁。

[705] ནུས་པ་འཇོག་པའི་དམིགས་རྐྱེན།

對自義比度的說法雖與隨理經部相同,卻否定外境有,故《釋量論》云:

「從種子生芽,由煙成立火,如此依外義,作者住證知。」[706]

如何合理成立種子生苗[707]、以煙因相而知有火?對此諍論,唯識自宗以「依唯識」的不共角度安立諸法作用。還有,若破所能質體為異,他心通之識的質體將與其所取境之識的質體為一,這樣一來,將有「不是異相續」之過。[708]對此,阿闍黎吉祥法稱的《成他相續論》也以「依唯識」的觀點而反他駁,這類唯識的諸多宗見要義,應從《七量論》及其依據《集量論頌》得知。

另一個與唯識量論有關的要義是,針對「量、果、所量」的不共論述。《集量論頌》一開始便開宗明義,後來阿闍黎吉祥法稱依此義於《釋量論》與《定量論》兩論進行了極為詳細

---

706 德格版,論,量,ཅེ卷,第三品,第392句偈頌文,133背頁;對勘本版,書號97,561頁。漢譯來源:法尊法師譯《釋量論》。
707 譯者註:他方駁,若無外境,幼苗只會從心識上的功能而生,豈會從外在種子而生?
708 譯者註:不成立所能質體為異的話,當菩薩以他心通得知蔣揚心中的想法時,菩薩相續中的他心通之識,與蔣揚相續中的想法,兩者將成質體為一,這樣一來,將有菩薩與蔣揚是同一相續之過。

的解說，這些內容可以參考《佛法哲學總集・下冊》的別說佛教量理章節。

　　承許阿賴耶識的隨經唯識以「轉阿賴耶識」，尤其是以「周遍尋思名、義、自性、差別」的四尋思，以及由其而引發的「四種如實遍智」而趣入唯識，從而建立了道、果的不共論。《菩薩地持經》、《大乘莊嚴經論》、《攝大乘論本》等典籍，依自性住種性、依法性而得、無始而有的六處差別等詮釋種性，且說種性具彼三種特徵。[709]與此同時，也建立了「斷種性眾生」等諸多不共觀點。此處只是針對性地介紹唯識關於基法真相的宗見。想進一步了知唯識的道與果的論述，可參考其他文獻。

　　由阿闍黎無著所創的唯識派，後又有阿闍黎世親及其追隨子弟，以及量學大師阿闍黎陳那及其追隨者阿闍黎法稱等聖域印度的諸大論師，皆以教理二路所建立。以上已總體解說了屬大乘宗義中的唯識關鍵宗義。

甲四、闡述中觀的宗義
乙一、此派宗義的發展史

　　介紹說無自性的中觀宗義。中觀的起源為何呢？眾所周

709　《菩薩地持經》。德格版，論，唯識，཈卷，第一品，2背頁；對勘本版，書號75，620頁。

知,大乘說無自性宗義的開創者是譽為第二尊佛的阿闍黎聖者龍樹。阿闍黎龍樹不僅詮釋了世尊所說的經典,更是以諸法絕無自性的角度特別詮釋了大乘的《般若經》,從而著作了舉世聞名的理聚六論:一、《中觀根本慧論》。二、《六十頌如理論》。三、《七十空性論》。四、《迴諍論》。五、《精研論》。六、《中觀寶鬘論頌》。阿闍黎龍樹還針對其中的《七十空性論》、《迴諍論》、《精研論》寫下自釋,[710] 故而完善了說無自性派的宗義。

其追隨者,如阿闍黎聖者提婆等論師們,也都針對阿闍黎龍樹著作的意趣撰寫注釋,令中觀宗義發揚光大。此宗破除諸法的「自性」(svabhāva)[711],故稱「說無自性派」。《般若經》所說的「諸法皆自性空」,實為如言可取,故此派又稱「說空性(śūnyatā)[712]派」。追隨阿闍黎龍樹的中觀學者們表示,導師世尊親言的經典授記,阿闍黎龍樹清楚無誤地詮釋了大乘經典的內容。如《入楞伽經》云:

「於南大國中,有大德比丘;名龍樹菩薩,能破有無

---

710 《般若燈論之註釋》。德格版,論,中觀,צ卷,第一品,5背頁;對勘本版,書號58,868頁。論說,由無畏論師所造的《中論釋》(《無畏論》)是《中論》的自釋,但學者們對於其是否為《中論》的自釋,說法不一。

711 स्वभाव。

712 शून्यता。

見。為人說我法，大乘無上法；證得歡喜地，往生安樂國。」[713]

中觀諸師認為，阿闍黎龍樹如實說明了破有無二邊的了義之乘，這點於《入楞伽經》的授記文中清楚記載。同樣地，《一萬二大雲經》[714]、《大法鼓經》[715]等也都出現了關於阿闍黎龍樹的授記經文。

導師世尊涅槃後，龍樹大士在徹底破除諦實有的同時，承許諸法作用能於名言中合理成立。且為詳細說明此義，不僅著作諸多論典，又依《大方等大集經・無盡意菩薩品》[716]、《月燈三昧經》等經，廣泛解說世尊的二轉無相法輪《般若經》及與之相順的經典是究竟了義經；不符合般若經義的典籍，應藉由其他經論的引用而行解讀，故為不了義。如是開創中觀派。

阿闍黎龍樹區分了義經與不了義經所依據的佛經為何，在

---

713 德格版，經，經典，ཤི卷，第八品，165背頁；對勘本版，書號49，406頁。漢譯原文：三藏菩提流支的漢譯《入楞伽經》（T.16.671.569a.2）。阿闍黎清辨的《般若燈論釋》與阿闍黎月稱的《顯句論》引用了此《入楞伽經》的經文與《一萬二大雲經》中授記阿闍黎龍樹的兩部經文。

714 མདོ་སྡེ་སྤྲིན་ཆེན་པོ་སྟོང་ཕྲག་བཅུ་གཉིས་པ།

715 རྔ་བོ་ཆེའི་མདོ།

716 བློ་གྲོས་མི་ཟད་པས་བསྟན་པའི་མདོ། *Akṣayamatinirdeśasūtra*。

怙主龍樹的《理聚六論》與《集經》⁷¹⁷中雖然沒有明確指出，但這可從阿闍黎龍樹對佛經意趣的解讀得知。對此，阿闍黎月稱的《顯句論》亦云：

「應從《大方等大集經・無盡意菩薩品》的廣釋中得知。」⁷¹⁸

論說，中觀自宗區分了義經與不了義經的依據是《大方等大集經・無盡意菩薩品》。阿闍黎觀音禁的《般若燈論之註釋》也是這麼解釋。⁷¹⁹阿闍黎蓮花戒的《中觀明論》也引用此經而區分了不了義。⁷²⁰《大方等大集經・無盡意菩薩品》是如何講述其義呢？經云：

「不了義經者，謂成立世俗；了義經者，謂成立勝義。」⁷²¹

不以時空而依內容區分佛經的了不了義。直接以世俗諦為

---

717 མདོ་ཀུན་བཏུས།。

718 德格版，論，中觀，ཨ་卷，第十五品，93背頁；對勘本版，書號60，227頁。漢譯大藏經內並無此譯。

719 德格版，論，中觀，ཚ་卷，第一品，7背頁；對勘本版，書號58，873頁。漢譯大藏經內並無此譯。

720 德格版，論，中觀，ས་卷，149正頁；對勘本版，書號62，1153頁。漢譯大藏經內並無此譯。

主要內容的契經是不了義經;直接以勝義諦為主要內容的契經是了義經。

導師世尊的經典之所以要區分了不了義,其目的可從《顯句論》中的「阿闍黎龍樹撰《中觀根本慧論》之目的」清楚了知。《顯句論》引用了「說諸行皆是幻法,依妙觀察諸法之智,證寂靜法無我,得諸行涅槃之果位」的經文之後,《顯句論》云:

> 「不知如是宣說意趣,故於此念:何謂示僅具彼義之說?何謂具意趣者?為令於不了義處而生疑者、劣慧者能證了義,應依理路與教言二門,斷除彼二之疑與邪見,故阿闍黎撰著此論。」[722]

大阿闍黎清辨與吉祥月稱這些詮釋聖者龍樹意趣的中觀論師們說,聖者龍樹於人間大力推廣主要般若典籍,由此興盛大乘教法。中觀宗義的主要依據典籍是什麼呢?毋庸置疑,是

---

721 德格版,論,中觀,ᰠ卷,第六品,150正頁;對勘本版,書號68,373頁。藏譯與漢譯稍有不同。漢譯原文:北涼天竺三藏曇無讖譯《大方等大集經・第十二無盡意菩薩品》(T.13.397.205b.19):「不了義經者,若說我、人、眾生、壽命、養育士夫、作者受者,種種文辭,諸法無有施者受者,而為他說有施有受;了義經者,說空無相無願無作無生,無有我、人、眾生、壽命、養育士夫、作者受者,常說無量諸解脫門。」

722 德格版,論,中觀,ᰠ卷,第一品,13背頁;對勘本版,書號60,30頁。漢譯大藏經內並無此譯。

世尊二轉法輪的《般若經》。還有，如《父子合集經》、《月燈三昧經》、《大方等大集經・無盡意菩薩品》、《佛說十地經》、《大寶積經・大迦葉請問經》[723]、《趨二諦經》[724]、《大方等大集經・陀羅尼自在王品》[725]等。

乙二、阿闍黎龍樹如何安立甚深中觀之見

阿闍黎龍樹為引經而釋深奧空性的義理，撰寫了《集經》。為能以多理破除人、法的自性有，撰《中觀根本慧論》、《七十空性論》、《迴諍論》、《六十頌如理論》、《精研論》等的理聚論。這些出色論典的內容所闡釋的主題，可分為兩部分：遠離常斷兩邊的中道或甚深中觀空性，以及如何依證知中觀之道脫離輪迴。主要詮釋第一主題的有《中觀根本慧論》，以及從其論所延伸出來的《精研論》、《迴諍論》、《七十空性論》；主要詮釋第二主題的是《六十頌如理論》與《中觀寶鬘論頌》兩者。[726]

723　དགོན་བཅིགས་ཞིང་སྲུས་ཀྱིས་ཞུས་པའི་མདོ། 。

724　བདེན་པ་གཉིས་ལ་འཇུག་པའི་མདོ། 。

725　གཟུངས་ཀྱི་དབང་ཕྱུག་རྒྱལ་པོས་ཞུས་པའི་མདོ། *Dharaṇīśvara-rāja-paripṛcchā-sūtra*。此經又稱《大哀經》（འཕགས་པ་དེ་བཞིན་གཤེགས་པའི་སྙིང་རྗེ་ཆེན་པོ་ངེས་པར་བསྟན་པ་ཞེས་བྱ་བ་ཐེག་པ་ཆེན་པོའི་མདོ།）；西晉竺法護所譯的《大哀經》是《大方等大集經》的〈序品〉與〈陀羅尼自在王菩薩品〉的別譯本，分為二十八品。

726　參考至尊宗喀巴的《正理海》（至尊宗喀巴文集，塔爾寺版，ཆི་卷，5正頁）。

在阿闍黎龍樹的所有著作裡，《中觀根本慧論》如同所有人民的國王般，視其為首，所以此處依《中觀根本慧論》略說阿闍黎龍樹所建立的深奧中觀見解之理。如《顯句論》[727]所言，《中觀根本慧論》論首的兩偈禮讚文便能總結此論的要義。

《中觀根本慧論》特別詮釋的要義是諸法非以自性而生，而且這種空性應以緣起之義理解而釐清。由此可知，空性、緣起、中道三者同義。《中觀根本慧論・第一品》破一切緣起法從四邊生，尤其是破除佛教說實派所持的「經言四緣故，承許自性生」的觀點，由此得出結論：於自性而有的體性中依緣而生，絕不應理！還有，自事物不存在時，意味著他事物也不應理，從而殷重說到，在諦實事物的基礎之上，不得成立因果論。《中觀根本慧論・第一品》對於「四邊任一而生不應理」進行了明確的詳細解說，可將此解說視為《中觀根本慧論》所有章節的綱要。

從《中觀根本慧論・第一品》破除諸緣是自性有的觀察，可知中觀派推理的與眾不同之處。不成立四邊任一而生，故不成立自性而生，所以任何一緣是自性有不應理，因為無生則不

---

727 德格版，論，中觀，ᠻ1卷，第一品，2背頁；對勘本版，書號60，4頁。漢譯大藏經內並無此譯。

應有緣的作用，且不具作用之緣是絕不可能成立；乃至果在未生前，諸有爲法都不能成爲緣。

若說「此生彼」時，[728]則反問：是生有的彼，還是生無的彼？若生有的彼，「緣」將喪失其意義，因爲是有皆是已生。[729]況且，若是自性有，「緣」的目的將不存在。[730]無者亦不是生法，[731]因爲該緣所屬的事物不存在，故說「這是彼的助緣」不應理。無者亦生若是應理，應成「兔角亦生」之過。同理，也無「有無二俱之生」，有與無兩者俱時生是相違故。依理觀察時，若許緣是自性有，諸有爲法是任何一法的能生因將不合理。依此排除法——遠離有、無、二俱之邊——的理路，完善建立了「緣絕非自性有」的見解。[732]

從《中觀根本慧論・第二觀來去品》開始，依序一一破除以下的自性有之論說：將各種成立自性有的理由——蘊等諸法的來去作用、見色等諸根、基法蘊界處、意法貪等、有爲法的生住滅之性相，以及說實派所說的「有法及其特徵是自性有的

---

728 譯者註：此處應以自性有的概念而說甲生乙，不應理解爲名言的甲生乙。

729 譯者註：既然彼法已生，何需助緣？

730 譯者註：「自性有」是「以自身屬性之力而有」的縮寫。若某法以自力而形成時，助緣又有何用？

731 譯者註：第二選項「生無的彼」也不應理，故說「無者亦不是生法」。

732 德格版，論，中觀，ཚ卷，第一品，第6-9句偈頌文，1正頁；對勘本版，書號57，3頁。

基礎,像是行、相遇、輪迴與涅槃、業、我與法、時間、和合體、生滅」等的自性有皆被一一破除。同樣地,對於我等佛弟子最尊重的如來、該斷的四顛倒處常樂我淨、道的所緣四諦、所得涅槃、各自十二緣起支等皆非自性有;再以最終的觀見品結束。

《中觀根本慧論》的第二品、第九品至第十二品、第十八品,是以破除人我為主,而第一品、第三品至第八品,是以破除法我為主。根據《中觀根本慧論》的傑出論釋,[733]第八品也可理解為破除人我與法我兩種自性有的章節。第十三品不分人法,只破事物是自性有。為破除事物的自性有,其他章節則是不分人法,都在反駁說自性有的理由。

阿闍黎龍樹的著作裡,《中觀寶鬘論頌》清楚說明如何破除構成諦實事物的無方分時間剎那,也觀察了構成諦實色法事物的各自四大及其聚體。對無方分微塵的觀察,雖然在《中觀寶鬘論頌》與《中觀根本慧論》裡並未明顯出現,卻出現在阿闍黎龍樹的《證未知論》[734]。論云:

「『極細微塵亦非有,見方位分支時亦見微塵分支故。

---

733 參考至尊宗喀巴的《正理海》(至尊宗喀巴文集,塔爾寺版,ཉི།卷,22背頁)。

734 མ་རྟོགས་པ་རྟོགས་པར་བྱེད་པ་ཞེས་བྱ་བའི་རབ་ཏུ་བྱེད་པ།

以觀某法分支故,其法微塵豈能有?若謂非事物。事物已成非有故,豈能成立非事物?誰知事物非事物?』謂法無我。」[735]

阿闍黎提婆的《四百論・第九品》也詳細解說破無方分微塵之理。

《精研論》破推理十六句義,即非佛的宗義諸師為成立人、法是自性有,提出的量與所量等理由。《中觀根本慧論》亦云:

「如諸法自性,不在於緣中……」[736]

謂內果、外果等事物於生前,如果存在於各自因緣或其聚體,或於其他法中,必將依自性而生,但不存在自性生。《迴諍論》云:

「若一切無體,言語是一切,言語自無體,何能遮彼體?」[737]

---

735 德格版,論,中觀,ཚ卷,149背頁;對勘本版,書號57,413頁。漢譯大藏經內並無此譯。

736 德格版,論,中觀,ཚ卷,第一品,第5句偈頌文,1正頁;對勘本版,書號57,3頁。漢譯來源:鳩摩羅什大師譯《中觀根本慧論》(T.30.1564.2b.18)。

737 德格版,論,中觀,ཚ卷,第1句偈頌文,27正頁;對勘本版,書號57,74頁。漢譯來源:後魏毘目智仙共瞿曇流支譯《迴諍論》(T.32.1631.13b.28)。

佛教的說實師駁，如果一切法都非自性有，遮自性有的教典也得非自性有，這樣一來，將有「不能遮自性有」之過。《迴諍論》對此爭議的回覆是：自性有之空就是緣起的意思！語言本身不是自性有，但語言有立所成、破所遮的能力。否認從自身而有的宗見，才能如實安立量、所量的所成與所遮等作用。反之，從自身而有的主張不能如實安立量、所量等作用。《中觀根本慧論》亦云：

「如幻亦如夢，如乾闥婆城，所說生住滅，其相亦如是。」[738]

夢境、幻化、乾闥婆城等體性都不是從自身有，同樣地，生住滅等體性也不是自性有。佛教的說實派表示，生住滅不是自性有的話，於名言中也不應存在，接著引用世尊所說的「諸比丘，彼三乃有為法之性相，何以故？有為法亦顯於生，亦顯於滅，何以故？亦顯於非住故。」[739]從此可見，中觀師的言論與宣講生住滅的經文相違。《七十空性論》對此爭議回覆：

---

738 德格版，論，中觀，ཚ卷，第七品，第34句偈頌文，5背頁；對勘本版，書號57，13頁。漢譯來源：鳩摩羅什大師譯《中觀根本慧論》（T.30.1564.2b.18）。
739 未見此經文出現於藏譯甘珠爾裡，《顯句論》卻引用了這段經文。德格版，論，中觀，ཚ卷，第十五品，93背頁；對勘本版，書號60，227頁。漢譯大藏經內並無此譯。

> 「生住滅有無，以及劣等勝。佛依世間說，非是依真實。」[740]

佛陀只是依據世間名言的角度宣說生滅等法，這不代表佛說彼等是從自身有。

關於第二大主題——如何依遠離常邊、斷邊任一之道脫離輪迴，這部分主要由兩論闡釋。《六十頌如理論》云：

> 「由有不得脫，無不出三有⋯⋯」[741]

論說，若持諸法是自性有，或絕無一切法之見，都是墮邊，不能脫離輪迴。之後，《六十頌如理論》又云：

> 「遍知有無事，大士當解脫。」[742]

事物謂輪迴，非事物謂涅槃。諸聖者大士皆以「證知彼二只是名言有且無自性」的不顛倒正道而脫離輪迴。

---

[740] 德格版，論，中觀，ᯰ卷，第1句偈頌文，24正頁；對勘本版，書號57，65頁。漢譯來源：法尊法師譯《七十空性論》。

[741] 德格版，論，中觀，ᯰ卷，第5句偈頌文，20正頁；對勘本版，書號57，51頁。漢譯來源：蔣揚仁欽博士譯《六十頌如理論》。宋施護譯的《六十頌如理論》為「不可說有性，不可說無性」。

[742] 德格版，論，中觀，ᯰ卷，第5句偈頌文，20正頁；對勘本版，書號57，61頁。漢譯來源：蔣揚仁欽博士譯《六十頌如理論》。宋施護譯的《六十頌如理論》為「了知性無性，大智如理說」。

《中觀寶鬘論頌》說，成辦增上身的因是緣業果之理的勝解信。先有此信，才能成為具備善辨諸法妙智的器皿，依彼妙智成辦決定勝。善辨諸法妙智就是證知我與我所非自性有之慧，觀待此慧而證知諸蘊非諦實有，反覆觀修此慧才能盡除我執。乃至執蘊是諦實有之執著未盡，不能脫離輪迴；只有滅除此執，才能解脫。還有，執絕無諸法的見解會墮入顛倒見的險地，執諸法是自性有的見解雖可投生善趣，仍是輪迴。為得解脫，必定要遠離「諸法是自性有」與「絕無諸法」二邊，必須生起證悟深奧空性的正道。

　　《六十頌如理論》與《中觀寶鬘論頌》二論，多次以深奧緣起真實義的回應破人、法是自性有。即便如此，這二論的主要內容是闡釋為得解脫必須具備遠離常斷二邊的證空正道。《中觀根本慧論》、《精研論》、《迴諍論》、《七十空性論》等論，雖也說證深奧真實義的正道可破輪迴的根本無明，但彼等論著還是以建立緣起的真實義為主軸。[743]

　　還有，《中觀根本慧論》、《六十頌如理論》、《中觀寶鬘論頌》三論，隨意列舉多理詳說為何諸法是自性空，整本論釋以這種方式陳述；《迴諍論》、《七十空性論》、《精研論》三論，是從《中觀根本慧論》所延伸出來的論典，就多理

---

743 譯者註：彼等論著的內容還是以闡述緣起性空為主，並非以解脫之道為主。

成立諸法是自性空進行補充,故被視為《中觀根本慧論》的「如支論典」。阿闍黎月稱的《六十頌如理論釋》[744]云:

> 「如《中論》,撰此《六十頌如理論》亦以緣起之觀為主,故不同《中論》引出。」[745]

為建立深奧空性,《中觀根本慧論》隨意陳述了不可計數的理路,同樣地,《六十頌如理論》也隨機廣說了數不勝數的安立空性之理,故是「如身論典」。以此類推,也能容易成立《中觀寶鬘論頌》是「如身論典」。

那麼,這三本「如支論典」是從《中觀根本慧論》的哪一品延伸出來的呢?《迴諍論》針對《中觀根本慧論·第一觀緣品》的破他生做補充,進而成立自宗說法並不矛盾。《七十空性論》補充關於《中觀根本慧論·第七觀生住滅三品》中的諍議,即破有為法三性相生住滅是自性有時,說實派卻說該觀點與佛經所說「生住滅三相」相違。當《中觀根本慧論》各品在破人、法是自性有時,非佛外道宗師卻以量與所量的推理十六句義成立諦實有,這部分的反駁是由《精研論》補充。

《六十頌如理論釋》云:

---

744 རིགས་པ་དྲུག་ཅུ་པའི་འགྲེལ་པ། 。

745 德格版,論,中觀,ཙ卷,2背頁;對勘本版,書號60,930頁。漢譯大藏經內並無此譯。

「何以故阿闍黎於《七十空性論》與《迴諍論》中未撰禮讚文,《中論》卻有?
答:《七十空性論》與《迴諍論》二論是從《中論》引出,彼續未衰,故未另行禮讚。」[746]

阿闍黎撰《七十空性論》與《迴諍論》,一開始並未禮讚世尊,而在《中觀根本慧論》中卻造禮讚文的理由是什麼呢?答:《七十空性論》與《迴諍論》是從《中觀根本慧論》延伸出來的,彼二論的釋文脈絡或稱「續」並非無關或異於《中觀根本慧論》。《精研論》與此理完全吻合,故《精研論》也是從《中觀根本慧論》延伸出來的論典。

現有藏譯丹珠爾裡,屬於阿闍黎龍樹的中觀著作還有《中觀百字論》及其自釋[747]、《證未知論》、《中觀流轉諸有論》[748]、《緣起心要論》及其自釋[749]、《大乘二十頌論》[750]、《成立

---

746 德格版,論,中觀,ཚ་卷,2正頁;對勘本版,書號60,936頁。漢譯大藏經內並無此譯。

747 དབུ་མ་ཡི་གེ་བརྒྱ་པ་རང་འགྲེལ། 。

748 དབུ་མ་སྲིད་པ་འཕོ་བ། 。

749 རྟེན་འབྲེལ་སྙིང་པོའི་ཚིག་ལེའུར་བྱས་པ་རང་འགྲེལ། 。

750 ཐེག་ཆེན་ཉི་ཤུ་པ། 。

趣入三自性論》751、《集經》、《親友書》752、《夢中如意寶論》753，以及如《不思議讚》754等禮讚文。755

諸多聖域印度學者著作了阿闍黎龍樹《中觀根本慧論》的論釋。在這些論釋裡，聲名遠揚者有八：一、被稱為《中論》自釋的《無畏論》。二、提婆薩摩（意譯：天沙門或善天，Devaśarman）的《顯白相釋》756。三、古拏末底（意譯：功德慧，Guṇamati）的釋論。四、古拏室利（意譯：功德吉祥，Guṇaśrī）的釋論。五、安慧（Sthiramati）的釋論。六、

---

751 རང་བཞིན་གསུམ་ལ་འཇུག་པའི་སྒྲུབ་པ།。《成立趣入三自性論》詮釋了唯識的三自性、末那識、阿賴耶識等，無論是用詞或是內容，都與阿闍黎世親造的《三自性論》極為相似，所以很難證明其論是龍樹所造。

752 བཤེས་པའི་སྤྲིང་ཡིག。漢譯大藏經裡，有三種不同譯本：一、唐義淨大師譯的《龍樹菩薩勸誡王頌》。二、宋求那跋摩譯《龍樹菩薩為禪陀迦王說法要偈》。三、宋僧伽跋摩譯《勸發諸王要偈》。

753 རྨི་ལམ་ཡིད་བཞིན་ནོར་བུའི་གཏམ།。

754 བསམ་གྱིས་མི་ཁྱབ་པར་བསྟོད་པ།。

755 漢譯大藏經裡的阿闍黎龍樹著作有：《十二門論》（སྒོ་བཅུ་གཉིས་པའི་བསྟན་བཅོས།。十二門為：一、觀因緣門。二、觀有果無果門。三、觀緣門。四、觀相門。五、觀有相無相門。六、觀一異門。七、觀有無門。八、觀性門。九、觀因果門。十、觀作者門。十一、觀三時門。十二、觀生門。）及其自釋、《壹輸盧迦論》（སློ་ཀ་གཅིག་མ།），以及一百卷的《大智度論》（ཤེས་རབ་ཀྱི་ཕ་རོལ་ཏུ་ཕྱིན་པའི་མན་ངག）。然而，我等未見龍樹之論的主要釋論中，有哪位學者引用過《大智度論》，故待觀察。藏譯丹珠爾裡，聖者龍樹的著作還有密咒金剛乘的《五次第論》（རིམ་ལྔ།）、《集成就論》（མངོན་བྱུང་།），以及《菩提心釋》（བྱང་ཆུབ་སེམས་འགྲེལ།）等。

756 དཀར་པོ་རྣམ་པར་འཆར་བ།。

佛護論師的《佛護論》。七、清辨論師（Bhāviveka）的《般若燈論釋》。八、月稱論師（Candrakīrti）的《顯句論》。八本論釋裡，已經譯成藏文並現存於藏譯的丹珠爾裡的論釋有四：《無畏論》、《佛護論》、《般若燈論釋》、《顯句論》。

既然《中觀根本慧論》等阿闍黎龍樹的著作專破諸法是自性有，那麼，所破的自性有是什麼呢？《中觀根本慧論·第十五品》云：

「是自性則非，由因緣所生；將成因緣生，自性所造作。」[757]

論說，因緣所生絕對與自性有相違！如果主張自性是從因緣而有，這將成為造作、所造的自性，將不觀待施設者的分別心，將是自主而有，這就是於諸法上要破除的自性有、從自方而有。

諸法非自性有的緣故，若執諸法是自性有，將成常見，而執某事物先是自性有後變無，將成斷見，因此，中觀自宗不住於事物與非事物二見。《六十頌如理論釋》[758]與《中觀寶鬘

---

[757] 德格版，論，中觀，ཚ་卷，第十五品，第1句偈頌文，8背頁；對勘本版，書號57，20頁。漢譯來源：蔣揚仁欽博士譯《中觀根本慧論》。鳩摩羅什大師翻譯的《中觀根本慧論》與藏譯稍有不同，鳩摩羅什大師譯文為（T.30.1564.19c.22）：「眾緣中有性，是事則不然，性從眾緣出，即名為作法。」

[758] 德格版，論，中觀，ཚ་卷，第53句偈頌文，21正頁；對勘本版，書號57，53頁。漢譯大藏經內並無此譯。

論頌》[759]都將非自性有的空性取名為「無住」及「無緣」。論說，[760]處於無住或無緣的大士們，不受猛毒煩惱所束縛，度脫輪迴的汪洋大海。《無熱惱龍王問經》云：

「知空者則不放逸。」[761]

經說，誰證非自性有之空將不放逸；此真實義才是諸法的勝義真相，其性質亦如《中觀根本慧論・第十八品》所云：

「非隨他而知，寂靜離戲論，無妄念非異，此為彼性相。」[762]

論說，以異名而言勝義諦具五種特徵：一、不從他人得知。二、寂靜。三、離戲論。四、無妄念。五、非異。總之，諸法皆是緣起，這才是成辦非自性有的終極理由，所以一定要

---

759 德格版，論，本生，ཧི卷，第一品，第63句偈頌文，109正頁；對勘本版，書號96，264頁。漢譯來源：仁光法師譯《中觀寶鬘論頌》：「滅生無去來，剎那亦不住，超越三世體，世間豈實有。」

760 《六十頌如理論釋》。德格版，論，中觀，ཙ卷，第60句偈頌文，22正頁；對勘本版，書號57，56頁。漢譯大藏經內並無此譯。

761 德格版，經，經典，ཕ卷，230背頁；對勘本版，書號58，598頁。漢譯大藏經內並無此譯。

762 德格版，論，中觀，ཙ卷，第十八品，第9句偈頌文，11正頁；對勘本版，書號57，26頁。漢譯來源：蔣揚仁欽博士譯《中觀根本慧論》。鳩摩羅什大師譯《中觀根本慧論》與藏譯稍有不同，鳩摩羅什大師譯文為（T.30.1564.24a.7）：「自知不隨他，寂滅無戲論，無異無分別，是則名實相。」

以緣起義來理解空性。根據《中觀根本慧論・第二十四品》，當佛教說實派反駁中觀師，說空性便是對四諦與三寶的毀謗。答：這是因爲說實派不知宣說空性的目的、空性的性質、空性的解讀，以及世俗諦與勝義諦兩者之間的差異所致。宣說空性的目的：爲徹底平息實執愚癡的戲論，即貪等之根本。空性的性質：如前引《中觀根本慧論》的「非隨他而知」所說，必須具足五種特徵。空性的解讀：就是緣起的意思。[763]當某法生另一法時，並非與其所依法是自性一或自性異，故能遠離常斷二邊。[764]論說，事物都是以「僅此緣性的緣起」之形式而有。《中觀根本慧論》說，空性就是緣起的意思。論云：

「何法是緣起，說彼皆空性，即觀待施設，亦復是中道。未曾有一法，不是緣起有，是故一切法，無不是空

763 《中觀根本慧論》。德格版，論，中觀，ཙ།卷，第二十四品，第7句偈頌文，11正頁；對勘本版，書號57，36頁。漢譯來源：蔣揚仁欽博士譯《中觀根本慧論》：「汝今因不知，空性及空義，以及其目的，故成如是破。」鳩摩羅什大師譯文為（T.30.1564.32c.11）：「汝今實不能，知空空因緣，及知於空義，是故自生惱。」

764 《中觀根本慧論》。德格版，論，中觀，ཙ།卷，第十八品，第10句偈頌文，11正頁；對勘本版，書號57，26頁。漢譯來源：蔣揚仁欽博士譯《中觀根本慧論》：「由何生某法，彼皆非彼性，亦非迴異彼，非斷亦非常。」鳩摩羅什大師譯文為（T.30.1564.24a.9）：「若法從緣生，不即不異因，是故名實相，不斷亦不常。」

者。」⁷⁶⁵

這極為重要,可視為綱要中的總結。

導師世尊宣說緣起性空,而「非自性有的空性」就是緣起的意思,故而論說導師世尊是具量士夫。《中觀根本慧論》與《六十頌如理論》的禮讚文,以及《迴諍論》、《不思議讚》等,皆以佛說緣起的真實義而禮讚導師世尊。

乙三、阿闍黎龍樹典籍之註釋的發展史

阿闍黎提婆是阿闍黎龍樹在世的主要弟子。阿闍黎提婆的著作現存於藏譯丹珠爾有《摧壞迷亂正理因成就》、《手量品》及其自釋⁷⁶⁶、《中觀滅謬論》⁷⁶⁷、《支分論》及其自釋⁷⁶⁸,以及《慧心要集論》⁷⁶⁹等零散論著。阿闍黎提婆所造的首要中觀典籍,則是舉世聞名、具十六章節、關於瑜伽行的

---

765 德格版,論,中觀,ཙ1卷,第二十四品,第18句偈頌文,15正頁;對勘本版,書號57,37頁。漢譯來源:蔣揚仁欽博士譯《中觀根本慧論》。鳩摩羅什大師翻譯的《中觀根本慧論》與藏譯稍有不同,鳩摩羅什大師譯文為(T.30.1564.33b.15):「眾因緣生法,我說即是空,亦為是假名,亦是中道義。未曾有一法,不從因緣生,是故一切法,無不是空。」

766 རབ་ཏུ་བྱེད་པ་ལག་པའི་ཚད་རྩ་འགྲེལ།

767 དབུ་མ་འཁྲུལ་བ་འཇོམས་པ།

768 ཚ་ཤས་ཀྱི་ཡན་ལག་རྩ་འགྲེལ།

769 《慧心要集論》清楚記載了四部宗義,以及瑜伽行派的用詞「無外境」、「無二識是諦實有」等,因此,該論的造者是否為聖者提婆,仍待觀察。

《四百論》。為能注釋《中觀根本慧論》中的二諦論述,《四百論》詳細說明了如何破除他方邪見,同時建立了阿闍黎龍樹的主要宗見,並以「如實依二諦真相而觀修的瑜伽行」為該論所釋的主要內義。《中觀根本慧論》云:

「不依名言故,不能知[770]勝義……」[771]

《四百論》的前八品說,證知勝義的方法是依世俗諦的瑜伽行;《四百論》的後八品建立觀修勝義諦的瑜伽行。因此我等認為,如果結合《四百論》與《中觀根本慧論》一併閱讀,對於清楚通達內義,具有相輔相成的作用。阿闍黎佛護、馬鳴、清辨、月稱、寂護等後期大中觀師也將阿闍黎提婆視為具量士夫,其地位猶如阿闍黎龍樹。西藏的先賢學者們將聖域印度的龍樹父子稱為「中觀典籍之鼻祖」。

阿闍黎提婆的追隨者中,阿闍黎佛護為注釋《中觀根本慧論》而造《佛護論》。此論不僅不提「自續因相」,主要還依「應成論式」清楚闡釋聖域印度龍樹父子的意趣。眾所周知,

---

770 譯者註:藏文《佛法哲學總集》的用詞是「རྟོགས」字,中文直譯是「知」或「證」。然而,藏譯丹珠爾的對勘版是寫「བརྗོད」字,中文直譯是「顯示、宣說」之義。此處的漢譯則是根據藏文《佛法哲學總集》的用詞而稍做改變。

771 《中觀根本慧論》第二十四品,第10句偈頌文。漢譯來源:蔣揚仁欽博士譯《中觀根本慧論》。鳩摩羅什大師翻譯的《中觀根本慧論》與藏譯稍有不同,鳩摩羅什大師譯文為(T.30.1564.33a.2):「若不依俗諦,不得第一義。」

雖然阿闍黎佛護造了其他論著,但尚未翻譯成藏文。

後有阿闍黎清辨為注釋《中觀根本慧論》而造《般若燈論釋》。《般若燈論釋》將《佛護論》中破四生的一一應成皆視為過失,對其做了周詳的反駁,同時列舉了諸多理由成立中觀師得立「自續因相」,進而開創了中觀自續派。阿闍黎清辨的首要著作是《中觀心要論》及其自釋《思擇焰論》兩論,其中明確記載了多種非佛教與佛教各派宗義間的差異,並且廣泛詮釋了中觀的見、修、行三者的要義。盡人皆知,至尊吉祥阿底峽在印藏兩處多次講解《思擇焰論》的緣故,至尊阿底峽與其親傳弟子大譯師戩錯戒勝[772]共同合作,將《中觀心要論》及其自譯成藏文。

繼阿闍黎清辨後,如阿闍黎月稱的《顯句論》云:

「因為不立他宗,凡是中觀師由自續推理者,皆不應理!……非有,何以故?造《迴諍論》之論釋時,阿闍黎亦不說論式語故。」[773]

關於清辨指出佛護過失之諍,阿闍黎月稱不僅進行了詳盡的駁斥,更特別周詳反駁了「自續因相」的觀點,依此開創

---

772 དགེ་བློ་སྟོབ་པ་རྒྱལ་ཁྲིམས་རྒྱལ་བ།, 1011-1064。

773 德格版,論,中觀,གྲི་卷,第一品,6正頁;對勘本版,書號60,13頁。漢譯大藏經內並無此譯。

了中觀應成派。阿闍黎月稱提出多種理由破除中觀師採用自續的合理性、自續論式與自相,以及支持阿闍黎佛護不說「自續因相」,故月稱自宗對《中觀根本慧論》的意趣解讀迥異於自續派。為解釋《中觀根本慧論》,阿闍黎月稱造《顯句論》、《六十頌如理論釋》、《七十空性釋論》[774]、《四百論釋》[775],以及其主要作品——《入中論》及其自釋。

關於自續派典籍。阿闍黎慧心要[776]造《中觀分別二諦文》[777]及其自釋;阿闍黎清辨與阿闍黎慧心要二師親口承許外境有,卻不許阿賴耶識與自證。阿闍黎寂護造《中觀莊嚴論》及其自釋的中觀典籍,承許名言上非外境有、心識非諦實有,卻有自證,依此開創了瑜伽行中觀派。阿闍黎蓮花戒造《中觀明論》與《修次三篇》[778];《中觀明論》清楚說明了中觀與唯識開派師各自的不共說法。藏地將《中觀分別二諦文》、《中觀莊嚴疏》、《中觀明論》稱為「東方自續三論」[779]。阿

---

774 སྟོང་ཉིད་བདུན་བཅུ་པའི་འགྲེལ་པ།

775 བཞི་བརྒྱ་པའི་འགྲེལ་པ།

776 ཡེ་ཤེས་སྙིང་པོ།

777 དབུ་མ་བདེན་པ་གཉིས་རྣམ་པར་འབྱེད་པའི་ཚིག་ལེའུར་བྱས་པ།

778 བསྒོམ་རིམ་གསུམ།

779 རང་རྒྱུད་ཤར་གསུམ།

闍黎獅子賢[780]、阿闍黎佛智[781]、阿闍黎阿帕雅噶惹[782]等論師的著作，都是以瑜伽行自續派的觀點詮釋其見。在阿闍黎寂護父子之前，雖然也見到阿闍黎聖解脫軍[783]等某些中觀師破外境有，但令破外境有的中觀宗義發揚光大者，眾所周知，實是阿闍黎寂護。

阿闍黎寂天的《入菩薩行論》以應成觀點詮釋聖者龍樹的意趣，並著作了《學集論》[784]等多部殊勝的中觀典籍。後有阿闍黎慧源覺[785]造《入菩薩行論釋難》[786]。無以倫比的阿底峽尊者造《趣二諦論》[787]、《中觀優波提舍寶篋》[788]，以及總攝教法要義的《菩提道炬論》[789]。阿闍黎馬鳴以及阿闍黎龍部[790]等師的著作也是依應成觀點建立其見。

以上列舉哪些論師依應成或自續的觀點注釋聖者龍樹所說

---

780 སེང་གེ་བཟང་པོ། Haribhadra，西元八世紀。

781 སངས་རྒྱས་ཡེ་ཤེས། Buddhajñāna。

782 ཨ་བྷྱ་ཀ་ར། Abhyākara。

783 འཕགས་པ་རྣམ་གྲོལ་སྡེ། Vimuktisena，西元六世紀。

784 བསླབ་པ་ཀུན་ལས་བཏུས་པ། Śikṣāsamuccaya。

785 ཤེས་རབ་འབྱུང་གནས་བློ་གྲོས།，西元十一世紀。

786 སྤྱོད་འཇུག་དཀའ་འགྲེལ།。

787 བདེན་གཉིས་ལ་འཇུག་པ།。

788 དབུ་མའི་མན་ངག་རིན་པོ་ཆེའི་ཟ་མ་ཏོག་ཁ་ཕྱེ་བ།。

789 ལམ་སྒྲོན།。

790 ཀླུའི་སྡེ།。

的無性論。早期的西藏學者將這些後期的中觀論師取名為「執各派中觀師」[791]。

乙四、宗義的性質及分類

中觀宗義的性質：該佛教自派的根本宗義是承許一切法非諦實有。如前已述，「中觀師」與「說無性師」兩詞是異名。詞義：承許遠離常斷二邊的中道，故名「中觀師」；承許諸法皆非諦實有之體性，故名「說無性師」。中觀謂遠離常斷二邊的中道，詮釋此義故，名「中觀論典」。中觀宗義以及說中觀宗義者也可被稱為「Mādhyamaka」（中觀）。如《思擇焰論》云：

> 「遠離常斷二邊而似中，故名『中觀』；為善詮自宗義，謂中道是中觀。闡釋中道且是能詮，故稱『嘎』[792]。以語法稱『中觀論典』，或誰具『中觀』之名，或以『嘎』名所詮，故稱『中觀』，即中觀宗義也。」[793]

---

[791] ཕྱོགས་འཛིན་པའི་དབུ་མ་པ། 法尊法師譯此詞為「隨持中觀師」。《菩提道次第廣論》云：「佛護、清辨、月稱、靜命等大中觀師，皆依聖天為量，等同龍猛。故彼父子是餘中觀師所依根源，故諸先覺稱彼二師名根本中觀師，稱諸餘者名隨持中觀師。」

[792] Mādhyamaka的ka。

[793] 德格版，論，中觀，ཨི卷，第四品，329正頁；對勘本版，書號58，802頁。漢譯大藏經內並無此譯。

關於常斷二邊。常邊：一切法是諦實有；斷邊：連名言上都被否定其存在。《中觀根本慧論》云：

> 「謂有則執常，謂無則見斷，此故於有無，智者皆不住。」[794]

有邊、常邊、增益邊是異名；無邊、斷邊、減損邊是異名。「邊」謂墮落之險處，即世間所說的懸崖之邊，從彼處墮落稱「從崖邊掉落」。佛教唯識以下的論師不說事物是常，卻主張事物是諦實有，依理推論，此見等同常見。還有，唯識主張前剎那時的諦實有事物將壞滅於第二剎那，且否定這會間斷事物的續流，但依理推論，此見等同斷見。舉凡主張事物是諦實性，將不可避免墮落於常邊或斷邊中。

如前所述，中觀師表示要以緣起義理解諦實空，且以諦實空之義理解緣起，不是以「不具足能力引發作用者的非事物」來理解。因此，遠離常斷二邊時，無須分開提出破邊的兩個理由，而是在破除諦實性的基礎上，便可合理安立一切作用，即僅依緣起的因相便可破常斷二邊。

---

[794] 德格版，論，中觀，ཚ卷，第十五品，第11句偈頌文，9正頁；對勘本版，書號57，21頁。漢譯來源：蔣揚仁欽博士譯《中觀根本慧論》。鳩摩羅什大師翻譯的《中觀根本慧論》與藏譯稍有不同，鳩摩羅什大師譯文為（T.30.1564.20b.17）：「定有則著常，定無則著斷，是故有智者，不應著有無。」

第三品、說內道佛法宗義 | 509

　　依名言的角度，中觀分二：一、主張外境有的中觀師，例如阿闍黎清辨與阿闍黎月稱及其子弟。二、否定外境有的中觀師，例如寂護父子等師。依於相續中發起決定勝義空見而言，中觀可依序分為兩派：一、中觀自續派，即說自性有的中觀師。二、中觀應成派，亦稱「許無自性」的中觀師。[795]西藏的一些學者[796] 依聖域印度的某些文獻，將自續派、應成派依次取名為「理成如幻」與「極無所住」。

　　關於中觀應成與自續的差異。[797]跟隨聖者龍樹的中觀師一

795　我等認為，「中觀應成派」與「中觀自續派」這二詞，是西藏學者普遍使用；顯而易見，可從下述多個引文得知。將《入中論》譯成藏文的學者，即西元十一世紀的跋曹‧尼瑪札（པ་ཚབ་ཉི་མ་གྲགས།, 1055-1145）的文集裡，也出現了同樣用詞。跋曹‧尼瑪札的《中論釋》（3背頁）云：「始由佛護論師造，將其詮釋為應成……佛護後，清辨（又名Bhavyakīrti ཟུར་གྱིས་ 福稱）造《般若燈論釋》，破前者所述應成，並以自續而釋。此後，月稱破自續，依《佛護論》釋應成……（7正頁）中觀自續師回覆此駁並說自續觀點、列舉自續所想且其想月稱所破、月稱自宗說龍樹意趣是中觀應成……（10背頁）第八義：阿闍黎龍樹意趣是應成，依此建立月稱自宗分二……」宗喀巴的《菩提道次第廣論》（青海版，573頁）亦云：「雪山聚中後宏教時，有諸智者於中觀師安立二名，曰：應成師及自續師。此順《明顯句論》，非出杜撰。」
796　榮松班智達與達倉譯師。
797　西藏的中觀師異口同聲說，聖域印度的中觀師分應成、自續兩派，但依何區分彼二的說法不僅不同，甚至許多論師表示，應成、自續二派之間並無見解上的差異。跋曹大譯師的在世弟子，孔雀菩提精進（མ་བྱ་བྱང་ཆུབ་བརྩོན་འགྲུས།）的《中論釋‧理成莊嚴論》（དབུ་མ་རྩ་བའི་འགྲེལ་པ་བཟང་པོའི་རྒྱན།）云：「如自續所計，依前理觀四邊時，於世俗中，生亦不應理。雖無自相生，卻隨無明眼翳衰壞慧眼，僅待因緣而見其生，於名言中不斷其續，故而建立緣起於世俗中。」依此文清楚了知，中觀應成、自續二派對「是否許自相有」各持不同立場；宗喀巴大師父子及其弟子們也如是說彼二差異，故此書亦依此觀點闡釋，望能理解。

致說,無一微塵於人、法中是諦實有,這是基法真相;一切皆可於名言中無謬安立;斷邊是連名言中亦無,常邊實有是諦實有或真實有的事物;詳細破除二邊,而建立緣起是如幻如夢。雖有人主張中觀應成與自續二派的見解並無差異,但此書《佛法哲學總集》對此持有不同立場。阿闍黎清辨注釋《中觀根本慧論》的《般若燈論釋》破唯識時說,若將施設者名言與施設法遍計執視為非自相有,將成毀謗。尤其是大成就者梅紀巴[798]的《真實性十論》[799]云:

「欲知真實義,故非有無相。離師語莊嚴,中觀僅中品。」[800]

班智達俱生金剛[801]針對此論的注釋《真實性十論釋》[802]中云:

「以寂護等師許有相中觀故……故云:『離師語莊嚴,

798　མེ་ཏྲི་པ།

799　དེ་ཁོ་ན་ཉིད་བཅུ་པ།

800　德格版,論,續釋,ཤི卷,第2句偈頌文,113正頁;對勘本版,書號26,320頁。漢譯大藏經內並無此譯。

801　ལྷན་ཅིག་སྐྱེས་པའི་རྡོ་རྗེ།

802　དེ་ཁོ་ན་ཉིད་བཅུ་པའི་འགྲེལ་པ།

中觀僅中乘。』」[803]

此文裡面的中乘中觀是寂護的宗見,故而論說大中觀是應成派的宗見。依此觀察,可清楚得知應成與自續的見解有異。應成以觀察勝義之理要破除的是自性、自相;自續說自性、自相是名言有。以下將說明相關內容。

自續派等師[804]表示,尋找施設義[805]後的不可得,都不可安立為有。自續派說,如尋找施設義補特伽羅時,承許補特伽羅的施設處蘊中的意識,是可得的補特伽羅事例。應成派認為,無一法可在尋找後獲得;尋找施設義補特伽羅,是尋找「補特伽羅並非只是心識施設而有,必須得從境上而有」,並非尋找有沒有此人。這麼尋找的智慧無法從一一蘊支或其聚體找到補特伽羅,這種不可得只意味著補特伽羅非自性有,與補特伽羅徹底不存在之義無關。關鍵在於,若是自性有,尋找後必然可得,但僅憑存在而言,無必須可得。

---

803 德格版,論,續釋,ཧི卷,164背頁;對勘本版,書號26,491頁。漢譯大藏經內並無此譯。

804 譯者註:此文的「等」字包括毘婆沙宗、經部、唯識、中觀自續。

805 譯者註:尋找施設義就是尋找某物、某法的意思,因為任何一法都是施設而有的境或稱「義」。

補特伽羅不是理智堪忍[806]，這是中觀應成與自續一致的觀點，但是理智堪忍、觀察勝義是依什麼標準建立，兩派的說法不同。應成派許「觀察勝義」的標準：僅憑名言施設無法滿足「我造此業、我受此果」等義，名言施設義必須在一一蘊支、其聚，或是從其他境上可得的尋找；在這種尋找的基礎上，該觀察義若是可得，將成理智堪忍。

自續派說，應成派的這種觀察理是名言量，不是「觀察勝義」之理，故依彼理尋找的可得並非理智堪忍。自續派說，針對「諸法不是由無違害識的顯現安立，卻是從境本身成立」的觀察，才是「觀察勝義」的標準。在這種尋找的基礎上，該觀察義若是可得，將成理智堪忍。無論哪一派，在觀諸法如何存在的同時，檢視依何標準成立世俗或勝義顯得極為重要。

總之，自身相續的我只是隨名言之力而施設有。若不滿足於此，要從某處獲取可得的「我」，這種尋找就是中觀應成派對真實義的觀察標準，即應只於名言中滿足「我在這裡待著、我看到、我感受到、我想起」等義。反之，若不滿足於此而行觀察，此時自身的眼、耳等一一支分及其聚體，都不是我，除此之外的其他處也沒有我，故而說我為何非自性有。自續派等師，視「自性無」與「絕無」同義，故說應成派的這種宗見是

---

806 譯者註：「理智」是依理尋找諸法究竟是如何存在的智慧。「理智堪忍」是，當此智慧尋找甲是如何存在時，可獲得甲本身，被此智所接受、堪忍。

斷見。應成派反駁,「自性無」不等同「絕無」,且「名言有」等同「有」,從而歸結:依「諸法非自性有,卻在名言中能合理建立一切」的緣起去除二邊,這是應成派的不共立場。因此,中觀應成與自續兩派對於所破為何、何為真實義的觀察標準,確實存在著不同的差異。若不知彼二派對此所說的標準,很難辨別中觀應成與自續之間的細微差異。

最後,應成派與自續派之間的主要差異在於,是否親口承許自相有。自續派以「自性有的三相正因」破事物是諦實有;以「應成」為主破事物是諦實有,故名「應成派」。

丙一、闡述中觀自續派的宗義
丁一、總說

中觀自續派的開派師是西元六世紀出生於印度南部摩羅延的王族清辨[807],又名「分別明」[808]、「有緣作」[809]、「明不計量」[810]。為依自續觀點詳細注釋《中觀根本慧論》的意趣,阿闍黎清辨造了巨作《般若燈論釋》的同時,也造了詮釋自宗的

---

807 梵語是:Bhāviveka, Bhavyakīrti, Bhavyakara。譯者註:古漢譯又將其阿闍黎名為「明辨」、「分別明」。

808 སྣང་བྲལ།

809 སྐལ་ལྡན་བྱེད།

810 སྣང་བ་ལ་མི་འཇལ་བ།

作品《中觀心要論》及其自釋《思擇焰論》。此舉不僅開創了「說諸法是自相成立，卻非諦實有」的中觀自續派，更使清辨成為經部行中觀自續派的開派師。

我等認為，阿闍黎清辨所造的中觀典籍不共特色之一，是以陳那著作所說的具足三相之因，建立阿闍黎龍樹所持的真實義或深奧中觀之見。正是因為這個關鍵，自續派認為必須以具足三相的自續因確定中觀正見。還有，為決定正理破立的界線，尤其是觀察勝義之理智所破的標準，必須了解遮遣法分非遮與無遮兩類的原因，這點極為重要。為此，阿闍黎清辨在自己的著作裡，格外多次闡釋遮遣法的兩種類別。如《思擇焰論》所明示：

> 「取此處遮遣之『非』為無遮義，不取其為非遮義。問：無遮與非遮兩者別相為何？非遮謂遮遣事物性時，成立似彼其他事物性。如『此人非婆羅門』之遮遣，成立似婆羅門、非婆羅門之苦行聞學劣種首陀羅等其他人。無遮僅遮事物性，不成立似彼、非彼之其他事物。如『婆羅門不飲酒』僅遮其義，不言飲或不飲其他酒水。是故，『世間人遍計之地大等，於勝義中非大種性』僅是遮遣，不成立他性與非事物性。」[811]

---

811 德格版，論，中觀，ᵋ卷，第三品，59背頁；對勘本版，書號58，149頁。漢譯大藏經內並無此譯。

若問：阿闍黎清辨說勝義諦能依三相之因成立，那麼，如何解讀「勝義諦超越一切心識之境」的經文呢？為斷此諍，答：勝義諦觀待某識，令其識之境成為勝義。為能安立勝義為何，應以「遠離戲論的無漏智」和「具有戲論的世間智」這兩方面來答覆。[812]《思擇焰論》以三途徑安立勝義諦的「勝義」，相關內容會出現在《佛法哲學總集・下冊》的「中觀二諦」裡。中觀師表示，遮破地等大種勝義有時，應當結合勝義簡別而破，如《思擇焰論》云：

「勝義謂彼真實義亦是殊勝義。大種謂自成或由他成大種。體性謂彼大種是地等體性，故是大種體性。『非』謂詮遮遣之聲，意指『不是』。問：不是何者？結合『地等非勝義大種體性』之義。」[813]

總之，阿闍黎清辨認為，中觀師自宗也應合理承許自續三相，所以在阿闍黎龍樹的諸多關鍵意趣上，不同於阿闍黎佛護的觀點，從而開創了新中觀派；後期學者將其取名為「中觀自續派」。

---

812 德格版，論，中觀，ཧ་卷，第三品，60背頁；對勘本版，書號58，152頁。漢譯大藏經內並無此譯。

813 德格版，論，中觀，ཧ་卷，第三品，59背頁；對勘本版，書號58，149頁。漢譯大藏經內並無此譯。

丁二、宗義的性質及分類

自續宗義的性質：主張成立非諦實有的因三相是從自方而有的中觀宗義。詞義：不會僅隨敵方立場所轉、境從施設處而存在，故敵立兩方能於無謬量中成立「共見有法」[814]、於共見有法上決定成立因相之理而生證宗比度者，名「自續」；承許如是合理性的中觀派，名「中觀自續派」。如《般若燈論釋》云：

> 「為令答覆，且自在比度，示諸行皆是從相非體性有，
> 故撰第十三品。」[815]

自續、自主、自在等同義。如阿闍黎不死之獅[816]的《不死藏》[817]云：

> 「自續自主與自在……」[818]

---

814 ཆོས་ཅན་མཐུན་སྣང་།。

815 德格版，論，中觀，ཚ་卷，第十三品，147背頁；對勘本版，書號57，1165頁。藏譯與漢譯稍有不同。漢譯原文：唐波羅頗蜜多羅譯《般若燈論釋》（T.30.1566.90a.20）：「復次為令他解一切諸行種種差別皆無自性，有此品起。」

816 འཆི་མེད་སེང་གེ།。

817 འཆི་མེད་མཛོད།。

818 德格版，論，聲經，ཤ་卷，207正頁；對勘本版，書號110，642頁。漢譯大藏經內並無此譯。

從自方而有、自性有、自相有同義。自續認為,無違害識無誤顯見名言境是自相有。無誤的最終原因是,無違害識顯見諸色是自性有,而此宗說諸色確實是自性有。

中觀自續派分二:一、經部行中觀自續派,即否定自證、承許外境有是自相成立的中觀師;此宗同經部,承許積聚極微塵的外境有,故名「經部行中觀派」。二、瑜伽行中觀自續派,即否定外境有,承許自證的中觀師;此宗同瑜伽派,承許名言中皆是外境有之空,故名「瑜伽行中觀派」。

丁三、釋共立宗

關於此派宗義。經部行與瑜伽行中觀自續兩派,都堅決否定諦實而有、勝義而有、真實而有三者,卻又主張存在於名言上自性有、自相有、依自性成立。《般若燈論釋》云:

> 「若謂意念色、聲詮色等一切遍計執性皆無。此言將破事物,因破意念與聲詮故。」[819]

---

819 德格版,論,中觀,ཚ卷,第二十五品,242正頁;對勘本版,書號57,1410頁。藏譯與漢譯稍有不同。漢譯原文:唐波羅頗蜜多羅譯《般若燈論釋》(T.30.1566.128b.4):「若一切非空,則無有起滅,此謂無自體義。無自體者,如石女兒,則無起滅。煩惱無自體故,非是起滅。而煩惱及名色因亦非起滅者……譬如石女兒。復次若以無自體為驗無得涅槃者,亦破得涅槃義,即是破於差別法體,是彼立義因之過。」

唯識表示,「遍計執非自相有」的「遍計執」是「這是色的自性遍計執」與「這是色生的差別遍計執」,其周遍增益者是「意念分別」與「聲詮名詞」其中一者,因[820]彼二仍是事物的緣故,說彼二非自性有將有破除彼二是事物之過。下段引文則是阿闍黎清辨承許於名言中自相有的最清楚證據。[821]《入中論釋》云:

> 「問:以無勝義生故,雖破自他生,然色受等法,是現比二量所得,應許彼等之自性是從他生。」[822]

阿闍黎月稱在破自性生時,否定了勝義有之生,因清辨主張他生,故而月稱視之為敵方立場,顯而易見,中觀自續派主張自相有。此外,尋找諸法施設義時,其義要從其施設處獲得,可見中觀自續派承許「從自方而有」。如《真如集論》云:

---

[820] 譯者註:自續派反駁唯識派說:「你說意念與聲詮都不是自相有,若是的話,將有無意念與聲詮之過,故有破除事物之過。」從此反駁可知,自續派主張意念與聲詮是自相有。

[821] 宗喀巴大師的《辨了不了義善說藏論》(塔爾寺版,ཨ卷,54背頁)云:「《解深密經》所說有無相自性之義,是此論師許諸有事於名言中有自相之證最顯然者。」

[822] 德格版,論,中觀,ཨ卷,第六品,258正頁;對勘本版,書號60,692頁。漢譯來源:法尊法師譯《入中論釋》。

「我慢所依故,於世俗之中,詮心即是我,勝義境非有。」[823]

《思擇焰論》說,於名言中心識是我,後再詮釋關於經部行中觀自續派的宗義。同樣地,阿闍黎寂護也說,尋找補特伽羅施設義時,因為我想是我慢所依,故心可於世俗中視為我。《中觀莊嚴論自釋》云:

「從愚稚凡夫起,乃至一切遍智間,僅不經觀察之領納是悅意性,故我不破。」[824]

此說理智未經觀察時,從平庸士夫至一切遍智之間,領納所成立的境都是自性有。阿闍黎蓮花戒的《中觀明論》亦云:

「一切法常於勝義中唯以非自性住無性,此皆圓成實之體性,由此成立無恆常增益。」[825]

---

823 德格版,論,量,ཇི卷,第七品,第33句偈頌文,9正頁;對勘本版,書號107,22頁。漢譯大藏經內並無此譯。

824 德格版,論,中觀,ས卷,72正頁;對勘本版,書號62,945頁。漢譯大藏經內並無此譯。

825 德格版,論,中觀,ས卷,151背頁;對勘本版,書號62,1157頁。漢譯大藏經內並無此譯。

上述引文表示，非自性有要加「勝義簡別」[826]，依此論述也可成立自續派主張自性有。自續派認為，不成立「不是由無違害識的顯現而安立，是從境本身成立」，然而這與「從境本身成立」並不相違。因此，一切法不僅從境而有，也是由識的顯現所立，皆是彼二之聚[827]。自續派否定心識所立一切都得於名言中存在，又說若要於名言中存在，就得由無違害量安立才可。總之，諸色等法都得由顯相——僅由無違害識的顯現而安立，與空相——「非由無違害識的顯現而安立，是從境本身成立之空」，兩者結合而有。

「僅由識的顯現而安立」的「僅」字所要排除的是「非由識的顯現而有」，卻不排除「從境上有」。精通其義方可辨別，自續派的二諦論述較於說實派更細微，較於中觀應成派則為更粗淺，其間的差異為何。

自續派表明，觀察勝義理智的所破有二：第一種觀察勝義因相的所破是，緣有法本身的觀察勝義之理智[828]視為「勝義」後，該法本身被彼理智所得。[829]第二種觀察勝義因相的所破是

---

826 譯者註：加勝義簡別的意思是，不只是非自性有，還要加上勝義兩個字的簡別，即「非勝義自性有」。

827 譯者註：直譯是「二聚」，意指「由無違害識的顯現安立」以及「從境本身成立」兩種特徵的結合體。

828 譯者註：從藏直譯為「觀察有法本身上的勝義之理智」。

829 譯者註：從藏直譯為「有法本身存在於彼中」。

「非由無違害識的顯現所立,是從境本身的不共性而有」。

關於前者。存在於通達諸世俗法空性的理智推比,或無漏定的所見法性中,都名為「理智所破」[830]。觀察勝義理智在檢視有法的最後終不可得,這種不可得就是通達其法上的空性。除了所破本身的粗細層次外,應成派與自續派對這個議題的立場[831]並無差異。《勝思惟梵天所問經》[832]云:

「如是不見即是正見。」[833]

《般若一萬八千頌》[834]亦云:

「不見色亦不見受、不見想亦不見思、不見識意以及心,此是見法如來說。如有情說見虛空,應觀虛空如何見,同理見法如來說,不能待餘見喻釋。」[835]

---

830 譯者註:從藏直譯為「於理智中的所破」。

831 譯者註:就是「如是不見即是正見」的立場。

832 འཕགས་པ་ཚངས་པ་ཁྱད་པར་སེམས་ཀྱིས་ཞུས་པའི་མདོ། 。

833 德格版,經,經典,ཀ卷,第四品,65正頁;對勘本版,書號69,161頁。元魏菩提流支譯《勝思惟梵天所問經》(T.15.587.85a.18)。

834 ཁྲི་བརྒྱད་སྟོང་པ། 。

835 德格版,經,一萬八千頌,ཀ卷,第八十四品,第五十八卷,170正頁;對勘本版,書號31,414頁。藏譯與漢譯不同。漢譯相似義的原文:《大般若波羅蜜多經》(T.7.220.543c.2):「不見色亦不見受、想、行、識……(T.5.220.37a.13)不見諸法即是法界,不見法界即是諸法,不見有法修行般若波羅蜜多,不見有法得佛授記,不見有法當得無上正等菩提。」

前引經文表明，空性就是無遮。虛空本身是「唯遮觸礙」，雖然所遮的觸礙是能見則見，但在見、知虛空時，除了「唯遮觸礙」本身外，什麼都不可見。同樣地，諸世俗法若是勝義有，將於證空性根本定的所見法性中有，實際上卻非如此，這種的不見與前述的不見譬喻相同。

又如所見是虛空，不見的是觸礙。當量全然不見觸礙，且所見是唯遮觸礙，故而稱為「見虛空」。同虛空喻，無漏根本定的理智，於其所見中不見一絲世俗法，其所見皆是「唯遮」[836]，同虛空之喻。因此，《般若一萬八千頌》明示，不見是指於其所見、勝義中不見一切所依世俗法，其所見卻是唯遮、僅無[837]而已。

無漏根本定如何於見空性中遮世俗法？證知虛空之識見遮遣觸礙之空。同樣地，於彼智的所見中，所見是唯遮世俗諸法、僅無世俗諸法而已。若世俗諸法存在於證空性識的所見中，世俗諸法將成勝義有，因為彼二理智[838]於見空性中，若有

---

[836] 譯者註：「唯遮」，顧名思義是只有遮除。在此的意思是，現證空性的根本定所見一切只是遮除自性有、世俗而已。於其所見中遮除的是自性有、世俗諦。

[837] 譯者註：「僅無」，顧名思義是只是沒有。在此的意思是，現證空性的根本定所見一切只是沒有自性有、世俗而已。於其所見中沒有的是自性有、世俗諦。

[838] 譯者註：現證空性的根本定以及證空比度。

任一世俗法,彼二理智將不成「觀察勝義的最後,證知是不可得」之識,將成「觀察勝義的最後,證知是有可得」之識。若有所得,其所得將是世俗法,這樣一來,世俗法將被觀察勝義的理智所堪忍、將成諦實有。空性本身也不例外,即見空性是如何存在的看法中,若有空性,空性將成諦實有,這部分的推理與前述世俗諸法的推理相同。

若說,苗的法性因為存在於觀察勝義理智的所見中,苗的法性將成勝義有。駁:如果是勝義有,必須存在於觀察勝義理智的所見中,[839]然而,存在於觀察勝義理智的所見中不一定是勝義有。為什麼呢?是否為勝義有的觀察者是理智。苗若是勝義有,一定會被理智成立為勝義有;理智雖得苗的法性,但苗的法性之所以能得,是因為尋找苗的勝義後獲得,而非尋找苗的法性是否為勝義後而得,所以苗的法性不會成為勝義有。因此,雖有觀察勝義的理智所成立之法,[840]但於名言中不成立理智堪忍,因為理智堪忍與諦實有無異。《思擇焰論》與《中觀明論》等論,也清楚說明了理智的所破為何。《思擇焰論》云:

---

839 譯者註:直譯是「必須存在於觀察勝義的理智之中」。為保持前後文脈絡的一貫性,以及讀者容易理解,譯者決定採用「存在於觀察勝義理智的所見中」的表述方式。

840 譯者註:如稻苗的空性不僅被觀察苗上勝義的理智所見,也被其理智所證。總之,因為觀察勝義理智成立稻苗的空性,稻苗的空性雖是勝義諦,稻苗的空性卻非勝義而有、諦實而有、真實有。

「勝義遠離一切識。問：遮事物性乃詞境故，莫非不遮？答：勝義二相……世間智具戲論，此處因持取承許之差別性，無有過失。」[841]

《思擇焰論》非常清楚地說出理智的所破為何。說實派諍：中觀師許四大非諦實有，這不只是矛盾的主張，也會被現識和世間共許所害。此時中觀師答，四大非諦實有的意思是，四大不存在於觀察勝義理智的所見中，是指這種的不成立，所以並無前述過失。《中觀明論》云：

「一切由真實義聞、思、修所生之智……故此言『無諦實生』謂『證知真實義故，不成立生』之論。」[842]

生等不存在於聞思修三理智所見的法性中，故說生等非諦實成立。《中觀明論》依此亦說諦實成立是理智所破。理智所破只是宗見所增益，執理智所破之識也只會生於宗見所染的相續者中，至於鳥獸、不受宗見影響其相續者，都無此執。因此，執理智所破之識必須是遍計性[843]的實執。

---

841 德格版，論，中觀，ཙ卷，第三品，60背頁；對勘本版，書號58，152頁。漢譯大藏經內並無此譯。
842 德格版，論，中觀，ས卷，229背頁；對勘本版，書號62，1350頁。漢譯大藏經內並無此譯。
843 譯者註：遍計性是指該執性並非源於天生，而是受後天的宗見或他人說服的影響所生的執著。

關於後者「非由無違害識的顯現所立,是從境本身的不共性而有」,將其視為諦實有的實執則是俱生性[844]。是其境的所破為何呢?相關內容未明顯地出現在其他自續派的所依典籍中,然而《中觀明論》明說「於世俗中有」之理。依此反推,《中觀明論》亦說所破的「於勝義中有」,畢竟於世俗中有的反方一定是於勝義中有。《中觀明論》云:

「彼亦源於無始謬誤熏習的周遍成熟而有,依此近示真實事物性於一切眾生,故彼等隨思力令一切事物假性僅有於世俗中。」[845]

論文中的「無始……示」謂隨實執習氣,令諸眾生或有情將非實諸色事物視為諦實有,此實執是俱生性。「故彼等……僅有於世俗中」直接明示「於世俗中有」之義,即僅隨彼等有情的無違害分別或離分別之顯現所立。依此文的影射成立「非由無違害識的顯現所立,是從境本身的不共性而有」是衡量是否為諦實有的標準。

「隨彼等有情之思力而有」的「思」可分為二:分別與

---

[844] 譯者註:俱生性是指該執性源於天生。

[845] 德格版,論,中觀,ᴺᴵ卷,228背頁;對勘本版,書號62,1348頁。漢譯大藏經內並無此譯。

離分別。一般來說，[846]根量是離分別識，但隨愚癡實執所染而見諦實成立的心識只有分別識，沒有離分別的根識。《二諦釋難》[847]云：

「言不見諦實生。若不見彼，如何增益彼？答：依何令其合理，或是僅依宗見而增益。」[848]

自續派說，根識不見諦實有，其關鍵是因為根識不受實執習氣所染。還有另一種說法：以瓶子為例，瓶子是虛假，其表相與真相不同。表相是見瓶為諦實有，而且是以分別與離分別兩識見瓶為諦實有，故仍有「根識見自續派的所破諦實有」一說。總之，自續派認為，「非由無違害識的顯現所立，是從境本身的不共性而有」不僅是俱生實執之所耽境，也是觀察勝義因相的主要所破。

今以幻例說明。幻師把幻處[849]石木變成馬象時會產生三種現象：一、有見無執，如幻師個人雖見幻處石木是馬象，卻不執石木是馬象。同理，證悟空性的凡夫雖見諦實有，卻無如是

---

846 譯者註：原文藏語裡，雖無「一般來說」這四個字，但多加此詞會讓讀者更容易理解。
847 བདེན་གཉིས་དཀའ་འགྲེལ། 譯者註：據說是阿闍黎寂護造。
848 德格版，論，中觀，ས་卷，第一品，24正頁；對勘本版，書號62，815頁。漢譯大藏經內並無此譯。
849 譯者註：幻處是直譯，意指該幻術的基礎。

執著。二、見執皆有,如眼遭咒物所染且未曾見過幻術的觀眾們,不僅見幻處石木是馬象,也會如是執著。同理,未證空性的凡夫具有諦實有的見與執兩者。三、見執皆無,如眼睛未遭咒物所染者,不見亦不執諦實有。同理,證知如所有性的智慧也無諦實有的見與執兩者。

以幻師為例,被咒物所染之識只會見幻處石木是馬象,除此外,不成立所見馬象無關心識所立且從石木上有。眼睛受染的觀眾會看到,所見真實馬象無關心識所立,其境本就存在於所見馬象的所在處上,也會如是執著。同樣地,一般凡夫有情見任何一法時,都會產生「無關心識所立,是從境本身而有」的看法,而且也會這般執著。具足此見之識,以所見錯誤被視為錯亂識與見諦實有者,且依其所見而如此執著的緣故,彼識不僅是邪見,又稱「實執」。《中觀莊嚴論》云:

「成熟熏習故,所見變化相,皆謬如幻性……」[850]

自續派因幻術的比喻說明是否被心識所立而被讚揚。所見幻處石木視為馬象本身是心識所立,這與「該所見馬象從幻處石木而有」並不相違。同樣地,一切法都是心識所立與從境而有的兩聚,故而讚揚幻術馬象的比喻。從無始起,鳥獸及不受

---

850 德格版,論,中觀,ས།卷,第43句偈頌文,54背頁;對勘本版,書號62,899頁。漢譯大藏經內並無此譯。

宗見影響者，會在不思索道理的基礎上，油然生起這種實執，故稱「俱生實執」。

猶如見幻為實，看任何一法雖會視其為諦實有，實際上無一法是諦實有。「無違害識」是指不受當下謬因所染的無謬識。「非由無違害識的顯現所立」是指，無論成辦任何一法，都要有能成立該法的不共識，且其識不受當下謬因所染。以色法為例，成辦色法的不共能立識就是執色眼識，即無違害於該識的自相所趣境；法處所攝的諸境則是由無謬於自相所趣境的意識所安立。

自續派說，《解深密經》所說的初轉法輪是不了義經，而三轉法輪是了義經。《心經》等二轉法輪宣說無生等義時，於所破未直接加勝義簡別，故是不了義經；《般若十萬頌》[851]等經，於所破直接加勝義簡別，故是了義經。所以二轉法輪有了義經與不了義經的兩種類別。

丁四、經部行自續派

前章節已說明阿闍黎清辨如何開創經部行自續派。清辨為注釋《中觀根本慧論》造《般若燈論釋》等論，不僅逐一批評阿闍黎佛護破除四生的應成論式，對此進行了周詳的反駁，也

---

851 ཤེར་ཕྱིན་འབུམ། 。

破了唯識派所承許的「遍計執非自相成立、有阿賴耶識、有自證」。同時又以承許自相有、自性有、外境有而開創經部行中觀自續派。

阿闍黎觀音禁出生於西元七世紀,是阿闍黎清辨的弟子,造《般若燈論之註釋》,廣泛注釋了記錄內外各派觀點的《般若燈論釋》。阿闍黎慧心要出生於西元七世紀,其出生地是歐提毘舍（Oḍiviśa）[852]。眾所周知,其師不僅以造《中觀分別二諦文》及其自釋善說阿闍黎清辨的觀點,更是阿闍黎寂護的老師。

經部行中觀自續派雖說外境有,卻否定自證、阿賴耶、末那識。在阿闍黎龍樹父子兩位的著作,尤其是彼二的中觀典籍裡,對「於名言中有否外境」的說法雖不明朗,至少阿闍黎清辨承許「外境有確實存在於名言中」、「根識不以離相而執外在色聲等境,卻以具相而執」、「根識與其境是前因後果」,並細破「根識與其境色聲等皆是同一體性」的唯識說法。《思擇焰論》云:

「『經說唯心論,為破行食者』謂於他宗外道所觀、與識相異的行者、食者,為能破彼,諸佛菩薩宣說唯識,

---

852 譯者註：ཨོ་ཌི་བི་ཤ་，現在的Orissa。

> 卻非為破外境而說……[853]許故違害者，即與『緣眼、色生眼識』經文[854]相違。共許故違害者，即被世間所言『無色則無眼識』之共許所害。」[855]

《般若燈論釋》也如是廣釋。上面這段經文意思是，之所以經說一切情器世間皆是唯心之體性，是為破除外道所增益、無關心識的常性自主之世間造物主而說，不是為了破除外境有而說。論中的「外境無」之詞，意指契經意趣是諸法皆非諦實有，無一契經意趣是外境無。假設與識體性相異的外境是不存在的話，其立場將與「緣眼色生眼識」的經文相違，也與「無色等外境則無執其眼識」的世間共許相違，故外境無不應理。

為何否定自證？唯識派說，識有「見境」與「見己」兩個部分；前者是指所取，後者是指自證，而且此二為體性一。例如，琉璃與顏料結合時，會有「顯琉璃自身體性」和「生成為具色」兩個部分，而且此二為體性一。經部行中觀自續派說，無論再如何觀察自證，只能成立於境證知他法，除此外，無法成立心識能顯現「境相」與「識相」。況且，於名言中也不成

---

853 德格版，論，中觀，ᢋ卷，第五品，207背頁；對勘本版，書號58，505頁。漢譯大藏經內並無此譯。
854 譯者註：此經文多次出現在《雜阿含經》裡，如T.2.99.74b.25。
855 德格版，論，中觀，ᢋ卷，第五品，204背頁；對勘本版，書號58，498頁。漢譯大藏經內並無此譯。

立將自己稱爲是自己的境或具境。琉璃結合顏料時，在生成自身的明澈性後才生成爲具色；不結合顏料時，只會顯其明澈性。然而，未曾見過心識只有獨立顯現其性識相[856]，故喻不同於義，依此理破自證。《中觀心要論》云：

「若許現其境，是心之所緣；除現其境外，豈有餘心性？」[857]

《思擇焰論》云：

「如是，我等僅見，生成顯現諸色等境爲識性，除顯現境外，不見餘者——顯現自身。若有異於顯現境之第二識性，應示其爲何者！」[858]

阿闍黎慧心要的《中觀分別二諦文》亦云：

「自證不應理。」[859]

---

[856] 譯者註：直譯是「明相」，此處的「明」指的是「識」，即顯現心識自身之相。爲令讀者容易理解，維持相同的用詞。

[857] 德格版，論，中觀，ཚ卷，第五品，第19句偈頌文，20背頁；對勘本版，書號58，48頁。漢譯大藏經內並無此譯。

[858] 德格版，論，中觀，ཛ卷，第五品，205正頁；對勘本版，書號58，500頁。漢譯大藏經內並無此譯。

[859] 德格版，論，中觀，ས卷，第6句偈頌文，1正頁；對勘本版，書號62，756頁。漢譯大藏經內並無此譯。

由前等引文亦可得知。

為何否定阿賴耶識與末那識？若許阿賴耶識，必定要說所見色聲僅由留置阿賴耶識上的習氣成熟所形成，必定要說外境無，但外境無不應理。轉世皆依意識，而且意識才是補特伽羅的事例，故而否定與六識體性相異的阿賴耶識與末那識。《思擇焰論》云：

> 「如是，我等亦說於名言中將識直接取名為『我』，何以故？如是，依識方取再生，故識為我，即依身、根等聚體所施設……[860]汝說，由遍轉心識而成異熟、思我、識知三作，從而施設種種生，我等否定此論。」[861]

隨著心識的不同，有時心識確實是輪迴或涅槃的基礎，也會與薩迦耶見同時產生，卻仍否定阿賴耶識與末那識的合理性。

此宗對粗細人無我的說法與毘婆沙宗相似；許諦實空和勝義諦是細微法無我，又說於名言中，諸法是自性有、從自身的施設處而有。

---

860 德格版，論，中觀，ᡪ卷，第三品，80背頁；對勘本版，書號58，200頁。漢譯大藏經內並無此譯。
861 德格版，論，中觀，ᡪ卷，第五品，213正頁；對勘本版，書號58，518頁。漢譯大藏經內並無此譯。

丁五、瑜伽行自續派

瑜伽行自續派的鼻祖是阿闍黎寂護。西元八世紀,阿闍黎寂護出生於印度東部孟加拉地區(Bengal),是薩霍爾[862]持經[863]國王之子。論師造《中觀莊嚴論》及其自釋,建立瑜伽行自續派的基、道、果三論,善創瑜伽行自續派。眾所周知,論師又造《真如集論》,論中詳細記載聖域印度內外宗師對真實義的闡述並觀察彼論述。

全力擁護阿闍黎寂護的觀點者,是其親傳弟子、西元八世紀的阿闍黎蓮花戒。阿闍黎蓮花戒以造《中觀明論》善說瑜伽行自續派的宗見,又造《修次三篇》、《成立無自性》[864]、《中觀莊嚴疏》[865]、《真如集論釋》等論。阿闍黎獅子賢造《般若八千頌釋》[866]、《二萬五千頌攝義:八品論》[867]、《攝

---

862 譯者註:ཟ་ཧོར།。Kingdom of Zahor,位於現代的比哈邦與孟加拉地區。

863 གཙུག་ལག་འཛིན།。

864 རང་བཞིན་མེད་པ་ཉིད་དུ་གྲུབ་པ།。

865 此論的觀點與《中觀明論》仍有不同之處,所以此論是否為阿闍黎蓮花戒所造有著不同的說法。

866 རྒྱན་སྣང་། ཡང་ན། བརྒྱད་སྟོང་པའི་བཤད་པ་མངོན་པར་རྟོགས་པའི་རྒྱན་གྱི་སྣང་བ། Illumination of the Ornament of Realization。

867 ཉི་ཁྲི་ལེ་བརྒྱད་མ།。

功德寶釋易解論》[868]等論。阿闍黎佛智造般若典籍的注釋。阿闍黎阿帕雅噶惹造《要義月光》[869]、《牟尼意趣莊嚴》[870]。彼等論師建立宗見時，都是遵循阿闍黎寂護的觀點而造彼等論著。

瑜伽行自續派承許自證，卻否定外境有、阿賴耶識、末那識。爲什麼承許自證呢？《中觀莊嚴論自釋》云：

「如是，顯明無須待他，顯明自體性之識稱『自證』。」[871]

依這段論文，可見此宗承許意識是補特伽羅的事例；多個同類心識不會同時顯現而生，所以此宗否定迥異於六識的阿賴耶識與末那識。還有，不同於經部行自續派，此宗說外境無是契經的意趣，也是自宗立場。《六十頌如理論》又云：

「宣說大種事，皆是識所攝。」[872]

---

868 སྟུད་པའི་དཀའ་འགྲེལ་རྟོགས་སླ། 。

869 གནད་ཀྱི་ཟླ་འོད། Moonlight of Essential Points。

870 ཐུབ་པ་དགོངས་རྒྱན། Ornament of the Sage's Thought。

871 德格版，論，中觀，ས་卷，60背頁；對勘本版，書號62，917頁。漢譯大藏經內並無此譯。

872 德格版，論，中觀，ཙ་卷，第34句偈頌文，21背頁；對勘本版，書號57，54頁。漢譯來源：蔣揚仁欽博士譯《六十頌如理論》。宋施護譯的《六十頌如理論》為「大種等及識，所說皆平等」。

第三品、說內道佛法宗義 | 535

《六十頌如理論》說，諸大種與大種所造只是心識所見，一切法都與執其識為體性一，故外境無也是阿闍黎龍樹的意趣。

瑜伽行自續派一開始建立人無我論，之後建立「所能二元質異之空」的真實義。此後又說，哪怕是一絲的諦實有之微塵皆無，這是具有殊勝的大慧力與精進者方可得見，進而證知遠離諸邊的中道，依此建立真實義的三個次第。《中觀莊嚴論》云：

「應知依識故，外境事物無；依此理亦知，極至無我義。」[873]

又如阿闍黎獅子賢的《現觀莊嚴論疏──明義釋》[874]云：

「彼中，生滅空故，由作意無我而修習，斷盡執我，正緣遠離彼蘊等，是緣起生滅之法，以青色與彼之識，俱緣決定故。此皆唯心，無外境義。」[875]

此宗同唯識說，於名言中外境皆無，且一切法皆是識性。

---

873 德格版，論，中觀，ས།卷，第92句偈頌文，56正頁；對勘本版，書號62，9103頁。漢譯大藏經內並無此譯。
874 འགྲེལ་པ་དོན་གསལ།。
875 德格版，論，般若，ཇ།卷，第五品，124背頁；對勘本版，書號52，316頁。漢譯大藏經內並無此譯。

此宗否定於名言中識是諦實有、否定空性眞實義是諦實有,這點不同於唯識宗。此宗所說的粗細無補特伽羅與毘婆沙宗相同。關於此宗的法無我,所能二取空和外境無是粗分法無我,而諦實空、諦實無、勝義諦皆是細微的法無我。一切法於名言中是自性有,不認同諸法是僅依分別識施設而有或僅依名言施設而有。以上是瑜伽行自續派的概要。《佛法哲學總集・下冊》將說明瑜伽行自續派是如何建立二諦論,以及依此延伸的眞實義論述。

丙二、闡述中觀應成派的宗義
丁一、總說

如前所說,中觀應成派的開創者是西元七世紀的阿闍黎月稱,論師造《中觀根本慧論》的注釋《顯句論》。

「諸法不自生,亦不從他生……」[876],《中觀根本慧論》以此偈破除四生。阿闍黎清辨所造的中論注釋《般若燈論釋》中,批判了阿闍黎佛護對於此偈義的說明,而阿闍黎月稱卻反駁說,清辨論師對佛護論師的批評不應理。

阿闍黎月稱又說,不僅阿闍黎佛護否定自續因相,自己更提出了中觀師應否定自續因相、破除自續因相的諸多理由,論

---

[876] 鳩摩羅什大師翻譯的《中觀根本慧論》的第3句偈頌文(T.30.1564.2b.6)。

師依此舉善創中觀應成派。爲詮釋《中觀根本慧論》，月稱論師又造《入中論》及其自釋，廣說不同於自續派以下的人法無我之不共論述。

阿闍黎月稱也造諸論注釋阿闍黎龍樹的《六十頌如理論》、《七十空性論》，以及阿闍黎提婆的《四百論》。關於此師的追隨者：眾所周知，西元八世紀的阿闍黎寂天造《入行論》[877]、《學集論》[878]善說月稱論師的中觀理論。此外，阿闍黎聖勇[879]、阿闍黎龍軍[880]，以及後起的阿闍黎智作慧[881]、阿闍黎梅紀巴[882]、阿底峽等師，都被視爲是持中觀應成宗見的論師。

丁二、宗義的性質及詞義

應成派宗義性質：「即便只是於名言中，自性有仍被否定」的說無自性宗義。詞義：否定自續且承許以「於他極成因

---

877 སྤྱོད་འཇུག

878 བསླབ་བཏུས།

879 སློབ་དཔོན་དཔའ་བོ། Āryaśūra。

880 ཀླུའི་སྡེ། Nāgasena。

881 སློབ་དཔོན་ཤེར་འབྱུང་བློ་གྲོས། Prajñākaramati。

882 མི་ཏྲི་པ། Maitripa。

相」[883]令對方生起空見[884]；主要以應成論式指出說實派的內部矛盾，故稱「中觀應成派」。《顯句論》云：

「此語近示同品喻具他方極至所許之所立宗及能立法」[885]又說：「如是阿闍黎⋯⋯多時僅依應成破除他宗。」[886]

丁三、總說所許宗義

總說中觀應成派的宗義。無論任何人或任何法都不是自性有，然而諸法一切作用仍可被安立，是此派的不共觀點。中觀應成派雖然有許多不共宗義，其究竟都源於「即便是名言，仍否定自性有」。《入中論》云：

「應知不了而解釋，說空性者是了義。」[887]

---

883 གཞན་གྲགས་ཀྱི་ཐལ་འགྱུར།。譯者註：極成也有世間普遍所許之義，如極成比度（གྲགས་པའི་རྟགས་དཔག）。

884 譯者註：直譯是「見解」，但此處是指了知空性的正確見解。

885 德格版，論，中觀，ཇ་卷，第一品，7正頁；對勘本版，書號60，15頁。漢譯大藏經內並無此譯。

886 德格版，論，中觀，ཇ་卷，第一品，8正頁；對勘本版，書號60，18頁。漢譯大藏經內並無此譯。

887 德格版，論，中觀，ཇ་卷，第六品，第97句偈頌文，209正頁；對勘本版，書號60，572頁。漢譯來源：法尊法師譯《入中論》。

論說，了不了義經的差異隨有否直接詮釋甚深空性而區分。中觀應成派表示，說諸行無常的初轉法輪是不了義經，但初轉法輪裡也有說諸法非諦實有的經文，其是了義經；二轉無相法輪以無盡理成立諸法非從自方有，是了義經；如《解深密經》的三轉法輪，依唯識所許般詮釋依他起、圓成實、遍計執的三法性，並區分何法該有或該無諦實，故是不了義經。《解深密經》的三性相論述雖是唯識宗義，但如《般若二萬頌・慈氏菩薩請問品》所言，中觀自宗也有對三性相建立其不共論述。《入中論釋》云：

「如蛇於盤繩之緣起上，是遍計執，以彼於此非是有故。彼於其蛇上是圓成實，非遍計故。如是自性，於依他起所作法上是遍計執。論曰：『自性名無作，不待異法成』。故自性非所作法，如於現見之緣起所作如幻法上遍計執者，於佛境界乃是真理，非遍計故。由不觸著所作性事唯證自性，證悟真理名為佛故。當了達如是遍計執、依他起、圓成實之三性建立，而解說契經密意也。所取能取，離依他起無別事故，說彼二取於依他起上是遍計執性。是應思惟，傍論已了，應辯正論。」[888]

---

888 德格版，論，中觀，ཧི卷，第六品，282背頁；對勘本版，書號60，751頁。
漢譯來源：法尊法師譯《入中論釋》。

諸現見有法世俗是依他起，增益依他起應如是存在之分是遍計執，世俗依他起是自性空為圓成實。

補特伽羅質體有之空為粗分人無我，而補特伽羅自性有之空為細微人無我；補特伽羅的施設處諸蘊是諦實有之空為細微法無我。細微人法無我兩者，是因其空依有法而異，不以其二的所遮而分。《入中論》云：

「無我為度生，由人法分二。」[889]

論說，於補特伽羅之上，破所遮諦實有是細微人無我；於諸蘊之上，破所遮諦實有是細微法無我，所以細微人法無我並無粗細差異，這兩種無我都是究竟真相。

丁四、闡述應成派的主要不共難義

中觀應成派說，無絲毫一法是自性有，與此同時又可無誤安立因果與諸法作用。仔細研究阿闍黎月稱的《顯句論》、《入中論》及其自釋時，可知彼二[890]不僅無違，更是相輔相成。中觀應成派依據此義建立了不同於自續派以下的多種觀

---

889 德格版，論，中觀，ཇ卷，第六品，第179句偈頌文，213正頁；對勘本版，書號60，582頁。漢譯來源：法尊法師譯《入中論》。

890 譯者註：非自性有與無誤安立因果與諸法作用。

點。此章節從其中擷取的要義如下：不同於下部宗義，應以緣起解讀空性義，才能建立緣起與名言的論述；明明承許有心識的同時，又要主張外境有的不共論；破除與六識體性為異的阿賴耶識之不共論；基於滅是事物並否定阿賴耶識，故能合理成立業果關聯的不共論；依前述理建立了關於三時的不共論；破自證的不共論；破「依自續論式可令對方相續中生起真實義之見」的不共論。其中一二要義於此處介紹，其餘將於《佛法哲學總集・下冊》解說。

關於為何要主張外境有的不共論。毘婆沙部與經部兩派認為，觀察構成粗色的基礎時，將會尋獲無方分的極微塵，而無方分極微塵就是構成色法的基礎，從而將「外境色」、「外境」等的詞彙結合諸色。唯識宗與瑜伽行中觀自續宗兩派，依多理破外境有。中觀應成派對此的說法為何呢？承許外境有，卻否定毘婆沙宗所說由累積無方分而成外境有。說實派認為，無論任何一法，其存在都無法僅依名言施設而滿足，只能從其施設義上尋後可得；中觀應成派針對此關鍵，否定外境與心識兩法是自性有，且說既然心識能夠存在於不觀察的名言中，外境也應如此。隨世間共許，如外在的山林等能於名言中安立，而且不會有任何正量的違害。再者，就以自性無的角度而言，《般若經》說境識兩者無異；就以存在的角度而言，《阿毘達

磨經》[891]說境識兩者無異。由此可見，無論是以世俗或勝義的角度，境識兩者之間有「一者有，一者無」的差異都不合理。《入中論釋》云：

> 「若時以正理了達色非有者，亦應了達心非是有，二法俱無正理故。若時了達心是有者，亦應通達色有，二法俱是世間共許故……[892]色等五蘊對法藏中由自相共相等門俱分別解說為有，佛於般若波羅蜜多經則同遮五蘊故。如云：『須菩提！色自性空』。廣說乃至『識自性空』。」[893]

承許外境有的最終理由源於非自性有，因為破除自性有，才可隨順世間名言安立「與執爾識的體性相異」的色法存在，從而建立外境有。

中觀應成派建立緣起與名言的不共觀點為何呢？絕無一法是自性有，而且安立業果等一切作用不是只依他人看法，自宗也可承許。憑緣起法的決定認知，一定能夠提升對自性無的理解，所以空性與緣起實屬相輔相成，即因為是自性空，必須是

---

891 ཆོས་མངོན་པའི་མདོ།

892 德格版，論，中觀，ཨ་卷，第六品，280正頁；對勘本版，書號60，744頁。
漢譯來源：法尊法師譯《入中論釋》。

893 德格版，論，中觀，ཨ་卷，第六品，280正頁；對勘本版，書號60，744頁。
漢譯來源：法尊法師譯《入中論釋》。

觀待有，別無選擇；因為是觀待有，必須是自性空，故而成立「空故而僅現，僅現故而空；現空二無違」的立場。勝義諦是否定諸法是獨立、自性有；世俗諦是「量的成立僅依他法」。此派的二諦說法極其合理，相關內容會在《佛法哲學總集・下冊》中補充。

中觀應成派還說，從業滅起至感果之間，雖經許久，於名言中既無阿賴耶識，也無「得」[894]和「不失壞」，卻仍合理地安立業果的關聯。那麼，中觀應成派對業果關聯的不共說法為何呢？從所造的善惡業起乃至感果，期間雖經許久，卻不失壞其果苦樂，這是所有佛教上下宗義共同承許的。《中觀根本慧論》云：

「業住至受報，是業即為常；若滅即無業，云何生果報？」[895]

有此諍議：感果之前，所造的業若仍存在，將成常法；既是常法，則不能感果，故不成立業果關聯。如果業在造業後的第二剎那壞滅，感果前不應有業，業滅又不能合理地成為事物，這樣一來，所造的業豈能感果？

---

894 譯者註：關於「得」的意思，可參考《佛法科學總集・上冊》。
895 德格版，論，中觀，ཚ卷，第十七品，第16句偈頌文，9背頁；對勘本版，書號57，23頁。漢譯來源：鳩摩羅什大師譯《中觀根本慧論》（T.30.1564.22a.6）。

隨經唯識派回：業已滅時，業的習氣仍在，而且令其習氣不失壞的留置處阿賴耶識仍在，故無此過。於此，毗婆沙部的回覆可參考《佛法科學總集・上冊》。經部師回：業雖已滅，但業的習氣留置處是補特伽羅的事例——心識續流，故無過。中觀應成派是如何回覆此題的呢？《入中論》云：

「由業非以自性滅，故無賴耶亦能生，有業雖滅經久時，當知猶能生自果。」[896]

依賴因緣而有的生不應理其滅是自性有；業的已滅是事物，故無阿賴耶識。基於業滅的延續，[897]於補特伽羅的識續中，業雖已滅經久，其果苦樂卻能無誤感果。業果若是自性有，則不觀待其他因緣；業滅若是自性有，業的能力將於業滅後徹底消失，將有此過。總之，滅是自性無，所以才能觀待其因而被安立為滅。滅是銜接業與果中間的橋樑；觀待蘊體而僅被施設的我是習氣的究竟留置處，識則是習氣的暫時留置處，故無須阿賴耶識成為業的習氣留置處；施設義補特伽羅不用在其蘊體中尋後可得，所以阿賴耶識是補特伽羅的事例不應理。

---

896 德格版，論，中觀，叼卷，第六品，第39句偈頌文，206正頁；對勘本版，書號60，523頁。漢譯來源：法尊法師譯《入中論》。

897 譯者註：業滅是事物的緣故，將於第二剎那壞滅，產生業滅滅。以此類推，業滅滅的滅，稱「業滅滅滅」，這類的延續。直譯為「續流」。

否定阿賴耶識的最終原因也是源於非自性有,因為只有在破除自性有後,才可安立被分別心施設的「唯我」是習氣的留置處,所以不用主張阿賴耶識。

中觀應成派如何解說滅是事物的呢?經部、唯識派、自續派等表示,無論任何一法必須是尋後可得。如苗在已滅時,不僅與苗有關的所有支分事物都是已滅,此時也無瓶等其他事物之「得」,遑論與瓶有關的支分和聚體的已滅都不能是苗滅的事例。因此,「滅」只是遮擋其他事物之分的「無遮」而已,故而否定苗滅是事物。相關內容早在《佛法科學總集・上冊》建立三時的論述時已經說明。中觀應成派認為,無一法於施設義中是尋後可得。以補特伽羅為例,無論是從其五蘊的每一支蘊,或是從其蘊聚,或是從與其蘊支和蘊聚兩者的體性相異之他法,都不可得補特伽羅的事例。「觀待其蘊而被施設為補特伽羅」與「補特伽羅是事物」不相違。同樣地,從將滅事物,及與滅同類的事物中,都不可得滅的事例,而滅卻可觀待將滅事物而生,故是事物。經論也說滅是事物。《佛說十地經》云:

> 「死亦有二種所作:一、能壞諸行;二、非遍知斷[898]……生緣老死者,於生緣性,謂老死不斷,復有扶

---

[898] 德格版,經,華嚴,ཁ卷,第六品,221背頁;對勘本版,書號36,473頁。
漢譯來源:唐尸羅達摩譯《佛說十地經》(T.10.287.553b.5)。

助。」[899]

說死是由其因所生，故死會生其果。有情已滅是死，有情已滅本身也有其因和其果兩法，故說有情已滅是事物。依理也可成立滅是事物。《六十頌如理論釋》云：

「若油芯尚未全盡，燈火之滅將不應理，故無自性有之滅。」[900]

說油芯已盡是燈火的已滅之因，進而成立燈火種類續流的已滅是事物。從此可知，第一剎那的事物在第二剎那時的已滅也是事物。此外，正在滅若有其因，已滅也要有其因，否則將有「正在生有其因，而已生卻無其因」之過。如果能區分正在滅與已滅有無其因，依此同理類推，自然也能區分正在生與已生有無其因，將被此過所害。

中觀應成派又說，諸事物不存在於第二剎那是已滅，而已滅本身也是正在滅。如果事物不存在於第二剎那的正在進行式是事物，那麼，事物已不存在於第二剎那也必須是事物，因為彼二同樣都是因緣所生。苗滅並非由於尋後可得而被安立為事

---

[899] 德格版，經，華嚴，қ卷，第六品，221背頁；對勘本版，書號36，474頁。漢譯來源：唐尸羅達摩譯《佛說十地經》（T.10.287.553b.17）。

[900] 德格版，論，中觀，ཙ卷，15背頁；對勘本版，書號60，967頁。漢譯大藏經內並無此譯。

物,而是依賴即將要滅的事物所生,故是事物。《中觀根本慧論》云:

「其二是有為。」[901]

「其二」是指事物及非事物,偈中的「事物」是指燈火,其中的「非事物」是指燈火的已滅,然彼二者都是有為法,所以業的已滅與未滅兩法同樣都是事物。未滅的業並無依自性有的因果隨轉隨遮,而業的已滅卻有僅隨名言的因果隨轉隨遮。

滅是事物的最終理由源於非自性有。破自相有,故非自性有,即便如此,仍可成立唯名施設而有的事物。苗滅並非「唯遮前有苗性的無遮」,卻是觀待苗滅之施設處的無遮後,由名言去施設的事物而已。無論苗的正在滅是依賴何因,滅就是依賴彼因所生的事物。

中觀應成派依據滅是事物的理論,建立了三時的不共觀點。遮止因位事物的體性後,轉成續流的體性,是過去,所以過去並非只是非現在式而已。雖有因緣生其他事物,但其因緣尚未具足,令爾暫時不生之分,是未來。非前兩者任一,已生

---

901 德格版,論,中觀,ཚ་卷,第二十五品,第13句偈頌文,16背頁;對勘本版,書號57,40頁。漢譯來源:蔣揚仁欽博士譯《中觀根本慧論》。鳩摩羅什大師翻譯的《中觀根本慧論》與藏譯稍有不同,鳩摩羅什大師譯文為(T.30.1564.35c.3):「有無是有為。」

然而未滅,是現在。以上所言不同他宗,此派主張三時都依因緣所生,都是事物。《六十頌如理論釋》云:

>「無亦能成因故,謂『無不合理為因』不應理。依理觀察時,非『不合理為因』,觀察世間事物時,亦不如是承許,故應如實依照世間所言。世間中,稱無為因。如是,無水無稻、無食兒死,言指水食皆無,故稻兒不應理。」[902]

根據世間的說法,水盡乃損失稻穀之因,食盡、無食乃孩兒死去之因。誠如世間所言,自宗也該持有滅是因的說法。未來是事物,這又是為何呢?《六十頌如理論釋》云:

>「如是,無未來之緣若成不生之因時,離無緣則無疑必生。」[903]

燈芯已盡、不具足產生燈火種類續流後者,是「不生未來燈火種類續流後者」之因。因此,若離不具足之緣,將生未來。此派依彼等諸理,建立未來亦是事物。

還有,非自性有並非絕無之義,而是更加合理地成為觀

---

[902] 德格版,論,中觀,ཚ卷,16正頁;對勘本版,書號60,969頁。漢譯大藏經內並無此譯。

[903] 德格版,論,中觀,ཚ卷,15背頁;對勘本版,書號60,968頁。漢譯大藏經內並無此譯。

待、施設而有。因此,必須區分有與自性有,無與自性無,這兩種的有與無。《顯句論》亦云:

「吾等亦不許業、作者、果等皆無。何以故?彼等皆安立為自性無。」[904]

《入中論釋》云:

「若知影像無自性之因果建立,誰有智者,由見有色受等不異因果諸法,而定執為有自性耶?故雖見為有,亦無自性生。」[905]

一般來說,存在於名言中要具足三種特徵:於名言識中是共許、其共許義不受其他名言量的損害、不受觀察真實義識的損害。下部論師們皆說「以現除無邊;以空除有邊」,但應成派對此的不共說法是「以現除有邊」,即何時現緣起,將自然現起非自性有,故除有邊;「以空除無邊」,即僅憑現起自性空,所見一切皆現僅是分別施設而有,故除無邊。這就是應成派的眾多不共論述之一。

吉祥月稱論師開創的中觀應成派,以不同其他派系的觀點

---

904 德格版,論,中觀,ཧ卷,第十七品,109正頁;對勘本版,書號60,272頁。漢譯大藏經內並無此譯。

905 德格版,論,中觀,ཧ卷,第六品,259背頁;對勘本版,書號60,695頁。漢譯來源:法尊法師譯《入中論釋》。

闡釋阿闍黎龍樹的意趣，這點也是阿闍黎月稱自身親口承認，誠如《入中論釋》依理清楚說明其義，論云：

> 「我等此中所說論義，並釋妨難，如空性法，亦是餘論所未有者。是故有說，經部所說勝義，即中觀師所許世俗，當知此說是未了知中論真義。有說薩婆多部所說勝義，即中觀師所說世俗，當知彼等亦是未知中論真義，以出世法與世間法相同，不應理故。故諸智者，當知此宗是不共法。有由不知菩薩意趣，不解真實義者，僅聞此文便生怖畏，遂即棄捨此出世法，今為無倒顯論真義，頌曰……」[906]

中觀應成派的二諦論，以及由其所延伸的如何建立真實義之理等，將會在《佛法哲學總集・下冊》中解釋。阿闍黎龍樹抉擇，即便只是一粒微塵也無例外，諸法皆非自性有的論述，並以緣起性空詮釋真相，建立了深奧的中觀之道。阿闍黎月稱不同於其他中觀師及說實派諸師，以其不共觀點詮釋中道，這正是藏地中觀諸師視其為至上聖域印度的佛教宗義之首，且持其見為自宗，不令其宗衰敗至今。以上已經圓滿說明中觀應成派為首的中觀宗義。

---

[906] 德格版，論，中觀，31卷，果位品，347背頁；對勘本版，書號60，905頁。
漢譯來源：法尊法師譯《入中論釋》。

甲五、宗義論述的總結
乙一、四部宗義各派如何斷除常斷二邊

以上已概說古老聖域印度的內外宗義,尤其是其中佛教四部宗義的重點。今於此處總結:基於個別補特伽羅的自然想法,即如何讓今生離苦得樂或後世離苦得樂,對此觀察到最後,自己會產生決定此義合理或此義不合理的見解,這就是所謂的「宗義」。

佛教四部宗義論師,一致主張遠離常斷二邊、建立符合真相的真諦。然而,隨各宗所許的基法真相及其見解的不同關鍵,各派對於何謂墮常邊、何謂墮斷邊的說法自然不同。

佛教宗義論師共同主張,執補特伽羅為常一自主是常見,否定此義則是遠離常見;否定善惡業會無偏差地產生苦樂果是斷見,承許善惡業會無偏差地產生苦樂果是遠離斷見。

關於如何斷除二邊,依序概述各派不共說法如下。毘婆沙部:主張生果時因已滅則除常見;主張因後生果則除斷見。經部:主張有為法隨其不斷續流而延續者,離斷見。話雖如此,卻也主張有為法於每一剎那正在壞滅,故而脫離常見。唯識:主張遍計執非諦實有,則除常見;主張依他起與圓成實是諦實有,則除斷見。中觀:主張諸法於名言中有,則脫離斷見;主張非諦實有,則脫離常見。

乙二、何謂宗義等如階梯

聖域印度的內外宗義論師們,彼此之間會以眾多理路及其不共觀點進行激烈辯論,並以正理建立自部宗義關於真相的主張。即便如此,誠如過去諸多先賢學者所言,觀察他派依理建立的多樣宗義時,會發現不僅與自部宗義吻合,甚至他宗所許的諸多理路要義竟如階梯,對進趣深奧的自部宗義,會帶來層層助益之效。無論如何,具智阿闍黎們所開創的大部分內外道宗義,只是為了利益與該宗義相應的眾生。由此可知,佛子寂天在《入菩薩行論》說下下部觀點被上上部的見解所破、所超勝的關鍵原因。《入菩薩行論》云:

「瑜伽世間破,平凡世間者,復因慧差別,層層更超勝。」[907]

此《入菩薩行論》偈文說,未受宗義影響而改變其心智的一般世間人,認同無方分微塵、無時分心識,以及只有事物是諦實有。這種認同被證知諸法非自性有的瑜伽師之世間智所破,而證知諸法非自性有的止觀雙運瑜伽師裡,又有高低智之別,其中的上上慧較下下慧更為超勝。

---

[907] 德格版,論,中觀,ག་卷,第九品,第4句偈頌文,31正頁;對勘本版,書號67,1017頁。漢譯來源:如石法師譯《入菩薩行論》。

例如，非佛外道論師所說的常法事物[908]，則被佛教下部宗義否定常法事物的理路所破。聲聞二部[909]所許的無方分微塵，則被唯識否定無方分微塵的理路所破。唯識所言的識是諦實有，則被中觀破諦實有的理路所破。從此可知，前前者的不共承許會被後後者的理路所破。

《佛法哲學總集》是如何詮釋上述的前後立場呢？譬如，非佛外道論師們特意成立常一自主的我，這觀點被佛教經論，尤其是上下部所有古老及後代學者們，透過種種理路所破。還有，說吠陀為量的非佛外道的前後量學博士們，皆主張「能詮聲與分別心，皆是以成立的方式而趣入其境」，並依此見提出諸多辯駁。這個觀點被佛教量學的阿闍黎陳那以詳說遮遣法而破。不僅如此，阿闍黎法稱父子與阿闍黎寂護等歷代佛教學者們，更再三對此議題進行回覆和辯駁，由此發揚排他論。

以佛教宗義論師彼此之間的辯論為例，毘婆沙部說一切有為法都是正在壞滅，而這種壞滅是依賴其他後因而發生，這種說法被經部等論師所破，彼等論師依理成立諸行皆是源於其因，故而成立是壞滅性。[910]還有，某些毘婆沙宗內部的論師提

---

908 譯者註：常一自主的我。

909 譯者註：毘婆沙部與經部的總稱。

910 譯者註：如牛生牛、馬生馬，具有壞滅屬性的因，自然會生具有壞滅屬性的果。所以諸行的壞滅無關其他後因，而是源於具有壞滅屬性的前因。

出「不可說我」的主張；對此，阿闍黎世親與阿闍黎月稱等唯識與中觀的諸多學者們，皆以多理破除。

說實二派[911]又表示，由於無方分微塵的積累，外境是諦實有；對此，阿闍黎世親等論師依多理破無方分，且說其過。毘婆沙部認為，根識是以離相、赤裸的方式證知其境，而阿闍黎寂護等論師卻列舉多種理由破斥此說。唯識學者們用多理否定外境有，並且主張依他起和圓成實是諦實有，不僅如此，隨經唯識派又主張阿賴耶識和末那識。對此，阿闍黎清辨與月稱等論師，詳細說明否定其說之理，尤其針對說實派「諸緣起法是諦實有」的主張，阿闍黎龍樹的中觀理聚等論，更是以不可計數的理路破除其義。之後追隨龍樹論師的諸重要阿闍黎們也陸續廣說破斥其說之理。

中觀師內部之間也存在著諍議。如自續派阿闍黎清辨等人說，因相是從自方而有。然而，應成派阿闍黎月稱的著作裡，卻引用多理詳細廣泛破除其觀點。

如前述，無論是非佛外道、佛教，乃至佛教內部的毘婆沙部和經部等，後者論師們都據理成立異於前者論師的諸多主張，並破斥前者立場。此理如阿闍黎龍樹在《五次第論》[912]所

---

911 譯者註：毘婆沙部與經部兩派的總名。
912 རིམ་ལྔ།

說:

「佛說此方便,猶如諸梯級。」[913]

又如《修次中篇》云:

「世尊之語,一切皆是善說,直接間接顯示真實、唯入真實。若知真實,如發光明,能除昏暗,遠離一切惡見網。」[914]

論中直說,世間亦稱下下階梯有助攀登到上上階梯,同樣地,下下宗義依理建立的眾多論述的確有助於釐清上上見解。相較於未曾觀察有我或無我等義的普通人,非佛外道的見解不僅更為超勝,其觀察途徑因明學等眾多論述,更是奠定令佛教量學興盛的基礎。還有,修行專注一境的三摩地,是為能平息貪著五欲的顯著煩惱而修,像這類心理學的許多論述都與佛教宗義論師所說相同。非佛外道主張的常我,被毘婆沙部「補特伽羅是無常」的說法所破,而此又有助於認識經部所說的「應知補特伽羅並非與其蘊質體相異故,我不是獨立質體有,是施

---

913 德格版,論,續,ཅི卷,第一品,第2句偈頌文,45正頁;對勘本版,書號18,129頁。漢譯來源:法尊法師譯《勝集密教王五次第教授善顯炬論》中的引文。

914 德格版,論,中觀,ཀི卷,48正頁;對勘本版,書號64,135頁。漢譯來源:釋法炬譯《修次中篇》。

設有」。釐清經部的這個說法，加上辨明「所詮和能詮之相屬並非事物，是施設有」，這對了知唯識所說的「諸法雖然不是以自力成為名詞的趣入境，諸法的作用卻能安立」有幫助。釐清唯識派的這個說法，對認知中觀自續派所否定的「諸法非由識的顯現所立，是從境本身而有」有幫助。釐清自續派的這個說法，對認知應成派所說的「諸法非從境本身而有」有幫助。上述的內外宗義，後者較於前者更為超勝，而上部宗義是基於檢視下部宗義，才能進入更深的觀察。

以佛教宗義內部彼此之間，後者更勝前者的階梯為例，雖說佛教宗義論師共同承許有為法如幻，但後者的幻化譬喻更勝前者。毘婆沙部說，幻化馬象存在於幻化期間，卻會隨幻化的收攝時而消失。同樣地，此世的身軀和享受等最終也得捨棄，由此喻詮釋粗分無常或續流無常。經部說，不用觀待後有因緣，幻化每個剎那都在轉變，此喻詮釋是生即是滅的細微無常。唯識說，從幻化處石木沒有馬象，所見馬象只是咒物所染的心識所現而已。唯識派以此說明，色聲諸法並非從外境而有，只是心識顯現而已。中觀師以此喻闡釋，諸法只是心識所現而已，並非諦實有。然而，中觀內部對此說法存有差異。像自續派主張，諸法是從施設處而有。譬如，幻化馬象從幻化處現起，若不然，在無幻化處的地方亦有「僅憑咒物所染的眼睛便可見幻化馬象」之過。應成派說，幻化馬象不是馬象，卻

會現爲馬象。應成派以此喻說明，雖於補特伽羅等諸法上，自性有的屬性是尋而不得，卻仍見自性有。所見幻化馬象雖非從自身而有，其安立只關乎心識是否要施設爲馬象而已。正如執兔角的分別心雖執兔角、不執石女，其差異無關乎境的有無，只關乎是否被該識所施設而已。不僅如此，幻化馬象若是從石木所現，即便觀眾的眼睛尚未被咒物所染，將有仍可見馬象之過。由此可見，在諸多內外宗義裡，後者較於前者更爲深入，有著巨大的差異。

無我見也是如此。「無常一自主我」的空、「無補特伽羅獨立質體我」的空、「無相異於心識質體的外境有」之真實義、「諸法雖有自相，卻無諦實性」，以及「諸法僅存在於名言中，哪怕是一粒微塵，都非自性有，卻可安置因果等一切論述」的無我。彼等順序如經典與諸大車軌師的善說所言，前者不僅比後者更容易理解，更是深入後者的方便。

對於某些補特伽羅而言，與其一開始對其宣導高見而帶來的傷害，還不如對其先說下部宗義，後再逐漸引導至上部，這樣才會產生實質的幫助。我等深信，偉大的論師們皆是以智慧和利他之念緒建立種種宗義，其目的只是爲了利樂不同根器與各類希求的眾生而已。

藏譯中的佛經，特別是古老聖域印度佛教理路大師們的論著，我等總集其中首要典籍的關鍵要義，即事物論或科學以及

哲學等多種類別,還特別依序編排,故而圓滿了《佛法科學總集》與《佛法哲學總集》。以上則是《佛法哲學總集・上冊》建立內外宗義的完整內容。

國家圖書館出版品預行編目資料

佛法哲學總集:廣說三藏經論關於色心諸法之哲學論述/第十四世達賴喇嘛監製;總集編著小組編著;蔣揚仁欽譯 -- 初版. -- 臺北市:商周出版,城邦文化事業股份有限公司出版:英屬蓋曼群島商家庭傳媒股份有限公司城邦分公司發行;2025.07
上冊;14.8*21 公分
譯自:Science And Philosophy In The Indian Buddhist Classics: Volume 3 Philosophical Schools
譯自:Science And Philosophy In The Indian Buddhist Classics: Volume 4 Philosophical Topics
ISBN 978-626-390-565-8 （全套:精裝）
1.CST: 佛教哲學

220.11　　　　　　　　　　　　　　　　　114006916

線上版讀者回函卡

佛法哲學總集——廣說三藏經論關於色心諸法之哲學論述

原 著 書 名／Science And Philosophy In The Indian Buddhist Classics: Volume 3 Philosophical Schools
　　　　　　　Science And Philosophy In The Indian Buddhist Classics: Volume 4 Philosophical Topic
監　　　製／第十四世達賴喇嘛
編　　　著／總集編著小組
翻　　　譯／蔣揚仁欽
責 任 編 輯／林宏濤、楊如玉

版　　　權／游晨瑋
行 銷 業 務／周丹蘋、林詩富、吳淑華
總　編　輯／楊如玉
總　經　理／彭之琬
事業群總經理／黃淑貞
發　行　人／何飛鵬
法 律 顧 問／元禾法律事務所　王子文律師
出　　　版／商周出版
　　　　　　城邦文化事業股份有限公司
　　　　　　115台北市南港區昆陽街16號4樓
　　　　　　電話：(02) 25007008　傳真：(02)25007759
　　　　　　E-mail：bwp.service@cite.com.tw
發　　　行／英屬蓋曼群島商家庭傳媒股份有限公司 城邦分公司
　　　　　　115台北市南港區昆陽街16號8樓
　　　　　　書虫客服服務專線：(02)25007718；25007719
　　　　　　服務時間：週一至週五上午09:30-12:00；下午13:30-17:00
　　　　　　24小時傳真專線：(02)25001990；25001991
　　　　　　劃撥帳號：19863813；戶名：書虫股份有限公司
　　　　　　讀者服務信箱：service@readingclub.com.tw
　　　　　　城邦讀書花園：www.cite.com.tw
香港發行所／城邦（香港）出版集團有限公司
　　　　　　香港九龍土瓜灣土瓜灣道86號順聯工業大廈6樓A室；E-mail：hkcite@biznetvigator.com
　　　　　　電話：(852) 25086231　傳真：(852) 25789337
馬新發行所／城邦（馬新）出版集團 Cite (M) Sdn. Bhd.
　　　　　　41, Jalan Radin Anum, Bandar Baru Sri Petaling, 57000 Kuala Lumpur, Malaysia.
　　　　　　Tel: (603) 90563833　Fax: (603) 90576622　Email: service@cite.my

封 面 設 計／周家瑤
尊者照片提供／Tenzin Choejor - Office of HH the Dalai Lama
排　　　版／芯澤有限公司
印　　　刷／高典印刷事業有限公司
經　銷　商／聯合發行股份有限公司
　　　　　　電話：(02)2917-8022　傳真：(02)2911-0053
　　　　　　地址：新北市231新店區寶橋路235巷6弄6號2樓

■2025年7月初版

Printed in Taiwan

定價1600元（上下冊不分售）

城邦讀書花園
www.cite.com.tw

Original title: Science And Philosophy In The Indian Buddhist Classics: Volume 3 Philosophical Schools
Science And Philosophy In The Indian Buddhist Classics: Volume 4 Philosophical Topics
Compiled and edited by the Kuntue Committee and published under the auspices of Gaden Phodrang Foundation of the Dalai Lama
Jamyang Rinchen's complex Chinese translation is published by Business Weekly Publications, a division of Cité Publishing Ltd. in 2025 with courtesy of Gaden Phodrang Foundation of the Dalai Lama
All rights reserved.

版權所有，翻印必究 ISBN 978-626-390-565-8 （全套:精裝）
　　　　　　　　　978-626-390-573-3 （全套:EPUB）